복잡한 행정소송 쉽게 끝내기!

행정소송
이렇게 해결하세요

저 : 김 용 환

KB058135

법문 북스

복잡한 행정소송 쉽게 끝내기!

행정소송
이렇게 해결하세요

편저 : 김 용 환

법문북스

| 머리말

산업사회에서 디지털사회로 급격히 발전하면서 행정기관들이 행정행위로 규제하는 제도도 상당히 복잡하고 대단히 어려워지면서 국민들의 권리와 이익을 침해하는 등 분쟁이 빈번히 발생하여 정부에서는 행정쟁송에 관한 전담법원인 행정법원을 1994년도에 신설하였습니다. 행정법원은 행정소송 사건의 재판을 전담하는 법원입니다. 행정소송은 공법상의 법률관계에 관한 분쟁에 대하여 행하는 재판절차를 말하는데, 이는 항고소송과 당사자소송으로 나눌 수 있습니다.

행정소송은 행정청의 위법한 처분 그 밖의 공권력의 행사, 불행사의 등으로 인한 국민의 권리 또는 이익의 침해를 구제하고 공법상의 권리관계 또는 법적용에 관한 분쟁을 해결하는 재판절차입니다. 행정소송은 행정법규의 적용에 관련된 분쟁(공법상 분쟁)의 판정을 목적으로 하는 점에서, 국가의 형벌권 발동을 위한 소송절차인 형사소송이나 사법상(私法上)의 권리관계에 관한 분쟁의 판정을 목적으로 하는 민사소송과 구별됩니다. 또, 독립한 판정기관에 의한 신중한 소송절차를 거쳐 행하여지는 정식쟁송(正式爭訟)인 점에서 약식쟁송에 불과한 행정심판과도 구별됩니다.

이 책에서는 복잡한 행정소송에 관련된 법령정보를 종합적으로 제공하고, 행정소송의 제기 및 구제에 관련하여 자주 청구되는 행정소송의 유형을 문답식으로 해설하고 관련 대법원판결례 및 서식을 함께 제시하였으며, 주요 유형별 행정소송 작성례 및 항목별 작성 방법을 함께 수록하여 행정소송의 절차를 누구나 쉽게 이해하는데 도움을 주고자 하였습니다.

이러한 자료들은 대법원의 최신 판결례, 법제처의 생활법령, 서울행정법원의 서식과 대한법률구조공단의 상담사례 및 서식 등을 참고하였으며, 이를 종합적으로 정리·분석하여 일목요연하게 편집하였습니다. 여기에 수록된 상담사례 및 서식들은 개인의 법률문제 해결에 도움을 주고자 게재하였으며, 개개의 문제에서 발생하는 구체적 사안은 동일하지는 않을 수 있으므로 참고자료로 활용하시기 바랍니다.

이 책이 부당하고 억울하게 공권력으로부터 권리 또는 이익을 부당하게 침해받고 구제를 청구하려는 분들과 이들에게 조언을 하고자 하는 실무자에게 큰 도움이 되리라 믿으며, 열악한 출판시장임에도 불구하고 흔쾌히 출간에 응해 주신 법문북스 김현호 대표에게 감사를 드립니다.

2019. 5.
편저자 드림

목 차

제1장 행정소송이란 무엇입니까?
제1절 행정소송의 의의

제2절 행정소송의 종류

제2장 행정소송은 어느 경우에 제기해야 하나요?
제1절 행정소송의 대상

제2절 행정소송의 당사자 등

제3절 권리보호의 필요

제4절 제소기간

제3장 행정소송의 절차는 어떻게 되나요?
제1절 행정소송의 절차

제2절 행정소송의 제기

제3절 행정소송의 심리

제4절 행정소송의 판결

제4장 사례별 행정소송 소장 서식
제1절 일반 서식

제2절 부동산 관련 행정소송 서식

제3절 교통 관련 행정소송 서식

제4절 건축 관련 행정소송 서식

제5절 영업 관련 행정소송 서식

제6절 조세 관련 행정소송 서식

제7절 산재 관련 행정소송 서식

제8절 국가유공자 관련 행정소송 서식

제9절 기타 행정 관련 소송 서식

부록

제1장

행정소송이란 무엇입니까?

제1장 행정소송이란 무엇입니까?

제1절 행정소송의 의의

1. 행정소송의 의의

① 행정소송은 법원이 공법상의 법률관계에 관한 분쟁에 대하여 행하는 재판절차를 말합니다. 즉, 행정청의 위법한 처분 그 밖의 공권력의 행사·불행사 등으로 인한 국민의 권리 또는 이익의 침해를 구제하고, 공법상의 권리관계 또는 법적용에 관한 분쟁을 해결하는 재판절차입니다.

② 행정소송은 그 내용에 따라 항고소송, 당사자소송, 민중소송 및 기관소송으로 구분할 수 있습니다.

③ 항고소송과 당사자소송은 국민의 개인적 권리이익의 보호를 목적으로 하는 소송(학문적으로는 "주관소송"이라 함)입니다.

④ 그 반면 민중소송과 기관소송은 객관적인 법질서를 적정하게 유지하기 위한 소송(학문적으로는 "객관소송"이라 함)입니다.

⑤ 행정소송법은 직접 행정청의 처분 등을 공격하는 소송인 항고소송을 중심으로 규정되어 있으며, 행정활동 그 자체에 관한 구제제도 중에서 가장 중요한 것입니다.

2. 행정소송의 기능과 특징

2-1. 행정소송의 기능

① 행정소송법은 행정소송절차를 통하여 행정청의 위법한 처분 그 밖에 공권력의 행사·불행사등으로 인한 국민의 권리 또는 이익의 침해를 구제하고, 공법상의 권리관계 또는 법적용에 관한 다툼을 적정하게 해결함을 목적으로 한다고 규정하고 있습니다(제1조).

② 즉, 행정소송의 기능으로는 국민의 권리구제와 행정통제기능을 들 수 있습니다.

2-2. 행정소송의 특징

① 원칙적 변론주의, 직권주의 가미

행정소송의 대상은 공익에 관계되는 사항이므로 행정소송의 심리에 있어서는 민사소송과는 달리 사실의 주장과 증거를 제출하는 책임을 당사자에게만 지우지 않고 법원이 직권으로도 증거조사를 할 수 있으며, 당사자가 주장하지 않는 사실에 관해서도 판단할 수 있습니다.

② 사정판결

원고의 청구가 이유 있다고 인정되면 원칙적으로 행정처분을 취소하거나 그 무효를 확인하는 판결을 해야 하지만 원고의 이익뿐만 아니라 공익 또한 고려해야 하므로, 원고의 청구가 이유 있다고 해도 그 행정처분을 취소하거나 변경하는 것이 현저히 공공의 복리에 적합하지 않다고 인정되는 경우에는 법원은 원고의 청구를 기각할 수 있습니다.

③ 취소소송에 있어서는 일반 민사소송과는 달리 개별법의 규정에 따라 전심절차를 거쳐야 되는 경우도 있고, 제소기간을 제한하는 경우도 있습니다.

④ 우리나라는 삼권분립의 원칙에 입각하여 행정청에 대하여 적극적으로 어떠한 행정행위를 할 것을 구하는 청구는 허용되지 않습니다.

3. 행정소송과 행정심판과의 관계

① 행정심판은 처분을 행한 행정청에 대해 이의를 제기하여 처분청의 상급기관으로 하여금 다시 한 번 심리하도록 하여 법원의 간섭 없이 행정청 스스로 행정의 능률성과 동일성을 확보하기 위하여 행정청에 마련된 제도이며, 이에 반하여 행정소송은 행정청의 위법한 처분, 그 밖의 공권력의 행사, 불행사 등으로 인한 국민의 권리 또는 이익의 침해를 구제하고 공법상의 권리관계 또는 법적용에 관한 분쟁해결을 도모하는 법원의 재판절차입니다.

② 취소소송은 법령에 따라 해당 처분에 대해 행정심판을 제기할 수 있는 경우에도 이를 거치지 않고 제기할 수 있습니다. 다만, 다른 법률에 해당

처분에 대한 행정심판의 재결을 거치지 않으면 취소소송을 제기할 수 없다는 규정이 있는 경우에는 그렇지 않습니다(행정소송법 제18조제1항).

4. 행정소송과 민사소송의 관계

4-1. 행정소송과 민사소송과의 관계

행정소송은 행정목적의 실현을 목적으로 하는 공법상의 법률관계를 대상으로 하고, 민사소송은 사법상의 법률관계를 그 대상으로 한다는 점에서 구분됩니다.

4-2. 민사소송법 등의 준용

① 행정소송법과 민사소송법이 특별법과 일반법의 관계에 있는 것은 아니지만 행정소송은 대립 당사자 간에 발생한 법률적 분쟁에 대하여 사실관계를 확정한 후 법을 해석·적용함으로써 당해 분쟁을 해결하는 법 판단 작용이라는 점에서는 민사소송과 같으므로, 심판절차도 크게 다르지 않습니다.

② 행정소송에 관해 행정소송법에 특별한 규정이 없는 사항에 대하여는 법원조직법과 민사소송법 및 민사집행법의 규정을 준용하고 있는 것도 이 때문입니다(행정소송법 제8조제2항).

4-3. 민사소송법 준용의 한계

① 행정소송법은 행정기능의 원활한 수행과 행정법관계의 조속한 안정을 위하여 당사자적격, 전심절차, 제소기간, 잠정적 구제제도 등에 관해 「민사소송법」과는 다른 여러 특별규정을 두고 있습니다.

② 또한, 행정소송이 개인의 주관적 권익 보호는 물론 다수의 국민에게 영향을 미치는 공법관계의 안정, 행정의 적법성 확보 등의 공익적 기능 달성이라는 목적에 따라 그 절차에도 직권주의적 요소가 가미되어 민사소송의 지배원칙인 처분권주의와 변론주의를 그대로 준용할 수 없고 직권소송참가제도, 직권심리주의, 사정판결제도 등에 관한 특칙을 두고 있습니다.

Q 甲은 국가공무원으로서 음주운전으로 교통사고를 야기하여 징역 6월에 집행유예 1년형을 선고받고 확정되었습니다. 이로 인해 甲은 공무원직에서 퇴직하게 되었는데, 이 경우에도 행정소송으로 다투어 볼 수 있는지요?

A 행정소송법 제1조는 "이 법은 행정소송절차를 통하여 행정청의 위법한 처분 그밖에 공권력의 행사·불행사 등으로 인한 국민의 권리 또는 이익의 침해를 구제하고, 공법상의 권리관계 또는 법적용에 관한 다툼을 적정하게 해결함을 목적으로 한다."라고 규정하고 있고, 같은 법 제2조 제1항 제1호는 "'처분 등'이라 함은 행정청이 행하는 구체적 사실에 관한 법집행으로서의 공권력의 행사 또는 그 거부와 그밖에 이에 준하는 행정작용 및 행정심판에 대한 재결을 말한다."라고 규정하고 있습니다. 즉, 행정소송의 대상이 되는 행정처분이라 함은 행정청 또는 그 소속기관이나 법령에 의하여 행정권한의 위임 또는 위탁을 받은 공공단체가 국민의 권리의무에 관계되는 사항에 관하여 직접 효력을 미치는 공권력의 발동으로서 하는 공법상의 행위를 말합니다(대법원 1999.11.26.자 99부3 결정).

그러므로 위 사안에서 귀하의 당연퇴직이 위 행정소송의 대상이 되는 행정처분인지 여부에 관하여 살펴볼 필요가 있는데, 이에 관하여 판례는 "국가공무원법 제69조에 의하면 공무원이 제33조 각 호의 1에 해당할 때에는 당연히 퇴직한다고 규정하고 있으므로, 국가공무원법상 당연퇴직은 결격사유가 있을 때 법률상 당연히 퇴직하는 것이지 공무원관계를 소멸시키기 위한 별도의 행정처분을 요하는 것이 아니며, 당연퇴직의 인사발령은 법률상 당연히 발생하는 퇴직사유를 공적으로 확인하여 알려주는 이른바 관념의 통지에 불과하고 공무원의 신분을 상실시키는 새로운 형성적 행위가 아니므로 행정소송의 대상이 되는 독립한 행정처분이라고 할 수 없다."라고 하였습니다(대법원 1995.11.14.선고 95누2036 판결).

따라서 당연퇴직 이전에 별도의 직위해제가 있었던 경우(대법원 1999.9.17. 선고 98두15412 판결)가 아니라면, 위 사안과 같은 경우에 행정소송으로 다투어 볼 수 없을 것으로 보입니다.

⚖ 관련판례

행정소송 제도는 행정청의 위법한 처분, 그 밖에 공권력의 행사·불행사 등으로 인한 국민의 권리 또는 이익의 침해를 구제하고 공법상 권리관계 또는 법률 적용에 관한 다툼을 적정하게 해결함을 목적으로 하는 것이므로, 항고소송의 대상이 되는 행정처분에 해당하는지는 행위의 성질·효과 이외에 행정소송 제도의 목적이나 사법권에 의한 국민의 권익보호 기능도 충분히 고려하여 합목적적으로 판단해야 한다. 이러한 행정소송 제도의 목적 및 기능 등에 비추어 볼 때, 행정청이 한 행위가 단지 사인 간 법률관계의 존부를 공적으로 증명하는 공증 행위에 불과하여 그 효력을 둘러싼 분쟁의 해결이 사법원리에 맡겨져 있거나 행위의 근거 법률에서 행정소송 이외의 다른 절차에 의하여 불복할 것을 예정하고 있는 경우에는 항고소송의 대상이 될 수 없다고 보는 것이 타당하다(대법원 2012.6.14.선고, 2010두19720, 판결)

Q 甲은 乙회사가 독점규제 및 공정거래에 관한 법률에 위반되는 사실이 있다고 생각되어 공정거래위원회에 신고를 하였습니다. 그런데 공정거래위원회는 乙회사의 주장만을 받아들여 甲의 신고내용에 대한 조치를 취하지 않겠다는 내용의 통지를 甲에게 하였습니다. 이 경우 甲이 위 통지를 행정처분으로 보아 그 처분의 취소를 청구할 수 있는지요?

A 독점규제 및 공정거래에 관한 법률 위반행위의 인지·신고에 관하여 같은 법제49조는 "①공정거래위원회는 이 법의 규정에 위반한 혐의가 있다고 인정할 때에는 직권으로 필요한 조사를 할 수 있다. ②누구든지 이 법의 규정에 위반되는 사실이 있다고 인정할 때에는 그 사실을 공정거래위원회에 신고할 수 있다. ③공정거래위원회는 제1항 또는 제2항의 규정에 의하여 조사를 한 경우에는 그 결과(조사결과 시정조치명령 등의 처분을 하고자 하는 경우에는 그 처분의 내용을 포함한다)를 서면으로 당해 사건의 당사자에게 통지하여야 한다. ④공정거래위원회는 이 법의 규정에 위반하는 행위가 종료한 날부터 5년을 경과한 경우에는 당해 위반행위에 대하여 이 법에 의한 시정조치를 명하지 아니하거나 과징금 등을 부과하지 아니한다. 다만, 법원의 판결에 의하여 시정조치 또는 과징금부과처분이 취소된 경우로서 그 판결이유에 따라 새로운 처분을 하는 경우에는 그러하지 아니하다."라고 규정하고 있습니다.

그런데 위 규정에 의하여 신고인이 신고한 신고내용에 대하여 공정거래위원회가 신고내용에 대한 조치를 취하지 않겠다는 것을 신고인에게 통지한 경우, 그 통지행위가 행정처분에 해당되어 행정쟁송으로 다툴 수 있을 것인지에 관하여 판례는 "구 독점규제및공정거래에관한법률(1996. 12. 30. 법률 제5235호로 개정되기 전의 것) 제49조 제2항은 '누구든지 이 법의 규정에 위반되는 사실이 있다고 인정할 때에는 그 사실을 공정거래위원회에 신고할 수 있다.'라고 규정하고 있는바, 여기에서 말하는 신고는 공정거래위원회에 대하여 법에 위반되는 사실에 관한 조사의 직권발동을 촉구하는 단서를 제공하는 것에 불과하여 신고인에게 신고내용에 따른 조치를 취하여 줄 것을 요구할 수 있는 구체적인 청구권까지 있다고 할 수 없고, 따라서 공정거래위원회가 신고인에게 신고내용에 따른 조치를 취하지 아니하기로 하는 내용의 통지를 하였다고 하더라도 이는 항고소송의 대상이 되는 행정처분에 해당하지 아니한다."라고 하였습니다(대법원 2000.4.11. 선고 98두5682 판결).

따라서 위 사안의 경우 甲도 공정거래위원회의 통지에 대하여 행정쟁송으로 다툴 수는 없을 것으로 보입니다.

⚖ **관련판례**

행정소송에서 행정처분의 위법 여부는 행정처분이 행하여졌을 때의 법령과 사실상태를 기준으로 하여 판단해야 하고, 이는 독점규제 및 공정거래에 관한 법률에 기한 공정거래위원회의 시정명령 및 과징금 납부명령(이하 '과징금 납부명령 등'이라 한다)에서도 마찬가지이다. 따라서 공정거래위원회의 과징금 납부명령 등이 재량권 일탈·남용으로 위법한지는 다른 특별한 사정이 없는 한 과징금 납부명령 등이 행하여진 '의결일' 당시의 사실상태를 기준으로 판단하여야 한다(대법원 2015.5.28. 선고, 2015두36256, 판결)

■ 잘못된 신체등위 판정에 따른 공익근무요원 소집에 대한 불복 방법으로 행정소송을 제기할 수 있는지요?

Q 저는 징병검사결과 부위별로 신체등위 4급 및 2급 판정을 받아 보충역에 편입되었고 이에 따라 공익근무요원으로 소집되었습니다. 그러나 저의 신체장애는 따로 진단을 받아 본 결과 적어도 5급 이상으로 병역 복무가 힘든 상황입니다. 공익근무요원소집이 잘못되었으므로 이를 무효로 할 수는 없는지요?

A 위 사안과 관련하여 판례는 "보충역편입처분 등의 병역처분은 구체적인 병역의무부과를 위한 전제로서 징병검사 결과 신체등위와 학력·연령 등 자질을 감안하여 역종을 부과하는 처분임에 반하여, 공익근무요원소집처분은 보충역편입처분을 받은 공익근무요원소집대상자에게 기초적 군사훈련과 구체적인 복무기관 및 복무분야를 정한 공익근무요원으로서의 복무를 명하는 구체적인 행정처분이므로, 위 두 처분은 후자의 처분이 전자의 처분을 전제로 하는 것이기는 하나 각각 단계적으로 별개의 법률효과를 발생하는 독립된 행정처분이라고 할 것입니다.

따라서 보충역편입처분의 기초가 되는 신체등위 판정에 잘못이 있다는 이유로 이를 다투기 위하여는 신체등위 판정을 기초로 한 보충역편입처분에 대하여 쟁송을 제기하여야 할 것이며, 그 처분을 다투지 아니하여 이미 불가쟁력이 생겨 그 효력을 다툴 수 없게 된 경우에는, 병역처분변경신청에 의하는 경우는 별론으로 하고, 보충역편입처분에 하자가 있다고 할지라도 그것이 당연무효라고 볼만한 특단의 사정이 없는 한 그 위법을 이유로 공익근무요원소집처분의 효력을 다툴 수 없다."라고 하였습니다(대법원 2002.12.10. 선고 2001두5422 판결).

따라서 귀하의 경우 공익근무요원 소집에 대해서는 다툴 수 없고, 그 전제가 된 보충역 편입에 대하여 그 처분을 알게 된 날로부터 90일 안에, 그 처분이 있은 날로부터 1년 안에 그 처분자인 지방병무청장을 피고로 보충역편입처분의 취소를 구하는 행정소송을 제기해야 할 것으

로 보이며 보충역편입처분에 대하여 다투지 못하였다면 그 지방병무청
에 병역처분변경신청을 한 다음 이를 거부하는 경우 그 거부처분을 알
게 된 날로부터 90일 안에 그 거부처분의 취소를 구하는 행정소송을
제기해볼 수 있을 것입니다.

■ 형사재판 중 행정처분을 한 경우 이 처분이 절차적으로 위법한 것이 아닌가요?

Q 제가 현재 법위반을 이유로 형사기소되어 재판이 진행 중에 있습니
다. 그런데 아직 해당 재판이 확정되지 않아 유죄여부도 불분명한
상황에서 법위반사실을 들어 행정처분을 받았습니다. 이러한 처분이
절차적으로 위법한 것이 아닌가요?

A 행정처분과 형벌은 각각 그 권력적 기초, 대상, 목적이 다릅니다. 따라
서 일정한 법규 위반 사실이 행정처분의 전제사실이자 형사법규의 위반
사실이 되는 경우에 동일한 행위에 관하여 독립적으로 행정처분이나 형
벌을 부과하거나 이를 병과할 수 있습니다. 단, 예외적으로 법규가 형
사소추 선행 원칙을 규정하고 있지 않은 이상 형사판결 확정에 앞서
일정한 위반사실을 들어 행정처분을 하였다고 하여 절차적 위반이 있다
고 할 수 없겠습니다(2017.6.19. 선고 2015두59808 판결참조).

■ 행정처분을 한 행정청이 스스로 그 처분을 취소할 수 있는지요?

Q 저는 음주운전으로 적발되어 음주측정을 한 결과 혈중알콜농도가 0.15%로 나타났습니다. 그런데 소속경찰관의 사무착오로 관할지방경찰청장으로부터 운전면허정지처분의 통지가 발송되어 저에게 송달되었는데, 그 후 사무착오를 발견하고 위 운전면허정지처분을 철회한 후 운전면허취소처분을 하였습니다. 이처럼 관할지방경찰청장이 행정처분을 자의적으로 취소하고 새로운 처분을 하여도 되는지요?

A 위 사안에서 문제된 것처럼 행정청이 행정처분을 한 후 자의로 그 행정처분을 취소할 수 있는지에 관하여 판례는 "행정청이 일단 행정처분을 한 경우에는 행정처분을 한 행정청이라도 법령에 규정이 있는 때, 행정처분에 하자가 있는 때, 행정처분의 존속이 공익에 위반되는 때, 또는 상대방의 동의가 있는 때 등의 특별한 사유가 있는 경우를 제외하고는 행정처분을 자의로 취소(철회의 의미를 포함) 할 수 없다."라고 하였으며, "운전면허취소사유에 해당하는 음주운전을 적발한 경찰관의 소속경찰서장이 사무착오로 위반자에게 운전면허정지처분을 한 상태에서 위반자의 주소지 관할지방경찰청장이 위반자에게 운전면허취소처분을 한 것은 선행처분에 대한 당사자의 신뢰 및 법적 안정성을 저해하는 것으로서 허용될 수 없다."라고 하였습니다(대법원 2000.2.25. 선고 99두10520 판결).

따라서 위 사안의 경우 귀하에 대한 관할지방경찰청장의 운전면허정지처분의 취소가 허용되지 않는다면, 그 후에 이루어진 위 운전면허취소처분은 동일한 사유에 관한 이중처분으로서 위법하다고 할 것이므로, 귀하로서는 위 운전면허취소처분의 취소를 청구해볼 수 있을 것으로 보입니다.

■ 행정소송에서도 가처분이 가능한지요?

Q 제가 영업허가를 받고 싶은데 이에 대하여 행정청으로부터 거부처분을 받았습니다. 이에 대하여 행정소송을 제기하였는데, 행정소송 중에 잠정적인 허가를 받아 그 기간 중에도 영업을 하고 싶습니다. 민사소송에서는 가처분제도가 있다고 하는데 행정소송에서도 가처분이 허용되나요?

A 가처분은 금전 이외의 특정한 급부를 목적으로 하는 청구권의 집행보전을 도모하거나 분쟁이 있는 권리관계에 관하여 임시의 지위를 정함을 목적으로 하는 가구제 제도입니다. 이러한 가처분 제도에 관하여는 민사집행법 제300조에서 규정하고 있습니다.

행정소송법에는 집행정지제도가 규정되어 있지만 이것으로 영업허가를 잠정적으로 내는 것은 불가합니다. 만일 행정소송에서도 가처분제도가 있다면 이러한 잠정적인 허가를 명하는 조치가 가능할 것입니다.

그런데 우리 행정소송법이나 행정절차법 등에서 가처분과 관련한 규정은 없습니다. 행정소송법 제8조에서는 '행정소송에 관하여 이 법에 특별한 규정이 없는 사항에 대하여는 법원조직법과 민사소송법 및 민사집행법의 규정을 준용한다.'고 규정하여 민사집행법상 가처분 규정을 준용할 수 있는 여지가 있어 보이지만, 대법원은 이 규정에도 불구하고 민사소송법중 가처분에 관한 규정은 준용되지 않는다고 판시한 바 있습니다(대법원 1980.12.22. 자 80두5 결정).

따라서 행정소송에서의 민사집행법상 가처분 규정을 준용하여 잠정적인 영업허가를 받기는 어려우실 것으로 보입니다.

제2절 행정소송의 종류

1. 항고소송의 개념

1-1. 항고소송의 개념
① 항고소송은 행정청의 처분 등이나 부작위에 대하여 제기하는 소송을 말합니다(행정소송법 제3조제1호).
② 이러한 항고소송에는 취소소송, 무효등확인소송, 부작위위법확인소송의 세 가지 유형이 있습니다(행정소송법 제4조).

1-2. 항고소송의 대상 및 요건
① 행정청의 행위
② 공권력적 행위
③ 구체적 집행행위
④ 국민의 권리의무에 직접 영향이 있는 법적 행위
⑤ 행정처분으로서 외형을 갖출 것
⑥ 행정소송 이외의 특별 불복절차가 따로 마련되어 있지 않을 것

1-3. 항고소송의 유형
1-3-1. 취소소송
① 취소소송은 행정소송의 가장 대표적인 유형으로, 행정청의 위법한 처분 또는 재결의 취소 또는 변경을 구하는 소송을 말합니다(행정소송법 제4조제1호). 즉, 위법한 처분에 따라 발생한 위법상태를 배제하여 원상으로 회복시키고, 그 처분으로 침해되거나 방해받은 권리와 이익을 보호·구제하려고 하는 소송입니다(대법원 1992.4.24. 선고 91누11131 판결).
② 행정처분은 위법이라도 사실상 통용되는 효력을 가지고 있기 때문에 소송에 의해 그 처분의 효력을 다투기 위해서는 취소소송을

제기해야 합니다.

취소소송은 처분 등의 취소를 구할 법률상 이익이 있는 사람이 처분 등을 행한 행정청을 피고로 하여 피고의 소재지를 관할하는 행정법원에 제소기간 내에 제기하면 됩니다.

1-3-2. 무효등확인소송

① 무효등확인소송은 행정청의 처분이나 재결의 효력유무 또는 그 존재여부를 확인하는 소송입니다(행정소송법 제4조제2호). 무효등확인소송의 전형적인 것은 처분 등의 무효확인소송이지만 처분의 존부의 확인을 구하는 처분의 존재 또는 부존재확인소송 등이 있습니다.

② 행정처분의 위법성이 중대하고 명백하여 당연무효인 경우 그 처분은 효력을 갖지 않기 때문에 국민으로서는 그 처분에 대해 소송을 제기할 필요도 없고 구속을 받지도 않습니다. 그러나 이러한 경우에도 해당처분이 무효임을 확인받을 필요가 있습니다.

③ 이러한 필요성을 충족시켜주는 소송형식이 무효등확인소송이고 이 소송은 사전에 행정심판을 거칠 필요도 없고, 제소기간의 제한을 받지도 않습니다(행정소송법 제38조).

④ 따라서 처분 등의 효력 유무 또는 존재여부의 확인을 구할 법률상 이익이 있는 사람은 언제든지 처분 등을 행한 행정청을 피고로 하여 피고의 소재지를 관할하는 행정법원에 무효등확인소송을 제기할 수 있습니다.

1-3-3. 부작위위법확인소송

① 부작위위법확인소송은 행정청의 부작위가 위법하다는 것을 확인하는 소송입니다(행정소송법 제4조제3호). 즉, 행정청이 상대방의 신청에 대하여 일정한 처분을 해야 할 의무가 있음에도 불구하고 이를 하지 않는 경우에 이러한 부작위가 위법한 것임을 확

인하는 소송을 말합니다.

② 부작위위법확인소송은 일정한 처분을 신청한 자로서 부작위의 위법확인을 구할 법률상 이익이 있는 자가 그 신청을 받고도 처분을 하지 않는 행정청을 피고로 하여, 부작위 상태가 계속되고 있는 한 피고의 소재지를 관할하는 행정법원에 제기할 수 있습니다.

⚖ **관련판례**

행정청이 국민의 신청에 대하여 한 거부행위가 항고소송의 대상이 되는 행정처분으로 되려면, 행정청의 행위를 요구할 법규상 또는 조리상의 신청권이 국민에게 있어야 하고, 이러한 신청권의 근거 없이 한 국민의 신청을 행정청이 받아들이지 아니한 경우에는 거부로 인하여 신청인의 권리나 법적 이익에 어떤 영향을 주는 것이 아니므로 이를 항고소송의 대상이 되는 행정처분이라 할 수 없다(대법원 2014.7.10. 선고, 2012두22966, 판결).

2. 당사자소송

2-1. 당사자소송의 개념

① 당사자소송은 행정청의 처분 등을 원인으로 하는 법률관계에 관한 소송 그 밖에 공법상의 법률관계에 관한 소송으로서 그 법률관계의 한쪽 당사자를 피고로 하는 소송을 말합니다(행정소송법 제3조제2호).

② 당사자소송은 대등한 당사자 간의 권리관계를 다투는 소송으로서 민사소송과는 본질적인 차이는 없으나, 공법상 법률관계를 소송의 대상으로 하는 점에서 사법상의 법률관계를 소송의 대상으로 하는 민사소송과는 다릅니다.

③ 당사자소송에는 공법상 신분이나 지위의 확인에 관한 소송, 처분 등의 무효·취소를 전제로 하는 공법상의 부당이득반환소송, 공법상 금전지급청구에 관한 소송, 공법상 계약에 관한 소송 등이 있습니다.

④ 이러한 당사자소송은 공법상 법률관계에 있어 법률상 이익이 있는 사람이 국가·공공단체 그 밖의 권리주체를 피고로 하여, 피고의 소재지를 관할하는 행정법원에 제기할 수 있습니다. 다만, 개별법에서

제소기간이 정해져 있는 때에는 그 기간 내에 제기해야 합니다(행정소송법 제39조 및 제41조).

2-2. 당사자소송의 예

① 토지수용위원회의 수용재결에 관하여 그 보상액에 관한 부분을 토지소유자 등과 사업시행자가 각각 원·피고가 되어 다투는 소송
② 손해배상금 또는 실비보상금에 관한 통신위원회의 재정을 관계인이 각각 원·피고가 되어 다투는 소송
③ 공무원·지방의회의원·국공립학교학생 등의 신분이나 지위의 확인을 구하는 소송
④ 행정청에 의하여 결정된 보상금의 지급청구
⑤ 보상금청구

⚖ 관련판례 1

공법상의 법률관계에 관한 당사자소송에서는 그 법률관계의 한쪽 당사자를 피고로 하여 소송을 제기하여야 한다(행정소송법 제3조 제2호, 제39조). 다만 원고가 고의 또는 중대한 과실 없이 당사자소송으로 제기하여야 할 것을 항고소송으로 잘못 제기한 경우에, 당사자소송으로서의 소송요건을 결하고 있음이 명백하여 당사자소송으로 제기되었더라도 어차피 부적법하게 되는 경우가 아닌 이상, 법원으로서는 원고가 당사자소송으로 소 변경을 하도록 하여 심리·판단하여야 한다(대법원 2016.5.24. 선고, 2013두14863, 판결).

⚖ 관련판례 2

도시 및 주거환경정비법(이하 '도시정비법'이라 한다)상 행정주체인 주택재건축정비사업조합을 상대로 관리처분계획안에 대한 조합 총회결의의 효력을 다투는 소송은 행정처분에 이르는 절차적 요건의 존부나 효력 유무에 관한 소송으로서 소송결과에 따라 행정처분의 위법 여부에 직접 영향을 미치는 공법상 법률관계에 관한 것이므로, 이는 행정소송법상 당사자소송에 해당한다. 그리고 이러한 당사자소송에 대하여는 행정소송법 제23조 제2항의 집행정지에 관한 규정이 준용되지 아니하므로(행정소송법 제44조 제1항 참조), 이를 본안으로 하는 가처분에 대하여는 행정소송법 제8조 제2항에 따라 민사집행법상 가처분에 관한 규정이 준용되어야 한다(대법원 2015.8.21. 자, 2015무26, 결정).

3. 민중소송

3-1. 민중소송의 개념

민중소송은 국가 또는 공공단체의 기관이 법률에 위배되는 행위를 한 때에 직접 자기의 법률상 이익과 관계없이 그 시정을 구하기 위하여 제기하는 소송을 말합니다(행정소송법 제3조제3호). 즉, 민중소송은 자신의 구체적인 권리·이익의 침해와는 무관하게 행정법규의 적정한 적용을 확보하기 위해 국민이나 주민이 제기하는 소송입니다.

3-2. 민중소송의 사례

① 일반 선거인이 제기하는 선거소송(공직선거법 제222조)

② 일반 투표인이 제기하는 국민투표무효소송(국민투표법 제92조)

③ 주민투표소송(주민투표법 제25조)

④ 주민소송(지방자치법 제17조)

⑤ 이러한 민중소송은 법률이 정한 경우에 법률에서 정한 사람에 한하여 제기할 수 있습니다(행정소송법 제45조).

⑥ 민중소송 중에서 ㉠처분 등의 취소를 구하는 소송에는 그 성질에 반하지 않는 한 항고소송 중 취소소송에 관한 규정을 준용하고, ㉡ 처분 등의 효력유무 또는 존재여부나 부작위의 위법의 확인을 구하는 소송에는 그 성질에 반하지 않는 한 각각 항고소송 중 무효등확인소송 또는 부작위위법확인소송에 관한 규정을 준용하며, ㉢ 위 ㉠과 ㉡에 규정된 소송 외의 소송에는 그 성질에 반하지 않는 한 당사자소송에 관한 규정을 준용합니다(행정소송법 제46조).

4. 기관소송

4-1. 기관소송의 개념

① 국가나 공공단체의 기관 상호간에 있어서의 권한의 존부 또는 그 행사에 관한 다툼이 있을 때에 제기하는 소송을 말합니다(행정소송

법 제3조제4호).

② 다만, 헌법재판소법 제2조에 따라 헌법재판소의 관장사항으로 되어 있는 국가기관 상호간의 권한쟁의, 국가기관과 지방자치단체 간의 권한쟁의 및 지방자치단체 상호간의 권한쟁의는 기관소송(행정소송)의 대상에서 제외됩니다(행정소송법 제3조제4호 단서).

③ 기관소송은 행정기관 상호간에 있어서의 권한의 존부 또는 행사에 관한 분쟁은 행정권 내부의 협의나 상급기관의 판단에 따라 해결되는 것이 원칙이지만, 예외적으로 해결이 불가능한 경우를 대비하여 허용된 소송입니다.

4-2. 기관소송의 사례

① 지방의회 등의 의결 무효소송(지방자치법 제107조, 제172조 및 지방교육자치에 관한 법률 제28조)

② 감독처분에 대한 이의소송(지방자치법 제169조제2항 및 제170조제3항)

③ 이러한 기관소송은 법률이 정한 경우에 지방자치단체의 장 등 법률에서 정한 사람이 지방의회 등 법률에서 정한 자를 피고로 하여 대법원이나 고등법원에 제기할 수 있습니다.

④ 기관소송 중에서 ㉠처분 등의 취소를 구하는 소송에는 그 성질에 반하지 않는 한 항고소송 중 취소소송에 관한 규정을 준용하고, ㉡처분 등의 효력유무 또는 존재여부나 부작위의 위법의 확인을 구하는 소송에는 그 성질에 반하지 않는 한 각각 항고소송 중 무효등확인소송 또는 부작위위법확인소송에 관한 규정을 준용하며, ㉢위 ㉠과 ㉡에 규정된 소송 외의 소송에는 그 성질에 반하지 않는 한 당사자소송에 관한 규정을 준용합니다(「행정소송법」 제46조).

5. 행정소송 상호간의 관계

5-1. 취소소송과 무효확인소송의 관계

① 취소소송과 무효확인소송은 별개의 독립한 소송형태입니다. 그러므로 행정청의 처분 등에 불복하는 사람은 제소요건을 충족하는 한, 목적을 가장 효과적으로 달성할 수 있는 항고소송 유형을 선택할 수 있습니다.

② 취소소송과 무효확인소송은 이론상 별개의 소송이기는 하지만 실제로는 영역이 겹치므로 당사자가 처분취소의 소를 제기한 경우에도 그 처분에 무효사유가 있다고 판단하면, 처분을 취소하는 원고 전부 승소의 판결(무효를 선언하는 의미의 취소판결)을 해야 하고, 반대로 처분 무효확인을 구하는 소를 제기했으나 그 처분에 단지 취소사유만 있고 취소소송의 제기에 필요한 소송요건을 갖추었다고 판단할 때에는 당사자에게 취소의 소로 청구취지를 변경하도록 한 후, 취소의 판결을 해야 합니다.

5-2. 취소소송·무효확인소송과 부작위위법확인소송의 관계

① 부작위위법확인소송은 처분취소소송·무효확인소송에 대한 관계에서 보충적인 지위에 있습니다. 따라서 처분이 존재하거나 존재하는 것으로 의제되는 경우에는 부작위위법확인소송은 소의 이익이 없어 부적합합니다.

② 예를 들어 구 정보공개법(2013.8.6. 법률 제11991호로 개정되기 전의 것) 제11조제5항과 같이 작위의무의 이행기한을 지키지 않으면 거부처분이 있는 것으로 의제하는 특별규정이 있는 경우 거부처분취소소송을 제기하지 않고 부작위위법확인소송을 고집한다면 부적법하므로 각하를 면할 수 없습니다.

5-3. 항고소송과 당사자소송의 관계

① 행정처분은 비록 하자가 있더라도 당연 무효가 아닌 한 공정력이 있

어 공적 기관이 취소할 때까지는 일단 유효한 것으로 취급하므로, 행정처분에 취소사유에 해당하는 흠이 있는 경우, 취소소송 이외의 방법으로는 그 효력을 부인할 수 없습니다.

② 예를 들어 위법한 과세처분에 따라 세금을 납부한 사람도 그 과세처분이 당연 무효가 아닌 이상, 과세처분 취소소송을 제기해야하며 취소소송을 제기함이 없이 납부한 세금의 반환을 구하는 소송을 제기할 수 없습니다.

5-4. 무효확인소송과 당사자소송의 관계

① 처분이 무효인 경우에는 공정력이 없어 누구나 그 효력 없음을 전제로 당사자소송을 제기할 수 있습니다.

② 예를 들어 공무원 파면처분이 무효인 경우 항고소송으로서 파면처분 무효확인의 소가 가능할 뿐만 아니라 당사자소송으로서 파면 이후 복직시까지의 급여지급을 구하는 소송도 제기할 수 있습니다.

■ 학교안전공제회의 요양급여지급결정이 항고소송의 대상이 되는 행정처분인지요?

Q 저의 자녀는 고등학교 2학년에 재학 중입니다. 등교 후 학교 안 화장실에서 넘어져 심각한 부상을 입게 되었습니다. 당한 사고는 학교안전사고 예방 및 보상에 관한 법률에 따른 학교안전사고로 인정받았으며 이에 저는 해당 학교가 소속된 학교안전사고보상공제회에 요양급여의 지급을 신청하였는데 신청한 것보다 턱 없이 적은 요양급여를 지급한다는 결정이 나왔습니다. 저는 위 지급결정의 취소를 구할 수 있는가요?

A 학교안전공제회의 급여결정에 대하여 추가적인 공제급여의 지급을 구하는 소송의 법적 성질에 대하여 판례는 "학교안전공제 사업의 목적, 사업주체 및 공제 급여의 내용과 지급절차 등과 더불어 아래에서 살펴보는 사정들을 종합하여 보면, 학교안전공제제도는 학생, 교직원 등에게 발생하는 학교안전사고라는 사회적 위험을 보험방식에 의하여 대처하는 사회보험제도이므로 위 제도에 따른 공제급여 수급권은 이른바 '사회보장수급권'의 하나로서 학교안전법이라는 법률에 의하여 구체적으로 형성되는 공법상의 권리라고 보는 것이 옳다. 따라서 피공제자 및 그 유족들이 가지는 공제급여 수급권은 국가배상법에 따른 손해배상청구권이나 민법상의 채무불이행 또는 불법행위로 인한 손해배상청구권 등과 같은 사법(私法)상의 권리와는 그 성질을 달리 하는 것이다. 비록 학교안전공제회의 급여결정은 항고소송의 대상이 되는 행정처분이라고 할 수는 없지만(대법원 2012.12.13. 선고 2010두20874 판결 참조), 공제급여 수급권이 공법상의 권리인 이상 그에 관한 소송의 법적 성질은 민사소송이 아니라 행정소송법 제3조 제2호 에서 정하고 있는 공법상의 당사자소송이라고 보아야 한다." 라고 하였습니다(2016.10.19. 선고 2016다208389 판결).

따라서 甲의 경우에는 해당 지급결정의 취소를 구하는 소송이 아니라 학교안전공제회를 당사자로 하여 공제급여의 지급을 구하는 당사자소송을 제기하여야 합니다.

⚖ 관련판례

「하천구역 편입토지 보상에 관한 특별조치법」(2002.12.11. 법률 제6772호로 개정된 것, 이하 '개정 특조법'이라 한다)에서는 제2조 각 호에 해당하는 경우 중 법률 제3782호 「하천법」 중 개정법률(이하 '개정 하천법'이라 한다) 부칙 제2조의 규정에 의한 소멸시효의 만료 등으로 보상청구권이 소멸되어 보상을 받지 못한 토지에 대하여 시·도지사가 그 손실을 보상하도록 규정하고 있는바, 위 손실보상청구권의 법적 성질은 공법상의 권리임이 분명하므로 그에 관한 쟁송은 민사소송이 아닌 행정소송절차에 의하여야 할 것이고, 위 손실보상청구권은 개정 특조법 제2조 소정의 토지가 하천구역으로 된 경우에 당연히 발생되는 것이지, 관리청의 보상금지급결정에 의하여 비로소 발생하는 것이 아니므로, 위 손실보상금의 지급을 구하거나 손실보상청구권의 확인을 구하는 소송은 「행정소송법」 제3조제2호 소정의 당사자소송에 의하여야 할 것이다(대법원 2006.5.18. 선고 2004다6207 전원합의체 판결 등 참조)(대법원 2006.11.9. 선고 2006다23503 판결).

■ 조합원 등이 정비사업을 위하여 이루어진 수용재결이나 이의재결의 취소 또는 무효확인을 구할 수 있나요?

Q 도시 및 주거환경정비법 제54조 제2항에 따른 대지 또는 건축물의 소유권 이전에 관한 고시의 효력이 발생한 후 조합원 등이 정비사업을 위하여 이루어진 수용재결이나 이의재결의 취소 또는 무효확인을 구할 수 있나요?

A 무효확인소송은 행정처분의 근거 법률에 의하여 보호되고 직접적이고 구체적인 이익이 있는 경우 무효확인을 구할 법률상 이익이 있다고 볼 수 있습니다(대법원 2008.3.20. 2007두6342판결참조).

도시 및 주거환경정비법 제54조 제1항, 제2항, 제55조 제1항에 따르면, 대지 또는 건축물의 소유권 이전에 관한 고시의 효력이 발생하면 조합원 등이 관리처분계획에 따라 분양받을 대지 또는 건축물에 관한 권리의 귀속이 확정되고 조합원 등은 이를 토대로 다시 새로운 법률관계를 형성하게 됩니다. 대법원은 이와 같은 경우 "이전고시의 효력 발생으로 대다수 조합원 등에 대하여 권리귀속 관계가 획일적, 일률적으로 처리되는 이상 그 후 일부 내용만을 분리하여 변경할 수 없고, 그렇다고 하여 전체 이전고시를 모두 무효화시켜 처음부터 다시 관리처분계획을 수립하여 이전고시 절차를 거치도록 하는 것도 정비사업의 공익적, 단체법적 성격에 배치되어 허용될 수 없다"고 하면서, "이와 같은 정비사업의 공익적, 단체법적 성격과 이전고시에 따라 이미 형성된 법률관계를 유지하여 법적 안정성을 보호할 필요성이 현저한 점 등을 고려할 때, 이전고시의 효력이 발생한 이후에는 조합원 등이 해당 정비사업을 위하여 이루어진 수용재결이나 이의재결의 취소 또는 무효확인을 구할 법률상 이익이 없다고 해석함이 타당하다"고 판시한 바 있습니다(대법원 2012.3.22. 선고 2011두6400 전원합의체 판결).

이와 같은 판례의 입장에 따르면, 도시 및 주거환경정비법 제54조 제2항에 따른 대지 또는 건축물의 소유권 이전에 관한 고시의 효력이 발

생한 후 조합원 등이 정비사업을 위하여 이루어진 수용재결이나 이의
재결의 취소 또는 무효확인을 구할 수 없다고 판단됩니다.

⚖ **관련판례**

위법한 행정처분의 취소를 구하는 소는 위법한 처분에 의하여 발생한 위법상태를
배제하여 원상으로 회복시키고 그 처분으로 침해되거나 방해받은 권리와 이익을
보호 구제하고자 하는 소송이므로 비록 그 위법한 처분을 취소한다 하더라도 원
상회복이 불가능한 경우에는 그 취소를 구할 이익이 없다(대법원 1992.4.24. 선
고 91누11131 판결).

■ 국공립대학교 교수의 재임용 거부에 대해서 항고소송을 제기할 수 있는지요?

Q 甲은 임용기간 4년의 乙국립대학교의 조교수로 임용되어 재직하던 중 임용기간이 만료되자, 乙대학교는 "인사위원회 심의결과 甲의 연구 실적이 재임용 기준에 미달되었다"는 이유로 재임용을 하지 아니한 채, "임용기간이 만료되었다"는 취지의 통지를 보냈습니다. 이 경우 甲은 乙국립대학교의 위 통지에 대하여 "교수재임용거부처분 취소"의 소를 제기할 수 있는지요?

A 위 사안과 관련하여 종전 판례는 "교원의 임용기간 만료의 경우 재임용의 기대권을 가진다고 할 수 없고, 임용권자가 인사위원회의 심의결정에 따라 교원을 임용하지 않기로 하는 결정을 하고 이를 통지하였다고 하더라도 이를 행정소송의 대상이 되는 행정처분이 되지 않는다."라고 판시하였으나(대법원 1997.6.27. 선고 96누4305 판결), 그 후 견해를 변경하여 "기간제로 임용되어 임용기간이 만료된 국·공립대학의 조교수는 교원으로서의 능력과 자질에 관하여 합리적인 기준에 의한 공정한 심사를 받아 위 기준에 부합되면 특별한 사정이 없는 한 재임용되리라는 기대를 가지고 재임용 여부에 관하여 합리적인 기준에 의한 공정한 심사를 요구할 법규상 또는 조리상 신청권을 가진다고 할 것이니, 임용권자가 임용기간이 만료된 조교수에 대하여 재임용을 거부하는 취지로 한 임용기간만료의 통지는 위와 같은 대학교원의 법률관계에 영향을 주는 것으로서 행정소송의 대상이 되는 처분에 해당한다."라고 하였습니다(대법원 2004.4.22. 선고 2000두7735 전원합의체 판결).

따라서 甲은 비록 임용기간이 만료되었다는 취지의 통지를 받았다고 하더라도 위 변경된 판결에 의해 이는 재임용 거부 처분에 해당하여 재임용 거부에 정당한 사유가 없다면 재임용 거부의 취소를 구하는 항고소송을 제기할 수 있을 것입니다.

⚖️ 관련판례

항고소송은 원칙적으로 소송의 대상인 행정처분 등을 외부적으로 그의 명의로 행한 행정청을 피고로 하여야 하는 것으로서, 그 행정처분을 하게 된 연유가 상급행정청이나 타행정청의 지시나 통보에 의한 것이라 하여 다르지 않고, 권한의 위임이나 위탁을 받아 수임행정청이 자신의 명의로 한 처분에 관하여도 마찬가지이다. 그리고 위와 같은 지시나 통보, 권한의 위임이나 위탁은 행정기관 내부의 문제일 뿐 국민의 권리의무에 직접 영향을 미치는 것이 아니어서 항고소송의 대상이 되는 행정처분에 해당하지 않는다(대법원 2013.2.28. 선고, 2012두22904, 판결).

■ 구청장의 주민등록번호 변경신청 거부행위에 대해서 항고소송을 제기할 수 있나요?

Q 甲 등이 인터넷 포털사이트 등의 개인정보 유출사고로 자신들의 주민등록번호 등 개인정보가 불법 유출되자 이를 이유로 관할 구청장에게 주민등록번호를 변경해 줄 것을 신청하였으나 구청장이 '주민등록번호가 불법 유출된 경우 주민등록법상 변경이 허용되지 않는다.'는 이유로 주민등록번호 변경을 거부하였습니다. 이 경우 구청장의 주민등록번호 변경신청 거부행위에 대해 항고소송을 제기할 수 있을까요?

A 국민의 적극적 신청행위에 대하여 행정청이 그 신청에 따른 행위를 하지 않겠다고 거부가 항고소송의 대상이 되는 행정처분에 해당하기 위해서는, 신청한 행위가 공권력의 행사 또는 이에 준하는 행정작용이어야 하고, 거부행위가 신청인의 법률관계에 어떤 변동을 일으키는 것이어야 하며, 국민에게 행위발동을 요구할 법규상 또는 조리상의 신청권이 있어야 합니다.

대법원은 주민등록번호 변경신청 거부처분에 대해 "피해자의 의사와 무관하게 주민등록번호가 불법 유출된 경우 개인의 사생활뿐만 아니라 생명, 신체에 대한 위해나 재산에 대한 피해를 입을 우려가 있고, 실제 유출된 주민등록번호가 다른 개인정보와 연계되어 각종 광고 마케팅에 이용되거나 사기, 보이스피싱 등의 범죄에 악용되는 등 사회적으로 많은 피해가 발생하고 있는 것이 현실인 점, 반면 주민등록번호가 유출된 경우 그로 인하여 이미 발생하였거나 발생할 수 있는 피해 등을 최소화할 수 있는 충분한 권리구제방법을 찾기 어려운데도 구 주민등록법(2016.5.29. 법률 제14191호로 개정되기 전의 것)에서는 주민등록번호 변경에 관한 아무런 규정을 두고 있지 않은 점, 주민등록법령상 주민등록번호 변경에 관한 규정이 없다거나 주민등록번호 변경에 따른 사회적 혼란 등을 이유로 위와 같은 불이익을 피해자가 부득이한 것으로 받아들여야 한다고 보는 것은 피해자의 개인정보자기결정권 등 국민의 기본권 보장의 측면에서 타당하지 않은 점, 주민등록번호를 관리하는 국가로서는 주민등록번호가 유출된 경우 그로 인한 피해가 최소화되도록 제도를 정비하고 보완해야 할 의무가 있으며, 일률적으로 주민등록번호를 변경할 수 없도록 할 것이 아니라 만약 주민등록번호 변경이 필요한 경우가 있다면 그 변경에 관한 규정을 두어서 이를 허용해야 하는 점 등을 종합하면, 피해자의 의사와 무관하게 주민등록번호가 유출된 경우에는 조리상 주민등록번호의 변경을 요구할 신청권을 인정함이 타당하다"고 판시한 바 있습니다(대법원 2017.6.15. 선고 2013두2945 판결). 이러한 판례의 태도에 따르면, 구청장의 주민등록번호 변경신청 거부행위는 항고소송의 대상이 되는 행정처분에 해당한다고 볼 수 있습니다.

⚖ 관련판례

항고소송의 대상이 되는 행정처분이란 원칙적으로 행정청의 공법상 행위로서 특정 사항에 대하여 법규에 의한 권리 설정 또는 의무 부담을 명하거나 기타 법률상 효과를 발생하게 하는 등으로 일반 국민의 권리의무에 직접 영향을 미치는 행위를 가리키는 것이지만, 어떠한 처분의 근거가 행정규칙에 규정되어 있다고 하더라도, 그 처분이 상대방에게 권리 설정 또는 의무 부담을 명하거나 기타 법적인 효과를 발생하게 하는 등으로 상대방의 권리의무에 직접 영향을 미치는 행위라면, 이 경우에도 항고소송의 대상이 되는 행정처분에 해당한다고 보아야 한다. 한편 행정청의 어떤 행위가 항고소송의 대상이 될 수 있는지는 추상적·일반적으로 결정할 수 없고, 구체적인 경우 행정처분은 행정청이 공권력주체로서 행하는 구체적 사실에 관한 법집행으로서 국민의 권리의무에 직접적으로 영향을 미치는 행위라는 점을 염두에 두고, 관련 법령의 내용과 취지, 행위의 주체·내용·형식·절차, 그 행위와 상대방 등 이해관계인이 입는 불이익과의 실질적 견련성, 그리고 법치행정 원리와 당해 행위에 관련한 행정청 및 이해관계인의 태도 등을 참작하여 개별적으로 결정해야 한다(대법원 2012.9.27. 선고, 2010두3541, 판결).

■ 항고소송으로 취소 또는 무효 확인을 구할 소의 이익이 있는지요?

Q 甲은 A도지사가 도에 설치·운영하는 B지방의료원의 환자이며, 乙은 같은 의료원의 직원입니다. A도지사는 B지방의료원을 폐업하겠다고 결정하고, B지방의료원을 해산한다는 내용의 조례를 공포하고 청산절차를 마쳤습니다. 甲과 乙이 A도지사의 폐업결정을 취소소송을 통하여 다툴 수 있는지요?

A 행정처분의 무효 확인 또는 취소를 구하는 소에서, 비록 행정처분의 위법을 이유로 무효 확인 또는 취소 판결을 받더라도 그 처분에 의하여 발생한 위법상태를 원상으로 회복시키는 것이 불가능한 경우에는 원칙적으로 그 무효 확인 또는 취소를 구할 소의 이익이 없고, 다만 원상회복이 불가능하더라도 그 무효 확인 또는 취소로 회복할 수 있는 다른 권리나 이익이 남아있는 경우에만 예외적으로 소의 이익이 인정될 수 있습니다(대법원 2016.6.10. 선고 2013두1638판결). 의료원이 이미 청산절차가 완료되어 폐업 전의 상태로 되돌리는 원상회복이 불가능하고, 의료원의 재개원이라는 목적을 달성할 수도 없고, 국가배상청구 등을 구하기도 어려우므로, 甲과 乙이 폐업결정의 취소로 회복할 수 있는 다른 권리나 이익이 남아있다고 보기도 어렵습니다. 따라서 甲과 乙이 취소소송을 통하여 폐업결정을 다투기는 어려워 보입니다.

⚖ 관련판례

행정청의 어떤 행위가 항고소송의 대상이 될 수 있는지의 문제는 추상적·일반적으로 결정할 수 없고, 구체적인 경우 행정처분은 행정청이 공권력의 주체로서 행하는 구체적 사실에 관한 법집행으로서 국민의 권리의무에 직접적으로 영향을 미치는 행위라는 점을 염두에 두고, 관련 법령 내용과 취지, 행위 주체·내용·형식·절차, 행위와 상대방 등 이해관계인이 입는 불이익의 실질적 견련성, 그리고 법치행정의 원리와 당해 행위에 관련된 행정청 및 이해관계인의 태도 등을 참작하여 개별적으로 결정하여야 한다(대법원 2011.6.10. 선고, 2010두7321, 판결).

■ 과징금 부과처분에 대한 감액처분이 있는 경우, 항고소송의 대상이 되는지요?

Q 행정청이 과징금 부과처분을 한 뒤 부과처분이 잘못되었다는 이유로 감액처분을 하였습니다. 하지만 저는 과징금 부과처분 자체에 대하여 불복하고 싶은데, 가능한 것인가요?

A 해당 감액처분의 성격에 관하여 대법원은 "과징금 부과처분에서 행정청이 납부의무자에 대하여 부과처분을 한 후 부과처분의 하자를 이유로 과징금의 액수를 감액하는 경우에 감액처분은 감액된 과징금 부분에 관하여만 법적 효과가 미치는 것으로서 당초 부과처분과 별개 독립의 과징금 부과처분이 아니라 실질은 당초 부과처분의 변경이고, 그에 의하여 과징금의 일부취소라는 납부의무자에게 유리한 결과를 가져오는 처분이므로 당초 부과처분이 전부 실효되는 것은 아니다"라고 판시한 바 있습니다(2017.1.12. 선고 2015두2352 판결참조). 이러한 판례의 입장에 따르면 불복의 대상은 당초의 과징금 부과처분일 것을 보입니다. 하지만 과징금 부과처분에 대한 취소청구에 관하여 위와 동일한 판례에서 "감액처분에 의하여 감액된 부분에 대한 부과처분 취소청구는 이미 소멸하고 없는 부분에 대한 것으로서 소의 이익이 없어 부적법하다"고 판시한 바 있습니다.

이와 같은 경우 원 과징금부과처분을 대상으로 소를 제기하되, 감액되지 않고 남아있는 부분에 대해서 취소청구를 하시면 될 것으로 보입니다.

■ 지방자치단체(○○구)가 당사자인 경우에 소송수행자를 지정할 수 있습니까?

Q 지방자치단체장(○○○ 구청장)이 아닌 지방자치단체(○○구)가 당사자인 경우에 소송수행자를 지정할 수 있습니까?

A 소송의 종류에 따라 다릅니다. 행정청이 피고인 항고소송에서는 가능하지만 보상금증액소송에서와 같은 당사자 소송에서는 지방자치단체는 국가를 당사자로 하는 소송에 관한 법률 제5조 1항 소정의 행정청의 장에 해당하지 않기 때문에, 지방자치단체의 장이 아닌 지방자치단체 자체가 당사자인 당사자소송에 있어서는 소송수행자를 지정할 수 없습니다. (중앙토지수용위원회를 상대로 한 관리처분계획취소소송에서는 소송수행자 지정이 가능하나 일반적으로 보상금증액 소송에서는 사업시행자를 상대로 소송하므로 실무상 변호사가 소송을 대리합니다.)
따라서 소송수행자 지정은 국가가 당사자인 사건과 행정청이 피고인 항고소송에서 일반적으로 이루어집니다.

⚖ 관련판례

기록에 의하면 원심에서 변호사 아닌 피고 소속 공무원이 피고를 대리하여 소송을 수행하였음을 알 수 있는바, 지방자치단체는 국가를 당사자로 하는 소송에 관한 법률의 적용대상이 아니어서 같은 법률 제3조, 제7조에서 정한 바와 같은 소송수행자의 지정을변 할 수 없고, 또한 민사소송법 제87조가 정하는 변호사대리의 원칙에 따라 호사 아닌 사람의 소송대리는 허용되지 않는 것이므로, 원심이 변호사 아닌 피고 소속 공무원으로 하여금 소송수행자로서 피고의 소송대리를 하도록 한 것은 민사소송법 제424조 제1항 제4호가 정하는 '소송대리권의 수여에 흠이 있는 경우'에 해당하는 위법이 있는 것이다(대법원 2006.6.9. 선고 2006두4035 판결)

■ 운전면허 취소처분을 받았는데 구제절차를 알려주시기 바랍니다.

Q 운전면허 취소처분을 받았는데 구제절차를 알려주시기 바랍니다.

A 운전면허취소소송을 제기하기 위해서는 행정소송 제기에 앞서 처분경찰청장을 피고로 처분경찰청(처분경찰청은 접수를 담당하며 청구서를 행정심판위원회에 송부합니다)에 행정심판청구를 한 후 그 재결을 받은 날로부터 90일 이내에 피고소재 관할법원에 행정소송을 제기하는 것이 원칙입니다. 다만, 행정심판제기증명서를 첨부하여 서울행정법원에 소장을 바로 제출할 수 도 있으며 그 경우 재결을 기다려 심리하게 됩니다.

행정소송은 어느 경우에
제기해야 하나요?

제2장 행정소송은 어느 경우에 제기해야 하나요?

제1절 행정소송의 대상

1. 항고소송의 대상

1-1. 취소소송의 대상

① 항고소송은 취소소송, 무효등확인소송 및 부작위위법확인소송으로 구분합니다.

② 행정소송법은 항고소송 중에서도 취소소송을 중심으로 규정하고 있고, 취소소송의 대상을 "처분 등"으로 규정하고 있으며, 이를 무효등확인소송과 부작위위법확인소송에 준용하고 있습니다(제38조 및 제19조).

③ 처분 등이란 행정청이 행하는 구체적 사실에 관한 법집행으로서의 공권력의 행사 또는 그 거부와 그 밖에 이에 준하는 행정작용 및 행점심판에 대한 재결을 말합니다(행정소송법 제2조제1항제1호).

1-2. 처분

① 처분이란 행정청이 행하는 구체적 사실에 관한 법집행으로서의 공권력의 행사 또는 그 거부와 그 밖에 이에 준하는 행정작용을 말합니다(행정소송법 제2조제1항제1호).

② 판례는 행정처분을 행정청의 공법상의 행위로서 특정사항에 대해 법규에 의한 권리의 설정 또는 의무의 부담을 명하고 그 밖에 법률상의 효과를 발생하게 하는 등 국민의 권리·의무에 직접적 변동을 초래하는 행위로 보고 있습니다(대법원 2000.9.8. 선고 99두1113 판결).

1-3. 처분의 요건

1-3-1. 행정청의 행위일 것

① 행정청이란 처분 또는 부작위를 할 수 있는 권한을 가지는 행정기관을 말합니다.

② 이러한 행정청에는 행정조직법적 의미의 행정기관 뿐 만 아니라 법령에 따라 국가 또는 지방자치단체의 특정사무를 위임 또는 위탁받아 행정작용을 행사하는 공공단체 및 그 기관 또는 사인이 포함됩니다(행정소송법 제2조제2항).

③ 따라서 한국토지주택공사, 근로복지공단 등 공공단체가 국가 또는 지방자치단체의 사무를 위임 또는 위탁받아 행하는 공권력적 작용은 항고소송의 대상이 될 수 있습니다.

④ 예를 들어 한국토지주택공사는 「공익사업을 위한 토지 등의 취득 및 보상에 관한 법률」에 따라 실시하는 이주대책 대상자선정행위에 있어서, 근로복지공단은 「산업재해보상보험법」에 따라 부과하는 산업재해보상보험료 부과행위에 있어서 각각 행정청의 지위를 가집니다.

⑤ 또한 법원이나 국회도 그것이 행정처분을 하는 범위 내에서는 행정청에 속합니다. 예를 들어 국회의 직원·법원의 직원에 대한 징계, 지방의회의장에 대한 불신임결의, 법원장의 법무사 합동법인 설립 인가 등에 있어서 법원이나 국회도 행정청의 지위를 가집니다. 다만, 국회의원에 대한 징계처분은 행정소송의 대상이 되지 않습니다(대한민국헌법 제64조).

1-3-2. 공권력적 행위일 것

① 처분은 행정청이 법에 따라 우월한 지위에서 행하는 일체의 행정행위를 말합니다.

② 따라서 행정청이 행하는 사법상의 행위(예: 사경제주체로서 하는 공사도급계약)나 사인과의 대등한 관계에서 이루어지는 공법상의

계약(예: 계약직 공무원에 대한 채용계약 해지 통보) 등은 공권력적 행위에 해당하지 않습니다.

1-3-3. 구체적 사실에 관한 법집행행위일 것

① 행정소송은 구체적인 사건에 관한 법적 분쟁을 해결하기 위한 것이므로, 구체적 사실에 대한 법집행행위만이 항고소송의 대상이 됩니다.

② 그러나 법령 또는 조례가 집행행위의 개입 없이도 그 자체로서 직접 국민의 구체적 권리·의무나 법적 이익에 영향을 미치는 등 법률상 효과를 발생하게 하는 경우에는 항고소송의 대상이 됩니다.

예) 두밀분교를 폐지하는 내용의 경기도립학교설치조례개정 조례를 처분으로 인정(대법원 1996.9.20. 선고 95누8003 판결)

③ 또한 불특정 다수인에 대한 일반처분이라도 그것이 바로 특정 개인의 권리 내지 법률상 이익을 개별적이고 구체적으로 규제하는 효과를 가져 온다면 항고소송의 대상이 됩니다.

예) 도시계획결정을 처분으로 인정(대법원 1982.3.9. 선고 80누105 판결)

1-3-4. 국민의 권리 의무에 직접 영향이 있는 법적 행위일 것

항고소송은 국민의 권리·이익을 구제하기 위한 것이므로, 국민의 권리의무에 직접적 변동을 초래하지 않는 행정청의 내부행위나 중간처분, 의견, 질의 답변, 또는 내부적 사무처리 절차이거나 알선, 권유, 행정지도 등 비권력적 사실 행위 등은 항고소송의 대상이 되지 않습니다.

1-3-5. 행정소송 이외의 특별 불복절차가 따로 마련되어 있지 않을 것

① 근거 법률이 항고소송 이외의 다른 특별한 불복절차를 마련하고 있는 처분은 항고소송의 대상이 되지 않습니다(대법원 2006.11.15. 선고 94누10597 판결).

② 예를 들어 다음의 처분은 항고소송의 대상이 되지 않습니다.

- 과태료처분(질서위반행위규제법 제20조)이나 각종 통고처분(대표적으로 도로교통법 제165조)
- 검사 또는 사법경찰관의 구금, 압수 또는 압수물의 환부에 관한 처분(형사소송법 제417조)
- 검사의 불기소처분이나 고등검찰청의 항고기각결정(대법원 1990.1.23. 선고 89누3014 판결)

1-4. 행정심판의 재결

1-4-1. 대상

① 행정심판의 재결은 항고소송의 대상입니다(행정소송법 제2조제1항제1호, 제3조 및 제19조).
② 재결에는 행정심판법에 따른 행정심판 뿐 아니라 널리 행정기관이 행하는 행정심판이 모두 포함됩니다.

1-4-2. 원처분중심주의

① 취소소송은 원칙적으로 행정청의 원처분을 대상으로 합니다. 따라서 행정심판위원회의 재결은 예외적으로 재결 자체에 고유한 위법이 있는 경우에 한해 제기할 수 있습니다(행정소송법 제19조 단서).
② 예컨대, 행정처분의 상대방이 행정청이 한 (A) 처분의 취소를 구하는 행정심판을 제기하였는데, 이에 대해 행정심판위원회가 상대방이 청구한 내용을 받아들이지 않고 기각하는 (B) 재결을 한 경우, 상대방은 다음에 해당하는 방법으로 다툴 수 있습니다.

- 행정심판위원회의 (B) 재결 자체에 고유한 위법이 있는 경우라면, 상대방은 (B) 재결 자체의 취소를 구하는 소송을 제기할 수 있습니다.
- (B) 재결 자체에 고유한 위법이 있는 경우가 아니라면, 상대방은

(B) 재결에 대해서는 취소를 구할 수 없습니다. 이 경우 상대방
이 이를 다투려면, 원래의 처분인 (A) 처분에 대한 취소를 구하
는 소송을 제기해야 합니다.

③ 재결자체에 고유한 위법이 있어야 한다는 것은 본안에서 판단할
문제입니다. 따라서 재결자체에 고유한 위법을 주장하지 않고 제
기한 재결취소의 소는 각하 사항이 아니라 기각 사항입니다(대법
원 1994.1.25. 선고 93누16901 판결).

④ 행정심판을 제기하고 그 결과에 불복하여 원처분에 대한 취소를
구하는 경우에, 그 취소소송은 재결서 정본을 송달받은 날로부터
90일 이내, 재결이 있은 날로부터 1년 이내에 제기해야 합니다
(행정소송법 제20조).

1-4-3. 재결주의(원처분중심주의의 예외)

① 개별 법령에 규정된 특별행정심판의 경우 원처분에 대해서는 취소
소송을 제기할 수 없도록 하고 재결에 대해서만 취소소송을 제기
할 수 있도록 하는 경우가 있습니다. 이를 재결주의라고 합니다.

② 개별법령에서 재결주의를 취하고 있는 예는 다음과 같습니다.

- 감사원의 재심의판정(감사원법 제40조제2항)
- 중앙노동위원회의 재심판정(노동위원회법 제26조, 제27조)
- 법무부 징계위원회의 결정(「변호사법」 제100조)

1-5. 무효등확인소송의 대상

① 무효등확인소송의 대상은 취소소송의 대상이 준용됩니다(행정소
송법 제38조제1항 및 제19조).

② 따라서 취소소송과 마찬가지로 처분과 재결이 그 대상이 됩니다.

1-6. 부작위위법확인소송의 대상

1-6-1. 대상

부작위위법확인소송의 대상은 행정청의 부작위이고, "부작위"란 행정청이 신청에 대하여 상당한 기간 내에 일정한 처분을 해야 할 법률상 의무가 있음에도 불구하고 이를 하지 않는 것을 말합니다(행정소송법 제2조제1항제2호).

1-6-2. 부작위의 성립요건

① 법규상·조리상 신청권이 있는 자의 신청이 있을 것

부작위가 성립되기 위해서는 법규상 또는 조리상 일정한 행정처분을 요할 수 있는 당사자의 신청이 있어야 합니다. 그러한 신청권이 없는 자의 신청으로 단지 행정청이 직권발동을 촉구하는데 지나지 않은 신청에 대한 무응답은 부작위위법확인소송의 대상이 될 수 없습니다(대법원 1993.4.23. 선고 92누17099 판결).

② 상당한 기간이 경과할 것

행정소송의 대상인 부작위가 되기 위해서는 행정청이 일정한 처분을 해야 할 상당한 시간이 지나도 아무런 처분을 하지 않아야 합니다. 상당한 기간이란 행정청이 신청에 대해 처분을 하는데 통상 필요로 하는 기간으로, 행정절차법에 따라 공포된 처리기간은 상당한 기간을 판단하기 위한 기준이 될 수 있습니다(행정절차법 제19조).

③ 행정청에 일정한 처분을 할 법률상 의무가 있을 것

부작위는 행정청이 신청을 인용하는 처분이나 기각하는 처분 등을 해야 할 법률상 의무가 있음에도 이를 하지 않는 경우에 성립합니다.

④ 행정청이 아무런 처분도 하지 않을 것

부작위위법확인소송은 처분이 존재하지 않은 경우에 허용되는 것이고, 처분이 존재하는 이상은 가령 그 처분이 무효인 행정처분

처럼 중대하고 명백한 하자로 말미암아 처음부터 당연히 효력이 발생하지 않은 경우라도 부작위위법확인소송의 대상이 될 수 없습니다(대법원 1990.12.12. 선고 90누4266 판결).

2. 당사자소송의 대상

2-1. 당사자소송의 대상

① 당사자소송의 대상은 행정청의 처분 등을 원인으로 하는 법률관계와 그 밖에 공법상의 법률관계입니다.

② 당사자소송은 처분자체를 대상으로 하는 것이 아니라 법률관계를 대상으로 한다는 점에서 항고소송과 구별됩니다.

③ 행정청의 처분 등을 원인으로 하는 법률관계란 처분 등에 따라 발생·변경·소멸되는 법률관계를 말합니다. 예를 들어 공무원 면직처분이 무효인 경우 그 처분자체를 소송의 대상으로 면직처분 무효확인을 구함은 항고소송이지만 그 처분이 무효임을 전제로 당사자가 여전히 공무원으로서의 권리의무를 지니는 공무원의 지위에 있다는 법률관계의 확인을 구하는 것은 당사자소송입니다.

④ 한편, 판례는 처분을 원인으로 하는 법률관계라도 그 소송물이 사법상의 법률관계이면 민사사건이라고 보므로(대법원 2001.9.4. 선고 99두11080 판결), 처분을 원인으로 하는 법률관계 중 그 소송물이 공법상의 법률관계인 것만이 당사자소송의 대상입니다.

⑤ 그 밖에 공법상의 법률관계란 처분 등을 원인으로 하지 않은 그 밖에 공법이 규율하는 법률관계를 말합니다. 법률자체에 따라 인정되는 공법상의 지위의 취득·상실에 관한 다툼이 그 예입니다.

2-2. 현행법상 인정되는 당사자소송의 예

① 손실보상금증감청구소송(공익사업을 위한 토지 등의 취득 및 보상에 관한 법률 제85조)

② 특허무효심판·특허권의 존속기간의 연장등록에 관한 무효심판·권

리범위확인심판 · 정정무효심판 · 통상실시권 허여심판 또는 그 재심의 심결에 대한 소송 및 보상금 또는 대가에 관한 불복의 소(특허법 제187조 단서 및 제191조)

③ 공법상 신분 · 지위 등의 확인소송[예를 들어 '국가유공자 예우 등에 관한 법률' 소정의 연금수혜대상자임의 확인을 구하는 소송(대법원 1991.9.24. 선고 90누9292 판결), 태극무공훈장을 수여받은 자임의 확인을 구하는 소송(대법원 1990.10.23. 선고 90누4440 판결)]

④ 산업재해보상보험법, 공무원연금법, 군인연금법 등 각종 사회보장관계법률에 따른 급여의 수급이 행정청의 인용결정이 있었음에도 불구하고 급부가 이루어지지 않은 경우 청구하는 급부청구소송

⑤ 공법상 부당이득반환청구소송(국세기본법 제51조 및 지방세기본법 제60조)

⑥ 행정주체 상호간의 구상금청구소송(국가배상법 제6조제2항)

3. 민중소송 및 기관소송의 대상

① 민중소송과 기관소송은 법률이 정한 경우에 법률에 정한 자에 한해 제기할 수 있으므로, 그 소송의 대상도 각 개별법에서 정하는 바에 따르게 됩니다.

② 예를 들어 선거무효소송 및 국민투표무효소송의 대상은 선거 및 국민투표의 효력입니다(공직선거법 제222조 및 국민투표법 제92조).

③ 당선무효소송의 대상은 당선의 효력 또는 당선인 결정처분을 소송의 대상으로 합니다(공직선거법 제223조).

④ 지방자치단체의 장은 지방의회에서 재의결된 사항이 법령에 위반된다고 인정되면 대법원에 기관소송을 제기할 수 있는데, 이때의 소의 대상은 재의결 자체입니다(지방자치법 제107조 및 제172조).

Q 항고소송에서 위법여부 판단기준 시점은 언제인가요? 처분 이후의 자료나 행정청에 제출된 자료가 위법여부 판단에 반영될 수 있는 지요?

A 항고소송에서 행정처분의 적법 여부는 특별한 사정이 없는 한 행정처분 당시를 기준으로 판단하여야 합니다(대법원 1993.5.27. 92누19033 판결참조).

그런데 여기서 행정처분의 위법 여부를 판단하는 기준 시점에 관하여 판결 시가 아니라 처분 시라고 하는 의미는 행정처분이 있을 때의 법령과 사실 상태를 기준으로 하여 위법 여부를 판단하며 처분 후 법령의 개폐나 사실상태의 변동에 영향을 받지 않는다는 뜻이지 처분 당시 존재하였던 자료나 행정청에 제출되었던 자료만으로 위법 여부를 판단한다는 의미는 아닙니다. 따라서 처분 당시의 사실상태 등에 관한 증명은 사실심 변론종결 당시까지 할 수 있고, 법원은 행정처분 당시 행정청이 알고 있었던 자료뿐만 아니라 사실심 변론종결 당시까지 제출된 모든 자료를 종합하여 처분 당시 존재하였던 객관적 사실을 확정하고 그 사실에 기초하여 처분의 위법 여부를 판단할 수 있습니다(대법원 2017.4.7. 선고 2014두37122 판결참조).

♨ 관련판례

「하천구역 편입토지 보상에 관한 특별조치법」(2002.12.11. 법률 제6772호로 개정된 것, 이하 '개정 특조법'이라 한다)에서는 제2조 각 호에 해당하는 경우 중 법률 제3782호 「하천법」 중 개정법률(이하 '개정 하천법'이라 한다) 부칙 제2조의 규정에 의한 소멸시효의 만료 등으로 보상청구권이 소멸되어 보상을 받지 못한 토지에 대하여 시·도지사가 그 손실을 보상하도록 규정하고 있는바, 위 손실보상청구권의 법적 성질은 공법상의 권리임이 분명하므로 그에 관한 쟁송은 민사소송이 아닌 행정소송절차에 의하여야 할 것이고, 위 손실보상청구권은 개정 특조법 제2조 소정의 토지가 하천구역으로 된 경우에 당연히 발생되는 것이지, 관리청의 보상금지급결정에 의하여 비로소 발생하는 것이 아니므로, 위 손실보상금의 지급을 구하거나 손실보상청구권의 확인을 구하는 소송은 「행정소송법」제3조제2호 소정의 당사자소송에 의하여야 할 것이다(대법원 2006.5.18. 선고 2004다6207 전원합의체 판결 등 참조)(대법원 2006.11.9. 선고 2006다23503 판결).

■ 항고소송에서 행정처분의 적법성에 관한 증명책임은 누구에게 있나요?

Q 항고소송에서 행정처분의 적법성에 관한 증명책임은 누구에게 있나요?

A 민사소송법 규정이 준용되는 행정소송에서의 증명책임은 원칙적으로 민사소송 일반원칙에 따라 당사자 간에 분배되고, 항고소송의 경우에는 그 특성에 따라 처분의 적법성을 주장하는 피고에게 적법사유에 대한 증명책임이 있습니다. 피고가 주장하는 일정한 처분의 적법성에 관하여 합리적으로 수긍할 수 있는 일응의 증명이 있는 경우에 처분은 정당하며, 이와 상반되는 주장과 증명은 상대방인 원고에게 책임이 돌아갑니다(대법원 2016.10.27. 선고 2015두42817 판결참조).

♣♣ 관련판례

기업자가 수용과정에서 아무런 보상 없이 수용대상이 아닌 목적물을 철거함으로써 그 소유자 등에게 손해를 입혔다면 이는 불법행위를 구성하는 것으로서 이와 같은 불법행위로 인한 손해금의 지급을 구하는 소는 손실보상이라는 용어를 사용하였다고 하여도 민사상의 손해배상청구로 보아야 한다(대법원 2001.9.4, 선고, 99두11080 판결).

■ 항고소송에서 위법여부 판단기준 시점은 언제인가요?

Q 항고소송에서 위법여부 판단기준 시점은 언제인가요? 처분 이후의 자료나 행정청에 제출된 자료가 위법여부 판단에 반영될 수 있는 지요?

A 항고소송에서 행정처분의 적법 여부는 특별한 사정이 없는 한 행정처분 당시를 기준으로 판단하여야 합니다(대법원 1993.5.27. 92누19033 판결참조). 그런데 여기서 행정처분의 위법 여부를 판단하는 기준 시점에 관하여 판결 시가 아니라 처분 시라고 하는 의미는 행정처분이 있을 때의 법령과 사실상태를 기준으로 하여 위법 여부를 판단하며 처분 후 법령의 개폐나 사실상태의 변동에 영향을 받지 않는다는 뜻이지 처분 당시 존재하였던 자료나 행정청에 제출되었던 자료만으로 위법 여부를 판단한다는 의미는 아닙니다. 따라서 처분 당시의 사실상태 등에 관한 증명은 사실심 변론종결 당시까지 할 수 있고, 법원은 행정처분 당시 행정청이 알고 있었던 자료뿐만 아니라 사실심 변론종결 당시까지 제출된 모든 자료를 종합하여 처분 당시 존재하였던 객관적 사실을 확정하고 그 사실에 기초하여 처분의 위법 여부를 판단할 수 있습니다(대법원 2017.4.7. 선고 2014두37122 판결참조).

⚙ 관련판례

조례가 집행행위의 개입 없이도 그 자체로서 직접 국민의 구체적인 권리의무나 법적 이익에 영향을 미치는 등의 법률상 효과를 발생하는 경우 그 조례는 항고소송의 대상이 되는 행정처분에 해당하고, 이러한 조례에 대한 무효확인소송을 제기함에 있어서 「행정소송법」 제38조제1항, 제13조에 의하여 피고적격이 있는 처분 등을 행한 행정청은, 행정주체인 지방자치단체 또는 지방자치단체의 내부적 의결기관으로서 지방자치단체의 의사를 외부에 표시한 권한이 없는 지방의회가 아니라, 구 「지방자치법」(1994.3.16. 법률 제4741호로 개정되기 전의 것) 제19조제2항, 제92조에 의하여 지방자치단체의 집행기관으로서 조례로서의 효력을 발생시키는 공포권이 있는 지방자치단체의 장이다(대법원 1996.9.20. 선고 95누8003 판결).

Q 이행강제금 부과처분에 대하여 항고소송을 제기할 수 있나요?

A 종래 이행강제금 부과처분에 관하여 대법원은 "비송사건절차법에 의한 재판을 하도록 규정되어 있는바, 위 법규정에 의하면 건축법 제83조의 규정에 의하여 부과된 이행강제금 부과처분의 당부는 최종적으로 비송사건절차법에 의한 절차에 의하여만 판단되어야 한다고 보아야 할 것이므로 위와 같은 이행강제금 부과처분은 행정소송의 대상이 되는 행정처분이라고 볼 수 없다"고 판시하였고(대법원 2000.9.22. 선고 2000두5722 판결참조), 이에 따라 이행강제금 부과처분에 대해서는 항고소송을 제기할 수 없었습니다.
그런데 최근 대법원은 기존의 입장을 변경하여 건축법상 이행강제금 부과처분의 취소를 구한 항고소송에서 이행강제금 부과처분을 항고소송의 대상이 되는 처분으로 전제하고 본안심리를 판단한 사례가 있습니다(대법원 2012.3.29. 2011두27919 판결참조).

⚖ **관련판례 1**

구 「공유토지분할에관한특례법」(1986.5.8. 법률 제3811호로 제정, 1991.12.31. 실효)에 따른 공유토지의 분할과 이에 부수되는 권리·의무관계는 같은 법이 정한 특수한 불복절차에 의하여서만 판단되어야 하고 이외의 방법으로는 이를 다툴 수 없다(대법원 1996.11.15. 선고 94누10597 판결).

⚖ **관련판례 2**

가. 「행정소송법」 제19조는 취소소송은 행정청의 원처분을 대상으로 하되(원처분주의), 다만 "재결 자체에 고유한 위법이 있음을 이유로 하는 경우"에 한하여 행정심판의 재결도 취소소송의 대상으로 삼을 수 있도록 규정하고 있으므로 재결취소소송의 경우 재결 자체에 고유한 위법이 있는지 여부를 심리할 것이고, 재결 자체에 고유한 위법이 없는 경우에는 원처분의 당부와는 상관없이 당해 재결취소소송은 이를 기각하여야 한다.
나. 「행정심판법」 제39조가 심판청구에 대한 재결에 대하여 다시 심판청구를 제기할 수 없도록 규정하고 있으므로, 이 재결에 대하여는 바로 취소소송을 제기할 수 있다(대법원 1994.1.25. 선고 93누16901 판결).

Q 공법상 권리관계에 관한 소송을 당사자소송으로 제기할 수 있다고 하는데, 이 경우에도 당사자소송으로 제기하면 될까요?

A 당사자소송은 행정청의 처분등을 원인으로 하는 법률관계에 관한 소송 그 밖에 공법상의 법률관계에 관한 소송으로서 그 법률관계의 한쪽 당사자를 피고로 하는 소송을 말합니다(행정소송법 제3조 제2호).

당사자소송은 금전지급을 받을 권리가 법령에 의하여 이미 구체적으로 명확하게 확정되어 있어 행정청의 지급결정이 단순한 사실행위에 불과한 경우에 문제된 권리가 공권으로 해석되는 경우 제기하는 소송입니다. 이는 행정청의 지급결정에 의하여 금전지급 받을 권리가 비로소 구체적으로 확정되는 경우에 지급결정을 받기 위해 항고소송을 제기하는 것과 구별됩니다.

공무원연금법상 급여지급청구권은 공무원연금관리공단이 그 지급결정을 함으로써 그 구체적인 권리가 발생하는 것으로, 이를 당사자소송으로 제기할 수 없다할 것입니다. 대법원도 "공무원연금법령상 급여를 받으려고 하는 자는 우선 관계 법령에 따라 공무원연금공단에 급여지급을 신청하여 공무원연금공단이 이를 거부하거나 일부 금액만 인정하는 급여지급결정을 하는 경우 그 결정을 대상으로 항고소송을 제기하는 등으로 구체적 권리를 인정받아야 하고, 구체적인 권리가 발생하지 않은 상태에서 곧바로 공무원연금공단을 상대로 한 당사자소송으로 권리의 확인이나 급여의 지급을 소구하는 것은 허용되지 아니한다."고 판시한 바 있습니다(2017.2.9. 선고 2014두43264 판결).

이와 같은 경우에는 공무원연금관리공단으로부터 급여에 관한 결정을 받은 뒤, 이에 대해 불복할 경우 공무원연금급여재심위원회의 심사결정을 거쳐 공무원연금관리공단의 급여결정을 대상으로 행정소송을 제기해야할 것입니다(대법원 1996.12.6. 96누6417판결참조).

⚖️ 관련판례

가. 행정처분의 직접 상대방이 아닌 제3자도 행정처분의 취소를 구할 법률상 이익이 있는 경우에는 원고적격이 인정된다 할 것이나, 법률상 이익은 당해 처분의 근거법률에 의하여 보호되는 직접적이고 구체적 이익이 있는 경우를 말하고, 간접적이거나 사실적, 경제적 이해관계를 가지는 데 불과한 경우는 포함되지 아니한다.

나. 「행정소송법」 제4조제3호에 규정된 부작위위법확인의 소는 행정청이 당사자의 법규상 또는 조리상의 권리에 기한 신청에 대하여 상당한 기간 내에 신청을 인용하는 적극적 처분 또는 각하하거나 기각하는 등의 소극적 처분을 하여야 할 법률상 응답의무가 있음에도 불구하고 이를 하지 아니하는 경우 부작위가 위법하다는 것을 확인함으로써 행정청의 응답을 신속하게 하여 부작위 또는 무응답이라고 하는 소극적 위법상태를 제거하는 것을 목적으로 하는 제도이다.

다. 부작위위법확인소송은 처분의 신청을 한 자로서 부작위의 위법확인을 구할 법률상 이익이 있는 자만이 제기할 수 있다 할 것이며 이를 통하여 구하는 행정청의 응답행위는 「행정소송법」 제2조제1항 제1호 소정의 처분에 관한 것이라야 하므로 당사자가 행정청에 대하여 어떠한 행정행위를 하여 줄 것을 신청하지 아니하였거나 신청을 하였더라도 당사자가 행정청에 대하여 그러한 행정행위를 하여 줄 것을 요구할 수 있는 법규상 또는 조리상 권리를 갖고 있지 아니하든지 또는 행정청이 당사자의 신청에 대하여 거부처분을 한 경우에는 원고적격이 없거나 항고소송의 대상인 위법한 부작위가 있다고 볼 수 없어 그 부작위위법확인의 소는 부적법하다(대법원 1993.4.23. 선고 92누17099 판결).

■ 변경계약을 취소한 것에 대해 항고소송을 제기하여 적법성을 다툴 수 있을까요?

Q 산업단지관리공단이 구 산업집적활성화 및 공장설립에 관한 법률 제38조 제2항에 따른 변경계약을 취소한 것에 대해 항고소송을 제기하여 적법성을 다툴 수 있을까요?

A 항고소송의 대상이 되는 처분은 '행정청이 행하는 구체적 사실에 관한 법집행으로서의 공권력의 행사 또는 그 거부와 그 밖에 이에 준하는 행정작용'을 의미합니다(행정소송법 제2조). 산업단지관리공단의 변경계약 취소에 대해 항고소송으로 다투려면 이것이 항고소송의 대상에 해당해야할 것입니다.

이와 관련하여 대법원은 "구 산업집적활성화 및 공장설립에 관한 법률 (2013.3.23. 법률 제11690호로 개정되기 전의 것) 제13조 제1항, 제2항 제2호, 제30조 제1항 제2호, 제2항 제3호, 제38조 제1항, 제2항, 제40조, 제40조의2, 제42조 제1항 제4호, 제5호, 제2항, 제5항, 제43조, 제43조의3, 제52조 제2항 제5호, 제6호, 제53조 제4호, 제55조 제1항 제4호, 제2항 제9호 규정들에서 알 수 있는 산업단지관리공단의 지위, 입주계약 및 변경계약의 효과, 입주계약 및 변경계약 체결 의무와 그 의무를 불이행한 경우의 형사적 내지 행정적 제재, 입주계약해지의 절차, 해지통보에 수반되는 법적 의무 및 그 의무를 불이행한 경우의 형사적 내지 행정적 제재 등을 종합적으로 고려하면, 입주변경계약 취소는 행정청인 관리권자로부터 관리업무를 위탁받은 산업단지관리공단이 우월적 지위에서 입주기업체들에게 일정한 법률상 효과를 발생하게 하는 것으로서 항고소송의 대상이 되는 행정처분에 해당한다"고 판시한 바 있습니다(대법원 2017.6.15. 선고 2014두46843 판결). 이러한 판례의 입장에 따르면 산업단지관리공단의 변경계약 취소처분에 대한 항고소송제기는 적법한 것으로 판단됩니다.

다만, 본 사안의 처분은 일종의 수익적 처분을 취소하는 것인데, 이러한 경우와 같이 이미 취득한 국민의 기존 이익과 권리를 박탈하는 별개의 행정처분으로, 취소될 행정처분에 하자가 있어야 하고, 나아가 행정처분에 하자가 있다고 하더라도 취소해야 할 공익상 필요와 취소로 당사자가 입게 될 기득권과 신뢰보호 및 법률생활 안정의 침해 등 불이익을 비교, 교량한 후 공익상 필요가 당사자가 입을 불이익을 정당화할 만큼 강한 경우에 한하여 취소할 수 있다는 것이 대법원 판례의 일관된 입장입니다. 그리고 이러한 하자나 취소해야 할 필요성에 관한 증명책임은 기존 이익과 권리를 침해하는 처분을 한 행정청에게 있다 할 것입니다.

⚖ 관련판례 1

위법한 행정처분의 취소를 구하는 소는 위법한 처분에 의하여 발생한 위법상태를 배제하여 원상으로 회복시키고 그 처분으로 침해되거나 방해받은 권리와 이익을 보호 구제하고자 하는 소송이므로 비록 그 위법한 처분을 취소한다 하더라도 원상회복이 불가능한 경우에는 그 취소를 구할 이익이 없다(대법원 1992.4.24. 선고 91누11131 판결).

⚖ 관련판례 2

종래 전공상자로 인정받아 국가유공자예우등에관한법률(종전의 군사원호보상급여금법)에 의한 연금수혜의 혜택을 받아오던 원고에 대하여 행정청이 전공상자가 아니었음이 밝혀졌다 하여 그 수혜대상에서 제외하는 제적처분을 하였으나 원고는 전공상자임이 틀림없고 위 제적처분은 잘못된 것이므로 그 수혜대상자임의 확인과 그간의 미지급연금의 지급을 구한다는 청구는 행정소송법상의 당사자소송으로 본다 할지라도 원고의 청구가 이유있기 위하여는 원고가 전공상자이고 연금수혜대상자임에 틀림없다는 주장·입증을 하는 것만으로는 부족하고 원고를 연금수혜대상자에서 제외시킨 제적처분(행정처분)이 무효라는 점까지 주장·입증하여야 한다(대법원 1991.9.24. 선고 90누9292 판결).

Q 항고소송의 대상이 되는 것은 처분이라고 하던데, 과세관청의 세무
조사결정에 대하여 항고소송을 제기할 수 있나요?

A 항고소송의 대상이 되는 처분은 '행정청이 행하는 구체적 사실에 관한
법집행으로서의 공권력의 행사 또는 그 거부와 그 밖에 이에 준하는
행정작용'을 의미합니다(행정소송법 제2조 제1항 제1호). 이러한 처분이
항고소송의 대상이 될 수 있는 지의 문제는 추상적·일반적으로 결정
할 수 없고, 구체적인 경우 행정처분은 행정청이 공권력의 주체로서 행
하는 구체적 사실에 관한 법집행으로서 국민의 권리의무에 직접적으로
영향을 미치는 행위라는 점을 염두에 두고, 관련 법령의 내용과 취지,
그 행위의 주체·내용·형식·절차, 그 행위와 상대방 등 이해관계인이
입는 불이익과의 실질적 견련성, 그리고 법치행정의 원리와 당해 행위
에 관련한 행정청 및 이해관계인의 태도 등을 참작하여 개별적으로 결
정되어야 한다는 것이 대법원 판례의 일관된 입장입니다.
세무조사결정의 처분성과 관련하여 대법원은 "부과처분을 위한 과세관
청의 질문조사권이 행해지는 세무조사결정이 있는 경우 납세의무자는
세무공무원의 과세자료 수집을 위한 질문에 대답하고 검사를 수인하여
야 할 법적 의무를 부담하게 되는 점, 세무조사는 기본적으로 적정하고
공평한 과세의 실현을 위하여 필요한 최소한의 범위 안에서 행하여져
야 하고, 더욱이 동일한 세목 및 과세기간에 대한 재조사는 납세자의
영업의 자유 등 권익을 심각하게 침해할 뿐만 아니라 과세관청에 의한
자의적인 세무조사의 위험마저 있으므로 조세공평의 원칙에 현저히 반
하는 예외적인 경우를 제외하고는 금지될 필요가 있는 점, 납세의무자
로 하여금 개개의 과태료 처분에 대하여 불복하거나 조사 종료 후의
과세처분에 대하여만 다툴 수 있도록 하는 것보다는 그에 앞서 세무조
사결정에 대하여 다툼으로써 분쟁을 조기에 근본적으로 해결할 수 있
는 점 등을 종합하면, 세무조사결정은 납세의무자의 권리·의무에 직접

영향을 미치는 공권력의 행사에 따른 행정작용으로서 항고소송의 대상
이 된다."고 판시한 바 있습니다(대법원 2011.3.10. 선고 2009두23617
판결). 이와 같은 판례의 입장에 따르면, 과세관청의 세무조사결정에 대
해서도 항고소송을 제기할 수 있다고 할 것입니다.

⚖ 관련판례

행정소송법 제4조 제3호에 규정된 부작위위법확인소송은 행정청이 당사자의 신
청에 대하여 상당한 기간 내에 일정한 처분을 하여야 할 법률상 의무가 있음에
도 불구하고 이를 하지 아니하는 경우에 그 부작위가 위법하다는 것을 확인하
는 소송으로서 당사자의 신청에 대한 행정청의 처분이 존재하지 아니하는 경우
에 허용되는 것이므로, 당사자의 신청에 대하여 행정청이 거부처분을 한 경우
에는 그 거부처분에 대하여 취소소송을 제기하여야 하고 행정처분의 부존재를
전제로 한 부작위위법확인소송을 제기할 수 없는 것이다(대법원 1990.12.11,
선고, 90누4266 판결).

■ 검사를 상대로 압수물을 돌려주지 않은 것에 대한 부작위위법확인소송을 제기할 수 있는지요?

Q 甲은 해외여행 중 구입한 기념품을 가지고 귀국하다가 관세법 위반 혐의로 기소되어 기념품을 압수당하였습니다. 이후 형사재판에서 무죄를 받았는데, 압수되었던 기념품을 환부신청하고도 돌려받지 못하였습니다. 甲은 검사를 상대로 압수물을 돌려주지 않은 것에 대한 부작위위법확인소송을 제기할 수 있는지요?

A 부작위위법확인소송의 대상은 행정청의 부작위이고, 부작위란 행정청이 신청에 대하여 상당 기간에 일정한 처분을 할 법률상 의무가 있음에도 이를 하지 않는 것을 말합니다(행정소송법 제2조 제1항 제2호). 즉, 신청인의 신청 내용이 행정청에 대하여 행정소송의 대상인 '처분'을 요구하는 것이어야 하며, 비권력적 사실행위나 사경제적 계약체결 등을 구하는 신청 등에 대한 무응답은 부작위위법확인소송의 대상이 될 수 없습니다. 형사재판에서 무죄가 확정된 경우 압수물에 대한 환부의무는 당연히 발생하고(형사소송법 제332조) 검사의 환부결정 등 어떠한 처분에 의하여 비로소 환부의무가 발생하는 것이 아니므로, 압수가 해제된 것으로 간주된 압수물의 환부를 신청한 데 대하여 검사가 아무런 응답을 하지 아니하고 있다고 하더라도 그와 같은 부작위는 부작위위법확인소송의 되지 않습니다(대법원 1995.3.10. 선고 94누14018 판결). 따라서 甲은 검사를 상대로 부작위위법확인소송을 제기하기 어렵다고 판단됩니다.

❧ 관련판례

검사의 불기소결정에 대하여는 검찰청법에 규정된 항고 및 재항고절차나 형사소송법에 규정된 재정신청절차에 의하여 그 당부를 다툴 수 있는 것인 바, 위와 같은 형벌권의 발동에 관한 쟁송절차인 재항고절차에서 검찰총장이 한 재항고각하결정은 행정소송의 대상이 되는 처분이라고 볼 수 없다(대법원 1990.1.23, 선고, 89누3014 판결).

■ 부당노동행위 구제절차 중 민사소송에서 패소한 경우 행정소송을 제기할 수 있는지요?

Q 근로자 甲은 자신에 대한 해고가 부당노동행위에 해당한다고 주장하여 구제신청을 하였습니다. 그런데 구제절차가 진행하는 도중에 자신이 별도로 제기한 해고 등 무효확인소송에서 청구기각 판결이 선고되어 확정되었습니다. 甲은 부당노동행위에 대한 구제절차를 계속 진행하거나 행정소송을 제기할 수 있는지요?

A 부당노동행위에 대한 구제명령은 직접 근로자와 사용자 사이에 사법상 법률관계를 발생시키거나 변경시키는 것은 아니며, 사용자에게 구제명령에 따를 공법상 의무를 부담하게 할 뿐입니다. 근로자가 자신에 대한 부당노동행위에 대하여 노동위원회에 구제신청을 하여 그 구제절차가 진행하는 중에 자신이 별도로 제기한 해고 등 무효확인청구와 같은 민사소송에서 청구기각 판결이 선고되어 확정된 경우에는 구제이익이 소멸하며, 이에 따라 노동위원회의 명령이나 처분의 취소를 구할 법률상 이익도 소멸하게 됩니다(대법원 1992.11.24. 선고 92누9766 판결).

따라서 甲도 노동위원회의 구제절차 진행 중에 해고 등 무효확인소송에서 패소하였다면, 구제절차를 계속 진행하거나 이후에 행정소송을 제기하기 어렵다고 판단됩니다.

☙☙ 관련판례

국가의 훈기부상 화랑무공훈장을 수여받은 것으로 기재되어 있는 원고가 태극무공훈장을 수여받은 자임을 확인하라는 이 소 청구는, 이러한 확인을 구하는 취지가 국가유공자로서의 보상 등 예우를 받는 데에 필요한 훈격을 확인받기 위한 것이더라도, 항고소송이 아니라 공법상의 법률관계에 관한 당사자소송에 속하는 것이므로 「행정소송법」 제30조의 규정에 의하여 국가를 피고로 하여야 할 것이다 (대법원 1990.10.23. 선고 90누4440 판결).

제2절 행정소송의 당사자 등

1. 원고적격

1-1. 취소소송의 원고적격

① 취소소송의 원고적격이란 개별·구체적인 사건에 있어서 취소소송을 제기할 수 있는 자격을 의미합니다.

② 행정소송법은 취소소송의 원고적격으로 처분 등의 취소를 구할 법률상 이익이 있는 자와 처분 등의 효과가 기간의 경과, 처분 등의 집행 그 밖의 사유로 인하여 소멸된 뒤에도 그 처분 등의 취소로 인하여 회복되는 법률상 이익이 있는 자가 제기할 수 있도록 규정하고 있습니다(제12조).

③ 판례는 행정처분의 직접 상대방이 아닌 제3자라 하더라도 그 행정처분으로 법률상 보호되는 이익을 침해당한 경우에는 취소소송의 원고적격이 있다고 하고 있습니다(대법원 2006.3.16. 선고 2006두330 전원합의체판결).

④ 이 경우 법률상 이익이란 원칙적으로 해당 처분 등의 근거 법규 및 관련 법규에 따라 보호되는 개별적·직접적·구체적인 이익이 있는 경우를 말하고 공익보호의 결과로 국민일반이 가지는 추상적·평균적·일반적 이익이나 반사적 이익과 같이 간접적이거나 사실적·경제적 이익까지 포함하는 것은 아닙니다(대법원 1992.12.8. 선고 91누13700 판결).

1-2. 무효등확인소송의 원고적격

① 무효등확인소송은 처분 등의 효력 유무 또는 존재 여부의 확인을 구할 법률상 이익이 있는 자가 제기할 수 있습니다(행정소송법 제35조).

② 무효등확인소송의 원고적격도 취소소송의 경우와 같이 행정처분의 직접 상대방이 아닌 제3자라 하더라도 그 처분으로 법률상 보호되는 이익을 침해당한 경우에는 그 처분의 무효확인을 구하는 소송을 제기할

자격이 있습니다(대법원 2006.7.28. 선고 2004두6716 판결).

③ 여기서 말하는 법률상 이익의 의미는 취소소송의 경우와 같습니다.

1-3. 부작위위법확인소송의 원고적격

① 부작위위법확인소송은 처분의 신청을 한 자로서 부작위의 위법의 확인을 구할 법률상 이익이 있는 자만이 제기할 수 있습니다(행정소송법 제36조).

② 부작위위법확인소송의 원고적격은 처분의 신청을 한 자에게만 인정되고 처분의 신청을 하지 않은 제3자 등에게는 인정되지 않습니다.

③ 여기서 말하는 법률상 이익의 의미는 취소소송의 경우와 같습니다.

1-4. 당사자소송의 원고적격

당사자소송은 처분 등을 원인으로 하는 법률관계 그 밖에 공법상의 법률관계에 관한 소송으로서 대등한 당사자 사이의 소송이므로, 항고소송에서와 같이 원고적격에 관한 제한은 없고 일반 민사소송의 원고적격이 그대로 준용됩니다(행정소송법 제8조제2항).

1-5. 민중소송과 기관소송의 원고적격

민중소송 및 기관소송은 법률이 정한 경우에 법률에 정한 자만이 제기할 수 있습니다(행정소송법 제45조).

2. 피고적격

2-1. 항고소송의 피고적격

① 항고소송은 다른 법률에 특별한 규정이 없는 한 그 처분 등을 행한 행정청을 피고로 합니다(행정소송법 제13조제1항 본문).

② 다만, 처분 등이 있은 뒤에 그 처분 등에 관계되는 권한이 다른 행정청에 승계된 때에는 이를 승계한 행정청을 피고로 합니다(행정소송법 제13조제1항 단서).

③ 피고가 되는 행정청이 없는 경우 그 처분 등에 관한 사무가 귀속되는 국가 또는 공공단체를 피고로 합니다(행정소송법 제13조제2항). 처분 등을 행한 행정청이란 원칙적으로 소송의 대상인 처분 등을 외부적으로 그의 명의로 행한 행정청을 말합니다(대법원 1994.6.14. 선고 94누1197 판결).

④ 다른 법률에서 피고적격을 규정하고 있는 예

- 공무원에 대한 징계처분 등에 대한 행정소송은 대통령의 처분 등의 경우에는 소속 장관을, 중앙선거관리위원장의 처분 등의 경우에는 중앙선거관리위원회의 사무총장을 각각 피고로 합니다(국가공무원법 제16조제2항).

- 경찰공무원에 대한 징계처분 등에 대한 행정소송은 경찰청장 또는 해양경찰청장을 피고로 하되, 임용권이 위임된 경우에는 그 위임을 받은 자를 피고로 합니다(경찰공무원법 제28조).

- 국회의장이 한 처분에 대한 행정소송은 사무총장을 피고로 합니다(국회사무처법 제4조제3항).

2-2. 당사자소송의 피고적격

당사자소송은 국가·공공단체 그 밖의 권리주체를 피고로 합니다(행정소송법 제39조).

2-3. 민중소송과 기관소송에서의 피고적격

민중소송과 기관소송은 개별 법률에서 정하는 바에 따릅니다.

2-4. 피고의 경정

① 원고는 피고를 잘못 지정한 때에는 피고의 경정을 신청할 수 있습니다. 이 경우 법원은 원고의 신청에 따라 결정으로써 피고의 경정을 허가할 수 있습니다(행정소송법 제14조제1항). 피고경정이란 소 제기 시 원고가 지정한 피고가 피고로서의 적합한 자격을 가진 자

가 아닐 경우에 일정한 요건 하에 피고를 적합한 자격을 가진 자로 변경하는 것을 말합니다.

② 법원은 항고소송이 제기된 후에 권한이 다른 행정청에 승계되거나 피고로 되는 행정청이 없게 된 때에는 당사자의 신청이나 직권에 따라 피고를 경정합니다(행정소송법 제14조제6항).

③ 피고의 경정이 있으면 새로운 피고에 대한 소송은 처음에 소를 제기한 때 제기된 것으로 보고 종전의 피고에 대한 소송은 취하된 것으로 봅니다(행정소송법 제14조제4항부터 제6항까지).

④ 이러한 피고의 경정은 사실심 변론종결 시까지만 가능합니다(대법원 1996.1.23. 선고 95누1378 판결).

■ 행정사건의 유형별 피고적격자

행정사건의 유형별 피고적격자 ("ㅇ" 또는 "X"로 정오 표시)		
체류기간연장 불허가처분취소	ㅇㅇ출입국관리사무소장	ㅇ
	법무부장관	X
교원소청심사위원회심사결정취소	교원소청심사위원회	ㅇ
	교육과학기술부 교원소청심사위원회	X
조세소송(국세)	ㅇㅇ세무서장	ㅇ
	국세심판원장	X
산재소송(근로복지공단)	근로복지공단	ㅇ
	이사장 ㅇㅇㅇ, ㅇㅇ지사,ㅇㅇ 본부	X
자동차운전면허처분취소	ㅇㅇ지방경찰청장	ㅇ
	ㅇㅇ지방경찰청	X
노동사건(중노위)	중앙노동위원회위원장	ㅇ
	중앙노동위원회, 회사	X
과징금,영업정지,지방세,이행강제금	ㅇㅇ구청장	ㅇ
	ㅇㅇ구	X
토지수용보상금증액	사업시행자	ㅇ
	중앙토지수용위원회	X
공무상요양불승인 처분취소	공무원연금관리공단	ㅇ
	위 공단 이사장	X
국가유공자비해당 결정취소	서울ㅇㅇ보훈지청장	ㅇ
	국가보훈처	X
정보공개거부처분취소	ㅇㅇ대학교총장 ㅇㅇㅇ	ㅇ
	학교법인 ㅇㅇ대학교 이사장ㅇㅇㅇ	X

3. 참가인

3-1. 제3자의 소송참가

① 법원은 소송의 결과에 따라 권리 또는 이익의 침해를 받을 제3자가 있
는 경우에는 당사자 또는 제3자의 신청이나 직권에 의하여 결정으로써

그 제3자를 소송에 참가시킬 수 있습니다(행정소송법 제16조제1항).

② 법원이 소송참가결정을 하려고 할 때에는 미리 당사자 및 제3자의 의견을 들어야 합니다(행정소송법 제16조제2항).

③ 소송참가 신청을 한 제3자는 그 신청을 각하한 결정에 대해 즉시항고할 수 있습니다(행정소송법 제16조제3항).

④ 즉시항고란 판결 이외의 재판인 결정·명령에 대한 독립의 간이한 상소인 항고를 신속한 해결의 필요 때문에 재판이 고지된 날부터 1주 이내에 해야 하는 항고를 말합니다(민사소송법 제444조).

⑤ 제3자가 소송에 참가하는 경우 소송목적이 공동소송인 모두에게 합일적으로 확정되어야 할 공동소송의 경우에 공동소송인 가운데 한 사람의 소송행위는 모두의 이익을 위해서만 효력을 가집니다(행정소송법 제16조제4항 및 민사소송법 제67조제1항).

3-2. 행정청의 소송참가

① 법원은 다른 행정청을 소송에 참가시킬 필요가 있다고 인정할 때에는 당사자 또는 해당 행정청의 신청이나 직권에 의하여 결정으로써 그 행정청을 소송에 참가시킬 수 있습니다(행정소송법 제17조제1항).

② 법원은 행정청의 소송참가결정을 하려고 할 때에는 당사자 및 해당 행정청의 의견을 들어야 합니다(행정소송법 제17조제2항).

4. 소송대리인

① 행정소송에서도 민사소송에 있어서와 같이 소송대리인이 인정되며 이에 대해서는 「민사소송법」에 따른 소송대리인에 관한 규정이 준용됩니다(행정소송법 제8조제2항).

② 따라서 원칙적으로 개별 법률에 따라 재판상 행위를 할 수 있는 대리인 외에는 변호사가 아니면 소송대리인이 될 수 없습니다(민사소송법 제87조).

③ 한편, 국가가 피고인 경우에는 법무부장관이 국가의 대표가 되며, 지방자치단체는 해당 지방자치단체의 장이 대표가 됩니다(국가를 당사자로 하는 소송에 관한 법률 제2조).

■ 당사자소송의 대상은 누구입니까?

Q 공무원연금법상 급여를 받으려고 합니다. 그런데 아직 공무원연금관리공단에서 지급결정을 아직 받지 못했습니다. 공법상 권리관계에 관한 소송을 당사자소송으로 제기할 수 있다고 하는데, 이 경우에도 당사자소송으로 제기하면 될까요?

A 당사자소송은 행정청의 처분등을 원인으로 하는 법률관계에 관한 소송 그 밖에 공법상의 법률관계에 관한 소송으로서 그 법률관계의 한쪽 당사자를 피고로 하는 소송을 말합니다(행정소송법 제3조 제2호).

당사자소송은 금전지급을 받을 권리가 법령에 의하여 이미 구체적으로 명확하게 확정되어 있어 행정청의 지급결정이 단순한 사실행위에 불과한 경우에 문제된 권리가 공권으로 해석되는 경우 제기하는 소송입니다. 이는 행정청의 지급결정에 의하여 금전지급 받을 권리가 비로소 구체적으로 확정되는 경우에 지급결정을 받기 위해 항고소송을 제기하는 것과 구별됩니다.

공무원연금법상 급여지급청구권은 공무원연금관리공단이 그 지급결정을 함으로써 그 구체적인 권리가 발생하는 것으로, 이를 당사자소송으로 제기할 수 없다할 것입니다. 대법원도 "공무원연금법령상 급여를 받으려고 하는 자는 우선 관계 법령에 따라 공무원연금공단에 급여지급을 신청하여 공무원연금공단이 이를 거부하거나 일부 금액만 인정하는 급여지급결정을 하는 경우 그 결정을 대상으로 항고소송을 제기하는 등으로 구체적 권리를 인정받아야 하고, 구체적인 권리가 발생하지 않은 상태에서 곧바로 공무원연금공단을 상대로 한 당사자소송으로 권리의 확인이나 급여의 지급을 소구하는 것은 허용되지 아니한다."고 판시한 바 있습니다(2017.2.9. 선고 2014두43264 판결).

이와 같은 경우에는 공무원연금관리공단으로부터 급여에 관한 결정을 받은 뒤, 이에 대해 불복할 경우 공무원연금급여재심위원회의 심사결정을 거쳐 공무원연금관리공단의 급여결정을 대상으로 행정소송을 제기해야할 것입니다(대법원 1996.12.6. 96누6417판결참조).

⚖ 관련판례

[1] 행정처분의 직접 상대방이 아닌 제3자라 하더라도 당해 행정처분으로 인하여 법률상 보호되는 이익을 침해당한 경우에는 그 처분의 취소나 무효확인을 구하는 행정소송을 제기하여 그 당부의 판단을 받을 자격이 있으며, 여기에서 말하는 법률상 보호되는 이익은 당해 처분의 근거 법규 및 관련 법규에 의하여 보호되는 개별적·직접적·구체적 이익을 말한다.

[2] 일반적으로 면허나 인·허가 등의 수익적 행정처분의 근거가 되는 법률이 해당 업자들 사이의 과당경쟁으로 인한 경영의 불합리를 방지하는 것도 그 목적으로 하고 있는 경우, 다른 업자에 대한 면허나 인·허가 등의 수익적 행정처분에 대하여 이미 같은 종류의 면허나 인·허가 등의 수익적 행정처분을 받아 영업을 하고 있는 기존의 업자는 경업자에 대하여 이루어진 면허나 인·허가 등 행정처분의 상대방이 아니라 하더라도 당해 행정처분의 취소를 구할 원고적격이 있다.

[3] 구 오수·분뇨 및 축산폐수의 처리에 관한 법률(2002.12.26. 법률 제6827호로 개정되기 전의 것)과 같은 법 시행령(2003.7.25. 대통령령 제18065호로 개정되기 전의 것)상 업종을 분뇨와 축산폐수 수집·운반업 및 정화조 청소업으로 하여 분뇨 등 관련 영업허가를 받아 영업을 하고 있는 기존 업자의 이익이 법률상 보호되는 이익이라고 보아, 기존 업자에게 경업자에 대한 영업허가처분의 취소를 구할 원고적격이 있다고 한 사례(대법원 2006.7.28, 선고, 2004두6716 판결).

■ 당사자소송에서 피고 및 피고경정이 가능한지요?

Q 저는 사업주로서 근로복지공단에 고용·산재보험료 일부를 납부하였습니다. 그런데 이후 국민건강보험공단이 저에게 나머지 보험료를 납부할 것을 독촉하였습니다. 저는 우선 근로복지공단에 일부 납부한 고용·산재보험료를 반환받고 싶어서 국민건강보험공단을 상대로 민사소송을 제기하면 되는 것인가요?

A 고용보험 및 산업재해보상보험의 보험료징수 등에 관한 법률 제4조, 제16조의2, 제17조, 제19조, 제23조의 각 규정에 의하면, 사업주가 당연가입자가 되는 고용보험 및 산재보험에서 보험료 납부의무 부존재확인의 소는 공법상의 법률관계 자체를 다투는 소송으로서 공법상 당사자소송에 해당합니다. 따라서 민사소송으로 제기할 수는 없습니다.

고용보험 및 산업재해보상보험의 보험료징수 등에 관한 법률 제4조는 '고용보험법 및 산업재해보상보험법에 따른 보험사업에 관하여 이 법에서 정한 사항은 고용노동부장관으로부터 위탁을 받아 근로복지공단이 수행하되, 보험료의 체납관리 등의 징수업무는 국민건강보험공단이 고용노동부장관으로부터 위탁을 받아 수행한다.'고 규정하고 있습니다. 부당이득반환청구는 이익의 귀속주체를 그 상대방으로 하여 제기되어야 할 것입니다. 고용·산재보험료의 귀속주체에 관하여 대법원은 "고용·산재보험료의 귀속주체, 즉 사업주가 각 보험료 납부의무를 부담하는 상대방은 근로복지공단이고, 국민건강보험공단은 단지 각 보험료의 징수업무를 수행하는 데에 불과하므로, 고용·산재보험료 납부의무 부존재확인의 소는 근로복지공단을 피고로 하여 제기하여야 한다."고 판시한 바 있습니다(대법원 2016.10.13. 2016다221658 판결).

⚖ 관련판례

[1] 행정처분의 직접 상대방이 아닌 제3자라 하더라도 당해 행정처분으로 인하여 법률상 보호되는 이익을 침해당한 경우에는 그 처분의 무효확인을 구하는 행정소송을 제기하여 그 당부의 판단을 받을 자격이 있다 할 것이며, 여기에서

말하는 법률상 보호되는 이익이라 함은 당해 처분의 근거 법규 및 관련 법규에 의하여 보호되는 개별적·직접적·구체적 이익이 있는 경우를 말하고, 공익보호의 결과로 국민 일반이 공통적으로 가지는 일반적·간접적·추상적 이익이 생기는 경우에는 법률상 보호되는 이익이 있다고 할 수 없다.

[2] 공유수면매립면허처분과 농지개량사업 시행인가처분의 근거 법규 또는 관련 법규가 되는 구 「공유수면매립법」(1997.4.10. 법률 제5337호로 개정되기 전의 것), 구 「농촌근대화촉진법」(1994.12.22. 법률 제4823호로 개정되기 전의 것), 구 「환경보전법」(1990.8.1. 법률 제4257호로 폐지), 구 「환경보전법 시행령」(1991.2.2. 대통령령 제13303호로 폐지), 구 「환경정책기본법」(1993.6.11. 법률 제4567호로 개정되기 전의 것), 구 「환경정책기본법 시행령」(1992.8.22. 대통령령 제13715호로 개정되기 전의 것)의 각 관련 규정의 취지는, 공유수면매립과 농지개량사업시행으로 인하여 직접적이고 중대한 환경피해를 입으리라고 예상되는 환경영향평가 대상지역 안의 주민들이 전과 비교하여 수인한도를 넘는 환경침해를 받지 아니하고 쾌적한 환경에서 생활할 수 있는 개별적 이익까지도 이를 보호하려는 데에 있다고 할 것이므로, 위 주민들이 공유수면매립면허처분 등과 관련하여 갖고 있는 위와 같은 환경상의 이익은 주민 개개인에 대하여 개별적으로 보호되는 직접적·구체적 이익으로서 그들에 대하여는 특단의 사정이 없는 한 환경상의 이익에 대한 침해 또는 침해우려가 있는 것으로 사실상 추정되어 공유수면매립면허처분 등의 무효확인을 구할 원고적격이 인정된다. 한편, 환경영향평가 대상지역 밖의 주민이라 할지라도 공유수면매립면허처분 등으로 인하여 그 처분 전과 비교하여 수인한도를 넘는 환경피해를 받거나 받을 우려가 있는 경우에는, 공유수면매립면허처분 등으로 인하여 환경상 이익에 대한 침해 또는 침해우려가 있다는 것을 입증함으로써 그 처분 등의 무효확인을 구할 원고적격을 인정받을 수 있다.

[3] 헌법 제35조 제1항에서 정하고 있는 환경권에 관한 규정만으로는 그 권리의 주체·대상·내용·행사방법 등이 구체적으로 정립되어 있다고 볼 수 없고, 환경정책기본법 제6조도 그 규정 내용 등에 비추어 국민에게 구체적인 권리를 부여한 것으로 볼 수 없다는 이유로, 환경영향평가 대상지역 밖에 거주하는 주민에게 헌법상의 환경권 또는 환경정책기본법에 근거하여 공유수면매립면허처분과 농지개량사업 시행인가처분의 무효확인을 구할 원고적격이 없다고 한 사례(대법원 2006.3.16. 선고 2006두330 전원합의체 판결).

■ 지방소득세 소득세분 취소소송에서 피고는 누구로 해야 하나요?

Q 지방소득세분에 관하여 항고소송은 누구에게 제기해야하는 건가요? 제가 이미 세무서장을 상대로 소득세 부과처분의 취소판결을 받았는데, 다시 별도로 지방소득세 부과처분 취소소송을 제기해야 할까요?

A 항고소송의 피고는 원칙적으로 해당 처분등을 행한 행정청을 피고로 합니다(행정소송법 제13조). 지방소득세는 소득세의 납세지를 관할하는 지방자치단체장이 부과하는 것으로(지방세법 제89조 참조) 납세의무자는 원칙적으로 지방소득세에 관한 다툼이 있을 경우 이를 징수한 지방자치단체의 장을 상대로 항고소송을 제기해야할 것입니다.

그런데 이미 세무서장을 상대로 소득세 부과처분 취소판결을 받았다면, 별도로 지방소득세 부과처분의 취소를 구해야하는 지에 관하여 대법원은 "구 지방세법(2010.6.4. 법률 제10340호로 개정되기 전의 것) 제176조의8 제3호는 지방소득세에서 사용하는 용어 중 소득세분이란 '소득세법에 따라 납부하여야 하는 소득세액을 과세표준으로 하는 지방소득세'를 말한다고 규정하고 있다. 그리고 제177조의4는 소득세분의 납세의무자는 이를 소득세의 납세지를 관할하는 시장·군수에게 납부하여야 하고(제1항), 세무서장이 국세기본법 또는 소득세법에 의한 경정·결정 등에 따라 부과고지방법에 의하여 소득세를 징수하는 경우에 소득세분을 함께 부과·고지하더라도 이는 해당 시장·군수가 부과고지한 것으로 보도록 규정하고 있으며(제2항 및 제5항), 세무서장이 소득세분의 과세표준이 된 소득세를 환급한 경우 소득세의 납세지를 관할하는 시장·군수에게 그 내역을 통보하여야 하고 시장·군수는 그 소득세분을 환부하여야 한다고 규정하고 있다(제4항).

따라서 지방소득세 소득세분의 취소를 구하는 항고소송은 세무서장이 아니라 납세의무자의 소득세 납세지를 관할하는 시장·군수를 상대로 하여야 하나, 관련 납세의무자로서는 세무서장을 상대로 한 소송에서 소득세 부과처분의 취소판결을 받으면 족하고 이와 별도로 지방소득세

소득세분 부과처분의 취소를 구하는 소를 제기할 필요도 없다"고 판시한 바 있습니다(대법원 2016.12.29 선고 2014두205 판결).

이와 같은 판례의 태도에 따르면, 이미 세무서장을 상대로 소득세 부과처분 취소판결을 받았다면 별도로 소득세분 부과처분 취소소송을 제기할 필요가 없을 것으로 보입니다.

⚖️ 관련판례

[1] 행정청이 국민의 신청에 대하여 한 거부행위가 항고소송의 대상이 되는 행정처분이 된다고 하기 위하여는 국민이 그 신청에 따른 행정행위를 하여 줄 것을 요구할 수 있는 법규상 또는 조리상의 권리가 있어야 하며 이러한 권리에 의하지 아니한 국민의 신청을 행정청이 받아들이지 아니하고 거부한 경우에는 이로 인하여 신청인의 권리나 법적 이익에 어떤 영향을 주는 것이 아니므로 그 거부행위를 가리켜 항고소송의 대상이 되는 행정처분이라고 할 수는 없다.

[2] 도시계획법, 건축법, 도로법 등 관계 법령상 주민에게 도로상 장애물의 철거를 신청할 수 있는 권리를 인정한 근거 법규가 없을 뿐 아니라 조리상 이를 인정할 수도 없고, 따라서 행정청이 인접 토지 소유자의 장애물 철거 요구를 거부한 행위는 항고소송의 대상이 되는 거부처분에 해당될 수 없다고 한 사례(대법원 1996.1.23. 선고 95누1378 판결).

■ 원고적격이 인정될 수 있는지요?

Q 갑이 을 명의 여권으로 대한민국에 입국한 뒤 난민 신청을 하였으나, 법무부장관이 을을 직접면담하고 조사하여 난민불인정처분을 받았습니다. 이때 갑이 해당 처분의 취소를 구할 수 있을까요?

A 취소소송의 원고적격은 처분등의 취소를 구할 법률상 이익이 있는 자가 제기할 수 있습니다(행정소송법 제12조).

사안과 같이 갑이 타인 명의로 여권을 만들어 입국하였는데, 난민신청에 대한 판단에 있어서 그 명의자를 직접면담하고 조사하여 받은 처분에 대해서는 직접적인 처분의 상대방이 아니라서 원칙적으로는 취소를 구할 원고적격이 인정되지 않을 것입니다. 그런데 대법원은 "미얀마 국적의 甲이 위명(僞名)인 '乙' 명의의 여권으로 대한민국에 입국한 뒤 乙 명의로 난민 신청을 하였으나 법무부장관이 乙 명의를 사용한 甲을 직접 면담하여 조사한 후 甲에 대하여 난민불인정 처분을 한 사안에서, 처분의 상대방은 허무인이 아니라 '乙'이라는 위명을 사용한 甲이라는 이유로, 甲이 처분의 취소를 구할 법률상 이익이 있다"고 판시한 바 있습니다(대법원 2017.3.9. 선고 2013두16852 판결).

이러한 판례의 입장에 따르면, 갑은 해당 난민불인정처분에 관하여 취소를 구할 원고적격이 인정될 것으로 판단됩니다.

♣♣ 관련판례

가. 항고소송은 원칙적으로 소송의 대상인 행정처분 등을 외부적으로 그의 명의로 행한 행정청을 피고로 하여야 하는 것으로서, 그 행정처분을 하게 된 연유가 상급행정청이나 타행정청의 지시나 통보에 의한 것이라 하여 다르지 않으며, 권한의 위임이나 위탁을 받아 수임행정청이 정당한 권한에 기하여 수임행정청 명의로 한 처분에 대하여는 말할 것도 없고, 내부위임이나 대리권을 수여받은데 불과하여 원행정청 명의나 대리관계를 밝히지 아니하고는 그의 명의로 처분 등을 할 권한이 없는 행정청이 권한 없이 그의 명의로 한 처분에 대하여도 처분명의자인 행정청이 피고가 되어야 한다.

나. 농지조성비 및 전용부담금 고지처분이 「농지의 보전 및 이용에 관한 법률 시행

규칙」 제8조의3제1항, 별지 제5호의4 서식에 의하여 된 것으로 인정되는바, 위 별지 제5호의4 서식에 의하면 그 납입고지권자 명의가 농어촌진흥공사로 되어 있고 달리 대리관계 등이 표시되어 있지 아니하므로 그 처분을 외부적으로 한 행정청은 농어촌진흥공사라 보아야 하고, 농어촌진흥공사에게 정당한 권한이 있는지 여부를 불문하고 위 처분의 취소를 구하는 항소소송의 피고는 농어촌진흥공사가 되어야 한다(대법원 1994.6.14. 선고 94누1197 판결).

■ 행정소송에서 피고를 잘못 지정한 경우 경정은 어떤 방법으로 하나요?

Q 저는 행정소송을 제기하면서 구청장을 피고로 하여야 하는데, 이를 잘못 알고 시장을 상대로 소송을 제기하였습니다. 이 경우 먼저 제기한 소송을 취하하고 다시 구청장을 상대로 소송을 제기하여야 하는지요?

A 행정소송의 경우에는 소송의 형태에 따라 피고적격자가 다를 뿐만 아니라, 항고소송의 경우 권리의무의 주체가 아닌 행정청을 피고로 하기 때문에 피고를 잘못 지정하는 경우가 민사소송의 경우보다 빈번히 발생합니다. 또한, 행정소송의 경우는 제소기간 등에 제한이 있어 피고경정을 허용하지 않을 경우 국민의 권리구제에 중대한 장애를 가져오기 때문에 행정소송법은 민사소송법에 피고경정에 관한 규정이 신설되기 전부터 일정한 요건 아래에서 피고경정을 허용하여 왔습니다(행정소송법 제14조).

위 법률에 따르면, 행정소송의 원고가 피고를 잘못 지정한 때에는 법원은 원고의 신청에 의하여 결정으로써 피고의 경정을 허가할 수 있고, 법원은 위 결정정본을 새로운 피고에게 송달하며, 원고의 신청이 각하된 경우에는 이에 대해 즉시항고를 할 수 있도록 되어 있습니다. 피고의 경정결정이 있는 때에는 새로운 피고에 대한 소송은 처음에 소를 제기한 때에 제기된 것으로 보아 제소기간의 제약을 받지 않도록 하고, 종전의 피고에 대한 소송은 취하된 것으로 보도록 하였습니다.

민사소송과 행정소송의 주된 차이점은 민사소송의 경우에는 피고가 본안(本案)에서 준비서면을 진술하거나 준비절차에서 진술하거나 변론을 한 후에는 그의 동의가 있는 경우에 한하여 피고경정이 가능한 반면, 행정소송의 경우에는 그러한 제한이 없이 피고경정이 가능하다는 점과 민사소송의 경우에는 서면에 의한 신청을 요하나, 행정소송에 있어서는 구두신청도 가능하다는 점입니다(민사소송법 제260조).

따라서 귀하께서는 시장을 상대로 먼저 제기한 소송을 취하할 필요 없이 피고를 구청장으로 경정해달라는 것을 법원에 신청하면 피고를 구청장으로 경정하여 결정을 받을 수 있을 것입니다.

참고로 판례는 "행정소송법 제14조 제1항 소정의 피고경정은 사실심 변론종결시까지만 가능하고 상고심에서는 허용되지 않는다."라고 하였습니다(대법원 2006.2.23.자 2005부4 결정). 여기서 '사실심' 이라함은 1심과 2심까지를 의미하므로 1심 판결 선고 후 항소를 하였다면 항소심 변론이 종결될 때까지만 피고를 경정할 수 있습니다.

■ 행정처분과 관련된 민사소송을 행정법원에 제기할 수는 없나요?

Q 행정처분과 관련된 민사소송을 행정법원에 제기할 수는 없나요?

A 제기할 수 있습니다. 당해 행정처분과 관련이 있는 관련청구인 이상 행정소송의 종류 및 피고를 달리하는 소송들에 대하여도 병합을 인정하고 있으므로 취소·무효를 구하는 항고소송에 당해 처분 등에 관련된 당사자소송이나 손해배상, 부당이득금반환, 원상회복 등 민사소송도 병합하여 행정법원에 제기하는 것이 가능합니다.

또한 행정법원에 취소소송이 심리중인 경우에는 사실심의 변론종결시까지 손해배상, 부당이득금반환, 원상회복 등 관련청구소송을 병합할 수 있습니다.

제3절 권리보호의 필요

1. 협의의 소의 이익

① 협의의 소의 이익이란 재판에 의해 분쟁을 해결할 권리보호의 필요성을 말합니다.

② 예를 들어 처분 등에 효력기간이 정해져 있는 경우 그 기간의 경과로 처분 등의 효력은 상실되므로 그 처분 등의 외형이 잔존함으로 인해 어떤 법률상 이익이 침해되었다고 볼 만한 별다른 사정이 없는 한 그 처분 등의 취소를 구할 소의 이익은 없게 됩니다(대법원 1999.2.23. 선고 98두14471 판결).

③ 협의의 소의 이익은 행정소송에 요구되는 소송요건의 하나이기 때문에 처분의 취소를 구할 소의 이익이 없는 경우, 소송요건의 흠결로 소는 각하됩니다(대법원 1987.2.24. 선고 86누676 판결).

④ 그러나 처분 등의 효과가 기간의 경과, 처분 등의 집행 그 밖의 사유로 소멸된 뒤에도 그 처분 등의 취소로 회복되는 법률상 이익이 있는 경우에는 소의 이익이 있습니다(행정소송법 제12조 후단).

⑤ 즉, 기간의 경과·처분의 집행 등 처분 후의 사정변경으로 처분의 효과가 소멸된 뒤에도 경우에 따라서는 그 처분의 취소를 구할 소의 이익이 있을 수 있으나, 구체적인 사안에 있어서 소의 이익이 있는지의 여부는 판례상 일치하는 것은 아닙니다.

2. 유형

2-1. 기간이 경과한 경우

① 판례는 처분에 효력기간이 정해져 있는 경우에는 그 기간의 경과로 처분의 효력이 상실되므로, 원칙적으로 그 기간의 경과 후에는 처분의 취소 또는 무효확인을 구할 소의 이익이 인정되지 않는다고 하고 있습니다(대법원 1992.7.10. 선고 92누3625 판결).

② 그러나 그 처분이 외형상 존재하여 어떠한 법률상의 이익이 침해되고 있다고 볼 만한 특별한 사정이 있는 경우에는 그 예외를 인정하는 경우도 있습니다.

③ 소의 이익이 부정된 사례

- 사립학교법인의 임원취임승인취소처분의 무효확인이나 취소를 구하는 소송의 계속 중에 그 임원의 임기가 만료되고 나아가 '사립학교법' 제22조제 2호의 임원 결격사유에 규정된 기간도 경과된 경우 (대법원 1995.3.10. 선고 94누8914 판결)

- 행정명령에 불과한 회계예규에 의해 부정당업자로서 제재를 받은 후 일정기간 국가가 발주하는 공사계약의 연대보증인이 될 수 없거나 입찰참가 자격제한 등을 받게 되는 경우(대법원 1995.7.14. 선고 95누4087 판결)

④ 소의 이익이 인정된 사례

- 국가공무원과 지방공무원에 대한 정직처분에 관하여 그 정직기간이 경과한 이후에도 일정한 기간에 걸쳐 승진임용이나 승급이 제한되는 등의 불이익 조치가 관계 법령에 별도로 규정된 경우, 징계처분에 대한 취소나 무효확인을 구할 법률상의 이익이 있음(대법원 1996.10.15. 선고 95누 8119 판결)

- 대학 입학시기가 지난 경우, 불합격처분의 취소를 구할 법률상 이익이 있음(대법원 1990.8.28. 선고 89누8255 판결)

2-2. 처분의 집행이 완료된 경우

① 처분의 집행이 완료된 경우에는 그 법적 효과가 소멸하고 통상 원상회복이 불가능하기 때문에 원칙적으로 소의 이익이 부정됩니다.

② 그러나 처분의 집행이 완료된 후라도 그 처분을 이유로 법률상의 불이익을 받을 우려가 있거나 처분의 취소에 의하여 법적으로 원상회복의무가 생기는 경우에는 소의 이익이 인정되는 경우가 있을 수 있습니다.

③ 소의 이익이 부정된 사례

- 행정청의 직장주택조합에 대한 조합원자격박탈지시처분에 따라 그 조합 이 총회에서 일부 조합원을 제명하고 조합원 변경을 이유로 조합설립변경인가를 받은 경우, 그 취소를 구할 법률상의 이익은 없음(대법원 1994.10.25. 선고 94누5403 판결)
- 건물철거대집행계고처분에 기한 대집행이 이미 사실행위로서 완료된 경우, 그 행위의 위법을 이유로 그 처분의 취소 또는 무효확인을 구할 법률상의 이익은 없음(대법원 1993.6.8. 선고 93누6164 판결, 대법원 1995.7.28. 선고 95누2623 판결, 대법원 1995.11.21. 선고 94누11293 판결)

2-3. 관련 법령이 개정되거나 폐지된 경우

② 처분 등이 있은 후 근거 법령의 개폐로 제도가 폐지되어 그 처분이 실효되는 경우에는 그 처분으로 인하여 침해된 이익을 회복될 가능성이 없으므로 소의 이익은 원칙적으로 부정됩니다.

② 소의 이익이 부정된 사례

- 토지거래 당사자가 '국토이용관리법'에 의한 토지거래신고를 하였다가 수리거부가 되어 그 수리거부처분에 대하여 취소소송을 제기하였는데, 그 후 해당 토지가 거래신고구역에서 해제된 경우(대법원 1998.3.10. 선고 96 누4558 판결)
- 주택건설사업계획 사전결정반려처분에 대한 취소소송이 계속하던 중에 관련법규의 개정으로 사전결정제도가 폐지된 경우(대법원 1999.6.11. 선고 97누379 판결)

2-4. 처분이 취소되면 회복되는 법률상 이익이 있는 경우

① 공무원에 대한 징계처분 후의 사정변경에 따라 신분회복이 불가능하게 된 경우 급여청구권 등을 고려하여 소의 이익을 인정한 사례가 있습니다.

② 공무원에 대한 파면처분 후 당연퇴직한 경우, 징계처분 이후 당연퇴직일까지의 기간에 대한 급여를 구할 필요가 있거나 다른 공직에의 취임제한 중의 법률상 불이익배제가 필요한 경우에 그 취소를 구할 소의 이익이 있음(대법원 1985.6.25. 선고 85누39 판결)

2-5. 처분이 취소 또는 변경된 경우

① 처분의 전부 또는 일부가 권한 있는 행정청에 의해 취소된 경우 해당 처분의 법적 효과는 취소판결 확정의 결과 소급적으로 무효가 되므로, 법적 효과가 소멸된 부분의 취소를 구할 소의 이익은 인정되지 않습니다.

② 직위해제처분 후 새로운 사유로 다시 직위해제처분을 한 경우 종전 처분은 묵시적으로 철회되어 그 효력을 상실하였으므로, 종전 처분의 취소를 구할 소의 이익이 없습니다(대법원 1996.10.15. 선고 95누8119 판결).

③ 건축허가취소처분의 취소를 구하는 소송의 계속 중에 행정심판절차에서 해당 처분을 취소하는 재결이 이루어지면 그 처분은 소급하여 효력을 잃게 되므로 이를 다툴 법률상의 이익이 없습니다(대법원 1997.5.30. 선고 96누18632 판결).

2-6. 그 밖의 경우

① 처분 후에 발생한 새로운 사정에 의하여 이익 침해가 해소됨으로써 소의 이익이 소멸하는 경우가 있습니다.

② 치과의사국가시험합격에 불합격한 이후 새로 실시된 시험에 합격된 경우나 사법시험 1차 시험에 불합격한 이후 새로이 실시된 같은 시험에 합격한 경우(대법원 1993.11.9. 선고 93누6867 판결)입니다.

■ 처분 후의 사정변경에 의하여 권익침해가 해소된 경우 소의 이익이 있는지요?

Q 甲은 2000.9.27.부터 ○○구청에서 공익근무요원으로 복무 중이었는데, 보충역 편입처분이 부정한 청탁에 의한 것이라는 이유로 취소되어 다시 징병신체검사를 받고 보충역 편입처분을 받고 2001.8. 27.부터 공익근무요원으로 복무하게 되었습니다. 甲은 2년의 복무기간이 2000. 9. 만료되었음을 이유로 소집해제신청을 하였지만 거부당하여 이에 대한 취소소송 중 복무기간 만료를 이유로 소집해제처분을 받았습니다. 甲은 계속 취소소송을 진행할 수 있는지요?

A 행정소송에서는 본안판결을 구할 정당한 이익 내지 필요가 있을 때에만 소를 제기할 수 있는데, 이와 같은 권리보호의 필요를 '소의 이익'이라고 합니다. 취소소송에서 소의 이익이 인정되기 위해서는 행정청이 한 처분의 효력이 존재하여 권리침해의 상태가 계속되거나 취소를 통하여 원상회복이 가능하여야 합니다. 이에 따라 행정소송법 제12조에서도 "취소소송은 처분 등의 취소를 구할 법률상 이익이 있는 자가 제기할 수 있다. 처분 등의 효과가 기간의 경과, 처분 등의 집행 그 밖의 사유로 인하여 소멸된 뒤에도 그 처분 등의 취소로 인하여 회복되는 법률상 이익이 있는 자의 경우에는 또한 같다."라고 규정하고 있습니다.

행정청의 처분이 있은 후의 사정변경으로 권리와 이익의 침해 등이 해소된 경우에는 그 처분의 취소를 구할 소의 이익이 없습니다. 공익근무요원 소집해제신청을 하였다가 거부당하여 거부처분에 대한 취소소송을 제기한 이후에 계속 공익근무요원으로 복무함에 따라 복무기간 만료를 이유로 소집해제처분을 받은 경우에는, 처분 후의 사정변경에 의해 권익침해가 해소되었다고 볼 수 있으므로 소집해제거부처분의 취소를 구할 소의 이익이 없습니다(대법원 2005.5.13. 선고 2004두4369 판결). 따라서 甲이 진행하고 있던 소집해제거부처분의 취소소송은 소의 이익이 없다는 이유로 각하될 것으로 보입니다.

⚖ 관련판례

구「주택건설촉진법」(1999.2.8. 법률 제5908호로 개정되기 전의 것)은 제32조의4에서 주택건설사업계획의 사전결정제도에 관하여 규정하고 있었으나 위 법률이 1999.2.8. 법률 제5908호로 개정되면서 위 제32조의4가 삭제되었고, 그 부칙 규정에 의하면 개정 후 법은 1999.3.1.부터 시행되며(부칙 제1조), 개정 후 법의 시행 당시 종전의 제32조의4의 규정에 의하여 사전결정을 한 주택건설사업은 종전의 규정에 따라 주택건설사업을 시행할 수 있다고 규정되어 있을 뿐(부칙 제2조), 개정 후 법의 시행 전에 사전결정의 신청이 있었으나 그 시행 당시 아직 사전결정이 되지 않은 경우에도 종전의 규정에 의한다는 취지의 규정을 두지 아니하고 있고, 따라서 개정 전의 법에 기한 주택건설사업계획 사전결정반려처분의 취소를 구하는 소송에서 승소한다고 하더라도 위 반려처분이 취소됨으로써 사전결정신청을 한 상태로 돌아갈 뿐이므로, 개정 후 법이 시행된 1999.3.1. 이후에는 사전결정신청에 기하여 행정청으로부터 개정 전 법 제32조의4 소정의 사전결정을 받을 여지가 없게 되었다고 할 것이어서 더 이상 소를 유지할 법률상의 이익이 없게 되었다고 할 것이다(대법원 1999.6.11. 선고 97누379 판결).

■ 항고소송으로 취소 또는 무효 확인을 구할 소의 이익이 있는지요?

Q 甲은 A도지사가 도에 설치·운영하는 B지방의료원의 환자이며, 乙은 같은 의료원의 직원입니다. A도지사는 B지방의료원을 폐업하겠다고 결정하고, B지방의료원을 해산한다는 내용의 조례를 공포하고 청산 절차를 마쳤습니다. 甲과 乙이 A도지사의 폐업결정을 취소소송을 통하여 다툴 수 있는지요?

A 행정처분의 무효 확인 또는 취소를 구하는 소에서 ,비록 행정처분의 위법을 이유로 무효 확인 또는 취소 판결을 받더라도 그 처분에 의하여 발생한 위법상태를 원상으로 회복시키는 것이 불가능한 경우에는 원칙적으로 그 무효 확인 또는 취소를 구할 소의 이익이 없고, 다만 원상회복이 불가능하더라도 그 무효 확인 또는 취소로 회복할 수 있는 다른 권리나 이익이 남아있는 경우에만 예외적으로 소의 이익이 인정될 수 있습니다(대법원 2016.6.10. 선고 2013두1638판결).
의료원이 이미 청산절차가 완료되어 폐업 전의 상태로 되돌리는 원상회복이 불가능하고, 의료원의 재개원이라는 목적을 달성할 수도 없고, 국가 배상청구 등을 구하기도 어려우므로, 甲과 乙이 폐업결정의 취소로 회복할 수 있는 다른 권리나 이익이 남아있다고 보기도 어렵습니다. 따라서 甲과 乙이 취소소송을 통하여 폐업결정을 다투기는 어려워 보입니다.

⚖ 관련판례 1

[1] 행정처분에 효력기간이 정하여져 있는 경우, 위 기간의 경과로 그 행정처분의 효력은 상실되므로 그 기간 경과 후에는 그 처분이 외형상 잔존함으로 인하여 어떠한 법률상 이익이 침해되었다고 볼 만한 별다른 사정이 없는 한 그 처분의 취소를 구할 법률상의 이익이 없다.

[2] 영업정지처분으로 조달청입찰참가자격사전심사기준 및 조달청시설공사적격심사세부기준에 의하여 3년 동안 신인도 감점의 불이익을 받게 된다고 하더라도 그와 같은 불이익은 사실상·경제상의 불이익에 불과할 뿐 그 취소를 구한 법률상의 이익이 있는 것이라고 볼 수 없다(대법원 1999.2.23. 선고 98두14471 판결).

⚖ 관련판례 2

국토이용관리법 소정의 토지거래신고구역에 관한 규정은 단속법규에 불과한 것으로 이에 위반한 거래계약의 사법적 효력까지 부인되는 것은 아니고, 다만 「부동산등기특별조치법」 제5조제2항에 의하여 그 신고구역 토지의 소유권이전등기신청에는 신고필증을 제출하도록 규정하고 있을 뿐인 점에 비추어 보면 당해 사안과 같이 토지거래 당사자가 그 거래신고 당시에는 당해 토지가 거래신고구역에 해당하여 그 신고를 하였다가 관할관청에 의하여 수리거부가 되었는데, 그 후 신고구역에서 해제된 경우에 있어서는 그 해제 이후 신고대상이 된 토지거래에 터잡아 소유권이전등기를 신청하는 데에는 위 「특별조치법」 제5조제2항의 규정은 그 적용이 없어 토지거래의 신고필증을 제출할 필요가 없다고 할 것이고, 그렇게 된 이상 이제는 당해 토지거래신고의 수리거부처분에 대하여 그 취소를 구하는 당해 소는 그 소의 이익이 없다(대법원 1998.3.10. 선고 96누4558 판결).

■ 영업양도계약이 무효인 경우 지위승계신고수리에 대해서 양도인이 무효확인을 구할 법률상 이익이 있는지요?

Q 제가 운영하던 식당영업을 타인에게 양도하기로 계약하고 양도한 뒤, 지위승계신고수리까지 마쳐졌습니다. 그런데 알고 보니 해당 영업양도계약이 무효였습니다. 그런데 아직 양수인에 대한 지위승계신고가 그대로 남아있는 상태입니다. 이러한 경우 제가 양수인에 대한 지위승계신고수리에 대해 무효를 주장할 수 있을까요?

A 행정청의 처분에 대한 무효확인소송을 제기하기 위해서는 해당 처분의 효력 유무에 대해 확인을 구할 법률상 이익이 있는 자여야 합니다(행정소송법 제35조). 사안에서 양도인이 영업양도가 무효임을 이유로 양수인에 대한 지위승계신고수리에 대해서도 무효를 주장할 법률상 이익이 있는지가 문제가 될 것입니다.

원칙적으로 처분의 당사자가 아닌 제3자는 처분의 위법성을 다툴 법률상 이익이 없습니다. 이와 관련하여 대법원도 "사업양도·양수에 따른 허가관청의 지위승계신고의 수리는 적법한 사업의 양도·양수가 있었음을 전제로 하는 것이므로 그 수리대상인 사업양도·양수가 존재하지 아니하거나 무효인 때에는 수리를 하였다 하더라도 그 수리는 유효한 대상이 없는 것으로서 당연히 무효라 할 것이고, 사업의 양도행위가 무효라고 주장하는 양도자는 민사쟁송으로 양도·양수행위의 무효를 구함이 없이 막바로 허가관청을 상대로 하여 행정소송으로 위 신고수리처분의 무효확인을 구할 법률상 이익이 있다고 할 것이다"라고 판시한 바 있습니다(대법원 2005.12.23. 선고 2005두3554 판결).

이와 같은 판례의 입장에 따를 때, 귀하께서 양수인에 대한 지위승계신고수리에 대해 무효확인을 구할 법률상 이익이 있을 것으로 보입니다.

⚖ **관련판례 1**

도시환경정비사업에 대한 사업시행계획에 당연 무효인 하자가 있는 경우에는 도시환경정비사업조합은 사업시행계획을 새로이 수립하여 관할관청에게서 인가를 받은 후 다시 분양신청을 받아 관리처분계획을 수립하여야 한다. 따라서 분양신청기간 내에 분양신청을 하지 않거나 분양신청을 철회함으로 인해 도시 및 주거환경정비법 제47조 및 조합 정관 규정에 의하여 조합원의 지위를 상실한 토지 등 소유자도 그때 분양신청을 함으로써 건축물 등을 분양받을 수 있으므로 관리처분계획의 무효확인 또는 취소를 구할 법률상 이익이 있다(대법원 2011.12.8. 선고, 2008두18342, 판결).

⚖ 관련판례 2

행정청이 공무원에 대하여 새로운 직위해제사유에 기한 직위해제처분을 한 경우 그 이전에 한 직위해제처분은 이를 묵시적으로 철회하였다고 봄이 상당하고, 그렇다면 직위해제처분무효확인및정직처분취소 소송 중 이미 철회되어 그 효력이 상실된 직위해제처분의 취소를 구하는 부분은 존재하지 않는 행정처분을 대상으로 한 것으로서, 그 소의 이익이 없다(대법원 1996.10.15. 선고 95누8119 판결).

Q 甲 도지사가 도에서 설치?운영하는 乙 지방의료원을 폐업하겠다는 결정을 발표하고 그에 따라 폐업을 위한 일련의 조치가 이루어진 후 乙 지방의료원을 해산한다는 내용의 조례를 공포하고 乙 지방의료원의 청산절차가 마쳐졌습니다. 甲 도지사의 폐업결정에 대하여 항고소송을 제기할 수 있나요?

A 항고소송의 대상이 되는 처분은 '행정청이 행하는 구체적 사실에 관한 법집행으로서의 공권력의 행사 또는 그 거부와 그 밖에 이에 준하는 행정작용'을 의미합니다(행정소송법 제2조). 지방의료원의 설립·통합·해산은 지방자치단체의 조례로 결정할 사항이므로, 도가 설치·운영하는 乙 지방의료원의 폐업·해산은 도의 조례로 결정할 사항인 점 등을 종합하면, 甲 도지사의 폐업결정은 행정청이 행하는 구체적 사실에 관한 법집행으로서의 공권력 행사로서 입원환자들과 소속 직원들의 권리, 의무에 직접 영향을 미치는 것이므로 항고소송의 대상에 해당한다고 할 것입니다.

그런데 폐업결정 후 乙 지방의료원을 해산한다는 내용의 조례가 제정·시행되었고 조례가 무효라고 볼 사정도 없어 乙 지방의료원을 폐업 전의 상태로 되돌리는 원상회복은 불가능하다면, 법원이 폐업결정을 취소하더라도 단지 폐업결정이 위법함을 확인하는 의미밖에 없고, 폐업결정의 취소로 회복할 수 있는 다른 권리나 이익이 남아있다고 보기도 어려우므로, 甲 도지사의 폐업결정이 법적으로 권한 없는 자에 의하여 이루어진 것으로서 위법하더라도 취소를 구할 소의 이익을 인정하기 어려울 것입니다(2016.8.30. 선고 2015두60617 판결참조).

따라서 도지사의 폐업결정이 항고소송의 대상은 인정되지만, 폐업결정의 취소를 구할 이익이 없다고 할 것입니다.

⚖ 관련판례 1

관할청으로부터 취임승인이 취소된 학교법인의 이사의 임기는 취임승인취소처분에 대한 행정심판이나 행정소송의 제기에도 불구하고 의연히 진행되는 것이고, 따라서 취임승인취소처분의 무효확인이나 취소를 구하는 소송의 사실심 변론종결 이전에 그 이사의 임기가 만료되고 나아가 「사립학교법」 제22조 제2호의 임원결격사유에 정하여진 기간도 경과되었다면 취임승인취소처분이 무효로 확인되거나 취소된다고 하더라도 그 학교법인의 이사가 이사로 복귀하거나 이사직무를 수행할 지위를 회복할 수는 없는 것이므로 취임승인취소처분의 무효확인 또는 그 취소를 구하는 소는 결국 이를 구할 법률상의 이익이 없어 부적법하다고 할 수밖에 없다(대법원 1995.3.10. 선고 94누8914 판결).

⚖ 관련판례 2

가. 위법한 행정처분의 취소를 구하는 소는 위법한 처분에 의하여 발생한 위법상태를 원상으로 회복시키고 그 처분으로 침해되거나 방해받은 권리와 이익을 보호구제하고자 하는 소송이므로, 비록 그 위법한 처분을 취소한다 하더라도 원상회복이 불가능한 경우에는 그 취소를 구할 이익이 없다.

나. 직장주택조합의 일부 조합원들이 조합원 지위 회복을 위하여 행정청의 조합원 자격박탈지시처분의 취소소송을 제기한 사안에서, 그 조합원들은 행정청의 주택조합에 대한 조합원자격박탈지시처분에 의하여 조합원 자격을 상실한 것이 아니라 그 처분 후 조합원 자격의 부여 및 박탈에 관한 정당한 권한을 가진 조합이 임시총회에서 정관에 따라 조합원들을 제명하고 그 뒤 행정청으로부터 조합원 변경을 이유로 조합설립변경인가를 받음으로써 조합원의 자격을 상실하게 되었다 할 것이므로, 그 조합원들은 행정청의 처분에 대한 취소소송에서 승소한다 하더라도 그 조합의 조합원으로서의 지위를 회복할 수 있는 것은 아니라 할 것이어서 그 취소를 구할 법률상 이익이 없다고 한 사례(대법원 1994.10.25. 선고 94누5403 판결).

■ 무효확인소송에서의 법률상 이익이란 무엇인지요?

Q 도시 및 주거환경정비법 제54조 제2항에 따른 대지 또는 건축물의 소유권 이전에 관한 고시의 효력이 발생한 후 조합원 등이 정비사업을 위하여 이루어진 수용재결이나 이의재결의 취소 또는 무효확인을 구할 수 있나요?

A 무효확인소송은 행정처분의 근거 법률에 의하여 보호되고 직접적이고 구체적인 이익이 있는 경우 무효확인을 구할 법률상 이익이 있다고 볼 수 있습니다(대법원 2008.3.20. 2007두6342판결참조).

도시 및 주거환경정비법 제54조 제1항, 제2항, 제55조 제1항에 따르면, 대지 또는 건축물의 소유권 이전에 관한 고시의 효력이 발생하면 조합원 등이 관리처분계획에 따라 분양받을 대지 또는 건축물에 관한 권리의 귀속이 확정되고 조합원 등은 이를 토대로 다시 새로운 법률관계를 형성하게 됩니다. 대법원은 이와 같은 경우 "이전고시의 효력 발생으로 대다수 조합원 등에 대하여 권리귀속 관계가 획일적·일률적으로 처리되는 이상 그 후 일부 내용만을 분리하여 변경할 수 없고, 그렇다고 하여 전체 이전고시를 모두 무효화시켜 처음부터 다시 관리처분계획을 수립하여 이전고시 절차를 거치도록 하는 것도 정비사업의 공익적·단체법적 성격에 배치되어 허용될 수 없다"고 하면서, "이와 같은 정비사업의 공익적. 단체법적 성격과 이전고시에 따라 이미 형성된 법률관계를 유지하여 법적 안정성을 보호할 필요성이 현저한 점 등을 고려할 때, 이전고시의 효력이 발생한 이후에는 조합원 등이 해당 정비사업을 위하여 이루어진 수용재결이나 이의재결의 취소 또는 무효확인을 구할 법률상 이익이 없다고 해석함이 타당하다"고 판시한 바 있습니다(대법원 2012.3.22. 선고 2011두6400 전원합의체 판결).

이와 같은 판례의 입장에 따르면, 도시 및 주거환경정비법 제54조 제2항에 따른 대지 또는 건축물의 소유권 이전에 관한 고시의 효력이 발생한 후 조합원 등이 정비사업을 위하여 이루어진 수용재결이나 이의재결의 취소 또는 무효확인을 구할 수 없다고 판단됩니다.

⚖ 관련판례 1

구 사립학교법(2007.7.27. 법률 제8545호로 개정되기 전의 것) 제25조의3은 정식이사 선임에 관하여 상당한 재산을 출연한 자 및 학교 발전에 기여한 자(이하 '상당한 재산출연자 등'이라 한다)의 개별적·구체적인 이익을 보호하려는 취지가 포함되어 있는 것으로 보이고, 상당한 재산출연자 등은 관할청이 정식이사를 선임하는 처분에 관하여 법률상 보호되는 이익을 가진다고 보는 것이 타당하다. 그리고 여기서 상당한 재산출연자 등은 학교법인의 자주성과 설립목적을 대표할 수 있어야 하므로, 그중에서 상당한 재산을 출연한 자는 사립학교법령의 규정들에 비추어 볼 때에 학교법인의 기본재산액의 3분의 1 이상에 해당하는 재산을 출연하거나 기부한 자로 보아야 하고, 그 밖에 재산의 출연 내지 증식을 통하여 학교 발전에 기여한 자는 학교법인의 수익용 기본재산의 10% 이상에 상당하는 금액의 재산을 출연한 자로서 위와 같은 상당한 재산 출연에 견줄 수 있을 정도로 학교법인의 기본재산 형성 내지 운영 재원 마련에 기여하였음이 뚜렷한 자로 해석되어야 한다(대법원 2013.9.12. 선고, 2011두33044, 판결).

⚖ 관련판례 2

대집행계고처분 취소소송의 변론종결 전에 대집행영장에 의한 통지절차를 거쳐 사실행위로서 대집행의 실행이 완료된 경우에는 행위가 위법한 것이라는 이유로 손해배상이나 원상회복 등을 청구하는 것은 별론으로 하고 처분의 취소를 구할 법률상 이익은 없다(대법원 1993.6.8. 선고 93누6164 판결).

■ 행정청이 증명발급을 지체한 경우 법적 구제절차에는 어떤 것이 있는 지요?

Q 저는 농지에 관한 부동산강제경매신청사건의 최고가매수인으로 매각 결정기일에 맞추어 경매법원에 농지취득자격증명원을 제출하기 위하여 농지 소재 면사무소에 가서 위 부동산을 취득농지로 하는 농지취득자격증명발급을 위한 모든 구비서류를 갖추어 신청하고 기다렸으나 위 면사무소는 아무런 조치도 취하지 않았습니다. 결국 그러는 사이에 매각결정기일이 경과하여 저는 위 부동산을 취득하지 못하였습니다. 제가 취할 수 있는 법적 구제절차에는 어떤 것이 있는지요?

A 농지법 제8조 제1항은 농지를 취득하려는 자는 농지의 소재지를 관할하는 시장(구를 두지 아니한 시의 시장을 말하며, 도농복합형태의 시에 있어서는 농지의 소재지가 동지역인 경우에 한함)·구청장(도농복합형태의 시의 구에 있어서는 농지의 소재지가 동지역인 경우에 한함)·읍장 또는 면장으로부터 농지취득자격증명을 발급 받아야 한다고 규정하고 있습니다. 그리고 「농지법 시행령」제7조 제2항에서 농지취득자격증명의 발급신청이 있는 때에는 그 신청을 받은 날부터 4일 이내에 같은 법 시행령에서 정한 확인기준 및 요건의 적합여부를 검토한 후 이에 적합한 경우에는 신청인에게 농지취득자격증명을 발급하도록 규정하고 있으므로, 위 행정청이 아무런 조치를 취하지 않은 것은 이와 같은 법령을 위반한 것이라 할 것입니다.행정청이 당사자의 신청에 대하여 상당한 기간 내에 일정한 처분을 하여야 할 법률상 의무가 있음에도 불구하고 이를 하지 아니하는 것을 '부작위'라고 합니다.

이와 같은 행정청의 위법한 부작위로 인해 당사자의 권리가 침해된 경우, 침해당사자는 ①상급행정청에 그 이행을 구하거나(의무이행심판, 행정심판법 제5조 제3호), ②국가를 상대로 금전적인 손해배상을 청구할 수 있으며, ③위 ①절차를 통해 적절한 구제가 이루어지지 않으면 법원에 대하여 위 부작위가 위법하다는 것을 확인 받을 수 있는 절차가 있는데, 이를 '부작위위법확인소송'(행정소송법 제4조 제3호)이라고 합니다. 이것은 비록 행정청에 직접적인 처분의무를 부과하는 것은 아니지만 행정소송법은 간접강제제도(행정소송법 제34조)를 마련하여 그 실효성을 확보하고 있습니다.

판례는 "행정소송법 제4조 제3호에 규정된 부작위위법확인의 소는 행정청이 당사자의 법규상 또는 조리상의 권리에 기한 신청에 대하여 상당한 기간 내에 그 신청을 인용하는 적극적 처분 또는 각하하거나 기각하는 등의 소극적 처분을 하여야 할 법률상의 응답의무가 있음에도 이를 하지 아니하는 경우에 그 부작위가 위법하다는 것을 확인함으로써 행정청의 응답을 신속하게 하여 부작위 또는 무응답이라고 하는 소극적인 위법상태를 제거하는 것을 목적으로 하는 제도"라고 한 바 있습니다(대법원 1995.9.15. 선고 95누7345 판결). 다만, "부작위위법확인소송은 처분의 신청을 한 자로서 부작위의 위법의 확인을 구할 법률상의 이익이 있는 자만이 제기할 수 있다 할 것이며, 이를 통하여 구하는 행정청의 응답행위는 행정소송법 제2조 제1항 제1호 소정의 처분에 관한 것이라야 하므로, 당사자가 행정청에 대하여 어떠한 행정행위를 하여 줄 것을 신청하지 아니하거나 그러한 신청을 하였더라도 당사자가 행정청에 대하여 그러한 행정행위를 하여 줄 것을 요구할 수 있는 법규상 또는 조리상의 권리를 갖고 있지 아니하든지 또는 행정청이 당사자의 신청에 대하여 거부처분을 한 경우에는 원고적격이 없거나 항고소송의 대상인 위법한 부작위가 있다고 볼 수 없어 그 부작위위법확인의 소는 부적법하다."라고 하였습니다(대법원 1995.9.15. 선고 95누7345 판결).

그러므로 부작위위법확인소송을 제기하기 위하여는 법규상 또는 조리상 요구할 수 있는 권리가 있고 어떠한 처분도 없는 경우이어야 하며 거부처분이 있는 경우에는 항고소송으로 다투어야 할 것입니다. 특히 법규에 행정청의 무응답을 거부처분으로 의제하는 규정이 있는 경우에는 무응답도 거부처분으로 보아 항고소송으로 다툴 수 있을 것입니다. 귀하의 경우에는 이미 매각결정기일이 경과하였으므로 더 이상 농지취득자격증명원을 발급 받을 실익이 없고 따라서 이의 발급을 구하는 의무이행심판이나 부작위가 위법함을 주장하는 부작위위법확인소송을 제기할 실익도 없는 것이 아닌지 의문이 있을 수 있습니다.

이에 관하여 판례는 "부동산강제경매사건의 최고가매수신고인이 애당초 농지취득자격증명발급신청을 한 목적이 경락기일에서 경매법원에 이를 제출하기 위한 데에 있고, 행정청이 적극적인 처분을 하지 않고 있는 사이 위 경락기일이 이미 도과하였다 하더라도, 위 사실만으로 위 신고인이 부동산을 취득할 가능성이 전혀 없게 되었다고 단정할 수는 없으므로 위 경락기일이 이미 도과함으로써 위 신고인이 농지취득자격증명을 발급 받을 실익이 없게 되었다거나 행정청의 부작위에 대한 위법확인을 구할 소의 이익이 없게 되었다고 볼 수는 없다."라고 하여 부작위위법확인소송까지도 가능하다고 하였습니다(대법원 1999.4.9. 선고 98두12437 판결).

결국 귀하께서는 의무이행심판, 부작위위법확인소송 등을 통하여 농지취득증명을 받으시거나 국가배상을 통해 손해배상을 받는 등 적절한 구제를 받으실 수 있을 것으로 보입니다.

⚖ 관련판례

가. 행정처분에 그 효력기간이 정하여져 있는 경우에 그 처분의 효력 또는 집행이 정지된 바 없다면 위 기간의 경과로 그 행정처분의 효력은 상실되는 것이므로, 그 기간경과 후에는 그 처분이 외형상 잔존함으로 인하여 어떠한 법률상 이익이 침해되고 있다고 볼 만한 별다른 사정이 없는 한 그 처분의 취소를 구할 법률상의 이익이 없다.

나. 행정명령에 불과한 「식품위생법 시행규칙」 제53조에서 위반횟수에 따라 가중처분하게 되어 있으므로 정지기간경과 후에도 그 취소를 구할 소의 이익이 있다 하여 원심변론종결시에 이미 영업정지기간이 경과한 대중음식점영업정지처분을 본안에 들어가 심리판단한 원심판결을 행정소송에 있어서의 소의 이익에 관한 법리오해의 위법이 있다 하여 파기한 사례(대법원 1992.7.10. 선고 92누3625 판결).

■ 퇴학 처분의 취소를 구할 소의 이익이 인정될 수 있는지요?

Q 甲은 고등학교에 다니다가 퇴학처분을 받았지만, 이후 고등학교졸업 학력 검정고시에 합격하였습니다. 그런데 甲은 검정고시에 합격하여 대학에 입학하기는 하였지만 고등학교 퇴학처분에 대하여 다투고 싶습니다. 甲이 검정고시에 합격하여 대학에 입학하였더라도 고등학 교 퇴학처분의 취소소송을 제기할 수 있는지요?

A 행정소송법 제12조는 취소소송은 처분 등의 취소를 구할 법률상 이익 이 있는 자가 제기할 수 있다고 규정하고 있습니다. 판례는 위 '법률상 이익'을 행정청의 처분의 근거법률에 의하여 보호되는 직접적이고 구체 적인 이익을 의미하는 것으로 해석하면서 간접적·사실적·경제적 이해 관계는 여기에 해당하지 않는다고 하면서, 명예·신용 등 인격적 이익은 근거 법령에 의하여 보호받는 이익으로서 소의 이익이 인정될 수 있다 고 보고 있습니다. 고등학교 졸업이 대학입학자격이나 학력인정으로서 의 의미밖에 없다고 할 수 없고, 퇴학처분을 받은 후 고등학교 졸업학 력 검정고시에 합격하였다고 하여 고등학교 학생으로서의 신분과 명예 가 회복될 수는 없으므로(대법원 1992.7.14. 선고 91누4737 판결), 甲 은 퇴학처분의 취소를 구할 이익이 인정될 수 있습니다.따라서 甲은 취 소소송을 제기하여 퇴학처분에 대하여 다툴 수 있습니다.

⚖ 관련판례

위법한 행정처분의 취소를 구하는 소는 위법한 처분에 의하여 발생한 위법상태 를 배제하여 원상으로 회복시키고, 그 처분으로 침해되거나 방해받은 권리와 이익을 보호·구제하고자 하는 소송이므로 비록 그 위법한 처분을 취소한다고 하더라도 원상회복이 불가능한 경우에는 그 취소를 구할 소의 이익이 없다고 할 것이다(대법원 1987.2.24. 선고 86누676 판결).

■ 수형자가 다른 교도소로 이송된 경우에도 이전 교도소에서 받은 처분의 취소를 구할 법률상 이익이 있는지요?

Q 제 동생은 수형자로서 A교도소에서 복역하다 B교도소로 이송되었는데 그때 A교도소에 있을 적에 영치품 사용신청 불허처분을 받은 적이 있습니다. 그런데 이것이 영치금품 관리규정에 위배되는 것이 없어 보이고 동생에게는 꼭 필요한 물품이었습니다. 비록 지금은 A교도소에서 나왔지만, A교도소가 전국 교정시설의 여러 질환이 있는 수형자들을 수용·관리하는 의료교도소여서 제 동생이 다시 A교도소로의 다시 이송될 수 있습니다. 다시 이송될 것에 대비하여 그 이전에 처분이 옳지 않았다는 것을 다투고 싶은데, 지금 현재 그 때의 처분에 대하여 행정소송을 제기할 수 있나요?

A 행정소송으로 처분의 취소나 무효확인을 구하기 위해서는 법률상 이익이 있는 자여야 합니다(행정소송법 제12조, 제35조). 그런데 사안의 경우 이송되기 전에 받았던 처분은 이송된 현재 처분의 위법을 다툰다 하더라도 원상회복가능성이 없을 것으로 보이므로 원칙적으로 행정소송에서의 원고적격이 부정될 것으로 보입니다.

하지만 대법원은 이러한 경우라도 "동일한 소송 당사자 사이에서 그 행정처분과 동일한 사유로 위법한 처분이 반복될 위험성이 있어 행정처분의 위법성 확인 내지 불분명한 법률문제에 대한 해명이 필요하다고 판단되는 경우 등에는 행정의 적법성 확보와 그에 대한 사법통제, 국민의 권리구제의 확대 등의 측면에서 여전히 그 처분의 취소를 구할 이익이 있다고 보아야 한다"고 판시한 바 있습니다(대법원 2008.2.14. 2007두13203판결참조).

이러한 판례의 태도에 따르면, 귀하께서는 A교도소에서 받은 영치품 사용신청 불허처분에 대하여 행정소송을 제기하여 위법성을 다투실 수 있을 것으로 보입니다.

⚖ **관련판례 1**

甲을 친일반민족행위자로 결정한 친일반민족행위진상규명위원회(이하 '진상규명위원회'라 한다)의 최종발표(선행처분)에 따라 지방보훈지청장이 독립유공자 예우에 관한 법률(이하 '독립유공자법'이라 한다) 적용 대상자로 보상금 등의 예우를 받던 甲의 유가족 乙 등에 대하여 독립유공자법 적용배제자 결정(후행처분)을 한 사안에서, 진상규명위원회가 甲의 친일반민족행위자 결정 사실을 통지하지 않아 乙은 후행처분이 있기 전까지 선행처분의 사실을 알지 못하였고, 후행처분인 지방보훈지청장의 독립유공자법 적용배제결정이 자신의 법률상 지위에 직접적인 영향을 미치는 행정처분이라고 생각했을 뿐, 통지를 받지도 않은 진상규명위원회의 친일반민족행위자 결정처분이 자신의 법률상 지위에 영향을 주는 독립된 행정처분이라고 생각하기는 쉽지 않았을 것으로 보여, 乙이 선행처분에 대하여 일제강점하 반민족행위 진상규명에 관한 특별법에 의한 이의신청절차를 밟거나 후행처분에 대한 것과 별개로 행정심판이나 행정소송을 제기하지 않았다고 하여 선행처분의 하자를 이유로 후행처분의 효력을 다툴 수 없게 하는 것은 乙에게 수인한도를 넘는 불이익을 주고 그 결과가 乙에게 예측가능한 것이라고 할 수 없어 선행처분의 후행처분에 대한 구속력을 인정할 수 없으므로 선행처분의 위법을 이유로 후행처분의 효력을 다툴 수 있음에도, 이와 달리 본 원심판결에 법리를 오해한 위법이 있다(대법원 2013.3.14. 선고, 2012두6964, 판결).

⚖ **관련판례 2**

파면처분취소소송의 사실심변론종결전에 동원고가 허위공문서등작성 죄로 징역 8월에 2년간 집행유예의 형을 선고받아 확정되었다면 원고는 지방공무원법 제61조의 규정에 따라 위 판결이 확정된 날 당연퇴직되어 그 공무원의 신문을 상실하고, 당연퇴직이나 파면이 퇴직급여에 관한 불이익의 점에 있어 동일하다 하더라도 최소한도 이 사건 파면처분이 있은 때부터 위 법규정에 의한 당연퇴직일자까지의 기간에 있어서는 파면처분의 취소를 구하여 그로 인해 박탈당한 이익의 회복을 구할 소의 이익이 있다 할 것이다(대법원 1985.6.25. 선고 85누39 판결).

제4절 제소기간

1. 제소기간

① 제소기간이란 처분 등의 상대방 또는 제3자가 소송을 적법하게 제기할 수 있는 기간을 말합니다.

② 행정소송이 제소기간 내에 제기되었는지 여부는 소송요건으로서, 법원의 직권조사사항에 속합니다.

③ 따라서 법원은 소가 제기되면 제소기간의 준수여부를 심사해서 부적법한 경우에는 소를 각하합니다.

④ 제소기간의 제한은 원칙적으로 취소소송에만 적용되고, 무효등확인소송에는 적용되지 않습니다(행정소송법 제38조제1항).

⑤ 취소소송은 처분 등이 있음을 안 날부터 90일 이내에 제기해야 하고 처분 등이 있은 날부터 1년이 지나면 제기하지 못합니다(행정소송법 제20조).

⑥ 이와 같은 90일과 1년의 기간은 선택적인 것이 아니므로 어느 하나의 기간이 지나면 행정소송을 제기할 수 없게 됩니다.

2. 처분이 있음을 안 날부터 90일

2-1. 행정심판을 거치지 않은 경우

① 취소소송은 처분 등이 있음을 안 날부터 90일 이내에 제기해야 합니다(행정소송법 제20조제1항 본문).

② 처분 등이 있음을 안 날이란 제소기간의 기산점으로서 해당 처분 등이 효력을 발생하는 날을 말합니다.

③ 즉, 통지·공고 그 밖의 방법으로 해당 처분이 있었다는 사실을 현실적으로 안 날을 의미하는 것이고, 구체적으로 그 처분의 위법 여부를 판단한 날을 가리키는 것은 아닙니다(대법원 1991.6.28. 선고 90누6521 판결).

- 서면통지 하는 경우에는 그 서면이 상대방에게 도달한 날을 말합니다.

- 공시송달의 경우는 서면이 상대방에게 도달한 것으로 간주되는 날을 말합니다.
- 사실행위의 경우에는 그 행위가 있었고 그것이 자기의 권익을 침해하고 있음을 인식하게 된 날을 말합니다.

④ 다만, 처분을 기재한 서류가 당사자의 주소에 송달되는 등으로 사회통념상 처분이 있음을 당사자가 알 수 있는 상태에 놓여진 때에는 반증이 없는 한 그 처분이 있음을 알았다고 추정됩니다(대법원 2002.8.27. 선고 2002두3850 판결).

2-2. 행정심판을 거친 경우

① 다음의 어느 하나의 경우에 행정심판청구가 있는 경우 그에 대한 제소기간은 재결서의 정본을 송달받을 날부터 90일입니다(행정소송법 제20조제1항 단서).
- 다른 법률에 해당 처분에 대한 행정심판의 재결을 거치지 않으면 취소소송을 제기할 수 없다는 규정이 있는 경우
- 그 밖에 행정심판청구를 할 수 있는 경우
- 행정청이 행정심판청구를 할 수 있다고 잘못 알린 경우

② 재결서의 정본을 송달받은 날이란 재결서 정본을 본인이 직접 수령한 경우에 한하는 것이 아니라 보충송달·유치송달·공시송달 등 민사소송법이 정한 바에 따라 적법하게 송달된 모든 경우를 포함합니다(행정심판법 제38조 및 제41조).

3. 처분이 있는 날부터 1년

2-1. 행정심판을 거치지 않은 경우

① 취소소송은 처분 등이 있는 날부터 1년이 지나면 제기할 수 없습니다(행정소송법 제20조제2항).

② 처분이 있은 날이란 상대방이 있는 행정처분의 경우는 특별한 규정이 없는 한 의사표시의 일반적 법리에 따라 그 행정처분이 상대방

에게 고지되어 효력이 발생한 날을 말합니다(대법원 1990.7.13. 선고 90누2284 판결).

2-2. 행정심판을 거친 경우

① 다음과 같은 경우에 행정심판청구가 있은 때의 제소기간은 재결이 있은 날부터 1년입니다(행정소송법 제20조제2항).
- 다른 법률에 해당 처분에 대한 행정심판의 재결을 거치지 않으면 취소소송을 제기할 수 없다는 규정이 있는 경우
- 그 밖에 행정심판청구를 할 수 있는 경우
- 행정청이 행정심판청구를 할 수 있다고 잘못 알린 경우
② 재결이 있은 날이란 재결이 내부적으로 성립한 날을 말하는 것이 아니라 재결의 효력이 발생한 날을 말합니다(대법원 1990.7.13. 선고 90누2284 판결).
③ 행정심판의 재결은 심판청구인에게 재결서의 정본이 송달된 때에 그 효력이 발생하는 것이므로, 재결이 있은 날이란 결국 재결서 정본이 송달된 날을 의미합니다(행정심판법 제38조).

2-3. 정당한 사유가 있는 경우

① 정당한 사유가 있는 경우에는 행정심판을 거치거나 거치지 않거나 모두 1년의 기간이 지나도 취소소송을 제기할 수 있습니다(행정소송법 제20조제2항 단서).
② 정당한 사유는 불확정 개념으로서 정당한 사유가 있는지의 여부는 제소기간 도과의 원인 등 여러 사정을 종합하여 지연된 제소를 허용하는 것이 사회통념상 상당하다고 할 수 있는가에 의해 판단됩니다.
③ 즉, 정당한 사유는 당사자가 그 책임을 질 수 없는 사유나 천재, 지변, 전쟁, 사변 그 밖에 불가항력적인 사유보다는 넓은 개념이라고 할 수 있습니다(대법원 1991.6.28. 선고 90누6521 판결).

3. 불변기간

① 취소소송의 제소기간은 불변기간으로서, 법원이 그 기간을 연장하거나 단축할 수는 없습니다(행정소송법 제20조제3항).
② 다만, 원격지에 있는 사람을 위해 부가기간을 정할 수 있고, 당사자가 책임질 수 없는 사유로 불변기간을 준수할 수 없었던 경우에는 그 사유가 종료된 후 2주일 이내에 해태된 소송행위를 추완할 수 있습니다(행정소송법 제8조제2항, 민사소송법 제159조제2항 및 제160조).
③ 그러나 국외에서 소송행위를 하는 경우에는 30일 이내에 추완할 수 있습니다(행정소송법 제5조).
④ 추완이란 불변기간 동안에 해야 할 소송행위를 게을리 한 당사자가, 그 게을리 한 것에 스스로 책임질 사유가 없음을 이유로 하여 그 사유가 없어진 후 2주일 내에 필요한 소송행위를 하는 일을 말합니다.

4. 기간의 계산방법

4-1. 기간의 기산점

기간을 일, 주, 월 또는 년으로 정한 때에는 기간의 초일은 산입하지 않습니다. 다만, 그 기간이 오전 영시부터 시작하는 때에는 기간의 초일을 산입합니다(민법 제157조).

4-2. 기간의 만료점

기간을 일, 주, 월 또는 년으로 정한 때에는 기간의 말일의 종료로 기간이 만료되나, 기간의 말일이 토요일 또는 공휴일에 해당하는 때에는 그 다음날로 만료됩니다(민법 제159조 및 제161조).

5. 제소기간의 예외

5-1. 무효등확인소송

무효등확인소송의 경우에는 제소기간의 제한이 없으므로, 언제든지 이를 제기할 수 있습니다(행정소송법 제38조).

5-2. 다른 법률에 특별한 규정이 있는 경우
5-2-1. 조세소송의 경우
① 각종 세법상의 처분에 대한 소송에서는 국세기본법, 관세법이 정한 심사청구 또는 심판청구를 거쳐야 하는데, 행정소송은 최종 결정을 받은 때로부터 90일 이내에 제기해야 합니다(국세기본법 제56조제3항 및 관세법 제120조제5항).

② 세법상의 처분에 대하여 국세기본법, 관세법이 정한 심사청구 또는 심판청구를 거치지 않고 감사원법에 따른 심사청구를 거쳐 바로 소를 제기할 수 있는데, 이 경우에도 심사청구에 대한 결정통지를 받은 날부터 90일 이내에 행정소송을 제기해야 합니다(국세기본법 제56조제5항 및 관세법 제120조제6항).

5-2-2. 토지수용재결에 관한 소
「공익사업을 위한 토지 등의 취득 및 보상에 관한 법률」에 따른 지방토지수용위원회나 중앙토지수용위원회의 수용재결에 대하여 불복이 있는 때에는 재결서를 받은 날부터 60일 이내에, 이의신청을 거친 때에는 이의신청에 대한 재결서를 받은 날부터 30일 이내에 각각 행정소송을 제기할 수 있습니다(제85조제1항).

5-2-3. 중앙노동위원회의 처분 및 재심판정에 대한 소
중앙노동위원회가 한 처분이나 재심판정에 대한 소는 처분 또는 재심판정서의 송달을 받은 날부터 15일 이내에 소를 제기해야 합니다(「노동위원회법」 제27조 및규제「노동조합 및 노동관계조정법」 제85조제2항).

5-2-4. 교원징계에 관한 소
교원징계재심위원회의 결정에 대한 소는 그 결정서를 송달받은 날부터 90일 이내에 소를 제기해야 합니다(「교원의 지위 향상 및 교육활동 보호를 위한 특별법」 제10조제3항).

5-2-5. 공정거래위원회의 처분에 대한 소

「독점규제 및 공정거래에 관한 법률」에 따른 공정거래위원회의 처분에 대하여 불복의 소를 제기하려고 하는 때에는 이의신청에 대한 공정거래위원회의 처분의 고지를 받은 날부터 30일 이내에 서울고등법원에 제기해야 합니다(제54조제1항 및 제55조).

5-2-6. 그 밖의 경우

「보안관찰법」에 따른 법무부장관의 결정을 받은 자가 그 결정에 이의가 있을 때에는 「행정소송법」이 정하는 바에 따라 그 결정이 집행된 날부터 60일 이내에 서울고등법원에 소를 제기할 수 있습니다. 다만, 보안관찰처분의 면제결정신청에 대한 기각결정을 받은 자가 그 결정에 이의가 있을 때에는 그 결정이 있는 날부터 60일 이내에 서울고등법원에 소를 제기할 수 있습니다(보안관찰법 제23조).

■ 특정인에 대한 행정처분이 송달불능일 경우 행정소송 제소기간의 기산점은 언제부터인지요?

Q 저는 위법한 행정처분을 받았으나, 주민등록사항이 말소되는 바람에 위 처분이 있은 지 6개월이 지나서야 위 처분을 받은 사실을 알게 되었습니다. 그런데 그 사이 처분청에서는 위 처분내용을 관보에 공고하여 이미 행정소송법상의 제소기간인 '처분등이 있음을 안 날로부터 90일'을 경과한 상태입니다. 이러한 경우에도 위 처분의 위법성을 다투기 위해 행정소송법에 규정된 취소소송을 제기할 수 있는지요?

A 행정소송법에서는 민사소송과는 달리 취소소송을 제기할 수 있는 제소기간이 제한되어 있는데, 행정소송법 제20조 제1항은 "취소소송은 처분등이 있음을 안 날부터 90일 이내에 제기하여야 한다."라고 규정하고 있고, 같은 조 제2항은 "취소소송은 처분등이 있은 날부터 1년(제1항 단서의 경우는 재결이 있은 날부터 1년)을 경과하면 이를 제기하지 못한다. 다만, 정당한 사유가 있는 때에는 그러하지 아니하다."라고 규정하고 있습니다.

위 제소기간의 기산점과 관련하여 판례는 "행정소송법 제20조 제1항 소정의 제소기간 기산점인 '처분이 있음을 안 날'이라 함은 당사자가 통지, 공고 기타의 방법에 의하여 당해 처분이 있었다는 사실을 현실적으로 안 날을 의미하고(대법원 1991.6.28. 선고 90누6521 판결, 1995.11.24. 선고 95누11535 판결 등 참조), 특정인에 대한 행정처분을 주소불명 등의 이유로 송달할 수 없어 관보·공보·게시판·일간신문 등에 공고한 경우에는, 공고가 효력을 발생하는 날에 상대방이 그 행정처분이 있음을 알았다고 볼 수는 없고, 상대방이 당해 처분이 있었다는 사실을 현실적으로 안 날에 그 처분이 있음을 알았다고 보아야 할 것이다."라고 하였습니다(대법원 2006.4.28. 선고 2005두14851 판결).

따라서 귀하는 위 처분이 있었음을 실제로 알게 된 날로부터 90일 이내에 위 처분에 대한 취소소송을 제기하면 될 것이고, 이 사건 공고의 효력이 발생한 날로부터 90일이 경과하였더라도 귀하가 위 처분이 있었음을 실제로 알게 된 날로부터 90일이 경과되지 않은 이상 취소소송의 제소기간 규정에 저촉되지는 않는 것으로 보입니다.

⚖️ 관련판례

[1] 국세기본법의 적용을 받는 처분과 달리 행정심판법의 적용을 받는 처분인 과징금부과처분에 대한 심판청구기간의 기산점인 행정심판법 제18조 제1항 소정의 '처분이 있음을 안 날'이라 함은 당사자가 통지·공고 기타의 방법에 의하여 당해 처분이 있었다는 사실을 현실적으로 안 날을 의미하고, 추상적으로 알 수 있었던 날을 의미하는 것은 아니라 할 것이며, 다만 처분을 기재한 서류가 당사자의 주소에 송달되는 등으로 사회통념상 처분이 있음을 당사자가 알 수 있는 상태에 놓여진 때에는 반증이 없는 한 그 처분이 있음을 알았다고 추정할 수는 있다.

[2] 아파트 경비원이 관례에 따라 부재중인 납부의무자에게 배달되는 과징금부과처분의 납부고지서를 수령한 경우, 납부의무자가 아파트 경비원에게 우편물 등의 수령권한을 위임한 것으로 볼 수는 있을지언정, 과징금부과처분의 대상으로 된 사항에 관하여 납부의무자를 대신하여 처리할 권한까지 위임한 것으로 볼 수는 없고, 설사 위 경비원이 위 납부고지서를 수령한 때에 위 부과처분이 있음을 알았다고 하더라도 이로써 납부의무자 자신이 그 부과처분이 있음을 안 것과 동일하게 볼 수는 없다고 한 사례(대법원 2002.8.27, 선고, 2002두3850 판결).

■ 유족보상금지급부결처분에 대한 행정소송은 제소기간에 제한이 없는지요?

Q 평소 아무런 지병이 없었던 초등학교 교사가 갑자기 한밤중에 집에서 심폐기능부전으로 사망하여 공무상 사망으로 유족보상금지급청구를 하였으나 유족보상금 부지급 처분을 받았습니다. 이 유족보상금 부지급 처분에 대하여 행정소송을 제기하려고 하는데 제소기간에 제한이 없는지요?

A 행정소송제도는 행정청 또는 소속기관의 위법한 행정처분에 의하여 권리침해를 받는 자의 권익을 구제하기 위하여 그 위법처분의 취소 또는 변경에 관한 소송절차를 마련한 제도로서 결국 행정소송은 위법한 행정처분의 시정에 의한 권익보호에 그 목적이 있다고 볼 수 있습니다.

「행정소송법」 제18조는 "취소소송은 법령의 규정에 의하여 당해 처분에 대한 행정심판을 제기할 수 있는 경우에도 이를 거치지 않고 제기할 수 있다. 다만 다른 법률에 당해 처분에 대한 행정심판의 재결을 거치지 아니하면 취소소송을 제기할 수 없다는 규정이 있는 때에는 그러하지 아니하다."라고 규정하고 있습니다.

그런데 「공무원연금법」 제80조는 급여에 관한 결정, 기여금의 징수 그 밖에 이 법에 의한 급여(위험직무순직유족급여는 제외한다)에 관하여 이의가 있는 자는 대통령령이 정하는 바에 의하여 공무원연금급여재심위원회에 그 심사를 청구할 수 있고(같은 조 1항), 심사의 청구는 급여에 관한 결정 등이 있은 날로부터 180일, 그 사실을 안 날로부터 90일 이내에 하여야 하나, 다만 그 기간 내에 정당한 사유가 있어 심사의 청구를 할 수 없었던 것을 증명한 때에는 예외로 하며(같은 조 2항), 행정심판법에 의한 행정심판은 청구할 수 없다고 함으로써 급여에 관한 결정에 대하여 심사의 청구를 할 수 있도록 규정하고 있으나(같은 조 4항), 그 심사청구를 거치지 아니하면 취소소송을 제기할 수 없다는 규정은 없습니다(임의적 전치주의).

한편, 같은 법 제20조에 의하면 취소소송의 제소기간은 ①처분 등이 있음을 안 날로부터 90일 이내에 하여야 하고, ②정당한 사유가 있는 경우를 제외하고는 처분 등이 있은 날로부터 1년이 경과하면 취소소송을 제기하지 못합니다. 여기서 '처분이 있음을 안 날'이란 당해 행정처분이 존재함을 현실적으로 안 날을 말하는 것이지 그 처분의 위법여부를 판단한 날을 말하는 것이 아니며, '처분이 있은 날'은 당해 행정처분이 효력을 발생한 날을 말합니다.

결국 위 사안의 경우 위와 같이 제소기간이 존재하며, 위와 같은 제소기간 내에 행정심판절차로써 「공무원연금법」 소정의 심사청구를 거치지 않고도 유족보상금 부지급 처분에 대한 취소소송을 제기할 수 있을 것입니다. 그러나 만약 공무원연금급여재심위원회의 행정심판을 거친 경우라면 행정심판 재결서의 정본을 송달받은 날로부터 90일 이내에 제기하여야 합니다(행정소송법 20조 1항 단서).

☃ 관련판례

가. 행정심판전치주의에 대한 예외사유에 해당하는 때에는 행정심판에 대한 재결서의 송달이란 있을 수 없는 것이므로 그러한 때에는 행정처분의 상대방이 아닌 제3자가 제기하는 경우라도 그에 대한 취소소송은 「행정소송법」 제20조제2항에 의해 정당한 사유가 있음을 증명하지 못하는 한 그 대상인 처분이 있는 것을 안 날로부터 180일, 처분이 있는 날로부터 1년 이내에 제기하지 않으면 안 된다.

나. 「행정소송법」 제20조제2항 "소정의 제소기간 기산점인 처분이 있음을 안 날"이란 통지, 공고 기타의 방법에 의하여 당해 처분이 있었다는 사실을 현실적으로 안 날을 의미하고 구체적으로 그 행정처분의 위법 여부를 판단한 날을 가리키는 것은 아니다.

다. 「행정소송법」 제20조제2항 소정의 "정당한 사유"란 불확정 개념으로서 그 존부는 사안에 따라 개별적, 구체적으로 판단하여야 하나 「민사소송법」 제160조의 "당사자가 그 책임을 질 수 없는 사유"나 「행정심판법」 제18조제2항 소정의 "천재, 지변, 전재, 사변 그 밖에 불가항력적인 사유"보다는 넓은 개념이라고 풀이되므로, 제소기간도과의 원인 등 여러 사정을 종합하여 지연된 제소를 허용하는 것이 사회통념상 상당하다고 할 수 있는가에 의하여 판단하여야 한다.

라. 원고 회사가 자동차운송사업면허조건을 위반하여 위장직영을 하였음을 이유로 피고 시장이 지입차주들에 대하여 각 지입차량에 대한 개별운송사업면허처분을 함과 동시에 원고 회사에 대하여 위 지입차량에 대한 감차처분을 하자 원고가

위 감차처분에 대한 행정심판을 청구하여 청구기각의 재결이 있은 후, 다시 원고가 위 지입차주들에 대한 면허처분일부터 180일이 지난 뒤에 위 면허처분취소소송을 제기한 경우, 위 면허처분과 감차처분은 「행정소송법」 제18조제3항제2호 소정의 서로 내용상 관련되는 처분 또는 같은 목적을 위하여 단계적으로 진행되는 처분이라고 할 것이므로, 원고가 위 면허처분취소소송을 제기함에 있어 다시 행정심판을 제기할 필요가 없는데, 원고는 위 감차처분 당시 위 지입차주들에 대한 면허처분이 있었음을 알았다고 보여지므로 「행정소송법」 제20조제2항의 규정에 의해 위 면허처분취소의 소는 부적법하다고 할 것이다.

마. 위 "라"항의 경우 원고가 위장직영을 하였음을 이유로 한 자동차운수사업법위반죄 약식명령에 대하여 정식재판을 청구하고 그 판결을 기다리고 있었다는 사정은 「행정소송법」 제20조제2항 소정의 정당한 사유에 해당한다고 볼 수 없다고 한 사례(대법원 1991.6.28. 선고 90누6521 판결).

■ 행정처분에 대한 취소소송의 제소기간은 얼마나 되는지요?

Q 저는 위법한 행정처분을 받았기에 이를 취소하는 취소소송을 제기하려고 합니다. 행정소송은 민사소송과는 달리 취소소송을 제기할 수 있는 제소기간이 제한되어 있다고 하는데, 그렇다면 취소소송의 제소기간은 얼마나 되는지요?

A 취소소송의 제소기간에 관하여 행정소송법은 처분 등이 있음을 안 날로부터 90일, 처분 등이 있은 날부터 1년 이내로 하면서, 행정심판청구를 한 경우에 있어서는 위 각 기간의 기산일을 재결서정본을 송달 받은 날을 기준으로 하도록 함으로써 행정심판청구를 한 경우와 하지 않은 경우의 두 가지로 나누어 정하고 있습니다. 각 개별법에 제소기간에 관하여 특별규정을 두는 때가 있고, 이러한 때에는 각 개별법이 행정소송법에 앞서 적용됩니다. 여기서는 「행정소송법」이 정한 일반제소기간에 관하여만 살펴보겠습니다.

(1) 먼저 행정심판청구를 하지 않은 경우를 살펴보면, 행정심판을 거침이 없이 바로 취소소송을 제기하는 경우에는 취소소송은 처분 등이 있음을 안 날로부터 90일, 처분이 있은 날로부터 1년 내에 제기하여야 합니다. 위 두 기간 중 어느 것이나 먼저 도래한 기간 내에 제기하여야 하고, 어느 하나의 기간이라도 경과하게 되면 부적법한 소가 됩니다. 기간의 계산은 「행정소송법」에 특별한 규정이 없으므로 「민법」의 규정에 따라 초일을 산입하지 않습니다. ① '처분 등이 있음을 안 날'이란 통지·공고 기타의 방법에 의하여 당해 처분이 있은 것을 현실적, 구체적으로 안 날을 말하고, 추상적으로 알 수 있었던 날을 말하는 것이 아닙니다. 그러나 행정처분이 있음을 앎으로써 족하고 그 구체적 내용이나 위법여부까지 알아야 하는 것은 아닙니다(대법원 1991.6.28. 선고 90누6521 판결). 처분이 있음을 알았다고 하기 위해서는 단순히 행정처분이 유효하게 송달되어 상대방이 알 수 있는 상태에 놓인 것만으로는 부족하나, 적법한 송달이 있게 되면 특별한 사정이 없는 한 그 때 처분이 있음을 알았다고

사실상 추정됩니다. 따라서 특별한 사정이 있어 당시 알지 못하였다는 사정은 원고가 입증하여야 할 것입니다. 특히 처분의 상대방이나 정당한 수령권자가 합리적 이유없이 처분서의 수령을 거절하거나 수령 후 처분서를 반환한 경우에는 적법하게 송달된 것으로 보고 특별한 사정이 없는 이상 그때부터 제소기간이 기산되어야 한다고 봅니다. 그러나 행정처분의 상대방이 아닌 제3자는 일반적으로 처분이 있는 것을 바로 알 수 없으므로, 처분 등이 있음을 안 날로부터 진행되는 제소기간의 제한은 받지 않음이 원칙입니다. 그러나 제3자가 어떤 경로로든 행정처분이 있음을 알았을 때는 그 때부터 90일 내에 소를 제기하여야 합니다. 관보, 신문에의 고시 또는 게시판에의 공고의 방법으로 외부에 그 의사를 표시함으로써 그 효력이 발생하는 처분에 대하여는 공고 등이 있음을 현실로 알았는지 여부를 불문하고, 근거법규가 정한 처분의 효력발생일(대통령령 13390호 사무관리규정 제8조는 공고 후 5일이 경과됨으로써 효력이 발생하도록 되어 있음)에 처분이 있음을 알았다고 보아야 하고, 그 때부터 제소기간이 기산됩니다(대법원 1995.8.22.선고 94누5694 판결).

그러나 이러한 제소기간은 불변기간이므로 당사자가 책임질 수 없는 사유로 기간을 준수할 수 없었을 때는 추후 보완이 허용되어 그 사유가 없어진 날부터 2주 이내에 게을리 한 소송행위를 보완할 수 있고, 다만 그 사유가 없어질 당시 외국에 있던 당사자에 대하여는 이 기간을 30일로 합니다(민사소송법 제173조).

② '처분이 있은 날로부터 1년' 에서 처분이 있은 날이란 처분이 효력을 발생한 날을 의미합니다. 즉 처분이 행정청의 외부에 표시되어 상대방 있는 처분의 경우에는 상대방에게 도달되는 것을 뜻하나, 여기서의 도달이란 상대방이 현실적으로 그 내용을 인식할 필요는 없고 상대방이 알 수 있는 상태에 놓여짐으로써 충분합니다. 다만, 처분이 있은 날로부터 1년이 경과하였더라도 정당한 사유가 있는 경우는 제소할 수 있습니다. 정당한 사유란 불확정개념으로서 그 존부는 사안에 따라 개별적, 구체적으로 판단하여야 할 것이나, 불변기간에 관한 「민사소송법」

제173조의 '당사자가 책임질 수 없는 사유'나 행정심판법 제18조 제2항 소정의 '천재, 지변, 전쟁, 사변 그밖에 불가항력적인 사유'보다 넓은 개념으로, 제소기간도과의 원인 등 여러 사정을 종합하여 지연된 제소를 허용하는 것이 사회통념상 상당하다고 할 수 있는가에 의하여 판단됩니다(대법원 1991.6.28. 선고 90누6521 판결).

(2) 다음으로 행정심판청구를 한 경우에는 행정심판 재결서정본을 송달받은 날부터 90일, 재결이 있은 날로부터 1년 내에 소를 제기하여야 합니다(행정소송법 제20조 제1항 단서, 제2항). 이 두 기간 중 어느 하나의 기간이라도 경과하게 되면, 제소기간이 지난 뒤의 제소가 되어 부적법한 점, 재결서정본을 받은 날로부터 90일의 기간은 불변기간이고, 재결이 있은 날로부터 1년의 기간은 정당한 사유가 있을 때는 연장되는 점 등은 위 행정심판을 청구하지 않은 경우의 제소기간에 관한 설명과 같습니다.

여기서 행정심판청구를 한 경우란, 필요적으로 행정심판절차를 거쳐야 하는 처분(행정소송법 제18조 제1항 단서에 해당하는 처분)뿐만 아니라 임의적으로 행정심판절차를 거칠 수 있는 처분(행정소송법 제18조 제1항 본문에 해당하는 처분) 또는 비록 법령상은 행정심판청구가 금지되어 있으나 행정청이 행정심판청구를 할 수 있다고 잘못 알린 처분에 대하여 행정심판청구를 한 모든 경우를 포함합니다.

그리고 '재결이 있은 날'이란, 재결이 내부적으로 성립한 날을 말하는 것이 아니라 '재결의 효력이 발생한 날'을 말합니다(처분이 있은 날에 관한 대법원 1990.7.13. 선고 90누2284 판결). 그런데 행정심판재결은 심판청구인에게 재결서의 정본이 송달된 때에 그 효력이 발생하는 것이므로(행정심판법 제38조), 재결이 있은 날이란 결국 재결서정본이 송달된 날을 의미하게 됩니다. 결국 재결이 있은 날과 재결서정본을 송달받은 날은 동일하고, 재결서정본을 송달받은 날로부터 90일이 경과하면 제소기간은 도과하게 되므로, 재결이 있은 날로부터 1년 내라는 제소기간은 거의 무의미하다 할 것입니다.

요컨대 현행법상 행정심판을 거친 경우는 행정심판 재결서 정본을 받은 날로부터 90일 이내에 행정소송을 제기해야 합니다. 그러나 위와 같이 취소소송 제기기간을 처분기준시가 아니라 재결서를 송달 받은 날을 기준으로 기산하기 위하여는 행정심판의 청구가 적법하여야 하고, 행정심판청구 자체가 행정심판청구기간을 지나 청구되는 등 부적법한 경우는 재결을 기준으로 하여 제소기간을 기산할 수 없음에 주의해야 합니다.

⚖ 관련판례 1

금융위원회가 甲 상호저축은행 주식회사에 '경영이 건전하지 못하여 공익을 크게 해할 우려가 있다'는 이유로 구 상호저축은행법(2007.7.19. 법률 제8522호로 개정되기 전의 것) 제24조 제2항 제2호 및 제6호 규정에 따라 영업인가를 취소하는 처분을 하였는데, 甲 은행이 처분 통지일로부터 90일이 지나서 취소소송을 제기하고 그 직후 선임된 특별대리인이 이를 추인한 사안에서, 甲 은행의 기존 대표이사와 관리인이 취소소송을 제기할 수 없었던 이상 甲 은행이 처분 통지일부터 90일의 제소기간이 지난 후에 소를 제기하였다고 하더라도 이는 민사소송법 제173조 제1항에 규정된 책임질 수 없는 사유로 말미암아 불변기간을 지킬 수 없었던 경우로서 특별대리인이 선임되어 그 사유가 없어진 날부터 2주 내에 게을리 한 소송행위를 보완할 수 있다고 볼 여지가 있고, 이러한 책임질 수 없는 사유가 존재했는지는 취소소송의 당사자인 甲 은행을 기준으로 살펴야 하므로, 원심은 甲 은행의 특별대리인이 선임된 때부터 2주 내에 소송행위를 적법하게 보완한 것인지를 살펴 甲 은행의 소가 적법한지를 판단했어야 한다는 이유로, 이러한 조치 없이 제소기간이 지났다고 보아 甲 은행의 소를 각하한 원심판결에 제소기간에 관한 법리를 오해한 위법이 있다(대법원 2012.3.15. 선고, 2008두4619, 판결).

⚖ 관련판례 2

행정심판을 제기하지 아니하거나 그 재결을 거치지 아니하는 사건에 대한 제소기간을 규정한 「행정소송법」 제20조제2항에서 "처분이 있은 날"이라 함은 상대방이 있는 행정처분의 경우는 특별한 규정이 없는 한 의사표시의 일반적 법리에 따라 그 행정처분이 상대방에게 고지되어 효력이 발생한 날을 말한다고 할 것이다(대법원 1990.7.13. 선고 90누2284 판결).

■ 양도소득세를 경정처분한 경우 불복절차 행사기간의 기산점은 언제부터인가요?

Q 甲은 2005년 11월 8일 종로세무서로부터 양도소득세 2억 원의 부과처분을 받은 후 이에 불복하여 심사청구를 거쳐 심판청구를 하였는데, 국세심판원은 2006년 3월 30일 위 처분 중 일부가 위법하다면서 감액하여 그 과세표준과 세액을 경정결정 하였습니다. 이에 종로세무서는 위 국세심판원의 심판결정에 따라 2006년 4월 25일 당초처분인 2억 원의 양도소득세부과처분을 1억원으로 감액경정 결정하여 甲에게 통지하였습니다. 그러나 甲은 위 경정처분 또한 위법하다면서 이에 불복절차를 밟으려 하는데, 이 경우 어떤 처분을 기준으로 하여야 하는지요?

A 행정청이 일정한 처분을 한 뒤에 그 처분을 감축(감액) 또는 확장(증액)하는 경우가 있습니다. 이는 과세처분 등 각종 부담금부과처분의 경우에 자주 볼 수 있으나 그 외 징계처분이나 영업정지처분 등 제재처분에서도 찾아 볼 수 있습니다. 이러한 경우 처음의 처분을 당초처분, 뒤의 처분을 경정처분이라 하는데, 어느 것을 전심절차나 행정소송의 대상으로 하여야 하는지 문제됩니다.

판례는 확장(증액)경정처분과 감축(감액)경정처분을 나누어 달리 취급하고 있는데, 확장경정처분을 한 경우 확장경정처분은 종전의 처분이 후의 확장경정처분에 흡수되므로 후의 경정처분만이 전심절차나 행정소송의 대상이 되며(대법원 1992.8.14. 선고 91누13229 판결, 2000.9.8. 선고 98두16149 판결, 2000.9.22. 선고 98두18510 판결), 감축경정처분은 당초처분의 일부취소에 해당하므로 일부 취소된 당초처분을 대상으로 그 전심절차나 제소기간 준수여부를 정하여야 한다고 하였습니다(대법원 2009.5.8. 선고 2006두16403 판결).

위 사안은 감축(감액)경정처분의 경우로 당초처분의 일부의 효력을 취소하는 처분이기 때문에 감축경정처분으로 감액되고 남은 당초의 처분이 전심절차나 행정소송의 대상이 됩니다. 즉, 위 사안에서 종로세무서가 2005년 11월 8일 甲에 대해서 한 2억 원의 양도소득세부과처분이 일부 취소되어 1억 원으로 감축된 것이므로 2005년 11월 8일을 기준으로 전심절차(심사청구 및 심판청구)나 행정소송의 기간준수 여부를 판단하여야 합니다.

따라서 위 사안의 경우 2005년 11월 8일을 기준으로 90일 이내에 처분청(종로세무서)에 심사청구를 하고, 이에 불복할 경우 심사결정서 송달일 이후 90일 이내에 국세심판원에 심판청구를 하고, 이 심판결정에 불복이 있는 경우 심판결정의 재결서 송달일 이후 90일 이내에 행정소송을 제기하여야 합니다. 만약, 甲이 감축(감액)경정처분을 새로운 처분으로 보고 전심절차나 제소기간을 정하게 되면 이는 부적법한 것이 되어 각하되는 것을 면하지 못할 것입니다.

참고로 수차의 경정처분이 있는 경우도 위의 이론이 그대로 적용됩니다. 예를 들면 2005년 5월 1일자로 800만원의 당초 과세처분을 하였다가, 2005년 6월 15일자로 1,000만원으로 증액하는 처분을 하고, 다시 같은 해 7월 20일자로 900만원으로 감액하는 과세처분을 하였을 경우 전심절차나 행정소송의 대상이 되는 것은 6월 15일자의 처분이나 그 대상인 과세처분의 내용은 900만원으로 감액된 것입니다. 즉, 6월 15일자 1,000만원의 과세처분이 전심절차나 행정소송의 대상이 되는 것입니다(대법원 1996.7.30. 선고 95누6328 판결, 1998.5.26. 선고 98두3211 판결).

한편 「국세기본법」 제22조의2는 당초처분과 경정처분의 관계에 대하여 규정하고 있는데, 그 제1항은 "세법에 따라 당초 확정된 세액을 증가시키는 경정(更正)은 당초 확정된 세액에 관한 이 법 또는 세법에서 규정하는 권리·의무관계에 영향을 미치지 아니한다." 제2항은 "세법에 따라 당초 확정된 세액을 감소시키는 경정은 그 경정으로 감소되는 세액 외의 세액에 관한 이 법 또는 세법에서 규정하는 권리·의무관계에 영향을 미치지 아니한다." 라고 규정하고 있습니다.

위 제2항의 내용은 감액경정처분에 대한 기존의 대법원판결의 입장을 재확인한 것에 불과하므로 사안의 경우 위 규정에 따르더라도 여전히 2005년 11월 8일의 당초처분을 기준으로 전심절차나 행정소송의 기간 준수 여부를 판단하여야 합니다. 다만, 증액경정처분에 관한 위 제1항의 해석에 대해서는 견해의 대립이 있는데 아직 이에 대한 대법원 판례는 없는 것으로 보입니다.

⚖ 관련판례

행정소송법 제18조 제1항, 제20조 제1항, 구 행정심판법(2010.1.25. 법률 제9968호로 전부 개정되기 전의 것) 제18조 제1항을 종합해 보면, 행정처분이 있음을 알고 처분에 대하여 곧바로 취소소송을 제기하는 방법을 선택한 때에는 처분이 있음을 안 날부터 90일 이내에 취소소송을 제기하여야 하고, 행정심판을 청구하는 방법을 선택한 때에는 처분이 있음을 안 날부터 90일 이내에 행정심판을 청구하고 행정심판의 재결서를 송달받은 날부터 90일 이내에 취소소송을 제기하여야 한다. 따라서 처분이 있음을 안 날부터 90일 이내에 행정심판을 청구하지도 않고 취소소송을 제기하지도 않은 경우에는 그 후 제기된 취소소송은 제소기간을 경과한 것으로서 부적법하고, 처분이 있음을 안 날부터 90일을 넘겨 청구한 부적법한 행정심판청구에 대한 재결이 있은 후 재결서를 송달받은 날부터 90일 이내에 원래의 처분에 대하여 취소소송을 제기하였다고 하여 취소소송이 다시 제소기간을 준수한 것으로 되는 것은 아니다(대법원 2011.11.24. 선고, 2011두18786, 판결).

■ 제소기간의 기산점인 '처분 등이 있음을 안 날'의 의미 및 상대방이 있는 행정처분의 경우 위 제소기간의 기산점은 언제부터인지요?

Q 지방보훈청장이 허혈성심장질환이 있는 갑에게 재심 서면판정 신체검사를 실시한 다음 종전과 동일하게 전(공)상군경 7급 국가유공자로 판정하는 '고엽제후유증전환 재심신체검사 무변동처분' 통보서를 송달하자 갑이 위 처분의 취소를 구하였습니다. 그런데 행정청은 갑이 통보서를 송달받기 전에 자신의 의무기록에 관한 정보공개를 청구하여 위 처분을 하는 내용의 통보서를 비롯한 일체의 서류를 교부받은 날부터 제소기간을 기산하여 위 소는 90일이 지난 후 제기한 것이라며 부적법하다는 판결을 받았습니다. 이것이 정당한가요?

A 행정소송법 제20조 제1항은 '취소소송은 처분등이 있음을 안 날부터 90일 이내에 제기하여야 한다.'고 규정하고 있습니다. 이 규정에서 말하는 '처분 등이 있음을 안 날'이란 통지, 공고 기타의 방법에 의하여 당해 처분 등이 있었다는 사실을 현실적으로 안 날을 의미한다는 것이 판례의 일관된 입장입니다(대법원 2006.4.28. 2005두14851판결 등 참조). 특히 상대방이 있는 행정처분의 경우에는 특별한 규정이 없는 한 의사표시의 일반적 법리에 따라 행정처분이 상대방에게 고지되어야 효력을 발생하게 되므로, 행정처분이 상대방에게 고지되어 상대방이 이러한 사실을 인식함으로써 행정처분이 있다는 사실을 현실적으로 알았을 때 행정소송법 제20조 제1항이 정한 제소기간이 진행한다고 보아야 할 것입니다.

이와 같은 판례의 입장에 따르면, 갑이 통보서를 송달받기 전에 자신의 의무기록에 관한 정보공개를 청구하여 위 처분을 하는 내용의 통보서를 비롯한 일체의 서류를 교부받은 날부터 제소기간을 기산하여 소가 90일이 지난 후 제기한 것으로 보아 위법하다고 볼 수는 없다고 할 것입니다.

■ 개별공시지가에 대하여 이의가 있는 자가 행정심판을 거쳐 행정소송을 제기하는 경우 제소기간의 기산점은 언제부터 기산하나요?

Q 개별공시지가에 대하여 이의가 있는 자가 부동산 가격공시 및 감정 평가에 관한 법률에 따른 이의신청을 한 후에 다시 행정심판을 거쳐 행정소송을 제기할 경우, 행정소송의 제소기간은 언제부터 기산 하나요?

A 행정소송법 제20조 제1항은 '취소소송은 처분 등이 있음을 안 날부터 90일 이내에 제기하여야 한다. 다만, 제18조 제1항 단서에 규정한 경우와 그 밖에 행정심판청구를 할 수 있는 경우 또는 행정청이 행정심판청구를 할 수 있다고 잘못 알린 경우에 행정심판청구가 있은 때의 기간은 재결서의 정본을 송달받은 날부터 기산한다.'고 규정하고 있습니다. 또한, 행정심판법 제3조 제1항은 "행정청의 처분 또는 부작위에 대하여 다른 법률에 특별한 규정이 있는 경우를 제외하고는 이 법에 의하여 행정심판을 제기할 수 있다."고 규정하고 있습니다.

부동산 가격공시 및 감정평가에 관한 법률(이하 '가격공시법'이라 한다) 제12조는 제1항에서 '개별공시지가에 대하여 이의가 있는 자는 개별공시지가의 결정·공시일부터 30일 이내에 서면으로 시장·군수 또는 구청장에게 이의를 신청할 수 있다'고 규정하고 있습니다만, 가격공시법이 이의신청에 관하여 규정하고 있다고 하여 이를 행정심판법 제3조 제1항에서 행정심판의 제기를 배제하는 '다른 법률에 특별한 규정이 있는 경우'에 해당한다고 볼 수 없으므로, 개별공시지가에 대하여 이의가 있는 자는 이의신청을 하여 그 결과 통지를 받은 후 다시 행정심판을 거쳐 행정소송을 제기할 수도 있다고 보아야 할 것입니다.

이와 같은 경우 행정소송의 제소기간은 행정소송법 제20조의 취지에 따라 '그 행정심판 재결서 정본을 송달받은 날'부터 기산된다고 할 것입니다.

행정소송의 절차는 어떻게 되나요?

제3장 행정소송의 절차는 어떻게 되나요?

제1절 행정소송의 절차

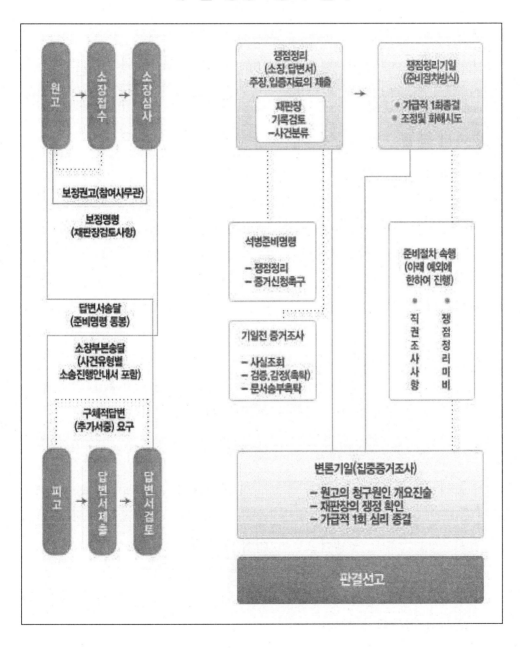

1. 소장의 제출

① 법원에 소를 제기하려면 우선 소장을 작성하여 제출해야 합니다. 소장의 양식은 각급법원 민원실에 유형별로 견본을 작성하여 비치해 두고 있습니다.

② 소장의 기재사항, 첨부서류, 송달료 등에 관한 자세한 사항은 대한민국 법원 전자민원센터(http://help.scourt.go.kr) <절차안내-행정-소장 작성>에서 확인할 수 있습니다.

2. 답변서 제출

2-1. 답변서 제출기한

① 피고가 원고의 청구를 다투는 때에는 소장 부본을 송달받은 날로부터 30일 안에 답변서를 제출하여야 합니다.

② 소장 부본과 함께 동봉되어 온 절차안내서가 있을 경우 답변서 제출기간, 기재사항, 첨부서류 등의 사항에 관하여 안내서를 참조하면 됩니다.

2-2. 답변서의 기재사항과 첨부서류

① 답변서에는 사건번호, 원고 · 피고의 성명과 주소, 청구의 취지에 대한 답변과 청구원인에 대한 구체적인 진술을 적어야 합니다.

② 청구취지에 대한 답변에는 원고의 청구에 응하는지 여부를 분명하게 밝혀야 합니다.

③ 청구원인에 대한 답변에는 원고가 소장에서 주장하는 사실을 인정하는지 여부를 개별적으로 밝히고, 인정하지 아니하는 사실에 관해서는 그 사유를 구체적으로 적어야 합니다.

④ 자신의 주장을 증명하기 위한 증거방법 중 중요한 서증 사본 및 피고가 가지고 있는 문서로서 답변서에 인용한 문서의 사본 등을 답변서에 첨부해야 합니다.

3. 준비서면

① 새로운 공격방어방법을 포함한 준비서면은 변론기일 또는 변론준비기일의 7일 전까지 상대방에게 송달될 수 있도록 적당한 시기에 제출해야 합니다.

② 준비서면에는 자신이 주장하는 내용을 요약하고 이를 뒷받침 할 만한 증거가 무엇인지를 적고, 상대방이 주장한 내용과 증거자료에 대하여 구체적인 의견을 적어야 합니다.

4. 소취하서

4-1. 소취하서의 제출시기

① 소취하는 원고가 서면으로(변론이나 변론준비기일에서는 구술로도 가능) 판결확정 전까지 할 수 있습니다.

② 피고인 행정청이 심문기일에 조정 권고를 받아들여 경감된 재처분을 하였을 경우 이에 따라 원고가 소를 취하하고자 한다면 재처분한 처분서를 수령한 이후에 소를 취하하도록 유의해야 합니다.

4-2. 소취하 간주

① 양쪽 당사자가 변론기일에 출석하지 아니하거나 출석하였다 하더라도 변론하지 아니한 때에는 다시 변론기일을 정하여 당사자를 소환합니다.

② 새로 지정된 변론기일이나 그 뒤의 변론기일에 다시 양쪽 당사자가 출석하지 아니하거나 출석하였다 하더라도 변론하지 아니한 때에는 1개월 이내에 기일지정신청하지 아니한 때에 소를 취하한 것으로 봅니다(2회 쌍불로 인한 취하간주).

③ 1월내에 기일지정 신청을 하였더라도 지정한 그 변론기일 또는 그 뒤의 변론기일에 다시 양쪽 당사자가 불출석(3회 쌍불)하면 소를 취하한 것으로 봅니다.

5. 심리의 진행

5-1. 변론준비기일(쟁점정리기일)

① 쟁점정리를 위한 준비기일에는 통상 소장, 답변서, 준비서면 진술, 쟁점 정리, 출석한 당사자 본인 진술 청취, 입증계획을 수립하는 등의 절차가 이루어집니다.

② 원고가 청구의 근거로 삼고 있는 사실관계와 피고가 항변하는 사실관계를 정리하고, 쌍방이 주장하는 사실관계 중에서 서로 다툼이 없는 부분과 다툼이 있는 부분을 구분하며, 다툼이 있는 사실 가운데 증인신문 등에 의한 입증이 필요한 사항을 정리하는 등의 절차가 진행됩니다.

③ 변론준비기일에는 쌍방의 주장과 함께 증거관계도 정리하게 되는데, 먼저 변론준비기일 이전에 있었던 증거신청 중에서 아직 채택 여부를 결정하지 않았거나, 변론준비기일에 추가로 제기된 증거신청에 대하여 채택 여부를 결정하게 됩니다.

5-2. 변론기일(집중증거조사)

① 변론준비기일을 통해 주장과 증거관계의 정리가 완료되면 집중증거조사를 위한 변론기일이 지정되게 됩니다.

② 집중증거조사기일의 지정은 사건번호와 관계없이 주장과 증거관계의 정리가 완료된 순서대로 지정하게 됩니다.

③ 사건의 성질상 신속한 처리가 요청되는 경우, 법리문제만 쟁점이 되어 변론준비절차에 부칠 필요가 없는 경우 등에는 답변서 제출 후에 바로 변론기일이 지정되기도 합니다.

④ 변론준비기일을 거치지 않았던 사건의 경우에는 주장의 진술, 증거신청, 증거조사 등의 모든 과정이 변론기일에 이루어지게 됩니다.

5-3. 변론종결

① 재판장은 주장의 진술, 증거신청, 증거조사 등의 모든 과정이 종결

되고 나면 변론을 종결하고 선고기일을 지정합니다.

② 변론종결 이후에는 당사자가 준비서면을 제출하거나 서류에 번호를 매겨 제출하더라도 이는 변론에 현출되지 않은 것이기 때문에 재판 결과에 반영되지 못합니다. 따라서 그러한 자료를 재판결과에 반영시키기 위해서는 변론 재개를 신청하여 변론기일에 진술, 제출하여야 합니다.

변론재개 신청서

사건번호   20   구합(단)   [담당재판부 : 제   (단독)부]
원   고
피   고

  위 사건에 관하여 20 . . . 변론을 종결하고 20 . . . :   로 판결선고기일을 지정하였으나 원고는 다음과 같은 사유로 변론의 재개를 신청합니다.

신청사유

1. (예시) 변론종결 후 다음과 같은 새로운 증거를 발견하였으므로 이를 제출하고자 합니다.

                    20   .   .   .

        원고   (날인 또는 서명)
        (연락처)

○ ○ 지 방 법 원 귀중

◇유의사항◇

연락처란에는 언제든지 연락 가능한 전화번호나 휴대전화번호를 기재하고, 그 밖에 팩스번호, 이메일 주소 등이 있으면 함께 기재하기 바랍니다.

6. 판결 선고

① 판결은 재판장이 판결원본에 따라 주문을 읽는 방식으로 선고하고, 필요한 때에는 이유를 간략히 설명할 수 있습니다.
② 판결은 당사자가 출석하지 않아도 선고할 수 있고, 선고에 의해 판결의 효력이 발생합니다.

③ 법원은 판결이 선고된 후 그 정본을 당사자에게 송달하는데, 판결에 불복이 있는 당사자는 판결서가 송달된 날부터 2주 이내에 항소장을 1심 법원에 제출하는 방식으로 항소할 수 있습니다.

■ 행정소송 제기 절차는 어떻게 진행되나요?

Q 행정소송을 제기하려고 합니다. 행정소송 제기 절차는 어떻게 진행되나요?

A 행정심판 청구 절차는 ① 소장의 제출 → ② 답변서 제출 → ③ 심리의 진행 → ④ 판결 선고의 과정을 거쳐 진행됩니다.

◇ 행정소송 절차의 단계별 과정

① 소장의 제출 : 법원에 소를 제기하려면 우선 소장을 작성하여 제출해야 합니다. 소장의 양식은 각급법원 민원실에 유형별로 견본을 작성하여 비치해 두고 있습니다.

② 답변서 제출 : 피고가 원고의 청구를 다투는 때에는 소장 부본을 송달받은 날로부터 30일 안에 답변서를 제출하여야 합니다.

③ 심리의 진행

변론준비기일 : 쟁점정리를 위한 준비기일에는 통상 소장, 답변서, 준비서면 진술, 쟁점 정리, 출석한 당사자 본인 진술 청취, 입증계획을 수립하는 등의 절차가 이루어집니다. 변론준비기일을 통해 주장과 증거관계의 정리가 완료되면 집중증거조사를 위한 변론기일이 지정되게 됩니다.

Q 저는 부당한 행정처분을 받고 이에 불복하여 행정소송을 제기하려고 합니다. 제출해야 할 서류는 무엇인지요?

A 행정소송의 제소방식도 민사소송에서의 경우와 같습니다. 따라서 소(訴)는 소장을 작성하여 법원에 제출함으로써 제기하는 방법이 원칙입니다(행정소송법 제8조 제2항, 민사소송법 제248조).

소장 작성요령 및 용지에 관하여도 민사소장과 같습니다(민사소송규칙 제4조). 소장에는 당사자, 법정대리인, 청구취지, 청구원인을 필요적으로 기재하여야 합니다(민사소송법 제249조 제1항). 당사자 중 피고의 표시에 있어서 피고가 처분행정청 등일 경우에는 당해 행정청만 표시하면 족하고, 행정처분을 담당한 자연인의 성명이나 주소는 표시하지 않습니다(예 : 피고 서울특별시장).

그러나 피고가 공·사법인(예 : 대한주택공사)인 경우나 합의제기관(예 : 공정거래위원회, 교원징계재심위원회)인 경우 등에는 대표자 또는 그 대리인도 표기해야 합니다.

청구취지는 원고의 청구가 인용될 경우에 판결의 주문에 해당하는 것 즉 청구원인에 기한 판결의 결론부분으로 소송의 대상이 되는 행정처분은 당사자, 일시, 내용을 간결하게 기재하여 특정해야 합니다(예 : 피고가 2007.1.10. 원고의 유흥주점 ○○에 대하여 같은 해 1.11.부터 같은 해 2.10.까지의 영업정지를 명한 처분을 취소한다).

청구원인은 소송상의 청구를 다른 청구와 구별할 수 있을 정도로 주장책임의 범위 내에서 간결·명료하게 기재하여야 합니다.

행정소송을 제기하기 위해서는 소장 외에도 첨부서류를 제출하여야 하는데, 이러한 첨부서류로서는 소송수행권을 증명하는 서면, 인지 및 송달료의 예납을 증명하는 서류, 소장의 부본 등이 있습니다. 소송수행권을 증명하는 서면에 관하여는 소송대리인이 있는 경우에는 위임장 1통을 제출하고 그밖에 당사자 또는 대리권을 증명할 각종 서류를 첨 부합니다(예 : 법인인 경우에는 법인등기부등·초본, 미성년자인 경우에는 가족관계증명서). 소장의 부본에 관하여는 소장 제출 시 송달을 위하여 피고의 수에 따른 소장 부본을 첨부하여야 합니다(민사소송규칙 제48조 제1항).

■ 행정소송에 대한 불복절차는 어떻게 되는지요?

Q 저는 행정소송을 제기하였으나 패소하였습니다. 이에 불복하여 상소를 제기하려고 하는데 그 불복절차가 어떻게 되는지요?

A 행정소송의 불복절차도 민사소송의 경우와 별다른 차이점이 없습니다. 즉, 행정법원의 판결에 대하여는 항소제기 후 상고를 제기할 수 있습니다. 상고에 관하여는 「상고심절차에관한특례법」에 의한 심리불속행규정이 적용됩니다(같은 법 제2조).

항소나 상고의 제기는 판결서가 송달된 날부터 2주 이내에 하여야 합니다(행정소송법 제8조 제2항, 민사소송법 제396조 제1항 본문, 제425조). 행정법원의 결정·명령에 대하여는 고등법원에 항고할 수 있고, 고등법원의 결정·명령에 대하여는 대법원에 재항고할 수 있습니다. 또한, 법률의 규정이 있는 경우에는 민사소송법에 따른 즉시항고를 할 수 있습니다.

즉시항고는 재판이 고지된 날부터 1주 이내에 하여야 합니다(행정소송법 제8조 제2항, 민사소송법 제444조 제1항).

특별항고도 민사소송의 경우와 같습니다. 재항고와 특별항고에 대하여는 「상고심절차에관한특례법」에 의한 심리불속행규정이 준용됩니다(같은 법 제7조).

재심에 관하여도 행정소송에 민사소송법에 따른 재심 또는 준재심규정이 일반적으로 적용됩니다. 다만, 행정소송에서는 제3자에 의한 재심청구가 가능합니다. 즉, 처분 등을 취소하는 판결 또는 무효등확인판결이나 부작위위법확인판결에 의하여 권리 또는 이익을 침해받은 제3자가 자기에게 책임 없는 사유로 소송에 참가하지 못함으로써 판결의 결과에 영향을 미칠 공격 또는 방어방법을 제출하지 못한 때에는 이를 이유로 확정된 종국판결에 대하여 재심을 청구할 수 있습니다(행정소송법 제31조 제1항, 제38조 제1항 및 제2항).

항고소송(취소소송, 무효등확인소송, 부작위위법확인소송을 가리켜 항고소송이라고 함)의 인용판결은 소송당사자 이외의 제3자에게도 미치는 데(행정소송법 제29조, 제38조 제1항 및 제2항), 소송당사자 외의 제3자 또는 행정청은 불측의 손해를 당하지 않기 위하여 소송참가를 할 수도 있겠으나(행정소송법 제16조 및 제17조, 제38조 제1항 및 제2항) 제3자로서 자기에게 귀책사유 없이 소송에 참가하지 못하는 경우도 있으므로 위와 같은 제3자에 의한 재심청구제도를 인정한 것입니다.

제3자에 의한 재심청구는 확정판결이 있음을 안 날로부터 30일 이내 (국외에서 제기하는 경우는 60일 이내), 판결이 확정된 날로부터 1년 이내에 제기하여야 합니다(행정소송법 제31조 제2항, 제5조).

■ 행정소송에서도 가처분이 가능한지요?

Q 제가 영업허가를 받고 싶은데 이에 대하여 행정청으로부터 거부처분을 받았습니다. 이에 대하여 행정소송을 제기하였는데, 행정소송 중에 잠정적인 허가를 받아 그 기간 중에도 영업을 하고 싶습니다. 민사소송에서는 가처분제도가 있다고 하는데 행정소송에서도 가처분이 허용되나요?

A 가처분은 금전 이외의 특정한 급부를 목적으로 하는 청구권의 집행보전을 도모하거나 분쟁이 있는 권리관계에 관하여 임시의 지위를 정함을 목적으로 하는 가구제 제도입니다. 이러한 가처분 제도에 관하여는 민사집행법 제300조에서 규정하고 있습니다.

행정소송법에는 집행정지제도가 규정되어 있지만 이것으로 영업허가를 잠정적으로 내는 것은 불가합니다. 만일 행정소송에서도 가처분제도가 있다면 이러한 잠정적인 허가를 명하는 조치가 가능할 것입니다.

그런데 우리 행정소송법이나 행정절차법 등에서 가처분과 관련한 규정은 없습니다. 행정소송법 제8조에서는 '행정소송에 관하여 이 법에 특별한 규정이 없는 사항에 대하여는 법원조직법과 민사소송법 및 민사집행법의 규정을 준용한다.'고 규정하여 민사집행법상 가처분 규정을 준용할 수 있는 여지가 있어 보이지만, 대법원은 이 규정에도 불구하고 민사소송법중 가처분에 관한 규정은 준용되지 않는다고 판시한 바 있습니다(대법원 1980.12.22. 자 80두5 결정).

따라서 행정소송에서의 민사집행법상 가처분 규정을 준용하여 잠정적인 영업허가를 받기는 어려우실 것으로 보입니다.

■ 행정소송 진행 중 원고 사망 시 상속인의 지위를 이어 받아 다시 소송을 진행할 수 있나요?

Q 저희 아버지는 1952.10.1에 입대하여 복무하시다가 1953.11.2. 의병전역 하셨는데, 1953.3.경 연천지구 전투에서 양쪽 귀에 부상을 입고 육군병원에서 치료를 받았으나 그 후유증으로 인하여 현재 양측 귀에 감각신경성난청(이하 이 사건 상병이라 한다)을 앓고 있다고 주장하면서, 전상군경에 해당하는 국가유공자로 등록하여 줄 것을 신청하였으나 비해당결정을 받았습니다. 이에 저희 아버지는 전상군경등록거부처분취소소송을 제기하였는데, 소송계속 중에 그만 돌아가셨습니다. 이러한 경우 아버지의 상속인인 저와 저희 가족들이 원고인 아버지의 지위를 이어 받아 다시 소송을 진행할 수 있나요?

A 소송계속중에 당사자 일방이 사망한 경우에는 「민사소송법」제233조 제1항 규정(당사자가 죽은 때에 소송절차는 중단된다. 이 경우 상속인·상속재산관리인, 그 밖에 법률에 의하여 소송을 계속하여 수행할 사람이 소송절차를 수계하여야 한다)에 의하여 일단 소송절차는 중단되고, 상속인등이 그 소송을 수행하기 위해 중단 당시 소송계속 중이던 법원에 소송수계신청 하여야 다시 소송이 진행됩니다. 여기서 소송수계신청이란 당사자 쪽에서 중단된 절차의 속행을 구하는 신청을 말합니다. 다만, 소송의 대상이 되는 권리관계가 일신전속적이어서 상속의 대상이 되지 않는 경우에는 이를 승계할 사람이 없는 경우에는 소송은 종료되고, 소송수계신청은 허용되지 않습니다.

행정소송에서 당사자 일방이 사망한 경우에도 「행정소송법」제8조는 「민사소송법」 제233조를 준용하도록 규정하여 일반 민사소송과 마찬가지로 위와 같은 절차를 거치게 됩니다.

그런데 이 사건의 대상이 되는 권리와 관련하여 판례는 "국가유공자등예우및지원에관한법률에 의하여 국가유공자와 유족으로 등록되어 보상금을 받고, 교육보호 등 각종 보호를 받을 수 있는 권리는 법이 정하는 바에 따른 요건을 갖춘 자로서, 보훈심사위원회의 심의·의결을 거친 국가보훈처장의 결정에 의하여 등록이 결정된 자에게 인정되는 권리이나, 그 권리는 국가유공자와 유족에 대한 응분의 예우와 국가유공자에 준하는 군경 등에 대한 지원을 행함으로써 이들의 생활안정과 복지 향상을 도모하기 위하여 당해 개인에게 부여되어진 일신전속적인 권리이어서, 다른 사람에게 양도하거나 압류할 수 없으며 이를 담보로 제공할 수 없고(법 제19조), 법에서 보상금 등을 받을 유족 또는 가족의 범위에 관하여 별도로 규정하고 있고(법 제5조), 연금을 받을 유족의 범위와 순위에 관하여도 별도로 규정(법 제12조, 제13조)하고 있는 점에 비추어 상속의 대상으로도 될 수 없다고 할 것이다. 따라서 이 사건 소송은 원고의 사망과 동시에 종료하였고, 원고의 상속인들에 의하여 승계될 여지는 없다고 할 것이다"라고 하였습니다(대법원 2003.8.19. 선고 2003두5037 판결).

따라서 귀하와 귀하의 가족은 원고의 상속인이지만, 이 사건의 대상이 되는 권리가 상속의 대상이 되지 않는 일신전속적인 권리여서 원고인 아버지의 지위를 승계 받아 다시 소송을 진행할 수 없고, 결국 이 사건 소송은 원고인 귀하의 아버지가 사망함으로써 종료되었다 할 것입니다.

■ 행정소송에서 소송구조를 받을 수 있나요?

Q 甲은 행정청을 상대로 처분에 대한 취소소송을 제기하였는데, 이러한 일은 처음이라 절차와 관련하여 모르는 것들이 많습니다. 하지만 변호사를 선임할 경제적 여건이 되지 않아 진행에 어려움을 겪고 있습니다. 甲이 현재 상황에 도움을 받을 수 있는 제도가 있는지요?

A 행정소송법 제8조 제2항은 '행정소송에 관하여 이 법에 특별한 규정이 없는 사항에 대하여는 법원조직법과 민사소송법 및 민사집행법의 규정을 준용한다.'고 규정하고 있습니다. 이에 따라서 행정소송에 관하여서도 민사소송법의 소송구조에 관한 규정(민사소송법 제128조 내지 제133조, 민사소송규칙 제24조 내지 제27조)이 적용될 수 있습니다.

따라서 소송비용을 지출할 자금능력이 부족한 사람은 그 사건이 패소할 것이 분명한 경우가 아니라면 법원에 소송구조를 신청할 수 있습니다(민사소송법 제128조 제1항). 甲은 소송비용을 지출할 자금능력이 부족하다는 점 등 구조의 사유를 소명하여 법원에 변호사비용 등에 대한 소송구조를 신청할 수 있습니다.

■ 이의신청이 받아들여지지 않는 결정이 내려진 이후에, 그 결정에 대하여 행정심판 또는 행정소송을 제기하여 불복 할 수 있는 방법이 있나요?

Q 건축허가신청을 하였으나, 담당 관청은 이를 불허하는 결정을 내리면서 "결정에 90일 이내에 민원사무처리에 관한 법률에 따라 이의신청을 할 수 있으며, 이와는 별도로 행정심판을 청구하거나, 행정소송을 할 수 있음"을 안내하는 통지문을 함께 보냈습니다. 이에 불허결정에 대한 이의신청만을 하려 하는데, 이의신청이 받아들여지지 않는 결정이 내려진 이후에, 그 결정에 대하여 행정심판 또는 행정소송을 제기하여 불복 할 수 있는 방법이 있나요?

A 민원사무처리법에서 정한 민원 이의신청의 대상인 처분에 대하여서는 이의신청과 상관없이 행정심판 또는 행정소송을 제기할 수 있으며, 또한 민원 이의신청은 민원사무처리에 관하여 인정된 기본사항의 하나로 처분청으로 하여금 다시 거부처분에 대하여 심사하도록 한 절차로서 사법적 절차가 아닌 행정적 절차에 불과합니다. 행정소송법에 따르면 취소소송은 처분 등이 있음을 안 날부터 90일 이내에 제기하여야 하나, 특별히 행정심판청구를 한 경우에는 원칙적으로 행정심판에 대한 재결이 있은 날로부터 90일 이내에 제기하여야 합니다(행정소송법 제20조 제1항, 단, 공익사업을 위한 토지 등의 취득 및 보상에 관한 법률 제85조 등 행정심판 기간을 별도로 규정하고 있는 경우 해당 법률이 정한 기간 이내에 제기하여야 합니다). 그러나 이러한 이의신청은 행정심판에 해당하지 않으므로, 행정심판을 거친 경우의 특별한 제소기간을 규정하고 있는 규정이 적용될 수는 없습니다(대법원 2012.11.15. 선고 2010두8676).

따라서 만약 건축허가에 대한 거부 처분이 있은 날로부터 90일이 지나간 이후에는 행정심판, 또는 행정소송을 제기할 수 없어(행정심판법 제27조 제1항, 행정소송법 제20조 1항), 그 이후에 이의신청에 대한 기각 결정이 내려진 경우 건축허가 거부 처분에 대하여서는 더 이상 불복을 할 수 없게 될 위험이 있습니다. 특히, 대법원은 민원사무처리에 관한 법률상의 이의신청을 받아들이지 않는 결정 내지 그 결정의 통지는 종전의 거부처분을 유지하는 것에 불과하고 민원 이의신청인의 권리·의무에 새로운 변동을 초래하는 공권력의 행사나 이에 준하는 행정작용이라고 볼 수 없어, 그에 대하여서는 별도의 행정심판 또는 행정소송을 제기할 수 없다고 결정내린 바가 있습니다(대법원 2012.11.15. 선고 2010두8676).

그러므로 만연히 건축허가 거부처분에 대하여 민원사무처리절차법에 따라 이의신청만 하는 경우 결과적으로 행정심판이나 행정소송을 통해 처분의 적법 여부를 심사받을 수 있는 기회 자체를 잃을 수 있으므로, 이의신청과는 별도로 통지를 받은 날로부터 90일 이내에 행정심판이나 행정소송을 제기하는 것이 필요할 것입니다.

제2절 행정소송의 제기

1. 소의 제기

1-1. 행정심판의 전치

① 행정소송은 행정심판을 제기할 수 있는 경우에도 이를 거치지 않고 제기할 수 있습니다(행정소송법 제18조제1항).

② 그러나 다른 법률에 해당 처분에 대한 행정심판의 재결을 거치지 않으면 취소소송을 제기할 수 없다는 규정이 있는 때에는 행정심판을 거쳐 행정소송을 제기해야 합니다(행정소송법 제18조제1항 단서).

③ 다른 법률에서 행정심판전치주의를 취하는 경우 행정심판을 거치는 것은 행정소송의 제기요건이므로 이를 거쳤는지의 여부는 법원의 직권조사사항에 속합니다. 이 경우 행정심판전치요건이 흠결된 취소소송은 부적법한 소로서 각하될 것입니다.

④ 다만, 행정소송을 제기한 후에도 그 변론종결 시까지 행정심판을 거친 경우에는 이 요건의 흠결은 치유된 것으로 봅니다(대법원 1987.4.28. 선고 86누29 판결).

⑤ 다른 법률에서 행정심판전치주의를 채택한 경우 처분취소소송과 부작위위법확인소송을 제기할 때에는 반드시 행정심판을 거쳐야 하나, 무효확인소송을 제기할 때에는 행정심판을 거칠 필요가 없습니다.

1-2. 다른 법률이 행정심판전치주의를 채택하고 있는 경우

다른 법률이 행정심판전치주의를 채택하고 있는 경우는 다음과 같습니다.

- 공무원에 대한 징계 기타 불이익처분(국가공무원법 제16조, 교육공무원법 제53조 및 지방공무원법 제20조의2)
- 각종 세법상의 처분. 다만, 지방세는 제외(국세기본법 제56조제2항 및 관세법 제120조제2항)
- 운전면허 취소·정지 등의 처분(도로교통법 제142조)

1-3. 재결을 거치지 않아도 행정소송을 제기할 수 있는 경우

다음 어느 하나의 사유가 있는 경우에는 다른 법률에서 행정심판전치주의를 채택하는 경우에도 행정심판을 제기한 뒤에 재결을 거치지 않아도 행정소송을 제기할 수 있습니다(행정소송법 제18조제2항 각호 이외의 부분).

– 행정심판청구가 있은 날로부터 60일이 지나도 재결이 없는 때
– 처분의 집행 또는 절차의 속행으로 생길 중대한 손해를 예방해야 할 긴급한 필요가 있는 때
– 법령의 규정에 의한 행정심판기관이 의결 또는 재결을 하지 못할 사유가 있는 때
– 그 밖의 정당한 사유가 있는 때
  그 밖의 정당한 사유에 관한 예로는 시기 그 밖의 사유로 인하여 행정심판을 거칠 경우에는 그 청구의 목적을 달성하는 것이 곤란한 경우가 있습니다(대법원 1953.4.15. 선고 4285행상11 판결).

1-4. 행정심판을 거치지 않고 직접 취소소송을 제기할 수 있는 경우

다음 어느 하나의 사유가 있으면 다른 법률에서 행정심판전치주의를 채택하고 있는 경우에도 행정심판을 거치지 않고 직접 취소소송을 제기할 수 있습니다(행정소송법 제18조제3항).

– 동종사건에 관하여 이미 행정심판의 기각재결이 있은 때
– 서로 내용상 관련되는 처분 또는 같은 목적을 위하여 단계적으로 진행되는 처분 중 어느 하나가 이미 행정심판의 재결을 거친 때
– 행정청이 사실심의 변론종결 후 소송의 대상인 처분을 변경하여 당해 변경된 처분에 관하여 소를 제기하는 때
– 처분을 행한 행정청이 행정심판을 거칠 필요가 없다고 잘못 알린 때

2. 소장의 제출

2-1. 소장의 작성

소는 법원에 소장을 제출함으로써 제기하도록 되어 있으므로, 소를 제기하려는 사람은 먼저 소장을 작성해야 합니다(행정소송법 제8조제2항 및 「민사소송법」 제248조).

2-2. 소장의 기재사항

2-2-1. 필수적 기재사항

① 소장에는 당사자(원고·피고)와 법정대리인, 청구의 취지와 원인을 적어야 하며, 소장에는 준비서면에 관한 규정을 준용합니다 (행정소송법 제8조제2항 및 민사소송법 제249조).

② 소장을 작성할 때 피고는 원칙적으로 처분 행정청만을 표시하면 되고, 그 기관의 지위에 있는 자연인의 성명이나 주소는 표시하지 않습니다.

2-2-2. 당사자 표시

① 소장에는 원고 및 피고가 누구인가를 다른 사람과 구별할 수 있을 정도로 표시해야 합니다.

② 당사자 표시의 방법으로는 원고·피고(일반적으로 행정청이 피고인 경우가 대부분인데 여기서 말하는 행정청에는 원래의 행정기관에 속하지 아니하나 국가 또는 지방자치단체의 특정사무를 위임 또는 위탁받아 행정작용을 행하는 공공단체 및 그 기관도 포함) 등 당사자의 지위를 기재한 다음 자연인의 경우에는 성명과 주소를, 법인 또는 법인 아닌 사단이나 재단의 경우에는 대표자와 주된 사무소의 소재지를 기재하고, 원고나 그 대리인에 대한 간편한 연락방법으로 전화번호·팩스번호 또는 e-mail주소 등을 적어야 합니다.

2-2-3. 당사자표시방법

① 원고의 표시

원고의 표시방법은 원칙적으로 민사소송의 경우와 같다.

[예] 원고　홍　길　동 (550816-1553710)

　　　서울 서초구 서초동 1701-1

　　　(우편번호 137-744, 전화 530-1737, FAX 530-1736)

② 피고의 표시

㈎ 처분행정청인 경우 - 당해 행정청만 표시

　(예 : 서초세무서장, 법무부장관, 서울특별시장)

㈏ 보통지방행정기관인 경우 - 당해 행정청의 소속 시·도·군 명을 기재

　(예 : 서울특별시 서초구청장, 충주시장, 예천군수, 강원도 고성군수, 서산시 지곡면장, 영암군 미암면장)

㈐ 특별지방행정기관인 경우 - 당해 행정청의 고유명칭을 기재

　(예 : 예산세무서장, 동해경찰서장, 서울남부보훈지청장, 용인교육청 교육장, 강릉영림서 양양관리소장)

㈑ 공·사법인인 경우 - 대표자 또는 대리인을 기재

　(예 : 대한주택공사 사장　홍　길　동)

㈒ 합의제 기관인 경우 - 대표자 또는 대리인을 기재

　(예 : 중앙토지수용위원회　대표자　홍　길　동)

㈓ 중앙노동위원회인 경우

　(예 : 중앙노동위원회위원장　홍　길　동)

㈔ 의회인 경우

　(예 : 대전광역시 대덕구의회 의장　홍　길　동)

㈕ 소송참가의 경우 - 행정소송법 제16조, 제17조

　(예 :「제3자 참가인」,「참가행정인」)

[서식 예] 당사자 선정서

당사자 선정서

사건번호   20   구합(단)   [담당재판부 : 제   단독(부)]
원   고
피   고

  위 사건에 관하여 아래 사람을 원(피)고들을 위한 선정당사자로 선정합니다.

아   래

■ 선정당사자   (이   름)
              (주   소)
              (연락처)

                     20   .   .   .

         선정자   (이   름)   (날인 또는 서명)
                    (주   소)
                    (연락처)
         선정자   (이   름)   (날인 또는 서명)
                    (주   소)
                    (연락처)

○ ○ 법 원 귀중

◇ 유의사항 ◇

1. 선정자가 원고인 경우에는 '원'에, 피고인 경우에는 '(피)'에 ○표를 하기 바랍니다.
2. 선정자가 많을 경우에는 선정자 목록을 별지로 작성하시기 바랍니다.
3. 선정당사자는 공동의 이해관계에 있는 당사자들 중의 한 사람(또는 여러 사람)만이 될 수 있으므로 제3자는 선정당사자가 될 수 없습니다.

2-2-3. 당사자 표시정정신청

① 당사자표시정정은 소제기 당시에 확정된 당사자의 표시에 의문이 있거나 당사자가 정확히 표시되지 않은 경우에 그 표시를 정확히 정정하는 것입니다.

② 당사자표시정정은 소장의 필수적 기재사항인 당사자표시를 정정하는 것으로 신청이 있는 경우에만 가능합니다.

③ 원칙적으로 당사자의 동일성을 해치지 않는 범위 내에서만 허용되는 점에서 피고의 경정 등 당사자변경과 차이가 있습니다. 만약 표시정정을 허용할 경우에는 별도의 명시적인결정을 할 필요 없이 이후의 소송절차에서 정정 신청된 바에 따라 당사자의 표시를 해줌으로써 족하고 별도의 허가결정을 할 필요는 없으나 통상적으로 당사자에게 송달하고 변론준비기일이나 변론기일에서 진술합니다.

④ 대표이사 개인이 원고로 제소한 이후에 원고 표시를 법인으로 변경하는 당사자표시정정신청은 실질적인 당사자의 변경을 가져 오는 것으로 당사자표시정정의 대상이 아니므로 불허결정을 하게 됩니다. 정정신청을 불허하는 경우에는 허용하는 경우와는 달리 반드시 즉시 불허의 결정을 하게 됩니다.

당사자(피고)표시정정신청서

[담당재판부 : 제   민사부(단독)]

사 건	20○○가단(합, 소)○○○○ 손해배상(기)
원 고	○○○
피 고	○○○

　이 사건에 관하여 원고는 당사자를 잘못 표시하였으므로, 다음과 같이 당사자 표시를 정정 신청합니다.

- 다 음 -

1. 정정 전 당사자의 표시
　　박○○ (000000-0000000)
　　　서울 서초구 서초동 300-1
2. 정정 후 당사자의 표시
　　임○○ (000000-0000000)
　　　서울 서초구 서초동 300-1
3. 신청이유
　원고는 피고의 사망 사실을 모르고 사망자를 피고로 표시하여 소를 제기하였으므로, 사망자의 상속인인 임○○로 피고의 표시를 정정하여 주시기 바랍니다.

첨 부 서 류

　　1. 가족관계증명서　　　　　　　　　　1통

20○○. ○○. ○○.

원고 ○○○ (날인 또는 서명)
연락처 : 000-0000-0000

○ ○ 지 방 법 원 (○○지원) 제 ○민사부(단독) 귀중

2-2-4. 당사자 변경신청

① 행정소송도 법원이 공법상의 법률관계에 관한 분쟁에 관하여 법을 해석·적용하여 분쟁을 해결하는 재판절차이므로 행정소송의 피고로서 소송을 수행하고 본안판결을 받을 적합한 자격을 가진 자를 피고로 하여 소송을 제기하여야 합니다.

② 그러나 소제기 시 원고가 지정한 피고가 이러한 피고로서의 적합한 자격을 가진 자가 아닐 경우에 일정한 요건하에 피고를 적합한 자격을 가진 자로 변경할 수 있는데 이를 피고경정이라고 합니다.

③ 당사자의 변경은 종래의 당사자 대신에 새로운 당사자가 소송에 가입하거나 기존의 당사자에 추가하여 새로운 당사자가 소송에 가입하는 것으로 당사자의 동일성이 변경되는 점에서 당사자표시정정과 차이가 있습니다.

④ 당사자의 변경에는 원고의 사망 등 소송승계의 경우와 권한청의 변경으로 인한 피고경정이나 원고가 피고를 잘못 지정한 경우의 피고경정 등이 있습니다.

⑤ 행정소송의 경우 소송의 형태에 따라 피고가 달라지며, 특히 항고소송의 경우에는 행정청을 피고로 하기 때문에 피고를 잘못 지정하는 경우가 빈번하여, 제소기간 준수 등 국민의 권리구제를 폭넓게 인정하기 위해서 피고경정을 허용하고 있습니다.

⑥ 피고경정 허가결정에 대하여는 불복할 수 없으나, 경정신청 각하결정에 대하여는 신청인이 즉시항고를 할 수 있습니다.

⑦ 영업정지처분취소소송에서는 피고로서 적합한 자격을 가진 행정청은 구청이 아니라 구청장이므로 피고를 ○○구에서 ○○구청장으로 변경하는 피고경정신청서를 서울행정법원 종합접수실에 접수하여 피고를 경정하는 보정을 하면 됩니다.

2-2-5. 선정당사자

① 선정당사자는 공동소송을 할 다수의 당사자가, 공동의 이해관계가

있는 경우, 공동의 이해관계인(선정자) 중 선정당사자를 선정하여, 선정자들의 연명 날인한 신청서를 법원에 제출함에 의합니다.

② 선정당사자를 선정하면 선정자는 당연히 소송에서 탈퇴한다. 즉 당사자가 될 수 없습니다. 따라서 선정자는 증인이 될 수 있고, 보조참가를 신청하여 보조참가인이 될 수 있습니다.

③ 선정당사자는 당사자 본인이므로 소송대리권의 범위에 관한 민사소송법 제90조 제2항과 같은 제한을 받지 않습니다.

④ 판결 선고 후 선고의 효력은 미치나(민사소송법 제218조 제3항), 선정자에게 판결정본을 송달하지 않습니다.

2-3. 소장의 양식

① 소장의 양식은 지방법원이나 행정법원 민원실에 비치하고 있습니다.

② 소장 작성 예시

소   장

원 고   ○ ○ ○ (주민등록번호)
            서울 중랑구 면목동 123 (전화 000-000, 팩스 000-000)
피 고   공무원연금관리공단 대표자 이사장 000

퇴직급여부지급처분취소 청구의 소

청 구 취 지

1. 피고는 200○. ○○. ○○. 원고에 대하여 한 퇴직급여청구에 대한 부지급
   결정처분을 취소한다.
2. 소송비용은 피고의 부담으로 한다.
라는 판결을 구합니다.

청 구 원 인

(원고가 피고를 상대로 위 청구취지와 같은 청구를 하게 된 원인을 구체적으
로 기재)

입 증 방 법

1. 갑 제1호증 결정문

첨 부 서 류

            1. 위 각 입증방법   각 1부.
            1. 송달료 납부서   1부.

            200○.   .   .
        원 고   ○ ○ ○   (서명 또는 날인)

○ ○ **법 원 귀중**

2-3-1. 청구취지

① 청구취지는 원고가 해당 소송에서 소로써 청구하는 판결의 주문 내용을 말하는 것으로서 청구원인의 결론부분입니다.

② 원고가 소로써 달성하려는 목적이 구체적으로 표현되고 그 내용·범위 등을 간결·명확하게 기재해야 합니다.

③ 청구취지는 소송목적의 값의 산정, 사물관할, 상소이익의 유무, 소송비용의 분담비율, 시효중단의 범위 등을 정함에 있어서 표준이 됩니다.

④ 청구취지 작성 예시

- 파면처분취소 청구의 소 : 피고가 2000 . 00. 00. 원고에 대하여 한 파면처분을 취소한다. 소송비용은 피고가 부담한다.

- 해임처분취소 청구의 소 : 피고가 2000 . 00. 00. 원고에 대하여 한 해임처분을 취소한다. 송비용은 피고가 부담한다.

- 토지수용이의재결처분취소 등 : 피고 중앙토지수용위원회가 2000. 00. 00.원고에 대하여 한 별지목록 기재 부동산에 대한 이의재결처분을 취소한다. 소송비용은 피고가 부담한다.

- 퇴직급여부지급처분취소 청구의 소 : 피고는 2000. 00. 00. 원고에 대하여 한 퇴직급여청구에 대한 부지급결정처분을 취소한다. 소송비용은 피고가 부담한다.

- 특별소비세부과처분취소 청구의 소 : 피고가 2000. 00. 00. 원고에 대하여 한 특별소비세 12,363,840원의 부과처분을 취소한다. 소송비용은 피고가 부담한다.

- 토지수용보상금 : 피고는 원고에게 금 80,000,000원 및 이에 대하여 2000. 00. 00.부터 판결선고일까지는 연 5푼, 그 다음날부터 다 갚는 날까지는 연 20%의 각 비율에 의한 금원을 지급하라. 소송비용은 피고가 부담한다.

- 손실보상금증액 청구의 소 : 피고는 원고에게 금 80,000,000원 및 이에 대하여 2005. 4. 28.부터 판결선고일까지는 연 5푼, 그

다음날부터 다 갚는 날까지는 연 20%의 각 비율에 의한 금원을 지급하라. 소송비용은 피고가 부담한다.

2-3-2. 청구원인

원고가 주장하는 권리 또는 법률관계의 성립원인인 사실을 말합니다. 청구원인의 기재는 원고가 주장하는 소송상의 청구를 다른 청구와 식별할 수 있도록 특정하고, 혼동·오인을 일으키지 않도록 작성해야 합니다.

2-3-3. 첨부서류

① 소가산정에 필요한 자료 : 납세고지서, 공시지가확인원, 건축물대장등본 등
② 자격을 증명하는 서면 : ㉠ 원고가 소송능력이 없는 사람인 경우 : 법정대리인(예 :가족관계증명서), ㉡ 법인인 경우 : 대표자(예 : 법인등기사항증명서), ㉢ 법인이 아닌 사단이나 재단의 경우 : 대표자 또는 관리인의 자격을 증명하는 서면(예 : 정관·규약 및 대표자선임 사항이 기재된 회의록등)
③ 기본적인 서증 및 그 사본 :

○ 합의재판부사건
㉠ 상속세, 법인세, 증여세 부과처분취소 : 납세고지서, 조세심판 결정문, 지방세심사청구 결정문 등
㉡ 과징금부과처분취소 : 과징금부과고지서, 행정심판 결정문 등
㉢ 요양급여비용환수처분취소 : 요양급여비 환수결정통보, 요양급여비용정산예정 통보
㉣ 난민인정불허처분취소 : 난민인정불허통지서, 이의신청에 대한 재결통지서
㉤ 해임처분취소 : 징계처분서, 징계의결서, 징계위원회회의록, 소청심사결정, 소청심사위원회 회의록

ⓗ 장애등급결정처분취소 : 장애등급심사 결정서

ⓢ 토지수용재결처분취소등 : 재결서, 공탁서, 부동산에 관한 공부 등

○ 단독재판부사건

㉠ 영업정지처분취소 : 행정처분명령서, 사업자등록증

㉡ 자동차운전면허취소처분취소 : (자동차운전면허)취소결정통지서, 행정심판재결서 등

㉢ 요양불승인처분취소 : 요양불승인 결정알림, 심사결정서, 진단서 등

㉣ 국가유공자요건비해당결정처분취소 : 국가유공자비해당결정통지 등

㉤ 추가상병불승인처분취소 : 추가상병불승인결정알림, 심사결정서, 요양보험급여결정통지(산재보험카드) 등

㉥ 이행강제금부가처분취소 : 무허가건물자진정비촉구 및 이행강제금부과 예고통지, 위반건축물에 대한 이행강제금 부과통지, 건축이행강제금부과고지서 및 영수증 등 시정명령 및 부과예고와 관련한 처분서

㉦ 양도소득세부과처분취소 : 납세고지서, 조세심판원결정, 매매계약서 등

④ 인지 및 송달료의 예납을 증명하는 서류

2-4. 소장의 제출

① 소장은 피고의 소재지를 관할하는 행정법원에 제출해야 합니다(행정소송법 제8조제2항 및 민사소송법 제248조).

② 피고는 법률에 특별한 규정이 없는 한 처분 등을 행한 행정청이 됩니다.

③ 참고로 소장에는 소송가액에 따라 일정액의 인지를 첨부해야 하고 행정법원 구내에 설치된 수납은행에 송달료를 납부한 뒤, 그 납부서를 첨부해야 합니다.

2-5. 전자문서에 의한 소송의 수행

① 법원에 제출할 서류는 전산정보시스템을 이용하여 전자문서로 제출할 수 있습니다(민사소송 등에서의 전자문서 이용 등에 관한 법률 제3

조제3호 및 제5조제1항).

② 법원에 전자문서를 제출하려는 자는 사용자등록을 하고, 제출하는 전자문서에 전자서명을 하여야 합니다(민사소송 등에서의 전자문서 이용 등에 관한 법률 제6조제1항 및 제7조제1항).

③ 전산정보처리시스템을 이용하여 제출된 전자문서는 전산정보시스템에 전자적으로 기록된 때에 접수된 것으로 봅니다(민사소송 등에서의 전자문서 이용 등에 관한 법률 제9조제1항).

3. 소가의 산정

① 원 칙

㈎ 조세 기타 공법상의 금전, 유가증권 또는 물건의 납부를 명한 처분의 무효 확인 또는 취소를 구하는 소송 — 청구가 인용됨으로써 원고가 납부의무를 면하게 되거나 환급 받게 될 금전, 유가증권 또는 물건가액의 3분의 1(다만, 그 가액이 30억원을 초과하는 경우 이를 30억원으로 봅니다)

㈏ 체납처분취소의 소송

— 체납처분의 근거가 된 세액을 한도로 한 목적물건가액의 3분의 1. 다만, 그 가액이 30억원을 초과하는 경우 이를 30억원으로 봅니다.

㈐ 금전지급 청구의 소

— 청구금액

㈑ 위 1 내지 3호에 규정된 것 이외의 소송

— 20,000,100원(비재산권을 목적으로 하는 소송으로 간주)

※ 토지의 가액은 개별공시지가에 100분의 30을 곱하여 산정한 금액

② 부동산에 관련한 처분

환지예정지 지정처분이나 토지수용에 관한 사업인정처분과 같은 부동산에 관련한 처분은 비재산권을 목적으로 하는 소송으로 보아 2천만

100원으로 합니다.

③ 특수한 소송

부작위위법확인을 구하는 소도 비재산권상의 소로 보아 2천만 100원으로 합니다.

④ 수개의 청구

㈎ 수개 청구의 주장 이익이 독립한 별개의 것인 때

— 합산하여 소가 산정(민사소송법 제24조 제1항, 민사소송등 인지규칙 제19조)

㈏ 수개 청구의 주장 이익이 동일 또는 중복될 때

— 그 중 다액을 소가로 함

㈐ 과실, 손해배상, 위약금 또는 비용의 청구가 소송의 부대목적인 때

— 그 가액은 산입 안함(민사소송법 제24조 제2항)

4. 인지액 산정 등

4-1. 인지액 산정방법

4-1-1. 소장

① 소장에는 소송목적 가액에 따라 아래 금액 상당의 인지를 첩부하여야 합니다.

소송목적의 값	인지액
1천만원 미만	소송목적의 값 x 50/10,000
1천만원 이상 1억원 미만	(소송목적의 값 x 45/10,000) + 5,000원
1억원 이상 10억원 미만	(소송목적의 값 x 40/10,000) + 55,000원
10억원 이상	(소송목적의 값 x 35/10,000) + 555,000원

② 산출된 인지액이 1,000원 미만인 때에는 이를 1,000원으로 하고, 1,000원 이상인 경우에 100원미만의 단수가 있는 때에는 그 단수는 계산하지 않습니다.

4-1-2. 항소장, 상소장의 인지액

항소장에는 위 규정액의 1.5배, 상고장에는 2배의 인지를 붙여야
합니다.

4-2. 인지 납부방법

4-2-1. 현금납부

① 수납은행에 가서 직접 납부하거나 해당은행의 인터넷뱅킹을 이용
한 계좌이체의 방식으로 납부할 수 있습니다.

② 직접 납부하는 경우에는 수납은행에 비치된 소송등인지의 현금납
부서류에 소정 사항을 기재(법원제출란에는 소장 등을 실제로 제
출하였거나 제출할 법원을 기재)하여 납부한 후 영수필확인서 및
영수필통지서를, 인터넷뱅킹을 이용한 계좌이체의 방법으로 납부
하는 경우에는 계좌이체 후 영수필확인서 및 영수필통지서를 출
력하여 소장 등에 첨부해야 합니다.

4-2-2. 카드납부

① 수납은행(신한은행)에 직접 방문하거나 또는 인지납부대행기관
(금융결제원)이 운영하는 인터넷홈페이지에서 할 수 있습니다.

② 카드납부시에는 인지금액의 1.2% 에 해당하는 수수료를 납부하
여야 하며, 그 수수료는 전액 소송비용에 산입됩니다. 결제취소
는 수납은행에서 납부한 경우에 한하여 가능하고, 그 수납은행의
당해 영업일의 수납은행으로 교부받은 서류의 원본을 첨부하여
수납은행에 청구할 수 있습니다.

4-3. 과오납금의 환급절차

① 인지액 상당의 금액을 현금으로 납부한 후 납부 당일의 수납마감 전
에 과오납이 있음을 발견한 때에는 수납은행으로부터 교부받거나 인
터넷으로 출력한 서류의 원본을 수납은행에 반환하고 과오납금의 반

환을 청구할 수 있다.

② 납부 당일의 수납마감 이후에는 당해사건의 담당 법원사무관등이 과오납을 확인한 서면 또는 수납은행으로부터 서류의 원본을 첨부하여 소장등을 제출한 법원에 서면으로 과오납금의 반환을 청구할 수 있다.

[서식 예] 소송등인지의 과오납금 반환청구서

소송등인지의 과오납금 반환청구서

사건번호 및 사건명 :   구합(구단)

납부인 성명 :

주민등록번호 :

주　　소 :

납부일자   20   .   .   .

수납은행   □ 현금납부(은행   지점) □ 인지첨부

납부금액   원

반환청구금액   원

반환받을 예금계좌

예금 계좌	금융기관명	점포명	예금종류	계좌번호	예금주성명

　위 납부인이 인지액으로 납부한 금액 중 아래와 같은 사유로 과오납금이 있으므로 이의 반환을 청구합니다.

사　　유 : 소가의 계산착오

첨부서류 : ① 소송등인지의 과오납확인서 1부

             ② 소송등인지의 현금영수증 또는 현금영수필확인서 사본 1부.

             ③ 납부자 명의의 계좌입금 가능한 통장 사본 1부

             ④ 주민등록증 앞·뒷면 사본 1부

20○○.   .   .

        청구인   (서명 또는 날인)

        연락 가능한 전화번호 :

○ ○ **법 원　귀중**

※ 대리인이 신청할 경우에는 납부인의 위임장 및 인감증명서와 대리인의 주민등록증 앞·뒷면 사본을 제출하여야 하며, 법인인 경우에는 법인등기부등본, 위임장 및 법인인감증명서, 사업자등록증 사본, 청구인의 주민등록증 앞·뒷면 사본 등을 추가로 제출하여 주시기 바랍니다.

※ 인지를 첨부한 경우에는 납부일자란에 소 또는 상소제기 일자를 기재하고, 첨부서류 중 해당되지 않는 것은 줄을 그어 삭제하고 날인하십시오.

5. 송달료예납

① 원고, 피고 각 1인 기준(송달료 1회분 3,190원)으로 1심(10회분)
   63,800원, 항소심(10회분) 63,800원, 상고심(8회분) 51,040원을 예
   납 받습니다.

② '송달료규칙의 시행에 따른 사무처리요령(재일 87-4)' 제7조에 따
   른 당사자 1인당 송달료 납부기준 및 납부절차는 아래와 같습니다.

< 당사자 1인당 송달료 납부 기준표 >

송달료 및 수송달자 적용대상사건	당사자 1인당 납 부 기 준	수 송 달 자	예납액(원)
행정제1심사건(구단,구합)	10회	원고, 피고 등	63,800
행정항소사건(누)	10회	항소인, 피항소인 등	63,800
행정상고사건(두)	8회	상고인, 피상고인	51,040
행정항고사건(루)	3회	항고인, 상대방	19,140
행정재항고사건(무)	5회	재항고인, 상대방	31,900
행정특별항고사건(부)	3회	특별항고인, 상대방	19,140
행정준항고사건(사)	3회	항고인, 상대방	19,140
행정신청사건(아)	2회	신청인, 상대방	12,760

* 1회 송달료 3,190원

< 송달료 납부절차 >

납부방식	이용은행	이용방법	첨부서류	사건과
현금	송달료수납은행	은행창구 인터넷뱅킹 현금자동입출금기	송달료납부서(은행 번호 기재) 및 송달 료 영수증 (또는 현 금 자동입출금기의 경우 이용명세표)	사건번호와 은행번호 전산등록
신용카드 직불카드	송달료 수납은행	은행창구		
	인지납부대행기관 (금융결재원)	인터넷 홈페이지 (www.cardrotax.or.kr)		

6. 관할 법원

6-1. 행정법원의 관할 사건

① 행정법원의 권한에 속하는 사건의 1심을 담당합니다(법원조직법 40조의4). 다만, 행정법원이 설치되지 아니한 지역에서는 그 지역을 관할하는 지방법원 본원이 행정법원의권한에 속하는 사건을 관할합니다.

② 또한 행정소송법은 행정사건과 병합하여 관련 민사사건을 처리할 수 있음을 명시하고 있습니다(행정소송법 제10조 제2항).

6-2. 토지관할

6-2-1. 보통재판적

① 피고의 소재지를 관할하는 행정법원. 다만, 중앙행정기관 또는 그 장이 피고인 경우의 관할법원은 대법원 소재지의 행정법원입니다.

② 서울행정법원의 관할 : 서울특별시

6-2-2. 특별재판적

토지의 수용, 기타 부동산 또는 특정의 장소에 관계되는 처분 등에 대한 취소소송은 그 부동산 또는 장소의 소재지를 관할하는 행정법원에도 제기할 수 있습니다. 2개 이상의 관할구역에 걸쳐 있을 때는 어느 구역을 관할하는 법원도 관할을 가집니다.

① 토지의 수용에 관계되는 처분

- 토지수용법에 의한 토지수용, 사용, 사업인정, 수용위원회의 재결 등의처분

② 기타 부동산에 관계되는 처분

- 부동산에 관한 권리의 설정 · 변경을 목적으로 하는 처분
- 부동산에 관한 권리행사의 강제, 제한, 금지를 명한 처분
- 건축물 철거처분
- 토지구획정리사업으로 인한 환지처분
- 토지거래허가에 관한 처분 등

③ 특정의 장소에 관한 처분
- 도시계획 취소 처분
- 자동차운수사업면허 취소 처분
- 택지조성사업 허가에 관한 처분
- 공용재산의 사용허가에 관한 처분 등

6-2-3. 사물관할

① 원칙 : 합의부
- 행정법원의 심판권은 판사 3인으로 구성된 합의부에서 행합니다.
② 예외 : 단독재판부(재정단독으로 회부할 사건)
  단독재판부 관할 사건은 '재정단독판사제도의 운영과 관련된 사무처리지침(서울행정법원 내규 제117호) 제2호에서 정하고 있는데, 2013년 7월 현재의 단독사건은 다음과 같습니다.
- 운전면허 사건 : 자동차운전면허취소처분취소의 소, 자동차운전면허정지처분취소의 소, 기타 사건의 성격상 이와 유사한 사건
- 산재사건 : 산업재해소송 중 요양불승인처분취소의 소, 요양급여부지급처분취소의 소, 상이처불승인처분취소의 소, 추가상병불승인처분취소의 소, 상이등급판정취소의 소, 장애등급결정처분취소의 소, 장해급여부지급처분취소의 소, 휴업급여부지급처분취소의 소, 폐질등급결정처분취소의 소, 평균임금 사건, 기타 사건의 성격상 이와 유사한 사건. 단, 유족급여등부지급처분취소청구의 소와 피고가 국민연금관리공단사건은 합의부 관할
- 조세소송 중 2억 원 미만의 양도소득세부과처분 취소의 소
  ☞ 2억 원 이상 양도소득세부과처분 취소의소는 합의부 관할임.
- 변상금 사건
- 기타 사건의 내용이 단순·경미한 사건

6-2-4. 심급관할

① 원칙

1심은 행정법원, 항소심은 서울고등법원, 상고심은 대법원으로 3심제를 채택하고 있습니다. 다만, 아래 사건은 관련 법률에 따라 관할이 달라집니다.

② 서울고등법원의 전속관할

공정거래위원회처분에 대한 불복의 소(독점규제 및 공정거래에 관한 법률 55조, 약관의 규제에 관한 법률 30조의2, 하도급거래 정화에 관한 법률 27조, 보안관찰법 23조)

③ 고등법원 관할

지방의회의원 및 지방자치단체장 선거무효소송(공직선거법 222조 2항), 지방의회의원 및 지방자치단체장 선거에 있어서 당선무효소송(공직선거법 223조 2항)

④ 대법원 관할

대통령, 국회의원, 도지사 등의 선거무효 또는 당선무효소송, 국민투표무효소송(국민투표법 92조), 지방의회의 의결무효소송(지방자치법 172조 3항), 교육감 관련 선거소송(지방교육자치에 관한 법률 22조 3항), 지방자체단체장, 교육감의 주무부서장관이나 상급 지방자치단체장의 감독처분에 대한 이의소송(지방자치법 169조 2항, 170조 3항, 지방교육자치에 관한 법률 3조)

6-3. 관할의 선택

① 심급관할은 제1심의 행정법원입니다. 행정소송은 민사소송과 마찬가지로 3심제로 되어 있으며, 행정소송의 제1심 관할법원은 행정법원에 제기되어야 합니다(행정소송법 제9조).

② 즉, 행정법원의 재판에 대해서는 고등법원에 항소할 수 있고, 고등법원의 재판에 관해서는 대법원에 상고할 수 있습니다(법원조직법 제14조 및 제28조).

③ 다만, 서울지역은 서울지방법원 산하에 설치된 행정법원에서, 행정법원을 설치하지 않은 그 밖의 지역에서는 행정법원이 설치될 때까지 해당 지방법원본원 및 춘천지방법원 강릉지원이 관할합니다(법원조직법 제3조제6호, 제40조의4 및 법원조직법(법률 제4765호) 부칙 제2조).

④ 토지관할은 피고의 소재지를 관할하는 행정법원입니다. 행정소송의 제1심 관할법원은 피고의 소재지를 관할하는 행정법원입니다. 다만, 중앙행정기관, 중앙행정기관의 부속기관과 합의제행정기관, 국가의 사무를 위임 또는 위탁받은 공공단체 또는 그 장이 피고인 경우에는 대법원소재지의 행정법원에 행정소송을 제기할 수 있습니다(행정소송법 제9조제1항·제2항).

⑤ 토지의 수용 그 밖에 부동산 또는 특정의 장소에 관계되는 처분 등에 대한 행정소송은 그 부동산 또는 장소의 소재지를 관할하는 행정법원에도 이를 제기할 수 있습니다(행정소송법 제9조제3항).

6-4. 관할의 이송

① 행정법원은 제기된 행정소송의 전부 또는 일부가 그 관할에 속하지 않는다고 인정하는 때에는 결정으로 관할법원에 이송합니다(행정소송법 제8조제2항 및 민사소송법 제34조제1항).

② 또한, 원고의 고의 또는 중대한 과실 없이 행정소송을 심급을 달리하는 법원에 잘못 제기한 경우에도 결정으로 관할법원으로 이송합니다(행정소송법 제7조 및 민사소송법 제34조제1항).

7. 소의 변경

7-1. 일반적인 소의 변경

① 법원은 취소소송을 해당 처분 등에 관계되는 사무가 귀속하는 국가 또는 공공단체에 대한 당사자소송 또는 취소소송 외의 항고소송으로 변경하는 것이 상당하다고 인정할 때에는 청구의 기초에 변경이

없는 한 사실심의 변론종결 시까지 원고의 신청에 의해 결정으로써 소의 변경을 허가할 수 있습니다(행정소송법 제21조제1항).

② 소의 변경에 관한 허가결정에 대하여는 즉시항고 할 수 있습니다 (행정소송법 제21조제3항).

7-2. 처분변경으로 인한 소의 변경

① 법원은 행정청이 소송의 대상인 처분을 소가 제기된 후 변경한 때에는 원고의 신청에 의하여 결정으로써 청구의 취지 또는 원인의 변경을 허가할 수 있습니다(행정소송법 제22조제1항).

② 행정청이 소송의 대상인 처분을 변경하여 원고가 소의 변경을 신청할 때에는 처분의 변경이 있음을 안 날로부터 60일 이내에 해야 합니다 (행정소송법 제22조제2항).

8. 관련 청구소송의 이송 및 병합

① 취소소송과 관련청구소송이 각각 다른 법원에 계속되고 있는 경우에 관련청구소송이 계속된 법원이 상당하다고 인정하는 때에는 당사자의 신청 또는 직권에 의하여 이를 취소소송이 계속된 법원으로 이송할 수 있습니다(행정소송법 제10조제1항).

② 이때 관련청구소송이란 다음과 같은 소송을 말합니다.

- 해당 처분등과 관련되는 손해배상·부당이득반환·원상회복 등 청구소송
- 해당 처분등과 관련되는 취소소송

③ 취소소송을 제기할 때에는 사실심의 변론종결시까지 관련청구소송을 병합하거나 피고외의 자를 상대로 한 관련청구소송을 취소소송이 계속된 법원에 병합하여 제기할 수 있습니다(행정소송법 제10조제2항).

9. 그 밖의 제소요건

① 기판력 있는 판결의 부존재

소송당사자 사이의 소송물(분쟁대상)에 대하여 이미 기판력 있는 판

결이 있으면 새로운 소송은 허용되지 않습니다.

② 중복된 소제기가 아닐 것

소가 제기되면 사건은 법원에 계속되어 법원은 이를 심리·판결해야 하는 구속을 받고, 당사자는 동일한 사건에 대해서 다시 소를 제기하지 못합니다(행정소송법 제8조제2항 및 민사소송법 제256조).

③ 재소(再訴)가 아닐 것

본안에 대한 종국판결이 있은 뒤에 소를 취하한 사람은 같은 소를 제기하지 못합니다(행정소송법 제8조제2항 및 민사소송법 제267조제2항).

Q 현행법상 행정심판전치주의가 적용되는 처분은 무엇인가요?

A ①공무원에 대한 징계 기타 불이익처분, ②각종 세법상의 처분(다만 지방세법상의 처분은 제외), ③노동위원회의 결정, ④토지수용에 대한 토지수용위원회의 재결처분, ⑤자동차운전면허취소처분 등 도로교통 법상의 처분 등이 있으며 이에 대하여는 행정심판을 먼저 거치거나, 또는 행정심판과 동시에 행정소송을 제기할 수 있습니다.

◇ 행정심판의 전치

① 다른 법률이 행정심판전치주의를 채택하고 있는 경우는 다음과 같습니다.

- 공무원에 대한 징계 기타 불이익처분
- 각종 세법상의 처분. 다만, 지방세는 제외
- 노동위원회의 결정
- 토지수용에 대한 토지수용위원회의 재결처분
- 자동차운전면허취소처분 등 도로교통 법상의 처분

② 다음 어느 하나의 사유가 있는 경우에는 다른 법률에서 행정심판전치주의를 채택하는 경우에도 행정심판을 제기한 뒤에 재결을 거치지 않아도 행정소송을 제기할 수 있습니다.

- 행정심판청구가 있은 날로부터 60일이 지나도 재결이 없는 때
- 처분의 집행 또는 절차의 속행으로 생길 중대한 손해를 예방해야 할 긴급한 필요가 있는 때
- 법령의 규정에 의한 행정심판기관이 의결 또는 재결을 하지 못할 사유가 있는 때
- 그 밖의 정당한 사유가 있는 때

■ 행정소송은 어느 법원에 제기해야 합니까?

Q 행정소송은 어느 법원에 제기해야 합니까?

A ① 행정소송은 원칙적으로 피고의 소재지를 관할하는 행정법원에 제기해야 합니다.

② 토지수용 그 밖에 부동산 또는 특정의 장소에 관계되는 처분 등에 대한 취소소송은 그 부동산 또는 장소의 소재지를 관할하는 행정법원에도 제기할 수 있습니다.

③ 서울지역은 서울지방법원 산하에 설치된 행정법원에서, 행정법원이 설치되지 않은 그 밖의 지역에서의 행정법원의 권한에 속하는 사건은 행정법원이 설치될 때까지 해당 지방법원본원이 관할합니다.

Q 행정소송을 제기하려고 합니다. 제소기간의 제한이 있나요?

A 제소기간의 제한은 원칙적으로 취소소송에만 적용되며, 같은 항고소송
이라도 무효등확인소송에는 적용되지 않습니다. 취소소송의 제소기간
은 행정심판청구를 하지 않은 경우와 행정심판청구를 한 경우로 나누
어 정하고 있습니다.

◇ 행정소송의 제소기간

① 행정심판을 청구하지 않은 경우

- 취소소송은 처분 등이 있음을 안 날부터 90일 이내에 제기해야 합니다.

- 취소소송은 처분 등이 있는 날부터 1년이 지나면 제기할 수 없습니다.

② 행정심판을 청구한 경우

- 행정심판 재결서의 정본을 송달받을 날부터 90일 이내에 제기해야
  합니다.

- 재결이 있은 날부터 1년 이내에 제기해야 합니다.

③ 특별법상의 제소기간

- 조세소송 : 최종 행정심판결정을 받은 때로부터 90일 이내에 제기해
  야 합니다.

- 토지수용사건 : 수용재결서를 받은 날로부터 60일 이내에, 이의신청
  을 거친 때에는 이의신청에 대한 재결서를 받은 날부터 30일 이내에
  행정소송을 제기할 수 있습니다.

- 중앙노동위원회의 재심판정 및 재심결정에 대한 소 : 처분의 통지를
  받은 날부터 15일 이내에 제기해야 합니다.

- 교원징계에 관한 소 : 결정서를 송달받은 날부터 90일 이내에 소를
  제기해야 합니다.

⚖️ 관련판례

전심절차를 밟지 아니한 채 증여세부과처분취소소송을 제기하였다면 제소당시
로 보면 전치요건을 구비하지 못한 위법이 있다 할 것이지만, 소송계속 중 심

사청구 및 심판청구를 하여 각 기각결정을 받았다면 원심변론종결일 당시에는 위와 같은 전치요건흠결의 하자는 치유되었다고 볼 것이다(대법원 1987.4.28.선고86누29).

10. 집행정지의 신청

10-1. 집행부정지의 원칙

취소소송이 제기되었다고 해도 원칙적으로 처분 등의 효력이나 그 집행 또는 절차의 속행은 정지되지 않습니다(행정소송법 제23조제1항).

10-2. 집행정지의 신청

① 집행정지의 의의

집행정지란 취소소송이 제기된 경우에 처분 등이나 그 집행 또는 절차의 속행으로 생길 회복하기 어려운 손해를 예방하기 위하여 긴급한 필요가 있을 때 법원이 당사자의 신청 또는 직권에 의하여 그 처분 등의 집행 또는 절차의 속행을 잠정적으로 정지하도록 결정하는 것을 말합니다(행정소송법 제23조제2항). 이러한 집행정지는 취소소송과 무효등확인소송이 제기된 경우에만 가능합니다(행정소송법 제23조제2항 및 제38조제1항).

② 집행정지의 신청

집행정지는 행정처분의 효력을 잠정적으로 정지시키기 위해 본안소송 제기와 동시에 (또는 본안의 소제기 후) 신청합니다.

10-3. 집행정지의 요건

10-3-1. 집행정지의 이익이 있을 것

① 이미 집행이 완료되어 효력을 상실하였거나 처분의 목적이 달성되어 효력이 상실된 경우에는 집행정지가 인정되지 않습니다. 다만, 집행이 완료된 경우라도 위법 상태가 계속 중이거나 처분의 효력정지 효과로서 사실상태를 원상으로 복구할 수 있는 경

우에는 집행정지가 가능합니다.

- 예를 들어 교도소의 이송처분 효력정지결정(대법원 1992.8.7. 자 92두30 결정)

② 거부처분에 대한 집행정지신청의 경우, 그 효력이 정지되더라도 그 처분이 없었던 것과 같은 상태를 만드는 것에 지나지 않고, 그 이상으로 행정청에 대하여 어떠한 처분을 명하는 등 적극적인 상태를 만들어 내는 경우를 포함하지 않으므로, 거부처분의 취소심판에 있어서는 집행정지를 구할 이익이 없습니다(대법원 1991.5.2. 선고 91두15 판결).

- 거부처분의 집행정지신청이 기각된 사례
교도소장의 접견허가거부처분(대법원 1991.5.2. 자 91두15 결정), 사단법인 한국컴퓨터게임산업중앙회의 점검필증교부거부처분(대법원 1995.6.21. 자 95두26 결정)

10-3-2. 본안 소송이 적법하게 계속 중일 것

① 행정처분에 대한 집행정지는 취소소송 등 본안 소송이 제기되어 계속 중에 있음을 그 요건으로 합니다(행정소송법 제23조제2항 및 제38조).

② 본안 소송은 소송요건을 갖춘 적법한 것이어야 하므로, 행정심판을 거쳐야 하는 경우에는 이를 갖추어야 합니다.

③ 다만, 집행정지신청 당시 행정심판 재결까지 거쳤어야 할 필요가 없음은 물론, 행정심판 청구기간이 도과하지 않은 이상, 아직 행정심판청구를 하지 않았다 하더라도 행정심판 청구기간 내에 제소한 경우에는 사후에 보정될 수 있어 집행정지신청이 가능합니다(대법원 1970.11.30. 자 70그5 결정).

10-3-3. 회복하기 어려운 손해발생의 우려가 있을 것

회복하기 어려운 손해란 금전보상이 불가능한 경우 또는 금전보상으로는 사회통념상 행정처분을 받은 당사자가 참고 견디기가 현저히 곤란한 경우의 유형·무형의 손해를 말하고, 그 주장·소명책임은 신청인에게 있습니다(대법원 1999.12.20. 자 99무42 결정).

10-3-4. 긴급한 필요가 있을 것

집행정지는 회복하기 어려운 손해가 발생할 가능성이 시간적으로 절박하여 본안 판결을 기다릴 만한 시간적 여유가 없는 경우에만 허용됩니다.

10-3-5. 집행정지가 공공복리에 중대한 영향을 미치게 할 우려가 없을 것

① 처분의 집행정지가 공공복리에 중대한 영향을 미칠 우려가 있고 그것이 신청인이 입을 손해를 희생시켜서라도 옹호할 말한 것이라고 인정되는 때에는 집행정지를 할 수 없습니다(행정소송법 제23조제1항).

② 공공복리에 중대한 영향을 미칠 우려란 추상적·일반적 공익침해의 우려를 말하는 것이 아니라 그 처분의 집행정지로 말미암아 구체적이고도 개별적으로 공익에 중대한 해를 입힐 우려가 높은 경우를 말하고, 피신청인에게 그 주장·소명책임이 있습니다(대법원 1999.12.20. 자 99무42 결정).

10-3-6. 본안 청구가 이유 없음이 명백하지 아니할 것

① 본안 소송에서의 처분의 취소가능성이 없음에도 처분의 효력이나 집행의 정지를 인정한다는 것은 제도의 취지에 반하므로 집행정지사건 자체에 의하여도 신청인의 본안 청구가 이유 없음이 명백하지 않아야 합니다(대법원 1999.11.26. 선고 99부3 판결).

② 신청인의 주장 자체에 따르더라도 처분이 위법하다고 볼 수 없거나 행정청이 적극적으로 처분이 적법함을 소명한 때에는 집행정지신청은 기각됩니다(대법원 1992.6.8. 자 92두14 결정).

11. 집행정지의 절차

① 집행정지는 당사자의 신청 또는 법원의 직권으로 행해집니다(행정소송법 제23조제2항).

② 집행정지의 관할법원은 본안 사건이 계속 중인 법원입니다(행정소송법 제23조제2항).

③ 원고가 집행정지를 신청함에 있어서는 그 이유에 대한 소명을 해야 합니다(행정소송법 제23조제4항).

④ 집행정지의 신청이 있는 경우 변론이나 심문을 반드시 거쳐야 하는 것은 아닙니다. 대체로 신청 후 수일 내(통상 1주일 내)에 법원은 심문 기일을 정해서 당사자 쌍방을 소환하여 필요한 자료 등을 제출하게 하여 심리합니다.

12. 집행정지 결정의 효과

① 집행정지결정은 그 사건에 관하여 당사자인 행정청과 그 밖의 관계행정청을 기속합니다(행정소송법 제23조제6항 및 제30조제1항).

② 따라서 집행정지결정으로 인해 해당 처분 등의 구속력을 일단 정지시킴으로써 해당 행정처분 등이 없었던 것과 같이 됩니다.

13. 집행정지결정에 대한 불복

집행정지의 결정 또는 기각의 결정에 대해서는 결정 고지일부터 1주일 이내에 즉시항고를 할 수 있습니다. 다만, 이 경우 집행정지의 결정에 대한 즉시항고에는 결정의 집행을 정지하는 효력이 없습니다(행정소송법 제23조제5항 및 민사소송법 제444조).

14. 집행정지의 취소

① 집행정지결정을 한 후 그것이 공공복리에 영향을 미치거나 또는 정지 사유가 없어진 때에는 법원은 당사자의 신청 또는 직권에 의해 결정으

로써 집행정지결정을 취소할 수 있습니다(행정소송법 제24조제1항).

② 원고가 집행정지 취소를 신청함에 있어서는 그 이유에 대한 소명을 해야 합니다(행정소송법 제23조제4항·제5항).

③ 집행정지결정의 취소결정에 대해서 결정고지일로부터 1주일 이내에 즉시항고를 할 수 있습니다(행정소송법 제24조제2항, 제23조제5항 및 민사소송법 제444조).

Q 행정청으로부터 영업정지처분을 받았습니다. 영업정지처분이 과다하여 행정소송을 제기하려고 하는데 행정소송을 제기하기 전에 집행정지신청을 먼저 할 수 있나요?

A 행정소송을 제기하기 전에 집행정지신청만을 먼저 하는 것은 가능하지 않습니다. 행정소송에서 집행정지의 요건은 정지대상의 처분이 존재해야 하며, 본안 소송이 적법하게 계속 중이어야 하므로 본안 소제기 후에 본안소송이 계속된 법원에 신청하거나 본안소송을 제기하면서 동시에 집행정지 신청을 해야 합니다.

◇ 집행정지

집행정지란 취소소송이 제기된 경우에 처분 등이나 그 집행 또는 절차의 속행으로 생길 회복하기 어려운 손해를 예방하기 위하여 긴급한 필요가 있을 때 법원이 당사자의 신청 또는 직권에 의하여 그 처분 등의 집행 또는 절차의 속행을 잠정적으로 정지하도록 결정하는 것을 말합니다.

◇ 집행정지의 요건

① 집행정지를 하기 위해서는 일반적으로 다음과 같은 요건이 요구됩니다.
 - 집행정지의 이익이 있을 것
 - 본안 소송이 적법하게 계속 중일 것
 - 회복하기 어려운 손해발생의 우려가 있을 것
 - 긴급한 필요가 있을 것
 - 집행정지가 공공복리에 중대한 영향을 미치게 할 우려가 없을 것
 - 본안청구가 이유 없음이 명백하지 않을 것

♣♣ **관련판례 1**

행정처분의 효력정지나 집행정지를 구하는 신청사건에서는 행정처분 자체의 적법 여부는 원칙적으로 판단의 대상이 아니고, 그 행정처분의 효력이나 집행을 정지할 것인가에 관한 행정소송법 제23조 제2항에서 정한 요건의 존부만이 판

단의 대상이 되는 것이다. 다만, 집행정지는 행정처분의 집행부정지원칙의 예외로서 인정되는 것이고, 또 본안에서 원고가 승소할 수 있는 가능성을 전제로 한 권리보호수단이라는 점에 비추어 보면, 집행정지사건 자체에 의하여도 신청인의 본안청구가 적법한 것이어야 한다는 것을 집행정지의 요건에 포함시키는 것이 옳다(대법원 2010.11.26. 2010무137, 결정).

⚖ 관련판례 2

[1] 「행정소송법」 제23조제2항에서 행정청의 처분에 대한 집행정지의 요건으로 들고 있는 '회복하기 어려운 손해'라고 하는 것은 원상회복 또는 금전배상이 불가능한 손해는 물론 종국적으로 금전배상이 가능하다고 하더라도 그 손해의 성질이나 태양 등에 비추어 사회통념상 그러한 금전배상만으로는 전보되지 아니할 것으로 인정되는 현저한 손해를 가리키는 것으로서 이러한 집행정지의 적극적 요건에 관한 주장·소명책임은 원칙적으로 신청인 측에 있다.

[2] 「행정소송법」 제23조제3항에서 집행정지의 요건으로 규정하고 있는 '공공복리에 중대한 영향을 미칠 우려'가 없을 것이라고 할 때의 '공공복리'는 그 처분의 집행과 관련된 구체적이고도 개별적인 공익을 말하는 것으로서 이러한 집행정지의 소극적 요건에 대한 주장·소명책임은 행정청에게 있다(대법원 1999.12.20. 자 99무42 결정).

■ 행정청의 처분에 대해 그 집행을 임시적으로 정지하기 위한 요건은 있는지요?

Q 乙국립대학교 4학년생인 甲은 중간고사 중 부정행위를 하였음을 이유로 乙국립대학교 총장으로부터 징계(무기정학)처분을 당하였습니다. 甲은 그러한 행위를 한 적이 없음에도 잘못된 사실을 기초로 위와 같은 처분을 받은 것에 불복하여, 법원에 취소소송을 제기하려고 합니다. 그런데, 甲은 이러한 징계(무기정학)처분으로 인하여 당해 학기에 등록을 하지 않으면 군대에 입대해야 할 상황입니다. 甲은 학교를 모두 마친 후 학사 장교로 군대에 입대할 계획을 세워두고 군 입대 시기를 연기하여 왔습니다. 법원의 판결이 나오려면 상당한 시간이 소요되는데, 그전에 징계처분의 효력을 임시적으로 정지시켜서 부득이하게 군대에 입대하게 되는 불이익을 피할 수 있는 방법은 없는지요?

A 원칙적으로 甲이 법원에 취소소송을 제기하더라도 乙국립대학교 총장이 한 징계처분의 효력이나 그 집행 또는 절차의 속행에 영향을 주지 않습니다.(행정소송법 제23조 제1항)

따라서 甲이 징계처분의 위법을 이유로 취소소송을 제기한다 하더라도 판결이 확정되려면 상당한 기간이 소요되므로 승소판결을 받더라도 甲에게 실질적인 권리구제가 못 되는 사태가 발생할 수 있게 됩니다.

이러한 경우를 대비하여 「행정소송법」은 처분 등의 집행 또는 절차의 속행으로 인하여 생길 회복하기 어려운 손해를 예방하기 위하여 긴급한 필요가 인정될 때 당해 처분의 집행을 정지시키는 집행정지제도를 두고 있습니다(같은 법 제23조 제2항).

집행정지의 요건으로 우선 그 적극적 요건은 ①집행정지 대상인 처분 등이 존재하여야 하고, ②본안소송이 법원에 계속 중이어야 하며, ③회복하기 어려운 손해발생의 우려와 이러한 손해를 예방하기 위한 긴급한 필요가 있어야 하며, 이상의 요건이 충족된 경우에도 소극적 요건으로서 ①공공복리에 중대한 영향이 미칠 우려가 없어야 하며, ②본안소송에 관하여 승소가능성이 전혀 없지 않아야 합니다.

따라서 甲은 乙국립대학교 총장의 징계(무기정학)처분에 대하여 법원에 취소소송을 제기함과 동시에 집행정지신청을 하면 됩니다. 甲에 대한 징계(무기정학)처분의 효력이 정지되지 아니하면, 甲은 곧 군대에 입대하여야 하고, 그에 따라 甲이 대학에 입학하면서 계획한 학사장교 입학계획과 졸업계획이 무산되므로 이러한 손해는 회복하기 어려운 손해에 해당한다고 볼 가능성이 있습니다. 또한, 이러한 甲에 대한 무기정학 처분이 공공복리에 중대한 영향을 미친다고 볼만한 사정이 존재하지 않으며, 甲이 부정행위를 하지 않았다는 객관적 자료가 충분하여 승소가능성이 전혀 없는 것으로 보이지 않는다면 이러한 집행정지제도를 통하여 권리구제가 가능할 것으로 보입니다.

⚖ 관련판례 1

행정처분의 효력정지나 집행정지를 구하는 신청사건에 있어서는 행정처분 자체의 적법 여부는 궁극적으로 본안재판에서 심리를 거쳐 판단할 성질의 것이므로 원칙적으로 판단할 것이 아니고, 그 행정처분의 효력이나 집행을 정지할 것인가에 관한 「행정소송법」 제23조제2항 소정의 요건의 존부만이 판단의 대상이 된다고 할 것이지만, 나아가 집행정지는 행정처분의 집행부정지원칙의 예외로서 인정되는 것이고 또 본안에서 원고가 승소할 수 있는 가능성을 전제로 한 권리보호수단이라는 점에 비추어 보면 집행정지사건 자체에 의하여도 신청인의 본안청구가 적법한 것이어야 한다는 것을 집행정지의 요건에 포함시켜야 한다(대법원 1999.11.26. 자 99부3 결정).

⚖ 관련판례 2

행정처분의 집행정지나 효력정결정을 하기 위하여는 「행정소송법」 제23조제2항에 따라 회복하기 어려운 손해를 예방하기 위하여 긴급한 필요가 있어야 하고, 여기서 말하는 "회복하기 어려운 손해"라 함은 특별한 사정이 없는 한 금전으로 보상할 수 없는 손해라 할 것이며 이는 금전보상이 불능한 경우뿐만 아니라 금전보상으로는 사회관념상 행정처분을 받은 당사자가 참고 견딜 수 없거나 또는 참고 견디기가 현저히 곤란한 경우의 유형, 무형의 손해를 일컫는다(대법원 1992.8.7. 자 92두30 결정).

■ 산업기능요원편입취소처분 집행정지 시 처분자체의 효력정지가 허용되는지요?

Q 저는 산업기능요원으로 편입되어 지정업체인 乙주식회사에서 근무하던 중 3개월간 乙주식회사가 아닌 丙은행 모 지점에 나가 근무하였습니다. 그런데 이에 대하여 행정청은 산업기능요원 편입 당시 지정업체의 해당 분야에 종사하지 아니한 것에 해당한다고 하여 저에대한 산업기능요원 편입처분을 취소하는 처분을 하였습니다. 이에저는 행정소송을 제기하고 위 처분의 집행정지신청을 하였습니다. 이 경우 절차의 속행정지 이외에 처분의 효력정지도 가능한지요?

A 행정소송법 제23조 제2항은 "취소소송이 제기된 경우에 처분 등이나 그 집행 또는 절차의 속행으로 인하여 생길 회복하기 어려운 손해를 예방하기 위하여 긴급한 필요가 있다고 인정할 때에는 본안이 계속되고 있는 법원은 당사자의 신청 또는 직권에 의하여 처분 등의 효력이나 그 집행 또는 절차의 속행의 전부 또는 일부의 정지(이하 "집행정지"라 한다)를 결정할 수 있다. 다만, 처분의 효력정지는 처분 등의 집행 또는 절차의 속행을 정지함으로써 목적을 달성할 수 있는 경우에는 허용되지 아니한다."라고 규정하고 있으며, 같은 법 제23조 제3항은 "집행정지는 공공복리에 중대한 영향을 미칠 우려가 있을 때에는 허용되지 아니한다."라고 규정하고 있습니다.

여기서 '효력정지'란 처분의 효력이 존속하지 않는 상태에 놓는 것으로 별도의 집행행위가 필요 없이 의사표시만으로 완성되는 처분 등에 대하여 하는 집행정지를 말하고, '집행정지'란 처분의 집행력을 박탈하여 그 내용을 실현하는 행위를 금지하는 것을 말하고, '절차의 속행정지'란 처분이 유효함을 전제로 법률관계가 진전되어 다른 처분이 행하여지는 경우에 있어서 그 기초가 되는 처분의 효력을 박탈하여 절차의 속행, 법률관계의 진전을 금지하는 것을 말합니다.

그런데 집행정지 중 처분자체에 대한 효력정지의 요건에 관하여 판례는

"행정소송법 제23조 제2항과 제3항의 규정에 의하여, 처분에 대한 집행정지는 원칙적으로 처분이나 그 집행 또는 절차의 속행으로 인하여 생길 회복하기 어려운 손해를 예방하기 위하여 긴급한 필요가 있고 달리 공공복리에 중대한 영향을 미치지 아니할 것을 요건으로 하여 허용되지만, 그러한 집행정지 중 처분 자체에 대한 효력정지는 처분의 집행이나 절차의 속행을 정지함으로써 목적을 달성할 수 있는 경우에는 허용되지 아니한다."라고 하였습니다.

또한, 위 판례는 "산업기능요원 편입 당시 지정업체의 해당 분야에 종사하지 아니하였음을 이유로 산업기능요원의 편입이 취소된 사람은 편입되기 전의 신분으로 복귀하여 현역병으로 입영하게 하거나 공익근무요원으로 소집하여야 하는 것으로 되어 있는데, 그 취소처분에 의하여 생기는 손해로서 그 동안의 근무실적이 산업기능요원으로서 종사한 것으로 인정받지 못하게 된 손해부분은 본안소송에서 그 처분이 위법하다고 하여 취소하게 되면 그 취소판결의 소급효만으로 그대로 소멸되게 되므로, 그 부분은 그 처분으로 인하여 생기는 회복할 수 없는 손해에 해당한다고 할 수가 없고, 결국 그 취소처분으로 인하여 입게 될 회복할 수 없는 손해는 그 처분에 의하여 산업기능요원편입이 취소됨으로써 편입 이전의 신분으로 복귀하여 현역병으로 입영하게 되거나 혹은 공익근무요원으로 소집되는 부분이라고 할 것이며, 이러한 손해에 대한 예방은 그 처분의 효력을 정지하지 아니하더라도 그 후속절차로 이루어지는 현역병 입영처분이나 공익근무요원 소집처분절차의 속행을 정지함으로써 달성할 수가 있으므로, 산업기능요원편입취소처분에 대한 집행정지로서는 그 후속절차의 속행정지만이 가능하고 그 처분자체에 대한 효력정지는 허용되지 아니한다."라고 하였습니다(대법원 2000.1.8.자 2000무35 결정).

따라서 위 사안에서도 귀하에 대한 산업기능요원편입취소처분에 대한 집행정지로서는 그 후속절차의 속행정지만이 가능하고 그 처분자체에 대한 효력정지는 허용되지 아니할 것으로 보입니다.

⚖ 관련판례 1

행정소송법 제23조 제2항에서 정하고 있는 효력정지 요건인 '회복하기 어려운 손해'란, 특별한 사정이 없는 한 금전으로 보상할 수 없는 손해로서 금전보상이 불가능한 경우 내지는 금전보상으로는 사회관념상 행정처분을 받은 당사자가 참고 견딜 수 없거나 참고 견디기가 현저히 곤란한 경우의 유형, 무형의 손해를 일컫는다. 그리고 '처분 등이나 그 집행 또는 절차의 속행으로 인하여 생길 회복하기 어려운 손해를 예방하기 위하여 긴급한 필요'가 있는지는 처분의 성질과 태양 및 내용, 처분상대방이 입는 손해의 성질·내용 및 정도, 원상회복·금전배상의 방법 및 난이 등은 물론 본안청구의 승소가능성 정도 등을 종합적으로 고려하여 구체적·개별적으로 판단하여야 한다(대법원 2011.4.21. 2010무111, 전원합의체 결정).

⚖ 관련판례 2

가. 행정처분의 효력정지나 집행정지를 구하는 신청사건에 있어서는 행정처분 자체의 적법 여부는 궁극적으로 본안재판에서 심리를 거쳐 판단할 성질의 것이므로 원칙적으로는 판단할 것이 아니고 그 행정처분의 효력이나 집행을 정지할 것인가에 대한 「행정소송법」 제23조제2항 소정의 요건의 존부만이 판단의 대상이 된다고 할 것이다.

나. 위 '가'항의 집행정지는 공공복리에 중대한 영향을 미칠 우려가 없어야 허용되고, 이 제도는 신청인이 본안소송에서 승소판결을 받을 때까지 그 지위를 보호함과 동시에 후에 받을 승소판결을 무의미하게 하는 것을 방지하려는 것이어서 본안소송에서의 처분의 취소가능성이 없음에도 처분의 효력이나 집행의 정지를 인정한다는 것은 제도의 취지에 반하므로 집행정지사건 자체에 의하여도 신청인의 본안청구가 이유 없음이 명백하지 않아야 한다는 것도 집행정지의 요건에 포함시켜야 할 것이다(대법원 1992.6.8. 자 92두14 결정).

■ 출입국관리법상 강제퇴거명령에 대한 집행정지가 이루어지면 보호명령도 당연히 집행정지가 이루어지는지요?

Q 甲은 유효한 여권을 가지고 있지 아니하다는 등의 이유로 강제퇴거명령을 받고, 강제퇴거 시까지의 보호명령을 받았습니다. 甲은 강제퇴거명령 등에 대한 취소소송을 진행하려고 하는데, 강제퇴거명령에 대한 집행정지가 이루어지면 보호명령도 당연히 집행정지가 이루어지는지요?

A 출입국관리법 제63조 제1항의 보호명령은 강제퇴거명령을 받은 사람을 즉시 대한민국 밖으로 송환할 수 없는 경우에 송환할 수 있을 때까지 일시적으로 보호하는 것을 목적으로 하는 처분입니다. 따라서 출입국관리법상 보호명령은 강제퇴거명령을 전제로 한다고 할 수 있습니다.

하지만 보호명령이 강제퇴거명령을 전제로 하는 것이라고 하여도, 강제퇴거명령에 대한 집행정지 결정이 있다고 하여 보호명령의 집행도 당연히 정지한다고 볼 수는 없습니다(대법원 1997.1.20. 선고 96두31 판결).

따라서 甲은 강제퇴거명령에 대한 집행정지가 이루어졌다고 하더라도 보호시설에 보호되는 것을 막기 위해서는 별도로 보호명령에 대한 집행정지를 신청하여야 합니다.

⚖ 관련판례 1

구청장이 대형마트를 운영하는 甲 주식회사 등에 한 영업시간 제한 및 의무휴업일 지정처분에 대하여 甲 회사 등이 취소청구의 소를 제기하고 그와 함께 처분의 효력정지 신청을 한 사안에서, 위 처분에 따라 甲 회사 등이 평일 오전 0시부터 오전 8시까지 영업을 할 수 없고, 매월 둘째 주 및 넷째 주 일요일을 의무적으로 휴업해야 함에 따라 매출이 감소하게 되는 손해를 입게 되지만, 모든 사정을 고려해 볼 때 이러한 매출손실이 경영전반에 미치는 파급효과가 커서 전체 자금사정이나 사업에 중대한 영향을 미칠 가능성이 있다고는 보이지 않으므로 '회복하기 어려운 손해를 위하여 긴급한 필요'가 있다고 단정하기 어렵고, 위 처분으로 신청인들이 입는 매출 손실이 아주 크다고 볼 수는 없는 반면 유통기업의 상생발전이라는 공익은 매우 크다고 보이는 점 등에 비추어 보면, 위 처분에 대한 효력정지를 인용할 경우 중소유통업체 및 전통시장의 유지 및 발전을 통한 유통기업의 상생발전이라는 공공복리에 중대한 영향을 미칠 우려가 있으므로 효력정지의 요건이 충족되었다고 볼 수 없어 신청이 이유 없다며 이를 기각한 사례(서울행법 2012.4.27. 2012아1234, 결정 : 항고).

⚖ 관련판례 2

가. 행정처분의 효력정지나 집행정지를 구하는 신청사건에 있어서는 행정처분자체의 적법 여부를 판단할 것이 아니고 그 행정처분의 효력이나 집행 등을 정지시킬 필요가 있는지의 여부, 즉 「행정소송법」 제23조제2항 소정 요건의 존부만이 판단대상이 되는 것이므로 이러한 요건을 결여하였다는 이유로 효력정지신청을 기각한 결정에 대하여 행정처분 자체의 적법 여부를 가지고 불복사유로 할 수 없다.

나. 허가신청에 대한 거부처분은 그 효력이 정지되더라도 그 처분이 없었던 것과 같은 상태를 만드는 것에 지나지 아니하는 것이고 그 이상으로 행정청에 대하여 어떠한 처분을 명하는 등 적극적인 상태를 만들어 내는 경우를 포함하지 아니하는 것이므로, 교도소장이 접견을 불허한 처분에 대하여 효력정지를 한다 하여도 이로 인하여 위 교도소장에게 접견의 허가를 명하는 것이 되는 것도 아니고 또 당연히 접견이 되는 것도 아니어서 접견허가거부처분에 의하여 생길 회복할 수 없는 손해를 피하는 데 아무런 보탬도 되지 아니하니 접견허가거부처분의 효력을 정지할 필요성이 없다(대법원 1991.5.2. 자 91두15 결정).

⚖ 관련판례 3

행정처분집행정지는 본안인 항고소송이 계속중임은 물론 처분의 집행으로 인하여 회복할 수 없는 손해가 생길 우려가 있고 또 긴급한 사유가 있다고 인정될 뿐 아니라 소극적으로 그 집행정지 공공복리에 중대한 영향을 미치게 할 우려가 없는 경우에 허용된다(대법원 1970.11.30. 자 70그5 결정).

제3절 행정소송의 심리

1. 심리의 진행

1-1. 요건심리

① 요건심리란 소송의 제기요건을 구비하여 소송이 적법하게 제기되었는지 여부를 심리하는 것으로서, 요건심리 결과 그 소송요건을 갖추지 못해 부적법한 경우에는 각하하게 됩니다.

② 법원에 소가 제기되었을 때, 먼저 법원은 제기된 소송을 받아들일 것인지의 여부를 판단합니다. 이를 요건심사라고 합니다. 이 때, 소를 제기한 사람이 상대방인 피고를 잘못 지정했다거나, 소송을 제기하여 이긴다 하여도 소를 제기한 사람에게 실질적인 이익이 없는 경우, 또는 소제기에 관련된 절차를 규정하는 법령에 위반하여 소를 제기한 경우 등 소제기 자체에 결격사유가 있는 경우, 소송을 받아들이지 않는데, 이것을 "각하"라고 합니다.

③ 요건심리 사항은 행정소송의 대상, 당사자적격, 제소기간, 전심절차 등으로 본안판단의 전제요건으로서 직권조사사항입니다.

④ 제소요건은 사실심 변론종결시까지 갖추어야 합니다.

⑤ 제소요건에 흠이 있는 부적법한 소로서 그 흠을 보정할 수 있을 때는 법원은 직권으로 보정을 명할 수 있으나, 그 흠을 보정할 수 없을 때에는 변론 없이 판결로 소를 각하할 수 있습니다(행정소송법 제8조제2항 및 민사소송법 제219조).

1-2. 본안심리

① 본안심리란 요건심리의 결과 적법한 것으로 인정된 소의 실체적 내용을 심리하여 원고의 청구를 인용할 것인가 또는 기각할 것인가를 심리하는 것을 말합니다.

② 본안심리의 결과 청구의 내용이 이유가 있다고 인정되는 때에는 인용판결을 하고, 이유가 없다고 인정되는 때에는 기각판결을 합니다.

③ 법원에 제기된 소송이 각하되지 않고 요건심사를 거쳐 받아들여지면, 본안심사의 단계로 들어갑니다. 본안심사에 들어가면서 재판이 시작되는데, 이 때 소송을 제기한 사람이 원고, 제기당한 사람이 피고가 됩니다. 재판과정을 통해 원고가 청구한 내용을 받아들이는 것을 "인용"이라고 하며, 반대로 원고가 청구한 내용을 받아들이지 않는 것을 "기각"이라고 합니다.

1-3. 심리의 범위

1-3-1. 법률문제·사실문제

① 법원은 행정사건심리에 있어 소송의 대상이 된 처분의 법률문제 뿐만 아니라 사실문제도 심리합니다.

② 다만, 예외적으로 고도의 전문적·기술적 지식을 요하는 한정된 행정영역에서 사실인정에 행정청의 판단여지가 인정되는 경우에는 이에 대한 법원의 심리가 제한될 수 있습니다.

1-3-2. 재량행위의 심리

① 행정청의 재량에 속하는 처분이라도 재량권의 한계를 넘거나 그 남용이 있는 때에는 행정소송의 대상이 됩니다. 따라서 심리의 결과 재량권의 한계를 넘거나 그 남용이 있는 때에는 법원은 이를 취소할 수 있습니다(행정소송법 제27조).

② 다만, 단순히 부당함에 그치는 것으로 판단되는 경우에는 청구는 기각됩니다.

1-3-3. 불고불리의 원칙과 예외

① 행정소송의 심리에서도 원칙적으로 민사소송과 같이 불고불리의 원칙이 적용됩니다(행정소송법 제8조제2항 및 민사소송법 제248조).

② 불고불리의 원칙이란 법원은 소송의 제기가 없으면 재판할 수 없고, 또한 당사자의 청구의 범위를 넘어서 심리·판단할 수 없다

는 원칙을 말합니다. 다만, 예외적으로 법원은 필요하다고 인정할 때에 직권으로 증거조사를 할 수 있고, 당사자가 주장하지 않은 사실에 대하여도 판단할 수 있습니다(행정소송법 제26조).

③ 이는 원고의 청구범위를 초월해 그 이상의 청구를 인용할 수 있다는 뜻이 아니라, 원고의 청구범위를 유지하면서 그 범위 안에서 필요에 따라 주장 외의 사실에 대해서도 판단할 수 있다는 의미입니다(대법원 1992.3.10. 선고 91누6030 판결).

1-4. 심리의 원칙

1-4-1. 처분권주의

① 행정소송에 있어서 소의 제기 및 종료, 심판의 대상이 당사자의 의사에 따라 결정되는 처분권주의가 원칙적으로 적용됩니다(행정소송법 제8조제2항 및 민사소송법 제203조).

② 따라서 법원은 원고의 소제기가 없는 사건에 대해 심리판결을 할 수 없으며, 소제기가 있는 사건에 대해서도 원고의 청구범위를 넘어서 심리하거나 재판할 수 없습니다(대법원 1995.4.28. 선고 95누627 판결).

1-4-2. 변론주의의 원칙과 직권탐지주의

① 행정소송에서도 민사소송과 같이 원칙적으로 변론주의가 적용됩니다.

② 변론주의란 소송자료, 즉 사실과 증거의 수집·제출의 책임을 당사자에게 맡기고 당사자가 수집하여 변론에서 제출한 소송자료만을 재판의 기초로 삼아야 한다는 심리원칙을 말합니다.

③ 다만, 행정소송의 공익적 기능에 따라 「행정소송법」은 변론주의의 예외를 규정하고 있습니다.

④ 즉, 법원은 필요하다고 인정할 때에 직권으로 증거조사를 할 수 있고, 당사자가 주장하지 않은 사실에 대하여도 판단할 수 있습니다(행정소송법 제26조).

⑤ 이때에도 법원이 아무런 제한 없이 당사자가 주장하지 않은 사실을 판단할 수 있는 것이 아니라, 기록에 현출되어 있는 사항에 대해서만 직권으로 조사를 하고 이를 기초로 판단할 수 있을 따름이고, 그것도 법원이 필요하다고 인정할 때에 한하여 청구의 범위 내에서 증거조사를 하고 판단할 수 있을 뿐입니다(대법원 1994.10.11. 선고 96누14425 판결).

1-4-3. 그 밖의 심리원칙

그 밖에 심리에 관한 일반원칙으로 공개심리주의·구술심리주의 등이 적용됩니다.

1-5. 증거조사

1-5-1. 주장책임

① 주장책임이란 권리의 발생·소멸이라는 법률효과의 판단에 필요한 요건사실이나 주요사실을 주장하지 않으면 유리한 법률효과의 발생이 인정되지 않을 위험 또는 불이익을 말합니다.

② 원고는 행정심판절차에서 주장하지 않은 공격방어 방법을 소송절차에서 주장할 수 있고 법원은 이를 심리하여 행정처분의 적법을 판단할 수 있습니다(대법원 1989.2.14. 선고 88누7293 판결).

③ 그러나 피고인 행정청은 당초의 처분사유와 기본적 사실관계가 동일한 한도 내에서만 새로운 처분사유를 추가, 변경하여 처분사유로 주장할 수 있을 뿐입니다(대법원 1989.12.9. 선고 88누9299 판결).

1-5-2. 입증책임

① 입증책임이란 당사자가 재판에서 자기에게 유리한 사실의 존재와 진실을 증명하거나 자료를 제출하지 않으면 자기의 주장사실이 없는 것으로 처리되는 위험 또는 불이익을 말합니다.

② 취소소송에서의 입증책임은 민사소송과 같습니다(행정소송법 제8조제2항).

③ 권한행사규정의 요건사실의 존재는 그 권한행사를 주장하는 자가 입증책임을 부담합니다(대법원 1997.7.25. 선고 96다39301 판결). 따라서 적극적 처분에 대해서는 그 처분을 한 처분청이 거부처분에 대해서는 원고가 각각 입증책임을 부담합니다.

④ 권한불행사 규정이나 상실규정의 요건사실의 존재는 처분권한의 불행사나 상실을 주장하는 자가 부담합니다. 따라서 적극적 처분에 대한 것은 원고, 거부처분에 대한 것은 피고가 각각 입증책임을 부담합니다.

⑤ 무효등확인소송에서 처분의 위법상이 중대하고 명백한지의 여부에 대한 입증책임은 이를 주장하는 원고에게 있습니다(대법원 1984.2.28. 선고 82누154 판결).

⑥ 부작위위법확인소송에서는 일정한 처분의 신청을 한 자만이 원고적격을 가지므로 일정한 처분을 신청한 것에 대하여 원고가 입증책임을 지며, 상당한 기간이 경과할 것을 정당화할 사유에 대해서는 해당 행정청이 입증책임을 집니다.

⑦ 법률의 규정에 따른 민중소송과 기관소송은 일반 행정소송과 달리 원고에게 그 입증책임이 있습니다(대법원 1992.9.22. 선고 92우18 판결).

■ 검사를 상대로 압수물을 돌려주지 않은 것에 대한 부작위위법확인소송을 제기할 수 있는지요?

Q 甲은 해외여행 중 구입한 기념품을 가지고 귀국하다가 관세법 위반 혐의로 기소되어 기념품을 압수당하였습니다. 이후 형사재판에서 무죄를 받았는데, 압수되었던 기념품을 환부신청하고도 돌려받지 못하였습니다. 甲은 검사를 상대로 압수물을 돌려주지 않은 것에 대한 부작위위법확인소송을 제기할 수 있는지요?

A 부작위위법확인소송의 대상은 행정청의 부작위이고, 부작위란 행정청이 신청에 대하여 상당 기간에 일정한 처분을 할 법률상 의무가 있음에도 이를 하지 않는 것을 말합니다(행정소송법 제2조 제1항 제2호). 즉, 신청인의 신청 내용이 행정청에 대하여 행정소송의 대상인 '처분'을 요구하는 것이어야 하며, 비권력적 사실행위나 사경제적 계약체결 등을 구하는 신청 등에 대한 무응답은 부작위위법확인소송의 대상이 될 수 없습니다. 형사재판에서 무죄가 확정된 경우 압수물에 대한 환부의무는 당연히 발생하고(형사소송법 제332조) 검사의 환부결정 등 어떠한 처분에 의하여 비로소 환부의무가 발생하는 것이 아니므로, 압수가 해제된 것으로 간주된 압수물의 환부를 신청한 데 대하여 검사가 아무런 응답을 하지 아니하고 있다고 하더라도 그와 같은 부작위는 부작위위법확인소송의 되지 않습니다(대법원 1995.3.10. 선고 94누14018 판결). 따라서 甲은 검사를 상대로 부작위위법확인소송을 제기하기 어렵다고 판단됩니다.

⚖ 관련판례

행정소송법 제26조는 "법원은 필요하다고 인정할 때에는 직권으로 증거조사를 할 수 있고, 당사자가 주장하지 아니한 사실에 대하여도 판단할 수 있다."고 규정하여 변론주의의 일부 예외를 인정하고 있으므로, 행정소송에서는 법원이 필요하다고 인정할 때에는 당사자가 명백히 주장하지 아니한 사실도 기록에 나타난 자료를 기초로 하여 직권으로 판단할 수 있는바, 상속세등부과처분취소소송에서 당사자들이 다투지는 아니하였지만 기록에 현출된 자료에 의하여 상속세 신고세액 공제액에 관하여 법원이 심리·판단하는 것은 정당하고, 거기에 변론주의를 위반한 위법이 있다고 할 수 없다(대법원 1997.10.28, 선고, 96누14425 판결).

Q 甲은 2000. 9. 27.부터 ○○구청에서 공익근무요원으로 복무 중이었는데, 보충역 편입처분이 부정한 청탁에 의한 것이라는 이유로 취소되어 다시 징병신체검사를 받고 보충역 편입처분을 받고 2001. 8. 27.부터 공익근무요원으로 복무하게 되었습니다. 甲은 2년의 복무기간이 2000. 9. 만료되었음을 이유로 소집해제신청을 하였지만 거부당하여 이에 대한 취소소송 중 복무기간 만료를 이유로 소집해제처분을 받았습니다. 甲은 계속 취소소송을 진행할 수 있는지요?

A 행정소송에서는 본안판결을 구할 정당한 이익 내지 필요가 있을 때에만 소를 제기할 수 있는데, 이와 같은 권리보호의 필요를 '소의 이익'이라고 합니다. 취소소송에서 소의 이익이 인정되기 위해서는 행정청이 한 처분의 효력이 존재하여 권리침해의 상태가 계속되거나 취소를 통하여 원상회복이 가능하여야 합니다. 이에 따라 행정소송법 제12조에서도 "취소소송은 처분 등의 취소를 구할 법률상 이익이 있는 자가 제기할 수 있다. 처분 등의 효과가 기간의 경과, 처분 등의 집행 그 밖의 사유로 인하여 소멸된 뒤에도 그 처분 등의 취소로 인하여 회복되는 법률상 이익이 있는 자의 경우에는 또한 같다."라고 규정하고 있습니다.

행정청의 처분이 있은 후의 사정변경으로 권리와 이익의 침해 등이 해소된 경우에는 그 처분의 취소를 구할 소의 이익이 없습니다. 공익근무요원 소집해제신청을 하였다가 거부당하여 거부처분에 대한 취소소송을 제기한 이후에 계속 공익근무요원으로 복무함에 따라 복무기간 만료를 이유로 소집해제처분을 받은 경우에는, 처분 후의 사정변경에 의해 권익침해가 해소되었다고 볼 수 있으므로 소집해제거부처분의 취소를 구할 소의 이익이 없습니다(대법원 2005.5.13. 선고 2004두4369 판결).

따라서 甲이 진행하고 있던 소집해제거부처분의 취소소송은 소의 이익이 없다는 이유로 각하될 것으로 보입니다.

⚖ 관련판례 1

직권조사사항에 관하여도 그 사실의 존부가 불명한 경우에는 입증책임의 원칙이 적용되어야 할 것인바, 본안판결을 받는다는 것 자체가 원고에게 유리하다는 점에 비추어 직권조사사항인 소송요건에 대한 입증책임은 원고에게 있다(대법원 1997.7.25. 선고 96다39301 판결).

⚖ 관련판례 2

행정소송법 제26조는 법원이 필요하다고 인정할 때에는 직권으로 증거조사를 할 수 있고 당사자가 주장하지 아니한 사실에 대하여 판단할 수 있다고 규정하고 있으나, 이는 행정소송에 있어서 원고의 청구범위를 초월하여 그 이상의 청구를 인용할 수 있다는 뜻이 아니라 원고의 청구범위를 유지하면서 그 범위 내에서 필요에 따라 주장 외의 사실에 관하여 판단할 수 있다는 뜻이고 또 법원의 석명권은 당사자의 진술에 모순, 흠결이 있거나 애매하여 그 진술의 취지를 알 수 없을 때 이를 보완하여 명료하게 하거나 입증책임 있는 당사자에게 입증을 촉구하기 위하여 행사하는 것이지 그 정도를 넘어 당사자에게 새로운 청구를 할 것을 권유하는 것은 석명권의 한계를 넘어서는 것이다(대법원 1992.3.10, 선고, 91누6030 판결).

⚖ 관련판례 3

선거의 효력을 다투는 소송에서 후보자 등의 선거법위반행위에 선거관리위원회가 공모, 가담하였거나 이를 알고서도 묵인하였다는 점에 관하여는 주장자에게 입증책임이 있다(대법원 1992.9.22. 선고 92우18 판결).

■ 항고소송에서 행정처분의 적법성에 관한 증명책임은 누구에게 있나요?

Q 항고소송에서 행정처분의 적법성에 관한 증명책임은 누구에게 있나요?

A 민사소송법 규정이 준용되는 행정소송에서의 증명책임은 원칙적으로 민사소송 일반원칙에 따라 당사자 간에 분배되고, 항고소송의 경우에는 그 특성에 따라 처분의 적법성을 주장하는 피고에게 적법사유에 대한 증명책임이 있습니다. 피고가 주장하는 일정한 처분의 적법성에 관하여 합리적으로 수긍할 수 있는 일응의 증명이 있는 경우에 처분은 정당하며, 이와 상반되는 주장과 증명은 상대방인 원고에게 책임이 돌아갑니다(대법원 2016.10.27. 선고 2015두42817 판결참조).

⚖️ **관련판례**

항고소송에 있어서 원고는 전심절차에서 주장하지 아니한 공격방어방법을 소송절차에서 주장할 수 있고 법원은 이를 심리하여 행정처분의 적법여부를 판단할 수 있다(대법원 1989.2.14. 선고 88누7293 판결).

■ 청문통지서의 반송 또는 처분상대방의 청문일시 불출석이 예외사유에 해당하는지요?

Q 행정청이 구 공중위생법상 유기장업허가취소처분을 함에 있어서 두 차례에 걸쳐 발송한 청문통지서가 모두 반송되어 왔는데, 행정청은 이를 두고 행정절차법 제21조 제4항 제3호에 정한 청문을 실시하지 않아도 되는 예외 사유에 해당한다고 단정하여 당사자가 청문일시에 불출석하였다는 이유로 청문을 거치지 않고 유기장업허가취소처분을 하였습니다. 행정절차법상 절차를 거치지 않고 한 해당 처분이 적법한가요?

A 행정절차법 제21조 제4항 제3호는 침해적 행정처분을 할 경우 청문을 실시하지 않을 수 있는 사유로서 "당해 처분의 성질상 의견청취가 현저히 곤란하거나 명백히 불필요하다고 인정될 만한 상당한 이유가 있는 경우"를 규정하고 있습니다. 그런데 여기에서 말하는 '의견청취가 현저히 곤란하거나 명백히 불필요하다고 인정될 만한 상당한 이유가 있는지 여부'는 당해 행정처분의 성질에 비추어 판단하여야 하는 것이지, 청문통지서의 반송 여부, 청문통지의 방법 등에 의하여 판단할 것은 아니며, 또한 행정처분의 상대방이 통지된 청문일시에 불출석하였다는 이유만으로 행정청이 관계 법령상 그 실시가 요구되는 청문을 실시하지 아니한 채 침해적 행정처분을 할 수는 없을 것이므로, 행정처분의 상대방에 대한 청문통지서가 반송되었다거나, 행정처분의 상대방이 청문일시에 불출석하였다는 이유로 청문을 실시하지 아니하고 한 침해적 행정처분은 위법합니다(대법원 2001.4.13. 2000두3337판결 참조).

이러한 판례의 입장에 따르면, 두 차례에 걸쳐 발송한 청문통지서가 모두 반송되어 온 것을 이유로 청문을 거치지 않고 이루어진 위 처분은 위법하다고 볼 것입니다.

⚖ **관련판례 1**

행정처분의 취소를 청구하는 항고소송에 있어서 행정청은 당초 처분의 근거로 삼은 사유와 기본적 사실관계가 동일하다고 인정되는 한도 내에서만 다른 처분사유를 새로 추가하거나 변경할 수 있을 뿐, 기본적 사실관계가 동일하다고 인정되지 않은 별개의 사실을 들어 처분사유로 주장하는 것은 원칙적으로 허용되지 아니한다(대법원 1989.12.8. 선고 88누9299 판결).

⚖ 관련판례 2

행정처분의 당연무효를 구하는 소송에 있어서 그 무효를 구하는 사람에게 그 행정처분에 존재하는 하자가 중대하고 명백하다는 것을 주장 입증할 책임이 있다(대법원 1984.2.28. 선고 82누154 판결).

제4절 행정소송의 판결

1. 소송의 종료

1-1. 종국판결에 의한 종료

소의 제기에 의해 개시된 소송은 법원이 종국판결을 함으로써 종료됩니다. 종국판결은 상소기간이 도과되거나, 상소권을 포기하는 경우에 확정됩니다.

1-2. 소 취하에 따른 종료

① 당사자는 소 또는 상소의 취하로 소송을 종료시킬 수 있습니다.

② 소의 취하란 원고가 제기한 소의 전부 또는 일부를 철회하는 법원에 대한 단독적 소송행위를 말합니다.

③ 취하된 부분에 대해서는 소가 처음부터 계속되지 않은 것으로 봅니다(행정소송법 제8조제2항 및 민사소송법 제267조제1항).

2. 판결의 종류

2-1. 각하판결

① 각하판결이란 심판청구의 요건심리의 결과 그 제소요건에 흠결이 있는 부적법한 것이라는 이유로 본안심리를 거부하는 판결을 말합니다.

② 각하판결은 취소청구의 대상인 처분의 위법성에 관한 판단은 아니므로 결여된 요건을 보완하여 다시 소를 제기할 수 있고, 아울러 법원은 새로운 소에 대해 판단해야 합니다.

2-2. 기각판결

기각판결이란 원고의 청구가 이유 없다고 하여 배척하는 판결을 말하며, 해당 처분이 위법하지 않거나 단순히 부당한 것인 때에 행해지는 판결입니다.

2-3. 인용판결

① 인용판결이란 원고의 청구가 이유 있다고 하여, 그 전부 또는 일부를 받아들이는 판결을 말합니다.

② 취소소송의 인용판결은 위법한 처분 등의 취소 또는 변경을 내용으로 하는 판결입니다(행정소송법 제4조제1호).

③ 무효등확인소송의 인용판결은 행정청의 처분 등의 효력 유무 또는 존재여부의 확인을 내용으로 하는 판결입니다(행정소송법 제4조제2호).

④ 부작위위법확인소송의 인용판결은 행정청의 부작위가 위법하다는 것을 확인하는 것을 내용으로 하는 판결입니다(「행정소송법」 제4조제3호).

2-4. 사정판결

① 사정판결이란 원고의 청구에 이유가 있다고 인정하는 경우에도 처분 등을 취소하는 것이 현저히 공공복리에 적합하지 않은 때에 원고의 청구를 기각하는 판결을 말합니다(행정소송법 제28조제1항).

② 예를 들어 개인의 토지를 수용하여 대규모의 댐을 건설한 경우에 있어 해당 토지수용재결이 위법한 것으로 판단된다 할지라도 댐 시설에 따라 구현되는 공공복리를 감안하여 그 재결의 취소청구를 기각하는 것이 사정판결입니다. 다만, 사정판결은 취소소송에만 인정되고 무효등확인소송에는 적용되지 않습니다.

③ 법원이 사정판결을 하는 경우에는 미리 원고가 그로 인하여 입게 될 손해의 정도와 배상방법 그 밖의 사정을 조사해야 합니다(행정소송법 제28조제2항).

④ 취소청구가 사정판결로 기각되거나 행정청이 처분 등을 취소 또는 변경함으로 인하여 청구가 각하 또는 기각된 경우에는 소송비용은 피고의 부담으로 합니다(행정소송법 제32조).

행정소송법 제28조에서 정한 사정판결은 행정처분이 위법함에도 불구하고 이를 취소·변경하게 되면 그것이 도리어 현저히 공공의 복리에 적합하지 않은 경우에 극히 예외적으로 할 수 있으므로, 그 요건에 해당하는지는 위법·부당한 행정처분을 취소·변경하여야 할 필요와 취소·변경으로 발생할 수 있는 공공복리에 반하는 사태 등을 비교·교량하여 엄격하게 판단하되, 처분에 이르기까지의 경과 및 처분 상대방의 관여 정도, 위법사유의 내용과 발생원인 및 전체 처분에서 위법사유가 관련된 부분이 차지하는 비중, 처분을 취소할 경우 예상되는 결과, 특히 처분을 기초로 새로운 법률관계나 사실상태가 형성되어 다수 이해관계인의 신뢰 보호 등 처분의 효력을 존속시킬 공익적 필요성이 있는지 여부 및 정도, 처분의 위법으로 인해 처분 상대방이 입게 된 손해 등 권익 침해의 내용, 행정청의 보완조치 등으로 위법상태의 해소 및 처분 상대방의 피해 전보가 가능한지 여부, 처분 이후 처분청이 위법상태의 해소를 위해 취한 조치 및 적극성의 정도와 처분 상대방의 태도 등 제반 사정을 종합적으로 고려하여야 한다. 나아가 사정판결은 처분이 위법하나 공익상 필요 등을 고려하여 취소하지 아니하는 것일 뿐 처분이 적법하다고 인정하는 것은 아니므로, 사정판결의 요건을 갖추었다고 판단되는 경우 법원으로서는 행정소송법 제28조 제2항에 따라 원고가 입게 될 손해의 정도와 배상방법, 그 밖의 사정에 관하여 심리하여야 하고, 이 경우 원고는 행정소송법 제28조 제3항에 따라 손해배상, 제해시설의 설치 그 밖에 적당한 구제방법의 청구를 병합하여 제기할 수 있으므로, 당사자가 이를 간과하였음이 분명하다면 적절하게 석명권을 행사하여 그에 관한 의견을 진술할 수 있는 기회를 주어야 한다(대법원 2016.7.14. 선고, 2015두4167, 판결).

3. 판결의 효력

3-1. 기판력

기판력은 취소소송이 확정되면 확정된 판단내용이 당사자 및 법원을 구속하여, 이후의 절차에서 당사자 및 법원은 동일 사항에 대해 확정판결의 내용과 모순되는 주장 · 판단을 할 수 없다는 판결의 구속력을 말합니다.

3-2. 기속력

① 기속력이란 행정소송에서 처분이나 재결을 취소 또는 변경하는 판

결이 확정되면, 소송당사자인 행정청과 관계 행정청이 그 내용에 따라 행동할 실체법상 의무를 지게 하는 효력을 말합니다(행정소송법 제30조제1항, 제38조제1항 및 제44조제1항).

② 반복금지의무

취소판결이 확정되면 행정청은 동일한 기본적 사실관계에서 같은 당사자에 대해 같은 내용의 처분을 할 수 없습니다.

③ 재처분의무

판결에 의하여 취소되는 처분이 당사자의 신청을 거부하는 것을 내용으로 하는 경우에는 그 처분을 행한 행정청은 판결의 취지에 따라 다시 이전의 신청에 대한 처분을 해야 합니다(행정소송법 제30조제2항). 행정청이 판결의 취지에 따른 처분을 하지 않는 때에는 제1심 수소법원은 당사자의 신청에 따라 결정으로써 상당한 기간을 정하고, 행정청이 그 기간 내에 이행하지 아니하는 경우, 그 지연기간에 따라 일정한 배상을 할 것을 명하거나 즉시 손해배상을 명할 수 있습니다.

3-3. 형성력

① 형성력이란 처분이나 재결을 취소하는 내용의 판결이 확정되면 처분청의 취소나 취소통지 등의 별도의 행위가 없어도 그 처분이나 재결의 효력은 당연히 소멸되는 효력을 말합니다.

② 예를 들어 과세처분을 취소하는 판결이 확정되면 그 과세처분은 소멸하므로 그 과세처분을 취소하는 경정처분을 할 수 없고 그러한 경정처분은 당연히 무효입니다.

4. 불복

4-1. 상소

① 상소란 재판의 확정 전에 당사자가 상급법원에 대하여 그 취소·변경을 구하는 불복신청 방법을 말합니다.

② 1심의 종국판결에 대한 상소를 항소라고 하고, 2심의 종국판결에 대한 상소를 상고라고 합니다.

4-2. 항소

4-2-1. 항소의 제출기한

항소는 제1심 법원이 선고한 종국판결에 대하여 할 수 있으며, 판결서가 송달된 날부터 2주 이내에 제기되어야 합니다(행정소송법 제8조제2항, 민사소송법 제390조제1항 및 제396조제1항).

4-2-2. 항소기간의 불변

① 항소기간은 불변기간입니다. 2주의 기간은 제1심 판결이 송달된 다음날부터 기산하여 기간의 말일의 종료로써 만료됩니다.

② 기간의 말일이 일요일, 기타의 휴일 등 공휴일에 해당하는 경우에는 그 다음날의 종료로써 만료됩니다. 기간의 말일이 추석공휴일과 같은 연휴의 초일이나 중간에 해당하는 경우에는 그 연휴기간의 종료 다음날의 종료로써 만료됩니다(대법원 1967.10.23. 선고 67다1895 판결).

③ 항소기간이 도과하였더라도 당사자가 책임질 수 없는 사유로 말미암아 항소기간을 지킬 수 없었던 경우에는 그 사유가 없어진 날부터 2주 이내에 추후보완항소를 할 수 있습니다.

④ 항소장에는 제1심 소장에 붙인 인지의 1.5배 상당액의 인지 및 소정의 송달료를 납부해야 합니다.

⑤ 항소의 제기에 의하여 사건은 항소심(고등법원)으로 이심됩니다.

4-3. 상고

① 상고는 고등법원이 선고한 종국판결과 지방법원 합의부가 제2심으로서 선고한 종국판결에 대하여 판결에 영향을 미친 헌법·법률·명령 또는 규칙의 위반이 있다는 것을 이유로 드는 때에만 제기할 수 있

습니다(행정소송법 제8조제2항, 민사소송법 제422조 및 제423조).

② 상고는 판결서가 송달된 날부터 2주 이내에 제기되어야 합니다(행정소송법 제8조제2항 및 민사소송법 제396조제1항).

③ 판결에 다음 어느 하나의 사유가 있는 때에는 상고에 정당한 이유가 있는 것으로 합니다(행정소송법 제8조제2항 및 민사소송법 제424조).

- 법률에 따라 판결법원을 구성하지 아니한 때
- 법률에 따라 판결에 관여할 수 없는 판사가 판결에 관여한 때
- 전속관할에 관한 규정에 어긋난 때
- 법정대리권·소송대리권 또는 대리인의 소송행위에 대한 특별한 권한의 수여에 흠이 있는 때
- 변론을 공개하는 규정에 어긋난 때
- 판결의 이유를 밝히지 아니하거나 이유에 모순이 있는 때

5. 재심

5-1. 재심사유

① 재심이란 확정된 종국판결에 재심사유에 해당하는 중대한 흠이 있는 경우에 그 판결의 취소와 이미 종결되었던 사건의 재심사를 구하는 것을 말합니다.

② 확정판결의 기판력에 따라 불이익을 받은 재심원고·재심피고는 확정된 종국판결에 대해 재심사유가 있을 때, 재심사유를 안 날부터 30일 이내에 제기해야 합니다(행정소송법 제8조제2항 및 민사소송법 제456조).

③ 재심사유는 다음과 같습니다(행정소송법 제8조제2항 및 민사소송법 제451조제1항).

- 법률에 따라 판결법원을 구성하지 아니한 때
- 법률상 그 재판에 관여할 수 없는 법관이 관여한 때
- 법정대리권·소송대리권 또는 대리인이 소송행위를 하는 데에 필요

한 권한의 수여에 흠이 있는 때. 다만, 추인한 때에는 제외됩니다.

- 재판에 관여한 법관이 그 사건에 관하여 직무에 관한 죄를 범한 때
- 형사상 처벌을 받을 다른 사람의 행위로 말미암아 자백을 하였거나 판결에 영향을 미칠 공격 또는 방어방법의 제출에 방해를 받은 때
- 판결의 증거가 된 문서, 그 밖의 물건이 위조되거나 변조된 것인 때
- 증인·감정인·통역인의 거짓 진술 또는 당사자신문에 따른 당사자나 법정대리인의 거짓 진술이 판결의 증거가 된 때
- 판결의 기초가 된 민사나 형사의 판결, 그 밖의 재판 또는 행정처분이 다른 재판이나 행정처분에 따라 바뀐 때
- 판결에 영향을 미칠 중요한 사항에 관하여 판단을 누락한 때
- 재심을 제기할 판결이 전에 선고한 확정판결에 어긋나는 때
- 당사자가 상대방의 주소 또는 거소를 알고 있었음에도 있는 곳을 잘 모른다고 하거나 주소나 거소를 거짓으로 하여 소를 제기한 때

5-2. 제3자의 재심청구

① 처분 등을 취소하는 판결에 의하여 권리 또는 이익의 침해를 받은 제3자는 자기에게 책임 없는 사유로 소송에 참가하지 못함으로써 판결의 결과에 영향을 미칠 공격 또는 방어방법을 제출하지 못한 때에는 이를 이유로 확정된 종국판결에 대하여 재심의 청구를 할 수 있습니다(행정소송법 제31조제1항).

② 재심청구는 확정판결이 있음을 안 날로부터 30일 이내, 판결이 확정된 날로부터 1년 이내에 제기해야 합니다(행정소송법 제31조제2항).

제4장

사례별 행정소송 소장 서식

제4장 사례별 행정소송 소장 서식

제1절 일반 서식

[서식 예] 행정처분 효력정지신청서

행정처분효력정지신청

신 청 인   ○○○(주민등록번호)
           ○○시 ○○구 ○○길 ○○(우편번호 ○○○-○○○)○○○

피신청인   서울특별시 지방경찰청장
           ○○시 ○○구 ○○길 ○○(우편번호 ○○○-○○○)○○○

신 청 취 지

「피신청인이 20○○. ○. ○. 신청인에 대하여 한 자동차운전면허취소처분은 귀원 ○○구 ○○○○○호 자동차운전면허취소처분 취소청구사건의 판결선고시까지 그 효력을 정지한다.」
라는 결정을 구합니다.

신 청 원 인

1. 피신청인의 처분내용

   신청인은 20○○. ○. ○. ○○:○○경 그 소유의 서울○추 ○○○○호 △△△ 승용차를 운전하여 서울 ○○구 ○○길 소재 무역센터 앞에서 신청인의 거주지인 서울 ○○구 ○○길 ○○아파트 ○○○동 ○○○호로 주행하여 가다가 서울 ○○구 ○○길 ◎◎◎주유소 앞 노상에서 음주단속을 하고 있던 경찰관으로부터 음주측정요구를 받게되어 순순히 응하게 되었는데, 그 결과 신청인의 혈중알코올농도 0.11퍼센트로 밝혀지게 되었습니다. 이에 피신청인은 같은 날 원고가 위와 같이 혈중알코올농도 0.11퍼센트의 주취상태로 운전하였다는 이유로 신청인의 2종보통 자동차운전면허(면허번호:서울○○-○○-○○○○○○-○)를 취소하는 처분을 하였습니다.

---

2. 피신청인의 음주 경위

가. 신청인은 19○○. ○. ○○. 제2종 보통운전면허를 취득한 후 자신 소유의 서울 ○추 ○○○호 △△△ 승용차를 손수 운전하며 ○○시 농산물가공 제조업체를 운영하는 중소기업인입니다.

나. 신청인은 이 사건 발생당시인 20○○. ○. ○. ○○:○○경 서울 ○○구 ○○길 상호불상의 식당에서 자신이 경영하는 회사의 직원 3명과 함께 점심을 같이 하면서 소주를 반주로 먹게 되었는데 신청인이 운영하는 위 회사일로 고민을 함께 하다가 소주 4병을 마시게 되었습니다.

다. 위와 같이 술을 마신 후 신청인은 술도 많이 취하여 회사에 들어간 후 휴식을 취하였으나 술이 깨지 않아 사무실 근처 사우나에 들어가 잠을 잔후 근처 식당에서 저녁을 먹고 차량을 운전하여 오다가 위 음주단속 지점에서 단속경찰관에게 적발되어 음주측정결과 혈중알콜농도 0.11%로 결국 본건 운전면허 취소처분을 받게 되었습니다.

라. 신청인이 경영하는 회사는 벤처기업으로서 현재 러시아로부터 생산기술을 도입하여 제주도에 제조공장을 건립 중에 있습니다. 신청인은 위 회사의 대표이사로서 운전기사를 두지 않고 자신이 직접 차량을 운전하면서 바이어와 상담을 하는 등 운전면허는 신청인이 회사 일을 보는 데 필수적이라 하지 않을 수가 없습니다. 그리고 신청인은 위 회사를 운영하면서 기술도입이라든지 공장부지 확보 등을 위하여 많은 자금이 소요되어 자신이 살고 있는 집이 은행에 저당이 들어가 있을 뿐만 아니라 위 회사자체도 많은 부채를 지고 있어 신청인의 입장에서 조금이라도 비용을 절감하기 위하여 운전기사를 두지 않고 자신이 직접 이 차량을 운전하여 왔습니다.

마. 위와 같이 운전면허가 필수적인 신청인이 음주운전을 한 것은, 무어라 변명할 여지가 없지만 신청인이 음주운전을 하게 된 경우는 제주도 공장건립을 직접 지휘하다가 오랜만에 서울 사무실에 올라와 직원들의 사기도 올려 줄 겸해서 함께 점심을 하면서 반주를 한 것이며, 신청인은 술을 마신후 술에서 깨어나기 위하여 인근 사우나에 들렸다가 이 정도면 괜찮겠지 하는 마음에서 차량을 운전하여 가다가 적발된 것입니다.

바. 신청인은 이 사건 적발당시까지 약14년간 운전을 하였으나 단순사고 한번 없이 안전운전을 하였던 자입니다. 또한 음주측정지수도 0.11%로 결코 술에 취한 상태였다 할 수 없는 것입니다.

3. 신청인은 이 사건 처분의 취소를 구하는 행정심판을 재결청에 제기하였고,

또한 그 처분의 취소를 구하는 행정소송을 귀원에 제기하였으나, 미리 이 사건처분의 효력정지를 받지 아니하면 직무수행에 중대한 차질을 빚게 됨은 물론 회복하기 어려운 손해가 발생할 우려가 있으므로 신청인은 신청취지와 같은 결정을 구하고자 이 신청에 이르게 되었습니다.

첨 부 서 류

1. 자동차운전면허취소통보서	1통
1. 사업자등록증	1통
1. 자동차등록증	1통
1. 주민등록등본	1통
1. 소장접수증명원	1통

20○○. ○. ○.

위 신청인 ○○○ (서명 또는 날인)

○ ○ 행 정 법 원 귀중

⚖ 관련판례

행정처분의 직접 상대방이 아닌 제3자라 하더라도 당해 행정처분으로 법률상 보호되는 이익을 침해당한 경우에는 취소소송을 제기하여 당부의 판단을 받을 자격이 있다. 여기에서 말하는 법률상 보호되는 이익은 당해 처분의 근거 법규 및 관련 법규에 의하여 보호되는 개별적·직접적·구체적 이익이 있는 경우를 말하고, 공익보호의 결과로 국민 일반이 공통적으로 가지는 일반적·간접적·추상적 이익과 같이 사실적·경제적 이해관계를 갖는 데 불과한 경우는 여기에 포함되지 아니한다. 또 당해 처분의 근거 법규 및 관련 법규에 의하여 보호되는 법률상 이익은 당해 처분의 근거 법규의 명문 규정에 의하여 보호받는 법률상 이익, 당해 처분의 근거 법규에 의하여 보호되지는 아니하나 당해 처분의 행정목적을 달성하기 위한 일련의 단계적인 관련 처분들의 근거 법규에 의하여 명시적으로 보호받는 법률상 이익, 당해 처분의 근거 법규 또는 관련 법규에서 명시적으로 당해 이익을 보호하는 명문의 규정이 없더라도 근거 법규 및 관련 법규의 합리적 해석상 그 법규에서 행정청을 제약하는 이유가 순수한 공익의 보호만이 아닌 개별적·직접적·구체적 이익을 보호하는 취지가 포함되어 있다고 해석되는 경우까지를 말한다(대법원 2015.7.23. 선고, 2012두19496,19502, 판결).

준 비 서 면

사   건   20○○구 ○○○호   장해등급처분취소
원   고   ○   ○   ○
피   고   근로복지공단

위 사건에 관하여 원고는 다음과 같이 변론합니다.

다   음

1. 이 사건 처분의 경위 및 전심절차 경유

(1) 원고가 20○○. ○. ○. ☆☆청 청량리 사무소 소속 공공근로자로 근로하던 중 재해가 발생하여 상병명 뇌동맥류파열, 지주막하뇌출혈 등으로 약 1년 동안 요양하다 치료 종결하고 장해보상청구를 하였으나 20○○. ○. ○. 근로복지공단 서울북부지사에서 장해등급 제5급 8호로 결정하였습니다.

(2) 그리하여 원고는 산업재해보상보험심사위원회에 이에 불복하여 재심사를 청구하였으나 20○○. ○. ○. 이를 기각하는 재결이 있었고 이 재결 결정문이 20○○. ○. ○. 원고에게 송달되었습니다.

2. 이 사건 재해의 경위

(1) 원고는 서울 망우역 부근에서 철길 근처에서 08:30에 출근하여 17:30까지 근무를 해야 하며 그 곳에서 잡초도 정리하고 자갈을 고르는 등의 공공근로를 하는데 작업하는 장소에는 그늘이 없고 마땅한 휴식 공간이 없을 뿐더러 휴식 시간도 따로 정해지지 않았으며 당시는 여름의 무더운 기운이 남아 있던 터라 작업을 하는 철로의 주위는 철로의 영향으로 주변의 기온이 40~45℃ 정도이어서 작업을 하기에 무척 힘든 상황이었는데 더구나 피고인은 공공근로 작업반에서 반장의 역할을 맡고 있어서 하루 일정량의 작업을 마쳐야 하는 상황이었으므로 반장 밑에서 일하는 15~16명 작업자들보다 2~3배 정도는 더 열심히 일해야 했습니다.

(2) 그러다가 원고는 20○○. ○. ○. 14:00경에서 15:00경 사이에 서울 망우역 부근에서 작업을 하는 중 그 동안의 과도한 업무와 일정량의 작업을 마쳐야 하는 스트레스로 인하여 작업 도중 작업 현장에서 쓰러지게

된 것입니다. 이 시각의 철로 주변의 온도는 52℃까지 이르는 등 작업하기에는 무척 힘든 상황이었습니다. (갑 제5호증 진술서 참고)

(3) 결국 원고는 열악한 작업 환경, 과도한 업무, 반장으로서의 작업량 달성을 이루어야 한다는 스트레스 등으로 인하여 작업 도중 이 사건과 같은 업무상 재해를 입게 된 것입니다.

3. 신체감정의 신청

원고와 피고 간의 주된 쟁점이 이 사건 원고에 대한 장해등급이 3급 제3호에 해당하느냐, 5급 제8호에 해당 하냐는 것이므로 이에 대한 정확한 판단을 위하여 원고에 대한 신체감정이 필요하다고 사료되오니 신체감정을 신청합니다.

입 증 방 법

1. 갑 제5호증　　　　　　　　진술서

첨 부 서 류

1. 위 입증방법
1. 준비서면 부본
1. 서증인부서
1. 신체감정신청서

20○○.　 ○.　 ○.

위 원고　 ○ ○ ○ (서명 또는 날인)

○ ○ 행 정 법 원 행정○단독 귀중

보 조 참 가 신 청

원   고   ○○○
                  ○○시 ○○구 ○○길 ○○(우편번호 ○○○-○○○)
                  전화.휴대폰번호:
                  팩스번호, 전자우편(e-mail)주소:
피   고   중앙노동위원회위원장
                  ○○시 ○○구 ○○길 ○○(우편번호 ○○○-○○○)
피고보조참가인   ◎◎◎(주민등록번호)
                  ○○시 ○○구 ○○길 ○○(우편번호 ○○○-○○○)
                  전화.휴대폰번호:
                  팩스번호, 전자우편(e-mail)주소:

   위 당사자가 귀원 ○○구 ○○○○호 부당해고구제재심판정취소 청구사건에 관하여 피고를 보조하기 위하여 위 소송에 참가하고자 하오니 결정하여 주시기 바랍니다.

참 가 이 유

   위 사건에 있어서 원고는 신청인에 대한 19○○. ○○. ○○.자 징계면직처분이 정당하다고 주장하면서 피고가 ○○부해○○ 부당해고구제재심신청사건에 관하여 19○○. ○. ○○.에 한 재심판정을 취소한 것을 청구하고 있습니다. 결국 이 사건 소송 결과에 따라 원고와 신청인간의 근로계약관계의 존속 여부가 좌우되게 되고, 신청인은 위 소송 결과에 이해관계가 있으므로 피고를 보조하기 위하여 이 참가를 신청하기에 이른 것입니다.

                        20○○. ○. ○.
                  보조참가신청인   ◎◎◎ (서명 또는 날인)

○ ○ 행 정 법 원   귀중

⚖️ 관련판례

공동소송적 보조참가는 그 성질상 필수적 공동소송 중에서는 이른바 유사필수적 공동소송에 준한다 할 것인데, 유사필수적 공동소송에서는 원고들 중 일부가 소를 취하하는 경우에 다른 공동소송인의 동의를 받을 필요가 없다. 또한 소취하는 판결이 확정될 때까지 할 수 있고 취하된 부분에 대해서는 소가 처음부터 계속되지 아니한 것으로 간주되며(민사소송법 제267조), 본안에 관한 종국판결이 선고된 경우에도 그 판결 역시 처음부터 존재하지 아니한 것으로 간주되므로, 이는 재판의 효력과는 직접적인 관련이 없는 소송행위로서 공동소송적 보조참가인에게 불이익이 된다고 할 것도 아니다. 따라서 피참가인이 공동소송적 보조참가인의 동의 없이 소를 취하하였다 하더라도 이는 유효하다. 그리고 이러한 법리는 행정소송법 제16조에 의한 제3자 참가가 아니라 민사소송법의 준용에 의하여 보조참가를 한 경우에도 마찬가지로 적용된다(대법원 2013.3.28. 선고, 2011두13729, 판결).

[서식 예] 사실조회촉탁신청서

사 실 조 회 촉 탁 신 청

사 건   20○○구 ○○○○ 평균임금결정처분 취소
원 고   ○ ○ ○
피 고   근로복지공단

위 사건에 관하여 원고는 다음사항에 대하여 사실조회촉탁을 신청합니다.

다 음

1. 조회할 곳
   (1) □□교통 주식회사 노동조합
      주소 : ○○시 ○○구 ○○길 ○○
   (2) ◎◎기업 주식회사 노동조합
      주소 : ○○시 ○○구 ○○길 ○○
   (3) ☆☆교통 주식회사 노동조합
      주소 : ○○시 ○○구 ○○길 ○○
   (4) □□운수 주식회사 노동조합
      주소 : ○○시 ○○구 ○○길 ○○

2. 조회할 사항
   20○○. ○.경부터 같은 해 ○.경까지 택시기사의 사납금 납입 후 1인당
   일(日)수입금 및 월(月) 수입금의 평균 금액

20○○.   ○.   ○.
원 고   ○ ○ ○   (서명 또는 날인)

○ ○ 행 정 법 원 귀중

[서식 예] 사회복무요원소집처분 효력정지신청

사회복무요원소집처분 효력정지신청

신 청 인 ○○○ (주민등록번호)
　　　　　○○시 ○○구 ○○길 ○○(우편번호)
　　　　　전화.휴대폰번호:
　　　　　팩스번호, 전자우편(e-mail)주소:

피신청인 ○○○지방병무청장
　　　　　○○시 ○○구 ○○길 ○○(우편번호)

**관련 본안사건 : ○○지방법원 20○○구합○○○호 징병신체검사신체등위4급판정
　　　　　　　　　처분취소**

신 청 취 지

피신청인이 2015. ○. ○○.자로 신청인에 대하여 한 사회복무요원소집처분의
효력은 신청인, 피신청인 사이의 귀원 20○○ 구합 ○○○호 징병신체검사 신체
등위4급 판정처분 취소사건의 본안판결 확정시까지 이를 정지한다.
라는 결정을 구합니다.

신 청 이 유

1. 이 사건 처분의 경위

가. 신청인은 2005. 5.경 이후 장기간 조울병과 우울병 등 정신과적 진료를
　　받아오면서 전문의로부터 자살과 자해충동으로 일상적인 활동을 하기 힘
　　든 상태임을 기술한 병사용진단서를 제출하였으나, 피신청인은 2013. 5.
　　15.자로 신청인에 대하여 제2형 양극성 장애병명으로 징병신체검사 결과
　　통보서상 신체등위를 4급으로 판정하고, 같은 날짜로 '공익근무요원소집
　　대상 병역처분'을 하였습니다.

나. 신청인은 이에 불복하여 2013. 7. 29. 행정심판을 청구하였으나, 2014.
　　2. 25.자로 신청인의 청구를 기각하는 중앙행정심판위원회의 재결서를
　　2014. 2. 28.자로 송달받았고, 이에 신청인이 불복하여 귀원 2014구합
　　1934호로 위 '공익근무요원소집대상 병역처분'의 취소를 구하는 행정소

송을 제기하여 현재 귀원에 소송이 계속 중에 있습니다.

다. 그런데, 피신청인은 위 '공익근무요원소집대상 병역처분'에 근거하여 신청인에 대하여 2015. 3. 23.자로 2015. 5. 26. 09:00부로 대전지방법원 천안지원 아산시법원에서 복무를 명하는 내용의 '사회복무요원 소집 처분'(이하 '이 사건 사회복무요원 소집 처분'이라 합니다.)을 하였습니다.

2. 이 사건 '공익근무요원소집대상 병역처분'의 위법 및 부당성

가. 그러나 피신청인의 신청인에 대한 2013. 5. 15.자 '공익근무요원소집대상 병역처분'은 다음과 같은 사유로 위법, 부당하다 할 것입니다.

나. 병역법 제12조(신체등위의 판정) 제1항은 신체검사를 한 징병검사전담의사 등은 신체 및 심리상태가 건강하여 현역 또는 보충역 복무를 할 수 있는 사람은 신체 및 심리상태의 정도에 따라 1급.2급.3급 또는 4급을 판정하고(제1호), 현역 또는 보충역 복무를 할 수 없으나 제2국민역 복무를 할 수 있는 사람은 5급(제2호)으로 판정하도록 규정하고 있습니다. 또한, 위 법 및 동법 시행령의 위임을 받아 구체적인 신체검사 등급 판정기준을 규정하고 있는 징병 신체검사 등 검사규칙의 [별표 2] "질병.심신장애의 정도 및 평가기준"에서는 "제2형 양극성장애(97-나항)"의 경우 '경도(과거력이 있거나 현증인 경우)'는 "4급", '중등도(6개월 이상의 정신건강의학과적 치료 경력이 있거나 1개월 이상의 정신건강의학과적 입원력이 확인된 사람 가운데 진단을 내리기에 충분한 여러 가지 증상이 있거나 몇 가지의 심각한 증상이 있어서 군복무에 상당한 지장이 초래된다고 판단되는 경우)'는 "5급"을 판정하도록 되어 있습니다.

다. 그런데, 신청인이 피신청인에게 신체검사 당시 제출한 진단서 및 진료기록 등을 보건대, 신청인은 약 9년 동안(2005. 5. 25.부터 신청일까지) 정신과 치료를 받았고, 2차례에 걸친 정신병동 입원(2008. 9. 30.부터 10. 30., 2012. 10. 2.부터 11. 17.)을 한 사실이 인정되는 바, 위 [별표2] "질병.심신장애의 정도 및 평가기준"에 의하면, 97-나-3항의 "중등도(6개월 이상의 정신건강의학과적 치료 경력이 있거나 1개월 이상의 정신건강의학과적 입원력이 확인된 사람 가운데 진단을 내리기에 충분한 여러 가지 증상이 있거나 몇 가지의 심각한 증상이 있어서 군복무에 상당한 지장이 초래된다고 판단되는 경우) : 5급"에 해당한다고 할 것입니다.

라. 그럼에도 피신청인은 신청인의 정신과적 질병상태를 면밀하게 검토하지 아니하고, 신청인에 대하여 위 "질병.심신장애의 정도 및 평가기준" 97-나-2항의 "경도(과거력이 있어나 현증인 경우)"인 4급으로 판정하고, '공

익근무요원소집대상 병역처분'을 하였는바, 이는 신청인이 현재 겪고 있는 정신과적 질환을 제대로 판정하지 못한 오해에서 비롯된 위법, 부당한 처분이라 할 것입니다.

3. 이 사건 '사회복무요원 소집 처분'의 집행정지의 필요성

가. 위에서 보듯이, 신청인이 피신청인에 대하여 신체등위 4급으로 판정하고, '공익근무요원소집대상 병역처분'을 한 것은 위법, 부당하여 마땅히 취소되어야 할 것입니다.

나. 한편, 피신청인은 위 '공익근무요원소집대상 병역처분'을 근거로 피신청인에 대하여 2015. 5. 26.까지 소집을 명하는 이 사건 '사회복무요원 소집 처분'을 내렸는바, 만일 피신청인의 신청인에 대한 이 사건 '사회복무요원 소집 처분'의 효력이 그대로 유지된다면, 후일 신청인이 귀원 2014 구합 1934호 징병신체검사 신체등위 4급 판정처분 취소 소송의 본안판결에서 승소하더라도 신청인이 막대한 피해를 입을 것이 명백하다 할 것입니다.

다. 그러므로 신청인은 위 행정사건의 본안판결 확정시까지 신청인이 입을 피해를 미연에 방지하자 부득이 이건 신청에 이르게 되었습니다.

4. 결 론

따라서 피신청인의 신청인에 대한 2013. 5. 15.자 '공익근무요원소집대상 병역처분'은 위법, 부당한 처분으로 마땅히 취소되어야 할 것인바, 만일 위 처분에 기한 피신청인의 이사건 사회복무요원 소집 처분이 계속하여 효력을 유지한다면 신청인은 본안소송에서 승소를 하더라도 피할 수 없는 막대한 손해를 입게 되므로, 부득이 귀원 2014 구합 1934호 사건의 판결이 확정될 때까지 처분의 효력을 정지시키고자 이건 신청에 이르게 되었습니다.

소 명 방 법

1. 소갑제1호증	징병신체검사결과 통보서(서울병무청)
1. 소갑제2호증	중앙행정심판위원회 재결서
1. 소갑제3호증	병사용진단서
1. 소갑제4호증의 1내지 3	의무기록사본발행 증명서
1. 소갑제5호증	사회복무요원 소집통지서

첨 부 서 류

1. 위 소명방법   각 1통
1. 접수증명원   1통
1. 납부서   1통
1. 소송대리위임장   1통

20○○.   ○.   ○.

위 신청인   ○○○   (서명 또는 날인)

○ ○ 행 정 법 원   귀중

[서식 예] 신체감정촉탁신청서

신 체 감 정 촉 탁 신 청

사   건   20○○구 ○○○○호   장해등급처분취소
원   고   ○ ○ ○
피   고   근로복지공단

 위 사건에 관하여 원고는 다음과 같이 신체감정을 신청합니다.

다   음

1. 증명할 사실
   신경계통의 기능 또는 정신기능에 뚜렷한 장해가 남아 일생동안 노무에 종
   사할 수 없는 사람에 해당하는지 여부

2. 피감정인
   가. 성   명 : ○ ○ ○
   나. 주민등록번호 : 111111-1111111
   다. 주   소 : ○○시 ○○구 ○○길 ○○

2. 신체감정할 사항 : <별지>기재와 같음.

3. 감정할 사항
   (주과목: 정신과, 보조과목: 안과, 이비인후과)

4. 첨부서류
   (1) 각 진단서 사본   각 2통
   (2) 심리학적 평가보고서   1통
   (3) 재결서   1통

20○○. ○. ○.
위 원고 ○ ○ ○ (서명 또는 날인)

○ ○ 행 정 법 원 귀 중

[별 지]

<h1 style="text-align:center;">감 정 사 항</h1>

□ 피감정인
      가. 성　　　명 : ○　○　○
      나. 주민등록번호 : 111111-1111111
      다. 주　　　소 : ○○시 ○○구 ○○길 ○○

　피감정인은 ○○시 ○○역 부근에서 철길 근처에서 매일 08:30에 출근하여 17:30까지 공공근로작업에 투입되어 위 철길근처의 잡초도 정리하고 자갈을 고르는 등의 작업을 하여 오던 중, 20○○. ○. ○. 14:00경에서 15:00경 사이에 서울 망우역 부근에서 작업을 하면서 위 공공근로기간 동안의 과도한 업무와 이 공공근로작업의 반장으로서 일일 일정량의 작업을 마쳐야 하는 스트레스 및 위 철길근처에 휴식 공간이 마땅히 없었고 특별히 휴식시간이 없었던 상황에서 이로 인하여 작업 도중 작업 현장에서 쓰러지게 된 것인데 이 시각의 피감정인이 일하던 철로 주변의 온도는 철로의 열로 인하여 52℃까지 이르는 등 작업하기에는 무척 힘든 상황이었는데, 이로 인하여 피감정인은 뇌동맥류파열, 지주막하뇌출혈 등으로 약 1년 동안 요양하다 치료 종결하고 장해보상청구를 하였으나 20○○. ○. ○. 근로복지공단 서울○○지사에서 장해등급 제5급 8호(신경계통의 기능 또는 정신기능에 뚜렷한 장해가 남아 특별히 손쉬운 노무 외에는 종사할 수 없는 사람)로 결정하였고 산업재해보상보험심사위원회에 이에 불복하여 재심사를 청구하였으나 20○○. ○. ○. 이를 기각하는 재결이 있었던 1바,

1. 피감정인이 20○○. ○. ○. 입은 업무상 재해에 대하여
 (1) 피감정인의 운동기능 저하정도가 어느 정도인지 (장해등급 제5급 제8호: 특별히 손쉬운 노무 외에는 종사할 수 없는지 정도인지 혹은 장해등급 제3급 제3호: 일생동안 노무에 종사할 수 없는 정도인지)
 (2) 고도의 기억력 장해로 인하여 실언, 실행, 실어의 행동을 보이고 감정둔화, 의욕감퇴 등의 인격변화 현상이 있는지 여부
 (3) 시력이 저하되어 야맹증이 있는지, 후각 등 냄새조차 분별 못하는 무감각한 상태인지 여부
 (4) 장기 기억력, 주의집중능력, 수리적 계산능력, 언어적 이해력 등이 손상되어 정신 기능에 뚜렷한 장해가 남은 경우에 해당되는지 여부
2. 이러한 상기 증상 등을 종합하여 피감정인이 장해등급 제5급 제8호에 해당하는지 혹은 제3급 제3호에 해당하는지 여부. 끝.

제2절 부동산 관련 행정소송 서식

[서식 예] 하천사용료 추징금부과처분 취소청구의 소

소 장

원 고 ○ ○ ○(주민등록번호)
　　　　　○○시 ○○구 ○○길 ○○ (우편번호 ○○○-○○○)

피 고 △ △ 시장
　　　　　○○시 ○○구 ○○길 ○○ (우편번호 ○○○-○○○)

하천사용료추징금부과처분 취소청구의 소

청 구 취 지

1. 피고가 2001. 6. 3. 원고에 대하여 한 하천사용료추징금부과처분을 취소한다.
2. 소송비용은 피고의 부담으로 한다.
라는 판결을 구합니다.

청 구 원 인

1. 처분의 경위
　　원고는 19○○. ○. ○. 피고가 관리하는 ○○천 중의 별지기재 부분구역
　에 대하여 당시 소관청인 ○○도지사로부터 ○○년간의 하천점용 및 공작
　물설치허가를 받고 이에 따라 약 ○억원의 투자와 ○년 간의 공사를 한 끝
　에 단층상가 가건물 50채를 건립하였습니다.
　　원고는 위와 같이 건립한 점포를 영세상인들에게 임대하여 사용케 하면서
　별지기재 부분구역을 점용사용하고 있습니다.
　　이에 피고는 20○○. ○. ○. 그 사용료로 금○○○원과 가산금 ○○○원을
　부과하는 내용의 이 사건 처분을 하였습니다.

2. 이 사건 처분의 위법성
　가. 하천법 제37조 제1항에 의하면 하천의 관리청은 하천의 점용·사용허가를 받

은 자로부터 유수사용료 기타의 하천사용료를 징수할 수 있고, 같은 법 제67조 제1항에 의하면 위 법에 의한 사용료 등을 납부하여야 할 자가 이를 납부하지 아니하는 때에는 가산금을 징수할 수 있다고 규정하고 있습니다.

나. 그러나 하천법 제37조 제1항 단서에 의하면 사유로 되어 있는 지방2급 하천의 하천구역안에서 같은 법 제33조 1항 제1호 및 제3호 내지 제6호의 점용행위를 하는 경우에는 그러하지 아니하다라고 규정하고 있는바, ○○천은 지방2급 하천으로서(갑 제2호증 하천대장 참조) 그 하천구역안인 별지기재 부분구역 은 소외 ○○○의 소유로 사유에 해당하고(갑 제3호증 등기부등본 참조), 원고는 그 하천구역 내에서 토지의 점용 및 공작물의 신축행위를 하였을 뿐입니다.

다. 따라서 원고의 ○○천의 점용사용행위는 위 법 제37조 제1항 단서 규정에 의해 피고가 이 사건 하천사용료추징금을 부과할 수 있는 대상에서 제외된다 할 것이므로 이 사건 처분은 위법하다 아니할 수 없습니다.

3. 맺 음 말

위에서 본 바와 같이 원고의 하천점유사용은 하천법에 의한 사용료를 부과할 수 있는 대상에 해당하지 아니한다 할 것이므로 이를 하천사용료부과대상으로 판단하여 이루어진 이 사건 처분은 위법하다 아니할 수 없습니다. 따라서 이 사건 처분의 취소를 구하기 위하여 이 사건 소를 제기하기에 이른 것입니다.

입 증 방 법

1. 갑 제1호증	하천사용료추징금고지서
1. 갑 제2호증	하천대장
1. 갑 제3호증	등기사항전부증명서
1. 갑 제4호증	확인서

첨 부 서 류

1. 위 입증방법	각 1통
1. 소장부본	1통
1. 납부서	1통

```
                  20○○년  ○월 ○일
           원 고    ○ ○ ○      (서명 또는 날인)

   ○ ○ 행 정 법 원  귀중
```

⚖ 관련판례

도로점용허가는 도로의 일부에 대한 특정사용을 허가하는 것으로서 도로의 일
반사용을 저해할 가능성이 있으므로 그 범위는 점용목적 달성에 필요한 한도로
제한되어야 한다. 도로관리청이 도로점용허가를 하면서 특별사용의 필요가 없는
부분을 점용장소 및 점용면적에 포함하는 것은 그 재량권 행사의 기초가 되는
사실인정에 잘못이 있는 경우에 해당하므로 그 도로점용허가 중 특별사용의 필
요가 없는 부분은 위법하다. 이러한 경우 도로점용허가를 한 도로관리청은 위
와 같은 흠이 있다는 이유로 유효하게 성립한 도로점용허가 중 특별사용의 필
요가 없는 부분을 직권취소할 수 있음이 원칙이다. 다만 이 경우 행정청이 소
급적 직권취소를 하려면 이를 취소하여야 할 공익상 필요와 그 취소로 당사자
가 입을 기득권 및 신뢰보호와 법률생활 안정의 침해 등 불이익을 비교 교량한
후 공익상 필요가 당사자의 기득권 침해 등 불이익을 정당화할 수 있을 만큼
강한 경우여야 한다. 이에 따라 도로관리청이 도로점용허가 중 특별사용의 필
요가 없는 부분을 소급적으로 직권취소하였다면, 도로관리청은 이미 징수한 점
용료 중 취소된 부분의 점용면적에 해당하는 점용료를 반환하여야 한다(대법원
2019.1.17. 선고, 2016두56721, 56738, 판결).

[서식 예] 손실보상금 청구의 소

소   장

원   고   ○ ○ ○(주민등록번호)
　　　　　○○시 ○○구 ○○길 ○○ (우편번호 ○○○ - ○○○)

피   고   △ △ △
　　　　　○○시 ○○구 ○○길 ○○ (우편번호 ○○○ - ○○○)

손실보상금청구의 소

청 구 취 지

1. 피고는 원고에게 금 38,666,666원 및 이에 대한 19○○. ○. ○.부터 이 사건 판결 선고일까지는 연 5푼의, 그 다음날부터 완제일까지는 연 2할의 각 비율에 의한 금원을 지급하라.
2. 소송비용은 피고의 부담으로 한다.
3. 제1항은 가집행 할 수 있다.
라는 판결을 구합니다.

청 구 원 인

1. 당사자관계
   원고는 주소지에서 ☆☆재첩국이라는 상호로 일반음식점을 경영하여 오고 있는 자이고, 피고는 공공사업인 ○○-◎◎간의 국도 ○○호선 ○차선 확장공사 시행자로서 19○○. ○.경부터 그 사업실시계획에 따라 공사를 착공하여 현재 시행 중에 있습니다.

2. 손실보상 책임의 발생
 가. 원고는 19○○. ○. ○. 국도○○호선과 인접한 원고의 주소지에서 ☆☆ 재첩국이라는 상호로 일반음식점을 개업하여 영업을 하여 오던 중 19○ ○. ○.경부터 국도 ○○호선의 ○차선 확장공사가 시행되면서 원고가 운영하는 위 음식점의 부지 일부가 국도 ○○호선 확장공사 일부 토지 로 편입되었으며, 19○○. ○.경부터 위 음식점 도로가 4,5미터 높이로

복토공사가 시작되면서 위 국도에서 직접 차량을 이용하는 손님들이 위 음식점에 출입하는 통로가 폐쇄되고, 복토공사가 대부분 완료된 이후에는 도로 밑으로 차량 1대가 겨우 출입할 정도로 굴다리를 만들었고 그것도 위 음식점을 직접 통행할 수 있는 굴다리가 아니고 위 음식점과 수백미터 떨어져 마을 진입도로와 같이 사용하도록 되어 있으며 그리고 확장된 도로에서 위 음식점으로 진입하는 도로는 없으며 수 킬로미터 떨어진 곳에서 우회하여 들어갈 수밖에 없는 것입니다.

나. 위와 같은 경위로 위 음식점을 찾는 손님이 뚝 끊겨 현재에는 아예 손님들이 전혀 없는 상태입니다.

다. 공익사업을 위한 토지 등의 취득 및 보상에 관한 법률 시행규칙 제64조는 "공익사업 시행지구 밖에서 제45조에 따른 영업손실의 보상대상이 되는 영업을 하고 있는 자가 공익사업의 시행으로 인하여 그 배후지의 3분의 2 이상이 상실되어 그 장소에서 영업을 계속할 수 없는 경우에는 그 영업자의 청구에 의하여 당해 영업을 공익사업시행지구에 편입되는 것으로 보아 보상하여야 한다."라고 규정하는 한편 위 법률 시행규칙 제46조는 폐지하는 영업의 종류에 따라 그 손실을 평가하는 기준을 규정하고 있어 이 사건 원고와 같이 간접적인 영업손실을 입은 자에 대한 직접적인 보상규정은 없다고 할 수 있습니다.

라. 그러나 헌법 제23조 제3항이 "공공 필요에 의한 재산권의 수용, 사용 또는 제한 및 그에 대한 보상은 법률로써 하되 정당한 보상을 지급하여야 한다"고 규정하고 있는 점, 공익사업을 위한 토지 등의 취득 및 보상에 관한 법률 제61조가 "공익사업에 필요한 토지 등의 취득 또는 사용으로 인하여 토지소유자나 관계인이 입은 손실은 사업시행자가 보상하여야 한다."고 규정하고 있는 점 등을 종합한다면, 원고의 음식점 수입 상실에 따른 간접적인 영업손실에 관하여 그 밖의 법령에 직접적인 보상규정이 없더라도 위 법 시행규칙 제64조의 규정을 유추적용하여 원고에 대하여 음식점 수입상실에 따른 간접적인 영업손실에 관하여 위 법 시행규칙 제46조에 의하여 평가한 손실보상금을 지급할 의무가 있다 할 것입니다.

3. 손실보상의 범위

위 법 시행규칙 제46조 제1항의 규정에 의하여 영업손실에 따른 평가액은 2년간의 영업 이익에 영업용 고정자산, 원재료, 제품 및 상품 등의 매각손실액을 더한 금액으로 평가하여야 하고 영업이익은 해당 영업의 최근 3년간의 평균 영업이익을 기준으로 하여 이를 평가할것이나 원고에게는 3년간의 영업이익의 산출근거가 되는 자료가 없으므로 19○○. ○. ○.부터 20○○. ○. ○.까지의 1년 6개월 간의 부가세 신고 과세표준액이 원고의 순 영업이익금(사실 원고의 순영업이익금은 이보다 더 많으나 우리나라의 전반적 통상 그 영업자들이 그 영업이익금을 숨기고 있는 실정임)으로 산정하면 원고가 위 기간 과세표준 금원 29,000,000원으로 년 평균 영업이익금은 금 19,333,333원(29,000,000 × 12/18)이 되므로 피고가 보상하여야 할 원고의 손실금액은 금 38,666,666원이 됩니다.

4. 결론

그렇다면 피고는 원고에게 손실보상금 38,666,666원 및 이에 대한 1999. 7. 1.부터 이 사건 판결선고일까지는 민법 소정의 연 5푼, 그 다음날부터 완제일까지는 소송촉진등에관한특례법 소정의 연 2할의 각 비율에 의한 지연손해금을 지급할 의무가 있다 할 것이므로 그 이행을 구하기 위하여 이건 청구에 이른 것입니다.

입 증 방 법

1. 갑 제1호증   영업허가증
1. 갑 제2호증   사업자등록증
1. 갑 제3호증   지적도등본
1. 갑 제4호증의 1,2   각 사진

첨 부 서 류

1. 위 입증방법   각 1통
1. 소장부본   1통
1. 납 부 서   1통

20○○.   ○.   ○.

원 고 ○ ○ ○   (서명 또는 날인)

○ ○ 행 정 법 원 귀중

[서식 예] 대리경작자 지정처분 취소청구의 소

소　　장

원　　고　　○　○　○(주민등록번호)
　　　　　　　　○○시 ○○구 ○○길 ○○ (우편번호 ○○○-○○○)

피　　고　　△△시 △△구청장
　　　　　　　　○○시 ○○구 ○○길 ○○ (우편번호 ○○○-○○○)

대리경작자지정처분 취소청구의 소

청 구 취 지

1. 피고가 20○○. ○. ○.자 제324호로 ○○시 ○○구 ○○동 ○○ 전 3,305
   ㎡부동산 대리경작자를 소외 김□□로 지정한 처분은 이를 취소한다.
2. 소송비용은 피고의 부담으로 한다.
라는 판결을 구합니다.

청 구 원 인

1. 원고는 ○○시 ○○구 ○○동 ○○ 전 3,305㎡의 소유자로 19○○년부터
   19○○년까지 고추를 경작하여 왔습니다.
2. 원고가 위 토지에 고추만을 심어 지력이 약해져 점차 수확량이 줄어 20○
   ○년에는 휴경을 하였으며, 20○○년에는 개토작업을 준비중에 있습니다.
3. 사실이 이러함에도 피고는 20○○. ○. ○. 원고 소유 위 토지가 유휴농지
   라며 대리경작자지정예고서를 보냈고 이에 원고가 20○○. ○. ○. 이의신
   청을 하였으나 20○○. ○. ○. 소외 김□□로 대리경작자로 하고, 경작기
   간은 20○○. ○. ○.부터 20○○. ○. ○..까지, 사용료는 연간 금10만원으
   로 하는 대리경작자지정처분을 하였습니다.
4. 그러나 원고가 위 2항에서 주장하는 것과 같이 대리경작토지는 원고가 19
   ○○년부터 19○○년까지 고추만을 경작하여 지력이 약해졌고 해마다 생산량
   이 감소하여 20○○년에 휴경한 것이며, 20○○년 ○월쯤 객토작업을 계획하
   고 있습니다.
5. 그러나 피고의 위 대리경작자지정처분은 다음과 같은 사유로 위법한 행정

처분입니다.

첫째 : 원고 소유 농지는 지력 증진 및 토지개량을 위한 휴경으로 농지법 제
20조 제1항의 유휴농지가 아닙니다.

둘째 : 피고가 대리경작자지정처분시 지정한 연간 10만원의 사용료는 원고
가 고추농사를 하며 수확한 고추생산량에 비교하였을 때 지나치게
적게 평가된 수익금으로 그 타당성이 없습니다.

6. 따라서 피고의 대리경작자지정처분은 농지법을 위반한 위법한 행정처분으
로 원고는 그 취소를 구하고자 본 소 청구에 이른 것입니다.

(원고는 대리경작자지정처분을 20○○. ○. ○. 우편송달로 알게 되었습니다.)

입 증 방 법

1. 갑 제1호증	부동산등기사항전부증명서
1. 갑 제2호증	대리경작자지정예고서
1. 갑 제3호증	대리경작자지정통지서

첨 부 서 류

1. 위 입증방법	각 1통
1. 소장부본	1통
1. 납부서	1통

20○○년 ○월 ○일

원 고   ○ ○ ○   (서명 또는 날인)

○ ○ 행 정 법 원 귀중

⚖ **관련판례**

이행강제금 제도는 건축법이나 건축법에 따른 명령이나 처분을 위반한 건축물
(이하 '위반 건축물'이라 한다)의 방치를 막고자 행정청이 시정조치를 명하였음
에도 건축주 등이 이를 이행하지 아니한 경우에 행정명령의 실효성을 확보하기
위하여 시정명령 이행 시까지 지속해서 부과함으로써 건축물의 안전과 기능,
미관을 높여 공공복리의 증진을 도모하는 데 입법 취지가 있고, 위반 건축물의
소유자 등이 위반행위자가 아니더라도 행정청은 그에 대하여 시정명령을 할 수

있는 점, 건축법의 전부 개정으로 개정 건축법(1991.5.31. 법률 제4381호로 전부 개정된 것) 부칙 제6조가 실효되더라도 시정명령을 위반한 때의 건축법령에 따른 처분을 할 수 있으므로 법률상 공백상태가 발생한다고 볼 수도 없는 점 등 제반 사정을 종합적으로 고려하면, 기존의 위반 건축물에 관한 경과규정인 개정 건축법 부칙 제6조가 실효되지 않고 계속 적용된다고 보아야 할 특별한 사정이 없어 그 경과규정은 건축법 전부 개정으로 실효되었다. 따라서 위반 건축물이 개정 건축법 시행 이전에 건축된 것일지라도 행정청이 2008.3.21. 법률 제8941호로 전부 개정된 건축법(이하 '현행 건축법'이라 한다) 시행 이후에 시정명령을 하고, 건축물의 소유자 등이 시정명령에 응하지 않은 경우에는 행정청은 현행 건축법에 따라 이행강제금을 부과할 수 있다(대법원 2012.3.29. 선고, 2011두27919, 판결).

[서식 예] 개발부담금 부과처분 취소청구의 소

소　　장

원　고　　○○○(주민등록번호)
　　　　　　　○○시 ○○구 ○○길 ○○ (우편번호 ○○○-○○○)

피　고　　△△시 △△구청장
　　　　　　　○○시 ○○구 ○○길 ○○ (우편번호 ○○○-○○○)

개발부담금부과처분 취소청구의 소

청 구 취 지

1. 피고가 20○○. ○. ○. 원고에 대하여 한 개발부담금 금○○○원의 부과처분
   은 이를 취소한다.
2. 소송비용은 피고의 부담으로 한다.
라는 판결을 구합니다.

청 구 원 인

1. 이 사건 처분경위
  가. 원고는 20○○. ○. ○. ○○시 ○○구 ○○동 ○○ 임야 1,000제곱미터
      등 3필지 토지에 골프연습장을 건설하기 위하여 그 소유자인 소외 양□
      □로부터 임차기간은 3년 임료는 연1,000,000원으로 정하여 임차하였고
      20○○. ○월 ○○구청으로부터 운동시설(골프연습장)로 건축허가와 형
      질변경허가 등을 포함한 사업인가를 받고 같은 해 ○월 위 공사에 착공
      하여 20○○. ○. ○. 이를 준공하였습니다.
  나. 이에 피고는 20○○. ○. ○. 위 사업시행자인 원고에게 금○○○원 상당
      의 개발이익이 귀속되었다고 하여 같은 해 ○. ○. 금○○○원의 개발부
      담금을 부과하는 처분을 하였습니다.

2. 이 사건 처분의 위법성
  가. 개요
      이 사건 개발이익이 위 개발사업으로 인하여 원고에게 귀속되었다고 할

수 없어 이 사건 처분은 위법하다 할 것입니다.

나. 개발이익의 귀속여부에 대하여

토지가액의 증가로 인한 이익은 특별한 사정이 없으면 그 소유자에게 귀속된다고 봄이 상당한 반면에, 임차인은 임차기간이 끝나면 토지 소유자에게 그 토지를 반환하여야 할 것이어서 그 임차기간 중에 토지가액의 증가로 인한 이익을 누렸다는 점이 인정되지 않는 한, 그 개발이익이 임차인에게 귀속한다고 보기 어렵기 때문에 타인의 토지를 임차하여 사업을 시행하는 경우에는 비록 정상지가상승분을 초과하는 토지가액의 증가분이 있다고 하더라도 특별한 사정이 없는 한 사업시행자에게 위 토지가액 증가분이 귀속된다고 볼 수 없을 것입니다. 따라서 위 토지가액 증가로 인한 이익이 원고에게 귀속되었다는 전제하에 부가한 피고의 처분은 위법하다 할 것입니다.

3. 결론

결국 원고가 이 사건 토지를 그 소유자로부터 3년간이라는 길지 않은 기간 동안 임차하여 위 건설사업을 한 이 사건의 경우에는 원고에게 이 사건 개발이익이 귀속되었다고 할 수 없는 것이어서, 원고에게 이사건 개발이익이 귀속되었음을 전제로 하는 이 사건 처분은 위법하다 할 것이며 이를 취소하고자 이 사건 소를 제기하게 되었습니다.

입 증 방 법

1. 갑 제1호증　　　　　　임대차계약서 사본
1. 갑 제2호증　　　　　　사업인가서 사본

첨 부 서 류

1. 위 각 입증방법	1통
1. 등기사항전부증명서	1통
1. 소장부본	1통
1. 납부서	1통

20○○년　○월　○일

원 고　○ ○ ○　　(서명 또는 날인)

○ ○ 행 정 법 원　귀중

⚖️ 관련판례

국방부 민·군 복합형 관광미항(제주해군기지) 사업시행을 위한 해군본부의 요청에 따라 제주특별자치도지사가 절대보존지역이던 서귀포시 강정동 해안변 지역에 관하여 절대보존지역을 변경(축소)하고 고시한 사안에서, 절대보존지역의 유지로 지역주민회와 주민들이 가지는 주거 및 생활환경상 이익은 지역의 경관 등이 보호됨으로써 반사적으로 누리는 것일 뿐 근거 법규 또는 관련 법규에 의하여 보호되는 개별적·직접적·구체적 이익이라고 할 수 없다는 이유로, 지역주민회 등은 위 처분을 다툴 원고적격이 없다고 본 원심판단을 정당하다(대법원 2012.7.5. 선고, 2011두13187,13194, 판결).

[서식 예] 토지수용 재결처분 취소등 청구의 소

소　　장

원　고　　○　○　○(주민등록번호)
　　　　　　　○○시 ○○구 ○○길 ○○ (우편번호 ○○○-○○○)

피　고　　1. △△토지수용위원회
　　　　　　　○○시 ○○구 ○○길 ○○ (우편번호 ○○○-○○○)
　　　　　　　위원장　△　△　△
　　　　　2. △△시 △△구
　　　　　　　법률상 대표자 △△△구청장
　　　　　　　○○시 ○○구 ○○길 ○○ (우편번호 ○○○-○○○)

토지수용재결처분 취소등 청구의 소

청 구 취 지

1. 피고 중앙토지수용위원회가 20○○. ○. ○.자 원고에 대하여 한 별지목록 기재 토지에 대한 이의재결처분 중 보상금증액신청을 기각한 부분을 취소한다.
2. 피고 △△시 △△구는 원고에게 금 50,000,000원을 지급하라.
3. 소송비용은 피고들의 부담으로 한다.
라는 판결을 원합니다.

청 구 원 인

1. 기초사실
　가. △△시장은 19○○. ○. ○. 도시계획법 제25조에 따라 도시계획사업인 '○○ - ○○동 도로확장공사'의 실시계획을 인가 고시함으로써, 원고 소유 별지기재 토지(이하 '이 사건 토지')가 위 도시계획사업지역에 편입되었다.
　나. 피고 ○○구는 위 도시계획사업의 시행자로서 이 사건 토지를 취득하기 위하여 원고와 협의를 하였으나 협의가 성립되지 않아 ○○특별시지방토지수용위원회에 이 사건 토지의 수용을 위한 재결을 신청하였고, 동 위

원회는 19○○. ○. ○. 위 사업 시행을 위하여 피고 성북구가 이 사건 토지를 수용하되 그 손실보상금을 100,000,000원[총평수(10,000평)×평당 단가(10,000원)], 수용시기를 19○○. ○. ○.로 정하여 토지수용재결을 하였습니다.

다. 이에 원고는 보상금을 증액하여 달라는 이의신청을 하였고, 이에 피고 중앙토지수용위원회는 19○○. ○. ○. 원고의 보상금증액신청을 기각하는 이의재결(이하 '이 사건 재결')을 하였습니다.

2. 이 사건 재결의 위법성

가. 피고 중앙토지수용위원회의 위 재결은 토지수용법 제46조 제2항 제1호의 산정방법을 위배한 것으로서 내용상 흠이 있어 위법하므로 취소되어야 할 것입니다.

나. 이 사건 토지는 국토이용관리법이 정한 기준지가 고시대상지역으로 공고는 되었으나 표준지가가 선정되어 있지 않고, 또한 인접지역에 소재하는 표준지 중에는 이 사건 토지와 동일하거나 유사한 지목의 표준지도 없습니다.

다. 그럼에도 서울특별시지방토지수용위원회 또는 피고 중앙토지수용위원회는, 인접지역의 표준지의 기준시가를 기준으로 손실보상액을 산정한 소외 토지평가사합동사무소의 판단을 기초로 하여 토지수용재결 및 이 사건 재결을 발하였던 것입니다.

라. 그러나 앞서 본 바와 같이 이 사건 토지에는 표준지가가 선정되어 있지 않을 뿐 아니라, 더 나아가 이 사건 토지와 동일하거나 유사한 지목도 없으므로 결국 토지수용법 제46조 제1항의 일반조항에 의하여 보상액을 산정하였어야 할 것입니다. 만약 이에 의한다면 이 사건 토지에 대한 보상액은 최소한 금 150,000,000원[총평수(10,000평)×평당단가(15,000원)]에 이를 수 있었을 것입니다.

3. 결론

그렇다면 피고 중앙토지수용위원회의 이 사건 재결 중 보상금증액신청을 기각한 부분은 내용상 하자가 있어 위법하여 취소되어야 할 것이며, 피고 ○○시 ○○구는 이미 지급한 보상금과 위 정당한 보상액과의 차액인 금 50,000,000원을 원고에게 추가 지급하여야 할 것입니다.

입 증 방 법

1. 갑 제1호증의 1   재결서정본송부
1. 갑 제1호증의 2   재결서
1. 갑 제2호증   이의신청서
1. 갑 제3호증   도면
1. 갑 제4호증   확인서

첨 부 서 류

1. 위 입증방법   각 1통
1. 소장사본   1통
1. 납 부 서   1통

20○○년 ○월 ○일
원 고   ○ ○ ○   (서명 또는 날인)

○ ○ 행 정 법 원 귀중

[별지]

부 동 산 의 표 시

○○시 ○○구 ○○동 ○○
대 10,000평방미터. 끝.

⚖ 관련판례 1

도시계획시설사업으로 토지를 수용당한 甲 주식회사가 사업시행자를 상대로 수용토지에 관한 증액 손실보상금과 잔여지 가격 감소에 따른 손실보상금을 청구한 사안에서, 사업시행자의 주장이 환송 전 항소심에서 받아들여진 적이 있을 정도였다면 판결이 파기되기 전까지는 사업시행자가 손실보상금에 관한 이행의무의 존재나 범위에 관하여 항쟁하는 것에 상당한 근거가 있다고 보아야 한다는 이유로, 이와 달리 환송판결 선고 이전인 청구취지 변경신청서 송달 다음날부터 소송촉진 등에 관한 특례법이 정한 20%의 비율로 계산한 지연손해금을 지급할 의무가 있다고 본 원심판결에 법리를 오해한 위법이 있다(대법원 2012.3.29. 선고, 2011두28776, 판결).

⚖ 관련판례 2

건물의 사용검사처분은 건축허가를 받아 건축된 건물이 건축허가 사항대로 건축행정 목적에 적합한지 여부를 확인하고 사용검사필증을 교부하여 줌으로써 허가받은 사람으로 하여금 건축한 건물을 사용·수익할 수 있게 하는 법률효과를 발생시키는 것이다. 이러한 사용검사처분은 건축물을 사용·수익할 수 있게 하는 데 그치므로 건축물에 대하여 사용검사처분이 이루어졌다고 하더라도 그 사정만으로는 건축물에 있는 하자나 건축법 등 관계 법령에 위배되는 사실이 정당화되지는 아니하며, 또한 건축물에 대한 사용검사처분의 무효확인을 받거나 처분이 취소된다고 하더라도 사용검사 전의 상태로 돌아가 건축물을 사용할 수 없게 되는 것에 그칠 뿐 곧바로 건축물의 하자 상태 등이 제거되거나 보완되는 것도 아니다. 그리고 입주자나 입주예정자들은 사용검사처분의 무효확인을 받거나 처분을 취소하지 않고도 민사소송 등을 통하여 분양계약에 따른 법률관계 및 하자 등을 주장·증명함으로써 사업주체 등으로부터 하자의 제거·보완 등에 관한 권리구제를 받을 수 있으므로, 사용검사처분의 무효확인 또는 취소 여부에 의하여 법률적인 지위가 달라진다고 할 수 없으며, 구 주택공급에 관한 규칙(2012.3.30. 국토해양부령 제452호로 개정되기 전의 것)에서 주택공급계약에 관하여 사용검사와 관련된 규정을 두고 있다고 하더라도 달리 볼 것은 아니다. 오히려 주택에 대한 사용검사처분이 있으면, 그에 따라 입주예정자들이 주택에 입주하여 이를 사용할 수 있게 되므로 일반적으로 입주예정자들에게 이익이 되고, 다수의 입주자들이 사용검사권자의 사용검사처분을 신뢰하여 입주를 마치고 제3자에게 주택을 매매 내지 임대하거나 담보로 제공하는 등 사용검사처분을 기초로 다수의 법률관계가 형성되는데, 일부 입주자나 입주예정자가 사업주체와의 개별적 분쟁 등을 이유로 사용검사처분의 무효확인 또는 취소를 구하게 되면, 처분을 신뢰한 다수의 이익에 반하게 되는 상황이 발생할 수 있다.

위와 같은 사정들을 종합하여 볼 때, 구 주택법(2012.1.26. 법률 제11243호로 개정되기 전의 것)상 입주자나 입주예정자는 사용검사처분의 무효확인 또는 취소를 구할 법률상 이익이 없다(대법원 2015.1.29. 선고, 2013두24976, 판결).

[서식 예] 도로수익자 부담금 부과처분 취소청구의 소

소 장

원 고   ○○○(주민등록번호)
　　　　　○○시 ○○구 ○○길 ○○ (우편번호 ○○○-○○○)

피 고   △△시 △△구청장
　　　　　○○시 ○○구 ○○길 ○○ (우편번호 ○○○-○○○)

도로수익자부담금부과처분 취소청구의 소

청 구 취 지

피고가 20○○. ○. ○. 원고에 대하여 한 도로수익자부담금 금○○○원의 부과
처분은 이를 취소한다.
라는 판결을 구합니다.

청 구 원 인

1. 처분의 경위
　　△△시장은 19○○. ○. ○. 복개, 확장, 포장하는 길이465.6m 폭 30m ◎
◎천 복개공사를 공사금액 1,452,403,690원으로 시공하여 19○○. ○. ○.
위 공사를 준공하고서 같은 해 ○. ○. 피고에게 도로수익자 부담금 및 공
사정산내역을 통보하였고, △△시장으로부터 수익자부담금의 부과징수권한
을 위임받은 피고는 도로법 및 △△광역시 도로수익자부담금징수조례에
의하여 그 소정의 산출방식에 따라 원고 소유의 ○○시 ○○구 ○○동 ○
○ 대지 345㎡(이하 이 사건 토지라고 한다)를 비롯한 위 도로에 접한 토
지들에 대한 공사 전후의 가액을 표본조사의 방법으로 감정한 결과 이 사
건 토지의 공사전인 공사시행공고 당시 ㎡당 가액이 130,000원이고 공사
후인 공사준공일 현재 가액이 150,000원으로서 그동안의 ㎡당 상승가액은
20,000원인데 비해 그동안의 도매물가상승치에 상응한 ㎡당 상승가액은
700원에 불과하여 위 시가상승액이 위 도매불가상승치의 2배를 넘어 원고
들이 위 공사로 인하여 현저한 이익을 받았다고 인정하여 그 차액 19,300
원의 1/2인 9,650원에서 이 사건 토지가 확장도로변의 4m 이상의 고지대

에 위치하게 되었다는 이유로 5할을 감액하여 이 사건 토지의 평수에 따라 산출한 1,664,625원((20,000원-700원)×1/2)×1/2)×345㎡ 의 부담금을 원고에게 부과고지 한 사실이 있습니다.

2. 처분의 위법성
  가. 위 공사로 인하여 이 사건 토지가 위 확장도로변에 접하게 되었다 할지라도 4M 높이 이상의 옹벽위에 들어 얹히게 되었고 그 때문에 도로로 출입하기 위해서는 이 사건 토지의 좌우로 원거리를 우회하게끔 되었으며 또한 그 통행로도 옹벽공사로 인하여 협소하게 되어 공사전보다 통행이 더 불편하게 되었습니다.
  나. 그럼에도 피고는 공사후의 이 사건 토지의 지가는 공사전의 지가와 거의 같거나 상승하였다 하더라도 극히 소폭에 불과한데도 이 사건 토지를 제외한 다른 접도토지들의 지가가 위 공사로 인하여 대폭 상승한 결과 표본조사에 의한 평균 상승지가를 적용하여 이 사건 부과처분을 함은 위법하다 할 것이며, 나아가 이 사건 토지와 같이 위 공사로 인하여 특수한 곳에 위치하게 되어 그 지가가 상승하지 않았거나 소폭으로 상승한 토지에 대하여는 피고의 이 사건 부과처분과 같이 표본조사방법에 의하여 상승폭을 인정할 것이 아니라 개별적인 필지별 가격을 조사하여 그 부담금을 결정함이 마땅하다 할 것입니다.

3. 결론
  따라서 피고의 이 사건 도로수익자부담금부과처분은 위법하다 할 것이므로 피고가 20○○. ○. ○. 원고에 대하여 한 도로수익자부담금의 부과처분의 취소를 구하기 위하여 본 건 청구에 이른 것입니다.

입 증 방 법

1. 갑 제1호증	주민등록등본
1. 갑 제2호증	부동산등기사항전부증명서
1. 갑 제3호증	토지대장
1. 갑 제4호증	지적도
1. 갑 제5호증의 1내지 2	개별공시지가확인서
1. 갑 제6호증	도로수익자 부담금 및 공사정산내역통보
1. 갑 제7호증	현장사진

첨 부 서 류

1. 위 입증방법   각 1통
1. 소장부본   1통
1. 납 부 서   1통

20○○년 ○월 ○일

원 고   ○ ○ ○   (서명 또는 날인)

○ ○ 행 정 법 원 귀중

⚖ 관련판례

1975.12.31. 법률 제2852호로 개정된 건축법 시행 이전부터 사실상 도로로 사용되는 토지 위에 제1종 근린생활시설 건물을 신축하는 내용으로 토지소유자 甲이 건축신고를 하였는데 행정청이 이를 수리하였다가 위 토지가 건축법상 도로이어서 건축법에 저촉된다는 이유 등으로 건축신고수리 철회통보를 한 사안에서, 위 토지는 개정 건축법 시행 전부터 이미 주민의 통행로로 이용되던 폭 4m 이상의 사실상 도로로서 건축법상 도로에 해당하여 건축할 수 없고, 건물 신축으로 통행을 막지 않도록 해야 할 공익상 요청이 甲의 기득권, 신뢰, 법적 안정성의 보호보다 훨씬 중요하다고 보아 건축신고수리를 철회한 처분이 적법하다고 본 원심판단을 정당하다(대법원 2012.3.15. 선고, 2011두27322, 판결).

[서식 예] 개별공시지가결정 무효확인 및 손해배상청구의 소

소   장

원   고   ○ ○ ○(주민등록번호)
　　　　　　　○○시 ○○구 ○○길 ○○ (우편번호 ○○○ - ○○○)

피   고   1. 서울특별시 △△구청장
　　　　　 2. 서울특별시 △△구
　　　　　　　 대표자 구청장 △△△
　　　　　　 피고들의 주소 ○○시 ○○구 ○○길 ○○ (우편번호 ○○○ - ○○○)

개별공시지가결정무효확인 및 손해배상(기)청구의 소

청 구 취 지

1. 피고 1.의 20○○. ○. ○. 서울시 ○○구 ○○동 ○○○ 대 ○○○㎡에 대한 개별공시지가결정은 무효임을 확인한다.
2. 피고 2.는 원고에게 금 1,000,000원 및 이에 대한 20○○. ○. ○.부터 이 사건 소장부본송달일까지는 연 5푼의, 그 다음날부터 완제일까지는 연 2할의 각 비율에 의한 금원을 지급하라.
3. 소송비용은 피고들의 부담으로 한다.
4. 제2항은 가집행할 수 있다.
라는 판결을 구합니다.

청 구 원 인

1. 원고는 서울시 ○○구 ○○동 ○○○ 대 ○○○㎡(이하 '이 사건 토지'라고 합니다.)를 소유하고 있습니다.
2. 피고 1.은 20○○. ○. ○. 이 사건 토지에 대하여 원고의 의견을 듣는 절차를 거침이 없이 1,000원/㎡의 개별공시지가결정을 하였습니다.
3. 그런데 부동산 가격공시 및 감정평가에 관한 법률 제11조 제4항은 시장, 군수 또는 구청장은 개별공시지가를 결정, 공시하기 위하여 개별 토지의 가격을 산정한 때에는 그 타당성에 감정평가업자의 검증을 받고 토지소유자 그 밖의 이해관계인의 의견을 들어야 한다고 규정하고 있습니다.

4. 따라서 피고 1.의 위 결정은 절차상 중대, 명백한 하자를 가지고 있어 당
   연무효라고 할 것입니다.

5. 그리고 개별공시지가는 토지초과이득세, 양도소득세, 상속세 등 조세 산정
   의 기초가 되므로 이 사건 토지의 소유자인 원고는 본 건 소송에 법률상
   이익이 있다고 하겠습니다.

6. 또한 원고는 피고 행정청의 위법한 위 결정으로 인해 직접 소송준비를 하
   는 등 심적 괴로움을 겪었는바, 위와 같은 경위 등 여러 사정을 종합하면
   피고 2.는 원고에게 위자료 1,000,000원 및 이에 대한 피고 행정청의 위
   결정일인 20○○. ○. ○.부터 이 사건 소장부본 송달일까지는 민법 소정의
   연 5푼의, 그 다음날부터 완제일까지는 소송촉진등에관한특례법 소정의 연
   2할의 각 비율에 의한 금원을 지급함이 타당하다고 할 것입니다.

7. 이에 원고는 이 사건 소에 이르게 된 것입니다.

입 증 방 법

　　1. 갑 제1호증　　　　　　　　　부동산등기사항증명서
　　1. 갑 제2호증　　　　　　　　　개별공시지가표

첨 부 서 류

　　1. 위 입증방법　　　　　　　　　　각 1통
　　1. 소장부본　　　　　　　　　　　　1통
　　1. 납부서　　　　　　　　　　　　　1통

20○○년　○월　○일
원 고　○ ○ ○　　(서명 또는 날인)

○ ○ 행 정 법 원　귀중

■ 참 고 ■

※ 관할법원(행정소송법 9조, 38조)
　1. 무효확인소송의 제1심 관할법원은 피고의 소재지를 관할하는 행정법원임. 다
      만, 중앙행정기관 또는 그 장이 피고인 경우의 관할법원은 대법원 소재지의
      행정법원임
　2. 토지의 수용 기타 부동산 또는 특정의 장소에 관계되는 처분 등에 대한 무효

등확인소송 은 그 부동산 또는 장소의 소재지를 관할하는 행정법원에 이를 제기할 수 있음

※ 제소기간(행정소송법 20조, 38조)
1. 무효등확인소송의 제소기간은 제한이 없다. 다만 처분의 무효선언을 취소소송의 형식으로 제기하는 경우에는 제소기간의 제한을 받음. 따라서 무효선언을 취소소송의 형식으로 제기할 경우 처분 등이 있음을 안 날부터 90일 이내에 제기하여야 하고 다른 법률에 당해 처분에 대한 행정심판의 재결을 거치지 아니하면 취소소송 을 제기할 수 없다는 규정이 있는 때와 그밖에 행정심판청구를 할 수 있는 경우 또는 행정청이 행정심판청구를 할 수 있다고 잘못 알린 경우에 행정심판 청구가 있는 때의 기간은 재결서의 정본을 송달받은 날부터 기산함.
2. 제1항 단서의 경우 처분 등이 있은 날부터 1년(행정심판을 제기한 경우는 재결이 있은 날부터 1년)을 경과하면 이를 제기하지 못함. 다만, 정당한 사유가 있는 때에는 그러하지 아니함

[서식 예] 토지수용에 대한 보상금 증액 청구의 소

소　　　장

원　　고　　○○○(주민등록번호)
　　　　　　○○시 ○○구 ○○길 ○○(우편번호 ○○○-○○○)
　　　　　　전화.휴대폰번호:
　　　　　　팩스번호, 전자우편(e-mail)주소:
피　　고　　서울특별시 ◇◇구
　　　　　　법률상 대표자 ◇◇구청장
　　　　　　○○시 ○○구 ○○길 ○○(우편번호 ○○○-○○○)

토지수용에 대한 보상금 증액 청구의 소

청 구 취 지

1. 피고 서울특별시 ◇◇구는 원고에게 금 70,000,000원 및 이에 대한 이 사건 판결선고 다음날부터 완제일까지 연 20%의 비율에 의한 금원을 지 급하라.
2. 소송비용은 피고의 부담으로 한다.
라는 판결과 가집행의 선고를 구합니다.

청 구 원 인

1. 원고는 서울 ○○구 ○○동 ○○○의 ○ 대 366㎡ 중 2분의 1 지분 및 같 은 동 ○○○의 ○○ 대 72㎡ 중 2분의 1 지분의 소유자입니다.

2. 피고 서울특별시 ◇◇구가 도시계획사업으로 위 토지를 ◎◎광장 조성공사 구간에 편입하고, 위 도시계획사업의 시행자로서 원고와 토지수용을 위한 협의를 하였으나, 그 가격이 저렴하여 협의가 성립되지 아니하자 소외 서 울특별시 지방토지수용위원회에 그 수용을 위한 재결을 신청하였습니다.

3. 서울특별시 지방토지수용위원회는 20○○. ○. ○○. 이 사건 토지를 수용 하고 원고에 대한 손실보상금을 350,855,000원으로 정하는 재결을 하였 고, 피고는 위 금원을 공탁하였습니다. 이에 원고는 "이의를 유보하고 보

상금의 일부를 수령한다."는 조건을 명시하고 위 공탁금을 수령한 후 중앙토지수용위원회에 이의신청을 하였습니다.

4. 중앙토지수용위원회는 20○○. ○. ○○. 이 사건 토지의 손실보상금을 370,855,000원으로 증액 변경하는 내용의 이의재결을 하였으나, 위 중앙토지수용위원회가 결정한 보상금액은 싯가의 3분의 2도 안되는 금액이므로 이 사건 토지에 관한 손실보상금액은 귀원의 감정결과에 따라 확장하기로 하고 우선 금 70,000,000원만 청구합니다.

입 증 방 법

1. 갑 제 1호증   등기부등본
1. 갑 제 2호증   토지대장 등본
1. 갑 제 3호증   토지가격 확인원

첨 부 서 류

1. 위 입증방법   각 1통
1. 소장부본   1통
1. 송달료납부서   1통

20○○.   ○.   ○.
원 고   ○ ○ ○   (서명 또는 날인)

○ ○ 행 정 법 원 귀중

⚖ **관련판례**

구 국토의 계획 및 이용에 관한 법률(2005.12.7. 법률 제7707호로 개정되기 전의 것) 제88조 제2항, 제95조, 제96조의 규정 내용에다가 도시계획시설사업은 도시 형성이나 주민 생활에 필수적인 기반시설 중 도시관리계획으로 체계적인 배치가 결정된 시설을 설치하는 사업으로서 공공복리와 밀접한 관련이 있는 점, 도시계획시설사업에 관한 실시계획의 인가처분은 특정 도시계획시설사업을 현실적으로 실현하기 위한 것으로서 사업에 필요한 토지 등의 수용 및 사용권 부여의 요건이 되는 점 등을 종합하면, 실시계획의 인가 요건을 갖추지 못한 인가처

분은 공공성을 가지는 도시계획시설사업의 시행을 위하여 필요한 수용 등의 특별한 권한을 부여하는 데 정당성을 갖추지 못한 것으로서 법규의 중요한 부분을 위반한 중대한 하자가 있다(대법원 2015.3.20., 선고, 2011두3746, 판결).

[서식 예] 변상금 부과처분 취소청구의 소

소 　 장

원　　고　　○○주식회사
　　　　　　○○시 ○○구 ○○길 ○○ (우편번호 ○○○-○○○)
　　　　　　대표이사　○　○　○

피　　고　　△△시장
　　　　　　○○시 ○○구 ○○길 ○○ (우편번호 ○○○-○○○)

변상금부과처분 취소청구의소

청 구 취 지

1. 피고가 20○○. ○. ○. 원고에 대하여 한 변상금부과처분을 취소한다.
2. 소송비용은 피고의 부담으로 한다.
라는 판결을 구합니다.

청 구 원 인

1. 원고는 종래 폐천부지였던 이 사건 토지에 대하여 19○○년 이후부터 피고의 점용허가를 얻어 원고 회사의 공장요지의 일부로 점유해 오면서 공유수면관리법에 따른 점용료를 피고에게 납부했습니다. 19○○. ○. ○.까지 3회에 걸쳐 계속 점용허가를 연장해 오던 중 19○○. ○. ○.에 이르러 피고가 이 사건 토지가 용도폐지 대상토지라는 이유로 점용허가의 연장을 거절하였던바 이에 원고는 그 허가를 받지 못한 상태에서 19○○. ○. ○.부터 20○○. ○. ○.까지 계속 점유 사용하여 왔습니다.
2. 이에 대하여 피고는 국유재산법 제51조 제1항 본문의 규정을 적용하여 20○○. ○. ○. 원고에 대하여 변상금 3,790,000원의 부과처분을 하였습니다. 그러나 국유재산법 제51조 제1항은 이 법 또는 다른 법률에 의하여 국유재산의 대부 또는 사용·수익허가 등을 받지 아니하고 국유재산을 점유하거나 이를 사용·수익한 자에 대하여는 대통령령이 정하는 바에 의하여 당해 재산에 대한 대부료 또는 사용료의 100분의 120에 상당하는 변상금을 징수한다고 규정하고 있는바, 이는 국유재산에 대한 점유나 사용·수익

의 개시 그 자체가 법률상 아무런 권원없이 이루어진 경우에는 정상적인 대부료 또는 사용료를 징수할 수 없으므로 그 대부료나 사용료 대신에 변상금을 징수한다는 취지인바 이 사건에 있어서와 같이 당초에는 국가로부터 대부받거나 유상사용허가를 받아 점유 사용하였으나 그 계약기간이 만료된 후 새로운 계약을 체결함이 없이 이를 계속 사용한 경우에는 그 적용이 없다 할 것입니다.

따라서 피고의 변상금부과처분은 위법하여 취소되어야 할 것입니다.

입 증 방 법

　　　1. 갑 제1호증　　　　　　　　점용허가서
　　　1. 갑 제2호증　　　　　　　　변상금부과처분통지서

첨 부 서 류

　　　1. 위 입증방법　　　　　　　　각 1통
　　　1. 소장부본　　　　　　　　　　1통
　　　1. 납부서　　　　　　　　　　　1통

　　　　　　　20○○.　　○.　　○.
　　　원 고　○ ○ ○　　(서명 또는 날인)

○ ○ 행 정 법 원　귀중

[서식 예] 농지전용 허가신청불허처분 취소청구의 소

소   장

원   고   ○ ○ ○(주민등록번호)
            ○○시 ○○구 ○○길 ○○ (우편번호 ○○○-○○○)
피   고   △ △ 시장
            ○○시 ○○구 ○○길 ○○ (우편번호 ○○○-○○○)

농지전용허가신청불허처분 취소청구의 소

청 구 취 지

1. 피고가 20○○. ○. ○. 원고에 대하여 제234호로 한 농지전용허가신청불허
   처분은 이를 취소한다.
2. 소송비용은 피고의 부담으로 한다.
라는 판결을 구합니다.

청 구 원 인

1. ○○시 ○○구 ○○동 ○○ 전 7,789㎡는 원고가 19○○년부터 고추 등
   경작을 해온 토지로 20○○년 토지를 개토하는 과정에서 지하에 상당량의
   건축자재용 토석이 매장되어 있다는 사실을 알게 되었습니다.
2. 이에 원고는 20○○. ○. ○. 피고에게 건축자재용 토석 채취 및 생산을 위
   한 시설물을 설치하고자 농지전용허가신청을 하였으나 피고는 20○○. ○.
   ○. 농지가 절대농지라는 이유로 이를 불허하는 처분을 하였습니다.
3. 그러나 비록 원고의 위 토지가 절대농지이기는 하나 토지에 매장된 건축자
   재용 토석은 상당량이 매장되어 있고, 그에 따르는 경제적 가치가 크다할
   것이며 따라서 피고는 단순히 위 토지가 절대농지라는 이유만으로 원고의
   신청을 불허할 것이 아니라 사암의 품질이나 매장량을 보다 확실하게 밝
   혀 경제성을 판단하여 농지전용허가에 대한 허부를 결정하여야 합니다.
4. 따라서 피고의 농지전용허가불허처분은 재량권을 일탈하여 마땅히 취소되
   어야 하는 위법한 처분으로 원고는 그 취소를 구하고자 본 소 청구에 이른
   것입니다(원고는 농지전용허가불허취소처분은 20○○. ○. ○. 우편송달로 알
   게 되었습니다.).

입 증 방 법

1. 갑 제1호증   개토사업자의 확인서
1. 갑 제2호증   토석감정결과서
1. 갑 제3호증   지적도
1. 갑 제4호증   토지대장
1. 갑 제5호증   부동산등기사항전부증명서

첨 부 서 류

1. 위 입증방법   각 1통
1. 소장부본   1통
1. 납부서   1통

20○○년 ○월 ○일

원 고 ○ ○ ○   (서명 또는 날인)

○ ○ 행 정 법 원 귀중

⚖ 관련판례

농지법 제38조 제1항, 제4항, 제5항, 제7항, 구 농지법 시행령(2013.3.23. 대통령령 제24455호로 개정되기 전의 것) 제53조에 따르면, 농지전용허가·협의·신고절차를 거친 후 농지를 전용하려는 자는 농지전용허가·신고(다른 법률에 따라 농지전용허가·신고가 의제되는 경우 포함) 전까지 전용면적에 비례하여 산정된 농지보전부담금을 납부하여야 하고, 일단 농지보전부담금을 납부하였다가 허가가 취소되거나 허가를 받지 못한 경우, 사업계획이 변경된 경우, 그 밖에 이에 준하는 사유로 전용하려는 농지의 면적이 당초보다 줄어든 경우 등에는 그에 해당하는 농지보전부담금을 환급하여야 한다. 따라서 농지보전부담금을 부과하기 위해서는 전용하려는 토지가 농지법상 농지로서 농지전용허가·협의·신고절차의 대상이어야 하고, 농지보전부담금은 원칙적으로 농지전용허가·신고 전에 그에 따른 농지전용면적을 기준으로 산정·부과되어 납부까지 이루어져야 한다(대법원 2018.10.25., 선고, 2018두43095, 판결).

소 장

원 고 ○ ○ ○(주민등록번호)
　　　　　○○시 ○○구 ○○길 ○○ (우편번호 ○○○-○○○)

피 고 △ △ 시장
　　　　　○○시 ○○구 ○○길 ○○ (우편번호 ○○○-○○○)

무단형질변경원상복구대집행계고처분 취소청구의 소

청 구 취 지

1. 피고가 20○○. ○. ○. 원고에 대하여 제324호로 한 무단형질변경원상복구 대집행계고처분은 이를 취소한다.
2. 소송비용은 피고의 부담으로 한다.
라는 판결을 구합니다.

청 구 원 인

1. 원고는 건축물을 신축하고자 토지형질변경에 앞서 도시계획구획 안에 있는 ○○시 ○○구 ○○동 ○○ 354㎡ 및 인접한 같은 동 ○○의 ○ 전 149 ㎡를 합필하였습니다.
2. 원고의 20○○. ○. ○.자 토지형질변경신청에 대하여 피고는 토지 위에 폭 4m의 도로를 개설하여 피고에게 무상으로 귀속시킨다는 부담을 붙여 형질변경을 허가하겠다고 하여 이에 원고는 기부채납의 부관에 대해서 '무상 귀속은 거부한다.'라는 의사표시의 내용증명을 보내자 20○○. ○. ○.자로 이를 이유로 토지형질변경불허 및 원고 위 토지에 인접하여 원고가 주차장으로 사용하는 같은 동 ○○○-8에 대한 원상복구를 한다며 대집행계고처분을 하였습니다.
3. 그러나 원고가 토지형지변경을 신청한 토지 및 위 원상복구 토지는 원래 위 관저동 ○○○번지의 한 필지 토지로 소외 김영철의 토지로 19○○. ○. ○. 각각으로 분할되어 나왔고 현재 모두 도로에 인접하여 있고 그 지목은 전이나 지면이 평평해져 등 대지화 되었으며 특히 위 ○○○-8번지

의 토지는 19○○. ○. ○.부터 유료주차장으로 사용하고 있으며, 주위에 이미 폭 3m의 도로가 있어 별도의 통행로가 필요 없으며, 이를 개설할 경우 소외 □□□만을 위한 도로로 위 부관처분은 원고나 공익을 위한 도로 개설이 아님에도 부관을 붙인 처분은 위법하며, 특히 245-8번지의 토지에 대하여는 그 동안 전혀 문제를 삼지 않다가 원고가 피고의 부관을 붙인 행정처분을 거부한다는 의사표시를 하자 위 관저동 ○○○-8번지에 대한 토지를 원상복구 한다며 대집행계고처분을 하는 것으로 재량권을 일탈한 위법한 처분입니다.

4. 따라서 피고의 무단형질변경원상복구대집행계고처분은 위법한 행정처분으로 원고는 그 취소를 구하고자 본 소 청구에 이른 것입니다. (원고는 위 처분을 20○○. ○. ○. 우편송달로 알게 되었습니다.)

입 증 방 법

1. 갑 제1호증　　　　　　　부동산등기사항전부증명서
1. 갑 제2호증　　　　　　　토지대장
1. 갑 제3호증　　　　　　　지적도
1. 갑 제4호증　　　　　　　대집행계고서

첨 부 서 류

1. 위 입증방법　　　　　　각 1통
1. 소장부본　　　　　　　　1통
1. 납부서　　　　　　　　　1통

20○○년　○월　○일

원 고　○ ○ ○　　(서명 또는 날인)

○ ○ 행 정 법 원 귀중

[서식 예] 환지확정처분 취소청구의 소

소   장

원   고   ○ ○   ○(주민등록번호)
　　　　　　○○시 ○○구 ○○길 ○○ (우편번호 ○○○-○○○)

피   고   △ △ 시장
　　　　　　○○시 ○○구 ○○길 ○○ (우편번호 ○○○-○○○)

환지확정처분 취소청구의

청 구 취 지

피고가 20○○. ○. ○. 원고에 대하여 한 토지구획정리사업확정처분을 취소한다
라는 판결을 구합니다.

청 구 원 인

1. 처분의 경위
 가. ○○시 ○○구 ○○동 ○○ 대 300㎡는 원래 원고의 부(父)인 소외 김□
　　□의 소유이던 것으로 19○○. ○. 경 사망한 후 원고가 이를 단독상속
　　하였다.
 나. 그런데 위 토지는 20○○. ○. ○. 건설부 고시 제○○○로서 결정, 고시된
　　○○시 제○토지구획정리사업지구의 제3공구내에 편입되었고 20○○.
　　○. ○. 환지계획인가 및 공람공고를 거친 다음 사업시행자인 피고에 의
　　하여 토지구획정리사업이 시행된 결과 20○○. ○. ○.에 환지처분이 확
　　정되었습니다.
 다. 이후 감정평가업자인 소외 ☆☆감정평가법인과 소외 ★★감정평가법인에
　　게 20○○. ○. ○. 가격시점으로 하여 이 사건 대지에 관한 가격을 산
　　출할 것을 의뢰하여 ☆☆감정평가법인은 ○○시 ○○구 ○○동 ○○ 대
　　150㎡를 표준지로 선정한 다음 20○○. ○. ○. 당시의 공시지가를 기준
　　으로 한 비준가격으로 이 사건 대지의 ㎡당 가격을 10만원으로 평가한
　　감정서를 20○○. ○. ○. 작성하였고, 한편 ★★감정평가법인은 같은 방
　　법에 따른 비준가격으로 이 사건 대지의 ㎡당 가격을 15만원으로 평가
　　한 감정서를 같은 해 ○. ○.작성하여 피고에게 각 제출하자 피고는 위

양 감정내용을 산술 평균하여 이 사건 대지의 가격을 금37,500,000원((100,000원+150,000원)×1/2×300㎡)으로 산출한 다음 20○○. ○. ○. 환지확정처분을 하였습니다.

2. 처분의 위법성

 가. 피고가 이 사건 대지의 가격을 평가함에 있어 표준지로 삼은 ○○시 ○○구 ○○동 ○○ 대지는 공원용지를 끼고 있고 상가형성도 되어 있지 아니한데다가 향후 발전가능성이 없는 곳인데 반하여, 이 사건 대지는 ○○시청과 ○○역을 잇는 도로를 중심으로 하여 상권이 형성되어 있는 곳이어서 위 표준지 선정 자체가 부적절하고 같은 동 ○○의 ○ 토지나 같은 동 ○○의 □ 토지가 되어야 할뿐더러 위 감정평가법인들의 감정가격도 실제가격에 비하여 지나치게 낮고,

 나. 청산할 금액을 산정함에 있어서도 청산금 교부시를 기준으로 청산할 금액을 산정하였어야 함에도 환지처분시를 기준으로 한 것은 위법하므로 이 사건처분은 취소되어야 합니다.

3. 따라서 피고의 이 사건 환지확정처분은 위법하다 할 것이므로 피고가 20○○. ○. ○. 원고에 대하여 한 토지구획정리사업확정처분의 취소를 구하기 위하여 본 건 청구에 이른 것입니다.

입 증 방 법

<table>
<tr><td>1. 갑 제1호증</td><td>주민등록등본</td></tr>
<tr><td>1. 갑 제2호증</td><td>부동산등기사항전부증명서</td></tr>
<tr><td>1. 갑 제3호증</td><td>토지대장</td></tr>
<tr><td>1. 갑 제4호증</td><td>지적도</td></tr>
<tr><td>1. 갑 제5호증</td><td>개별공시지가확인서</td></tr>
<tr><td>1. 갑 제6호증</td><td>환지처분통지서</td></tr>
<tr><td>1. 갑 제7호증의 1내지 2</td><td>감정서</td></tr>
</table>

첨 부 서 류

<table>
<tr><td>1. 위 입증방법</td><td>각 1통</td></tr>
<tr><td>1. 소장부본</td><td>1통</td></tr>
<tr><td>1. 납 부 서</td><td>1통</td></tr>
</table>

                    20○○년 ○월 ○일
        원 고   ○ ○ ○   (서명 또는 날인)

  ○ ○ 행 정 법 원 귀중

⚖ 관련판례

재단법인 甲 수녀원이, 매립목적을 택지조성에서 조선시설용지로 변경하는 내
용의 공유수면매립목적 변경 승인처분으로 인하여 법률상 보호되는 환경상 이
익을 침해받았다면서 행정청을 상대로 처분의 무효 확인을 구하는 소송을 제기
한 사안에서, 공유수면매립목적 변경 승인처분으로 甲 수녀원에 소속된 수녀
등이 쾌적한 환경에서 생활할 수 있는 환경상 이익을 침해받는다고 하더라도
이를 가리켜 곧바로 甲 수녀원의 법률상 이익이 침해된다고 볼 수 없고, 자연
인이 아닌 甲 수녀원은 쾌적한 환경에서 생활할 수 있는 이익을 향수할 수 있
는 주체가 아니므로 위 처분으로 위와 같은 생활상의 이익이 직접적으로 침해
되는 관계에 있다고 볼 수도 없으며, 위 처분으로 환경에 영향을 주어 甲 수녀
원이 운영하는 쨈 공장에 직접적이고 구체적인 재산적 피해가 발생한다거나 甲
수녀원이 폐쇄되고 이전해야 하는 등의 피해를 받거나 받을 우려가 있다는 점
등에 관한 증명도 부족하다는 이유로, 甲 수녀원에 처분의 무효 확인을 구할
원고적격이 없다고 한 사례(대법원 2012.6.28., 선고, 2010두2005, 판결).

[서식 예] 개별토지지가 공시처분 취소청구의 소

소　　장

원　고　○　○　○(주민등록번호)
　　　　　　○○시 ○○구 ○○길 ○○ (우편번호 ○○○-○○○)

피　고　△ △　시장
　　　　　　○○시 ○○구 ○○길 ○○ (우편번호 ○○○-○○○)

개별토지지가공시처분 취소청구의 소

청 구 취 지

1. 피고가 20○○. ○. ○. ○○시 ○○구 ○○동 ○○ 번지 임야 ○○○평방미터에 대하여 한 20○○. ○. ○. 기준의 개별토지 가격결정처분을 취소한다.
2. 소송비용은 피고의 부담으로 한다.
라는 판결을 구합니다.

청 구 원 인

1. 처분의 내용
　피고가 개별토지가격 합동조사지침등에 의하여 20○○년도 개별토지가격의 조사 및 결정을 하고 공고를 함에 있어 원고 소유인 청구취지기재 토지(이하 이 사건 토지라 한다.)에 대하여 20○○. 1. 1.을 기준으로 한 개별토지가격을 100,000원/㎡으로 결정하였습니다.
2. 처분의 위법
　그러나 피고의 이 사건 토지에 대한 위 개별토지가격결정은 위법하여 취소하여야 할 것입니다.
　가. 부동산가격공시에 관한 법률 제10조 및 개별토지가격 합동조사지침(국무총리훈령 제248호) 제7조, 제8조의 규정취지를 종합하면, 개별토지가격을 산정함에 있어서는 지가산정대상토지와 유사한 이용가치를 지닌다고 인정되는 하나 또는 둘 이상의 표준지를 선정하고 그 표준지의 공시지가를 기준으로 건설교통부장관이 제공하는 표준지와 지가산정대상토지의

지가형성요건에 관한 표준적인 비교표(이하 토지가격 비준표라고 한다.)를 활용하여 두 토지의 특성을 조사하고 상호 비교하여 가격조정율을 결정한 후 이를 표준지의 가격에 곱하여 토지가격을 산정하되, 이와 같이 산정한 가격은 실제지가에 영향을 주는 매우 많은 가격형성요인 중 지가산정에 편리하도록 주요한 토지 특성만을 조사하도록 단순화한 것이어서 적정지가와는 차이가 날 수 있으므로 지가산정대상 토지의 가격과 표준지의 공시지가가 균형이 유지되도록 필요하다고 인정할 때에는 지가산정대상 토지와 비교표준지의 개별요인 차이, 지가산정대상 토지와 비교표준지와 지방세 과세시가 표준액의 차이와 비준표에 의한 가격조정율과의 균형 및 기타 그 지역의 특수한 지가형성요인등을 고려하여 지가산정의 목적에 따라 가감 조정하여 지가를 확정할 수 있도록 정하고 있으므로, 개발토지가격의 산정은 비교표준지 선정 자체가 적정하여야 함은 물론이고, 토지가격 비준표에 의한 가격조정율의 적용 및 가격산정이 정확하여야 하며, 지가산정대상 토지의 가격을 가감조정하는 과정에서도 인근 다른 유사토지와의 필지간 균형이 유지됨과 동시에 필지별 전년대비 지가상승률이 토지특성의 변화, 주변여건의 변화, 표준지가 상승률을 고려한 적정하고 합리적인 것이 되도록 산정되어야 합니다.

나. 그러나 이 사건 토지의 개별토지 지가결정은 위 법률 및 개별토지가격합동조사지침이 정하는 산정방법의 취지에 따르지 않은 위법이 있어 취소를 면치 못하는 것인바, 제소기간 등의 문제로 이에 관하여는 다음에 자세히 주장하겠습니다.

첨 부 서 류

1. 개별공시지가확인서   1통
1. 소장부본   1통
1. 납 부 서   1통

20○○년 ○월 ○일

원 고 ○ ○ ○   (서명 또는 날인)

○ ○ 행 정 법 원 귀 중

소 장

원 고 ○ ○ ○(주민등록번호)
　　　　○○시 ○○구 ○○길 ○○ (우편번호 ○○○-○○○)

피 고 △ △ 시장
　　　　○○시 ○○구 ○○길 ○○ (우편번호 ○○○-○○○)

토지개별가격결정처분 취소청구의 소

청 구 취 지

1. 피고가 20○○. ○. ○. 원고에 대하여 한 별지 목록 기재 토지의 20○○
　년 개별토지가격결정처분을 취소한다.
2. 소송비용은 피고의 부담으로 한다.
라는 판결을 구합니다.

청 구 원 인

1. 원고는 20○○. ○. ○. 소외 정□□로부터 별지목록 기재 토지(이하 '이 사건
　토지'라 한다)를 매수하여 20○○. ○. ○. 위 토지에 대한 소유권이전등기
　를 경료하고, 이를 소유해오고 있습니다.
2. 피고는 20○○. ○. ○. 원고에 대하여 이 사건 토지의 20○○년 개별공시
　지가를 ○○시 ○○구 ○○동 ○○ 대 100㎡를 표준지로 하여 ㎡당 금
　600,000원으로 결정하는 처분을 하였습니다.
3. 개별공시지가는 부동산가격공시에 관한 법률 및 개별토지가격합동조사지침
　등에 의하여 당해 토지와 가장 유사한 이용가치를 지닌다고 인정되는 표
　준지를 선정한 다음 건설부장관이 제공하는 토지가격비준표를 활용하여
　표준지와 당해 토지의 특성을 조사 비교하고 가격조정률을 결정한 후 이
　를 표준지의 공시지가에 곱하여 결정되는 가격이므로, 그 가격결정과정에
　서 표준지의 선정, 토지특성의 조사 비교 및 가격조정률의 적용을 잘못하
　였다면 그 개별공시지가결정은 위법하다고 할 것입니다(대법원 1994.3.11.
　선고 93누159 판결 참조).

또한 개별공시지가를 결정하기 위한 표준지로는 대상토지의 이용 상황과 가장 유사한 표준지 즉 용도지역, 지목, 토지용도(실제 용도), 주위 환경, 위치 기타 자연적 사회적 조건(지가형성요인)이 가장 유사한 인근 지역 소재 표준지를 선정하여야 하며, 대상토지에 대한 표준지 선정의 적정 여부를 판단하는 데에는 그 표준지에 의거하여 결정된 개별공시지가가 인근 유사토지들의 개별공시지가와 균형을 유지하고 있는지의 여부도 참작하여야 할 것입니다.(대법원 1995.7.11. 선고 95누3442 판결 참조)

4. 그런데 위 표준지인 ○○시 ○○구 ○○동 ○○ 대 100㎡는 이 사건 토지로부터 직선거리로 약 100m 떨어진 20○○년, 20○○년 공시지가 표준지(20○○년, 20○○년 공시지가 모두 ㎡당 금 800,000원)로서 이 사건 토지와 용도지역(일반주거지역) 및 지목(대)이 동일하지만 토지용도(실제 용도)가 이 사건 토지(아파트부지)와는 달리 주상복합입니다.

   반면 이 사건 토지로부터 직선거리로 약 150m 떨어진 같은 동 ○○의○ 대 200㎡는 역시 20○○년, 20○○년 공시지가 표준지(20○○년, 20○○년 공시지가 모두 ㎡당 금 400,000원)로서 이 사건 토지와 용도지역 및 지목이 동일함은 물론 토지용도도 아파트부지로 동일한 바, 이 두 표준지는 토지용도를 제외한 나머지 지가형성요인들에서는 이 사건 토지와 상이(相異)정도가 비슷하며, 20○○년의 ○○시 토지가격비준표에 의하면 토지용도가 아파트부지인 경우의 가격배율이 주상복합인 경우에 비하여 0.8 정도로 열세에 놓여있습니다.

   그리고 이 사건 토지와 대로를 사이에 두고 마주보고 있는 ○○시 ○○구 ○○동 ○○의 □ 대지(○○아파트 부지), 이 사건 토지에 가까운 ○○시 ○○구 ○○동 □□ 대지(○○아파트 부지)의 20○○년 개별공시지가는 각 금 300,000원, 금 250,000원으로 결정되었고, 각 부지들의 표준지는 위 ○○시 ○○구 ○○동 ○○ 대 200㎡로 되어 있습니다.

5. 사정이 이와 같다면 ○○시 ○○구 ○○동 ○○ 대지가 같은 동 ○○ 대지에 비하여 이 사건 토지와 이용 상황이 좀 더 유사한 표준지이고, 또한 같은 동 ○○ 대지를 표준지로 하여 결정된 이 사건 토지의 20○○년 개별공시지가 인근 유사 토지들의 그것에 비하여 지나치게 높아 균형을 이루지 못하고 있어, 이 사건 토지에 대한 20○○년 개별토지가격결정처분은 표준지 선정을 잘못하였거나 현저하게 불합리한 것이어서 위법하다고 할 것이므로, 이에 그 취소를 구하기 위하여 이 사건 소에 이른 것입니다.

입 증 방 법

1. 갑 제1호증   토지등기사항전부증명서
1. 갑 제2호증   20○○년 ○○시 개별공시지가 일람표
1. 갑 제3호증   20○○년 ○○시 토지가격비준표

첨 부 서 류

1. 위 입증방법   1통
1. 소장부본   1통
1. 납 부 서   1통

20○○년 ○월 ○일
원 고   ○ ○ ○   (서명 또는 날인)

○ ○ 행 정 법 원 귀중

제3절 교통 관련 행정소송 서식

[서식 예] 자동차 운전면허취소처분 취소청구의 소(트레일러 유조차)

소　　　　장

원　　고　　○　○　○(주민등록번호)
　　　　　　　　○○시 ○○구 ○○길 ○○ (우편번호 ○○○-○○○)

피　　고　　△△시 지방경찰청장
　　　　　　　　○○시 ○○구 ○○길 ○○ (우편번호 ○○○-○○○)

자동차운전면허취소처분 취소청구의 소

청 구 취 지

1. 피고가 20○○. ○. ○. 원고에 대하여 한 자동차운전면허 취소처분을 취소한다.
2. 소송비용은 피고가 부담한다.
라는 판결을 구합니다.

청 구 원 인

1. 처분의 경위
   원고는 20○○. ○. ○. 23:00경 ○○시 ○○구 ○○동 ○○ ☆☆주유소 앞 교차로에서 서울 ○바 ○○○○호 트레일러 유조차를 알콜 농도 0.15%의 술에 취한 상태로 운전하였는바, 피고는 이러한 원고의 음주운전을 이유로 20○○. ○. ○. 원고에 대하여 원고의 제1종 보통, 제1종 대형, 제1종 특수면허를 모두 취소하는 내용의 처분을 하였습니다.

2. 처분의 위법
   원고는 위 일시, 장소에서 술을 마신 상태에서 운전한 것은 사실입니다. 그러나 원고가 운전한 트레일러는 제1종 특수면허로는 운전이 가능하지만, 제1종 보통면허나 대형면허로는 운전 할 수 없으므로 원고의 제1종 보통면허나 대형면허는 위 트레일러 운전과 전혀 관련이 없다 할 것입니다.
   따라서 원고의 위와 같은 운전행위는 특수면허에 대한 취소사유로는 될 수 있어도 제1종 대형면허, 제1종 보통면허의 취소사유에는 해당된다고 할 수 없으므로 원고의 제1종 보통면허 및 제1종 대형면허를 취소한 것은 위법한 처분으로서 취소되어야 할 것입니다.

입 증 방 법

1. 갑 제1호증   운전면허취소통지서
1. 갑 제2호증   차량등록증

첨 부 서 류

1. 위 입증방법   각 1통
1. 소장부본   1통
1. 납부서   1통

20○○년 ○월 ○일
원 고 ○ ○ ○ (서명 또는 날인)

○ ○ 행 정 법 원 귀중

■ 참 고 ■

관할법원	※ 아래(1)참조	제소기간	※ 아래(2) 참조
청 구 인	피처분자	피청구인	행정처분을 한 행정청
제출부수	소장 1부와 상대방수 만큼의 부본 제출	관련법규	행정소송법 9 ~ 34조
불복방법 및 기 간	- 항소(행정소송법 8조, 민사소송법 390조) - 판결서가 송달된 날로부터 2주일내(행정소송법 8조, 민사소송법 396조)		

[서식 예] 자동차 운전면허취소처분 취소청구의 소(1종보통면허)

소　　　장

원　고　○　○　○(주민등록번호)
　　　　　○○시 ○○구 ○○길 ○○ (우편번호 ○○○-○○○)

피　고　　○○지방경찰청장
　　　　　○○시 ○○구 ○○길 ○○ (우편번호 ○○○-○○○)

자동차운전면허취소처분 취소청구의 소

청 구 취 지

1. 피고가 20○○. ○. ○. 원고에 대하여 한 자동차운전면허(제1종 보통 인천 ○○-○○○○○-○○) 취소처분을 취소한다.
2. 소송비용은 피고가 부담한다.
라는 판결을 구합니다.

청 구 원 인

1. 원고는 19○○년 제1종 자동차운전면허(제1종 보통 인천 ○○-○○○○○-○○)를 취득하였습니다.
2. 그런데 원고는 20○○. ○. ○. 22:56 경 ○○시 ○○구 ○○길 ○○ 소재 ☆☆가게 정문 앞에서 음주운전단속을 하고 있던 경찰관으로부터 음주측정 요구를 받게 되어 이에 응하게 되었는데 그 결과 원고의 혈중알콜농도가 0.109%로 나왔습니다. 그리하여 피고는 같은 해 ○. ○. 위 운전면허를 취소하는 처분을 하였습니다.
3. 그러나 피고의 위 행정처분은 다음에서 보는 이유와 같이 원고에게 너무나 가혹하여 재량권을 일탈하거나 남용한 처분으로서 위법한 처분입니다.
   가. 원고는 ○○시 ○○구 ○○길 소재 금속제품 도장업체인 ☆☆산업에서 영업과장이라는 직함을 가지고, 주로 위 업체의 납품업무와 영업을 담당하고 있습니다. 그런데 위 ☆☆산업은 직원이 총 4명으로 그 중 3명은 현장근로자들로서 이들을 제외하면 회사의 납품을 담당할 직원은 원고뿐입니다.

게다가 위 ☆☆산업의 거래처는 ○○, ○○ 등 위 ☆☆산업과 먼 거리에 위치하고 있어 위 ☆☆산업의 납품과 영업을 담당하고 있는 원고에게는 운전이 필수적입니다. 그러므로 만약 원고가 운전을 할 수 없게 된다면 원고는 현재의 직장에 다닐 수 없는 형편입니다.

나. 원고는 중학교를 졸업한 후 가정형편이 어려워 상급학교로의 진학을 포기하고 중소기업체 생산부에 취직을 하여 생활을 하여 왔으며 아내는 과일 노점상을 하면서 생활하고 있고 고등학교 3학년과 중학교 3학년의 자식이 있으며 이제 큰애는 대학을 들어가야 하는데 자식등록금을 마련할 걱정이 큰 형편입니다.

다. 원고가 음주운전을 하게 된 것도 사건 당일 13:00경 거래업체인 ☆☆시에 위치한 ★★산업의 직원인 박□□ 대리와 ○○시 소재 일식집에서 점심식사를 하면서 소주 2명을 먹고 15:00경 나왔으며 음주운전을 하면 안 된다는 생각에 당구를 치면서 저녁때가 되기를 기다려 술기운이 더 이상 느껴지지 아니하여 본 사건의 자동차를 운전하여 귀가하다가 음주단속에 걸린 것입니다.

4. 원고가 술을 마시고 바로 운전을 한 것이 아니라 술을 깨기 위하여 7시간이 경과한 후에 운전을 한 것이며, 여태까지 아무런 음주운전의 전과가 없었다는 점 및 가족의 생계를 담당하고 있는 가장이라는 점을 참작하면 본건 운전면허처분의 취소는 재량권을 일탈하거나 남용한 처분으로서 위법한 처분이므로 원고는 그 취소를 구하고자 이건 소송에 이른 것입니다.

입 증 방 법

1. 갑 제1호증	주취운전자 적발내용
1. 갑 제2호증	자동차운전면허취소결정 통지서
1. 갑 제3호증	임시운전증명서
1. 갑 제4호증	사업자등록증
1. 갑 제5호증	재직증명서
1. 갑 제6호증	진술서
1. 갑 제7호증	탄원서
1. 갑 제8호증	주민등록증사본

첨 부 서 류

    1. 위 입증방법   각 1통

    1. 소장부본   1통

    1. 납부서   1통

20○○년 ○월 ○일

원 고   ○ ○ ○   (서명 또는 날인)

○ ○ 행 정 법 원   귀중

⚖ **관련판례**

자동차가 대중적인 교통수단이고 그에 따라 자동차운전면허가 대량으로 발급되어 교통상황이 날로 혼잡해짐에 따라 교통법규를 엄격히 지켜야 할 필요성은 더욱 커지는 점, 음주운전으로 인한 교통사고 역시 빈번하고 그 결과가 참혹한 경우가 많아 대다수의 선량한 운전자 및 보행자를 보호하기 위하여 음주운전을 엄격하게 단속하여야 할 필요가 절실한 점 등에 비추어 보면, 음주운전으로 인한 교통사고를 방지할 공익상의 필요는 더욱 중시되어야 하고 운전면허의 취소는 일반의 수익적 행정행위의 취소와는 달리 그 취소로 인하여 입게 될 당사자의 불이익보다는 이를 방지하여야 하는 일반예방적 측면이 더욱 강조되어야 한다(대법원 2019.1.17., 선고, 2017두59949, 판결).

[서식 예] 자동차 운전면허취소처분 취소청구의 소(2종보통)

소   장

원   고   ○○○(주민등록번호)

　　　　　○○시 ○○구 ○○길 ○○(우편번호 ○○○-○○○)

　　　　　전화.휴대폰번호:

　　　　　팩스번호, 전자우편(e-mail)주소:

피   고   서울특별시 지방경찰청장

　　　　　○○시 ○○구 ○○길 ○○(우편번호 ○○○-○○○)

자동차운전면허취소처분 취소청구의 소

청 구 취 지

1. 피고가 20○○. ○. ○. 원고에 대하여 한 자동차운전면허 (서울 제2종보통 ○○○○-○○○○○-○○호)의 취소처분을 취소한다.
2. 소송비용은 피고의 부담으로 한다.

라는 판결을 구합니다.

청 구 원 인

1. 원고는 20○○. ○. ○.경 서울 ○○운전면허시험장에서 자동차운전면허(2종보통)를 취득하고 그 뒤 계속해서 원고 소유 승용차를 스스로 운전해 오던 중 20○○. ○. ○. ○○:○○ 경 음주운전을 하였다는 이유로 20○○. ○. ○. 피고에 의하여 운전면허를 취소당하였습니다.

2. 그러나 피고의 원고에 대한 위 운전면허취소처분은 다음과 같이 가혹하며 적절한 재량권의 범위를 벗어난 위법한 처분이라 할 것입니다.
   (1) 원고는 같은 날 ○○:○○경 원고의 주거지 자택에서 친구인 소외 ◎◎◎외 3인이 만나서 소주 3홉 정도를 나누어 마셨으며, 약간 취기가 있어서 술을 마신 다음 약 30분 정도 지나서 친구들이 돌아가겠다고 하여서 본인의 승용차에 태우고 집에서 입고 있던 옷 그대로의 상태로 약 300미터 정도 떨어져 있는 올림픽공원 남문 앞 버스정류장까지 태워다 주고 돌아오는 길에 검문경찰관에 의하여 음주측정을 당하였습니다.

(2) 음주측정을 하였으나 처음에는 아무런 취한 증상이 나타나지 아니하자, 다시 불으라고 하여서 불었더니, 혈중알콜농도가 0.17%라고 하였는데, 원고는 마신 술의 양, 술을 마신 뒤 상당한 시간이 경과한 점 및 원고가 느낀 주취상태 등에 비추어 믿을 수 없는 수치입니다.

(3) 원고는 운전을 하고 주거지 부근 버스정류장까지 가까운 거리를 운전하였으며 운전하는 동안 아무런 사고도 일으키지 아니하였습니다.

(4) 원고는 부동산소개업 등에 종사하고 있으며 직업상 자동차의 소유 및 운행을 극히 필요로 하고 있습니다. 앞으로 1년 동안 다시 운전면허시험도 볼 수 없으며 1년 동안 운전을 하지 못한다면 생업에 큰 지장을 받을 것입니다

(5) 원고는 앞으로 어떠한 경우에도 음주한 뒤에는 절대로 자동차를 운전하지 않겠다고 굳게 다짐하고 있습니다.

3. 위와 같은 제반 사정에 비추어 볼 때 피고의 원고에 대한 이 사건 운전면허취소처분은 너무 가혹하며 적절한 재량권의 범위를 벗어난 위법한 처분이라 할 것이므로 그 취소를 구하고자 합니다.

입 증 방 법

1. 갑 제1호증   자동차운전면허취소통지서
1. 갑 제2호증   주민등록등본
1. 갑 제3호증   사실확인서

첨 부 서 류

1. 위 입증방법   각 1통
1. 소장부본   1통
1. 송달료납부서   1통

20○○. ○. ○.
원 고   ○ ○ ○   (서명 또는 날인)

○ ○ 행 정 법 원 귀중

⚖ 관련판례

병가 중 음주운전을 하여 교통사고를 일으키고 그 현장을 이탈하였다가 체포된 경찰공무원에 대하여 지방경찰청장이 파면처분을 하였다가 해임처분으로 감경하는 처분을 한 사안에서, 위 해임처분이 경찰관이 수행하는 직무의 특성, 징계의 원인이 된 비위사실의 내용과 성질, 징계에 의하여 달성하려는 행정목적 등에 비추어, 그 징계 내용이 객관적으로 명백히 부당한 것으로서 사회통념상 현저히 타당성을 잃어 징계권자에게 맡겨진 재량권을 일탈하거나 남용한 것이라고 단정할 수 없음에도, 이와 달리 판단한 원심판결에 법리를 오해한 위법이 있다고 한 사례(대법원 2010.11.11., 선고, 2010두16172, 판결).

소　　　　장

원　　고　　○　○　○(주민등록번호)
　　　　　　　　○○시 ○○구 ○○길 ○○ (우편번호 ○○○-○○○)

피　　고　　△△지방경찰청장
　　　　　　　　○○시 ○○구 ○○길 ○○ (우편번호 ○○○-○○○)

자동차운전면허취소처분 취소청구의 소

청 구 취 지

1. 피고가 20○○. ○. ○. 원고에 대하여 한 자동차운전면허취소 처분은 이
　　를 취소한다.
2. 소송비용은 피고가 부담한다.
라는 판결을 구합니다.

청 구 원 인

1. 이 사건의 경위
　가. 20○○. ○. ○. 07:20경 원고는 ○○시 ○○구 ○○길 ○○ 소재 2공단
　　　에서 ○○방면으로 1톤 화물트럭을 운행하여 2차선이 공사 중으로 폐쇄
　　　되어 있는 상태에서 1차선으로 진행하던 중이었습니다. 그런데 바로 뒤
　　　에서 진행하여 오던 크레도스승용차를 운전하던 소외 정□□은 원고가
　　　빨리 가지 않는다는 이유로 중앙 분리선을 넘어 갑자기 추월하여 1차선
　　　으로 들어오더니 1미터 정도 앞에서 급정지하였습니다. 이에 원고는 충
　　　돌을 막기 위하여 피하여 진행하려다가 위 크레도스 승용차량과 스치게
　　　되어 이건 사고가 발생하였던 것입니다.
　나. 원고는 당시 정지할 시간적 여유도 없이 다급한 상황에서 핸들을 조작하
　　　다보니 위 크레도스 승용차에 스쳐 지나간 것을 나중에서야 알게 되었습
　　　니다. 그런데 다시 위 크레도스승용차가 따라오게 되었고 당시 도로상에
　　　정차할 수가 없어 같이 인근 회사의 정문 앞 공터에 세우고서 보니 조금
　　　스친 흔적이 있었던 것입니다.

다. 원고로서는 크레도스 승용차량이 추월하기 위하여 중앙선을 넘어서 이건 사고가 발생된 것으로 생각하고서 자신에게는 죄가 되지 않는 것으로 생각하고서 크게 문제 삼지 않았습니다. 그런데, 조사기관에서는 원고가 그냥 진행한 거리가 300미터 가량이 된다고 하였으며, 또한 위 정□□이 상해진단서를 제출하는 등으로 결국에는 원고가 특가법상 도주차량으로 인정되었습니다.

라. 이에 원고는 검찰 등 수사기관에 항의를 하고 진정서를 제출하였으나, 이미 사고현장의 조사가 모두 끝난 상태라는 이유로 더 이상 원고의 진정을 받아 주지 않고 특가법상의 도주로 인정하여 기소유예처분을 내리게 되었던 것입니다.

2. 한편 위 크레도스 승용차에 동승하였던 소외 김□□도 원고의 주장내용을 나중에서야 그대로 인정을 하였습니다. 즉, 크레도스가 추월하기 위하여 중앙선을 넘어서 반대 차선 쪽으로 진행하다가 다시 1차선으로 들어가서 급정지를 하였다고 진술을 하고 있을 뿐만 아니라 특별하게 다친 데가 없음에도 병원에 요구하여 상해진단서를 발급받게 된 경위 등에 대해서도 인정하고 있는 것입니다.

3. 결국 원고의 입장으로 보건대 실제 도주라고 인정하기는 어려운 상황임에도 불구하고 특가법상의 도주가 인정되어 운전면허가 취소되었을 뿐만 아니라 4년간 운전면허시험에까지 응시하지 못하게 되는 불이익을 당한 것입니다.

4. 원고는 현재 ○○시 ○○구 ○○길에서 ☆☆분식이라는 상호로 식당을 하고 있습니다. 위 식당을 경영하기 위해서는 화물트럭의 운행이 필수적으로 요구되고 있습니다. 또한 원고는 성실하게 생활을 하여 왔을 뿐만 아니라, 1991년경에는 범인을 검거하는데 협조하여 ○○경찰서장으로부터 표창장을 받기까지 하였습니다. 피고인은 그 이전에 음주운전이나 교통사고 전력이 전혀 없이 건전하게 사회생활을 영위하여 왔던 것입니다. 한편 위 정□□과는 원만히 합의를 하였습니다.

5. 이상과 같이 원고가 특가법상의 도주로 인정된 것은 억울한 면이 있으며, 그 동안 사회생활을 하면서 성실하게 모범적으로 생활하여 왔던 점, 식당을 하는데 있어 운전면허가 필수적이라는 점 등 원고의 제반 상황을 고려할 경우, 피고가 행한 자동차운전면허취소 처분은 재량권을 일탈 남용한 위법, 부당한 처분으로 보여 집니다.

6. 따라서 원고는 청구취지와 같은 판결을 받고자 이건 청구에 이르게 된 것입니다.

입 증 방 법

1. 갑 제1호증   자동차운전면허취소결정통지서
1. 갑 제2호증   기소유예통보서
1. 갑 제3호증   합의서
1. 갑 제4호증   접수증
1. 갑 제5호증   탄원서
1. 갑 제6호증   표창장
1. 갑 제7호증   교통사고 현장상황도
1. 갑 제8호증   녹취문

첨 부 서 류

1. 위 입증방법   각 1통
1. 소장부본   1통
1. 납부서   1통

20○○년 ○월 ○일

원 고   ○ ○ ○   (서명 또는 날인)

○ ○ 행 정 법 원 귀중

[서식 예] 자동차 운전면허취소처분 취소청구의 소(1종-모범운전자)

소　　　　장

원　　고　　○　○　○(주민등록번호)
　　　　　　　　○○시 ○○구 ○○길 ○○ (우편번호 ○○○-○○○)

피　　고　　△△시 지방경찰청장
　　　　　　　　○○시 ○○구 ○○길 ○○ (우편번호 ○○○-○○○)

자동차운전면허취소처분 취소청구의 소

청 구 취 지

1. 피고가 20○○. ○. ○. 원고에 대하여 한 제1종 보통 자동차 운전면허 취
   소처분은 이를 취소한다.
2. 소송비용은 피고가 부담한다.
라는 판결을 구합니다.

청 구 이 유

1. 원고는 19○○년 □□지방경찰청장으로부터 면허번호 서울 ○○-○○○○○
   -○○호로 운전면허를 취득하여 22년여 동안 오직 운전만을 하여 왔습니다.

2. 원고는 수십년간 운전을 하면서 타 운전사들의 모범이 되어 왔고 모범 운전사
   로 선정되어 20○○. ○. ○. ○○시장으로부터 개인택시 운송사업면허를
   발급 받아 별다른 사고 없이 착실하게 운전업무에 종사하였습니다.

3. 그런데 원고는 19○○년 상처를 하여 재혼하지도 않고 원고가 운전을 하면
   서 5남매를 키우고 아이들의 교육과 아울러 뒷바라지를 하면서도 남들보
   다 더 열심히 살아왔으며, 가족들의 생계를 위하여 참고 개인택시를 운전하
   여 왔습니다.

4. 원고가 음주운전을 하게 된 동기
　가. 원고는 200○○. ○. ○. 영업을 하다 가까운 친척인 소외 김□□의 장남

결혼식에 참석한 후 친지들과 위 소외인의 집에서 피로연을 하게 되어 원고는 자신의 개인택시를 운전하여 골목길(차량이 교행을 할 수 없는 길로서 뒷차가 차도로 나가려면 앞차를 차도까지 빼내야만 나올 수 있는 주택가의 좁은 길임) 집 앞에 주차한 후 오랜만에 만난 친지들과 어울려 평소에 잘 마시지 않던 술을 마시게 되었습니다.

나. 그러던 중 같은 날 17:30경 원고의 차 뒤에 주차해 있던 사람이 차도로 나가기 위하여 원고의 차를 빼달라고 하여 원고는 비록 술을 마셨지만 차도로 운행하는 것도 아니고 골목길에서 다른 차의 통행을 위하여 원고의 차를 차도로 빼내는 것인 만큼 설마 하는 생각에 운전하다가 마침 골목길을 지나가던 영업용 택시와 가벼운 접촉사고가 있어 경찰관들의 단속을 받게 되었고 그 과정에서 음주측정을 하게 되었습니다.

다. 원고가 운전한 장소는 차도가 아닌 주택가 좁은 골목길이었고, 원고는 차도로 운행하기 위하여 운전한 것이 아니고 단지 원고의 차 뒤에 주차한 차의 통행을 위하여 차를 빼내기 위해 운전한 것이었으며, 원고가 음주한 채 운전한 거리는 불과 2미터 정도에 불과하였습니다.

5. 원고는 23년여 동안 아무런 사고 없이 모범운전사로 관계기관으로부터 표창까지 받은 사실이 여러 번 있으며 좁은 골목길에서 다른 차의 통행을 위하여 불과 2미터 정도 운전한 것이 범법행위를 한 것이라면 벌금은 낼 정도인지는 모르지만 생계 수단인 운전면허가 취소되리라고는 상상조차 할 수 없었습니다.

6. 원고는 운전면허증이 취소된다면 23년여 동안 오직 운전만을 하여 오면서 어렵게 취득한 개인택시운송사업 면허마저도 취소될 위기에 처해 당장 가족들의 생계마저 위협당할 처지에 놓이게 될 것입니다.

7. 이상과 같이 원고는 단지 주차된 원고의 차를 다른 차의 통행을 위하여 다른 장소로 옮기는 과정에서 짧은 순간 술을 마신 채 운전하였으며, 운전면허증을 발급받은 이후 지금까지 23년여 동안 아무런 사고 없이 운전하여 왔고, 모범운전사로서 개인택시 운송사업 면허까지 발급 받아 개인택시를 운전해 왔습니다.
따라서 원고가 술을 마신 채 2미터 정도 운전을 한 것은 사실이나 원고가 그 날 운전하게 된 동기, 원고의 연령, 원고가 처한 가정환경 등 기타 제반 정상을 참작할 때 이러한 한 가지 사정만으로 원고의 운전면허를 취소까지

한 것은 피고가 재량권을 남용하거나 일탈한 행위로 여겨집니다.

8. 따라서 원고는 청구취지와 같은 판결을 구하기 위하여 이건 청구에 이른 것입니다.

입 증 방 법

1. 갑 제1호증	행정심판 접수증
1. 갑 제2호증	자동차 운전면허 취소통지서
1. 갑 제3호증	자동차 등록증
1. 갑 제4호증	사업자 등록증
1. 갑 제5호증	청첩장(혼주 ○○○)
1. 갑 제6호증	본인 진술서
1. 갑 제7호증	사실확인서(혼주 및 친지들)
1. 갑 제8호증의 1, 2	주민등록등본
1. 갑 제9호증	제적등본(원고의 처)
	(2008. 1. 1. 이후 사망한 경우
	기본증명서)
1. 갑 제10호증	가족관계증명서
1. 갑 제11호증	표창장(○○택시)
1. 갑 제12호증	표창장(○○시장)
1. 갑 제13호증	개인택시운송사업면허취소에따
	른청문실시

첨 부 서 류

1. 위 입증서류	각 1통
1. 소장부본	1통
1. 납부서(송달료)	1통

20○○년 ○월 ○일

원 고 ○ ○ ○ (서명 또는 날인)

○ ○ 행 정 법 원 귀중

자동차 운전면허취소처분 효력정지신청

신 청 인　　○　○　○(주민등록번호)
　　　　　　　　○○시 ○○구 ○○길 ○○ (우편번호 ○○○ - ○○○)

피 신 청 인　　△△지방경찰청장
　　　　　　　　○○시 ○○구 ○○길 ○○ (우편번호 ○○○ - ○○○)

자동차운전면허취소처분 효력정지 신청

신 청 취 지

피신청인이 20 ○○년 ○○월 ○○일에 신청인에 대하여 한 자동차운전면허(서울 ○종보통, 면허번호 : ○○○호)취소처분의 효력은 ○○행정법원 ○○구 ○○호 자동차운전면허취소처분 취소청구사건의 본안판결 확정시까지 이를 정지한다.
라는 결정을 구합니다.

신 청 이 유

1. 사건개요
　　신청인은 20○○. ○○월경 서울에서 자동차운전면허(○종 보통)를 취득하고 그 뒤 계속해서 신청인 소유 자동차를 스스로 운전해 오던 중 20○○년 ○○월 ○○일 ○○시경 서울시 서초구 ○○길 ○○번지 앞 도로에서 음주운전(혈중알콜농도 ○퍼센트)을 했다는 이유로 피신청인에 의해 같은 해 ○○월 ○○일 운전면허를 취소당하였고 다음날 취소처분통지를 받았으며, 현재 ○○지방법원에 이건 운전면허취소처분 취소소송이 계류 중입니다.

2. 피신청인의 처분의 위법 및 부당성
　　(1) 신청인은 20○○년 ○○월 ○○일 ○○시경 친구인 신청외 ○○○집에서 소주1잔을 마시고 신청인의 자동차를 운전하여 귀가를 하던 중 경찰관에 의해 음주측정을 당하였습니다.
　　(2) 당시 음주측정을 하여 혈중알콜농도가 ○○%로 나타났는데, 음주측정결

과는 신청인이 마신 술의 양, 음주후에 경과된 시간, 주취상태 및 음주후 운전 태도, 운전거리 및 음주운전으로 인해 사고가 없던 점 등에 비춰볼 때 위 수치는 믿기 어려운 수치입니다.

(3) 한편, 신청인은 운전업에 종사하는 자로 20○○년 ○○월 ○○일 ○○지역의 어민들이 생산한 생선 등을 매일 ○○지역까지 운반해 주기로 계약을체결한 상태인데, 만일 피신청인의 신청인에 대한 이 건 운전면허취소처분이 취소되지 않는다면, 1년간 운전면허를 취득하지 못하여 생업에 막대한 지장을 받는 것은 변론하고 위 운송계약을 파기하게 되어 막대한 손해 배상을 부담해야할 처지에 있습니다.

(4) 따라서 신청인의 이러한 제반 사정들을 잘 알고 있으면서 단지 음주측정기의 기계적인 수치만을 믿고 신청인의 운전면허를 취소한 피신청인의 이건 운전면허취소처분은 위와 같은 제반 사정에 비추어 볼 때 너무 가혹하며 적절한 재량권의 범위를 벗어난 위법, 부당한 처분이라 할 것입니다.

3. 운전면허집행정지의 필요성

위에서 보듯이, 만일 피신청인의 신청인에 대한 이 건 운전면허취소처분의 효력이 그대로 유지된다면, 후일 신청인이 ○○지방법원의 운전면허취소처분 취소소송의 본안판결에서 승소하더라도 신청인이 막대한 피해를 입을 것이 명백하다 할 것이므로, 신청인은 ○○지방법원의 본안판결확정시까지 신청인이 입을 피해를 미연에 방지하고자 부득이 이건 신청에 이르게 되었습니다.

4. 결론

따라서 피신청인의 신청인에 대한 이 건 운전면허취소처분은 위에서 보듯이 너무 가혹하며 적절한 재량권의 범위를 벗어난 위법, 부당한 처분으로 취소되어야 마땅한 처분이라 할 것인바, 만일 피신청인의 이러한 처분이 계속하여 효력을 유지한다면 신청인은 피할 수 없는 막대한 손해를 입게 되므로, 부득이 ○○지방법원에서 계류중인 이건 운전면허취소처분 취소소송의 판결이 확정될 때까지 피신청인의 이건 운전 면허취소처분의 효력을 정지시키고자 이건 신청에 이르게 되었습니다.

첨 부 서 류

1. 자동차운전면허취소통보서   1통
1. 계약서   1통
1. 진술서 및 인우보증서   1통
1. 소장접수증명원   1통

20○○년 ○월 ○일

신 청 인 ○ ○ ○ (서명 또는 날인)

○ ○ 행 정 법 원 귀중

[서식 예] 자동차 운전면허취소처분 취소청구의 소(대형, 특수면허)

소   장

원   고   ○ ○ ○(주민등록번호)
　　　　　　○○시 ○○구 ○○길 ○○ (우편번호 ○○○-○○○)

피   고   △△시 지방경찰청장
　　　　　　○○시 ○○구 ○○길 ○○ (우편번호 ○○○-○○○)

자동차운전면허취소처분 취소청구의 소

청 구 취 지

1. 피고가 20○○. ○. ○. 원고에 대하여 한 자동차운전면허 취소처분을 취소한다.
2. 소송비용은 피고가 부담한다.
라는 판결을 구합니다.

청 구 원 인

1. 처분의 경위

　　원고는 20○○. ○. ○. 23:00경 ○○시 ○○구 ○○동 ○○ ☆☆주유소 앞 교차로에서 서울 ○바 ○○○○호 트레일러 유조차를 알콜 농도 0.15%의 술에 취한 상태로 운전하였는바, 피고는 이러한 원고의 음주운전을 이유로 20○○. ○. ○. 원고에 대하여 원고의 제1종 보통, 제1종 대형, 제1종 특수면허를 모두 취소하는 내용의 처분을 하였습니다.

2. 처분의 위법

　　원고는 위 일시, 장소에서 술을 마신 상태에서 운전한 것은 사실입니다. 그러나 원고가 운전한 트레일러는 제1종 특수면허로는 운전이 가능하지만, 제1종 보통면허나 대형면허로는 운전 할 수 없으므로 원고의 제1종 보통면허나 대형면허는 위 트레일러 운전과 전혀 관련이 없다 할 것입니다.

　　따라서 원고의 위와 같은 운전행위는 특수면허에 대한 취소사유로는 될 수 있어도 제1종 대형면허, 제1종 보통면허의 취소사유에는 해당된다고 할 수 없으므로 원고의 제1종 보통면허 및 제1종 대형면허를 취소한 것은 위법한 처분으로서 취소되어야 할 것입니다.

입 증 방 법

1. 갑 제1호증   운전면허취소통지서
1. 갑 제2호증   차량등록증

첨 부 서 류

1. 위 입증방법   각 1통
1. 소장부본   1통
1. 납부서   1통

20○○년 ○월 ○일

원 고 ○ ○ ○   (서명 또는 날인)

○ ○ 행 정 법 원 귀중

[서식 예] 자동차 운전면허정지처분 취소청구의 소(21년 무사고)

소 장

원 고 ○ ○ ○(주민등록번호)
　　　　○○시 ○○구 ○○길 ○○ (우편번호 ○○○-○○○)

피 고 ○○지방경찰청장
　　　　○○시 ○○구 ○○길 ○○ (우편번호 ○○○-○○○)

자동차운전면허정지처분 취소청구의 소

청 구 취 지

1. 피고가 20○○. ○. ○. 원고에게 한 20○○. ○. ○.부터 같은 해 ○. ○까지의 자동차운전면허정지처분은 이를 취소한다.
2. 소송비용은 피고가 부담한다.
라는 판결을 구합니다.

청 구 원 인

1. 원고는 19○○년 서울 ○○-○○○○○○-○○호로 운전면허를 취득하여 현재까지 오직 운전만을 하여 왔습니다. 원고는 21년간 운전을 하면서 타 운전사들의 모범이 되어 왔고 별다른 사고 없이 착실하게 운전업무에 종사하였습니다.
2. 원고가 음주운전을 하게 된 동기
원고는 20○○. ○. ○. 영업을 하다 가까운 친척인 소외 김□□의 장남 결혼식에 참석한 후 친지들과 피로연을 위 소외인의 집에서 하게되어 자신의 개인택시를 운전하여 골목길 집 앞에 주차한 후 오랜만에 만난 친지들과 어울려 자신의 처지를 이야기하며 평소에 잘 마시지 않던 술을 마시게 되었습니다. 그러던 중 같은 날 17:30경 원고의 차 뒤에 주차해 있던 사람이 차도로 나가기 위하여 원고의 차를 빼달라고 하여 원고는 비록 술을 마셨지만 차도로 운행하는 것도 아니고 골목길에서 다른 차의 통행을 위하여 원고의 차를 차도로 빼내는 것인 것만큼 설마하는 생각에 운전하다 마침 ◎◎극장 방면에서 ◎◎길 방면으로 가던 영업용 택시와 가벼운 접

촉사고가 있어 경찰관들의 단속을 받게 되었고 그 과정에서 음주측정을 하게 된 것으로서

3. 원고가 운전한 거리가 차도가 아닌 주택가 좁은 골목길이고 차도로 운행을 위하여 운전한 것도 아니고 단지 원고의 차 뒤에 주차한 차의 통행을 위하여 **빼내는** 과정에서 빚어진 것으로서 원고가 음주한 채 운전한 거리가 불과 10여 미터 정도로 차도로의 운행을 위하여 운전한 것은 절대로 아니었습니다.

4. 원고는 21년 동안 아무런 사고 없이 모범운전사로 관계기관으로부터 표창까지 받은 사실이 여러 번 있으며 좁은 골목길에서 다른 차의 통행을 위하여 불과 10여 미터 운전한 것이 범법행위를 한 것이라면 벌금은 낼 정도일지는 모르지만 생계수단인 운전면허가 180일간 정지되리라고는 상상조차 할 수 없었습니다.

5. 원고는 21년여 동안 운전만을 하여 오면서 어렵게 취득한 개인택시 운송사업 면허가 180일간 정지된다면 당장 가족들의 생계마저 위협을 당하게 됩니다. 이상과 같이 원고는 단지 주차된 원고의 차를 다른 차의 통행을 위하여 다른 장소로 옮기는 과정에서 짧은 순간 술을 마신 채 운전하였으며 10여미터 정도 운전을 한 것은 사실이나 원고가 그 날 운전하게 된 동기, 원고의 연령, 원고가 처한 가정환경 등 기타 제반 정상을 참작할 때 이러한 한 가지 사정만으로 원고의 운전면허를 상기와 같이 장기간동안 정지하는 것은 피고가 재량권을 남용하거나 일탈한 행위로 여겨집니다.

6. 따라서 원고는 청구취지와 같은 판결을 구하고자 이건 청구에 이른 것입니다.

입 증 방 법

1. 갑 제1호증	자동차 운전면허 정지통지서
1. 갑 제2호증	자동차등록증
1. 갑 제3호증	사업자등록증
1. 갑 제4호증	청첩장
1. 갑 제5호증	사실확인서
1. 갑 제6호증	본인진술서

첨 부 서 류

1. 위 입증방법	1통
1. 재결서	1통

1. 소장부본   1통
1. 납부서   1통

            20○○년 ○월 ○일
        원 고   ○ ○ ○   (서명 또는 날인)

○ ○ 행 정 법 원 귀중

[서식 예] 자동차 운전면허취소처분 효력정지신청서(재량권 일탈)

자동차 운전면허취소처분 효력정지신청

신 청 인 　○　○　○(주민등록번호)
　　　　　　○○시 ○○구 ○○길 ○○
　　　　　　신청대리인 변호사 □　□　□
　　　　　　○○시 ○○구 ○○길 ○○ (우편번호 ○○○-○○○)
피신청인 　○○시 ○○경찰청장
　　　　　　○○시 ○○구 ○○길 ○○ (우편번호 ○○○ - ○○○)

자동차운전면허취소처분 효력정지신청

신 청 취 지

피신청인이 20○○. ○. ○자로 신청인에 대하여 한 자동차운전면허 취소처분의 효력은 신청인, 피신청인 사이의 귀원 20○○행 ○○○호 사건의 본안판결 확정시까지 이를 정지한다.
라는 결정을 구합니다.

신 청 이 유

1. 처분의 경위
   피신청인은 20○○. ○. ○ 신청인이 같은 해 ○. ○. ○○:○○경 서울 강남구 ○○길 강남주유소 앞 도로상에서 혈중 알콜농도 0.105%의 주취상태에서 신청인 소유의 소나타승용차를 운전한 사유로 인해 도로교통법 제78조의 규정에 의하여 신청인의 자동차운전면허 (2종 보통 경기○○-○○○○○-○○)를 취소하는 처분을 하였습니다(신청인은 위 처분을 같은 해 ○. ○○. 수령하였습니다.)

2. 처분의 위법성
   신청인이 위 일자에 음주운전을 한 사실은 인정합니다. 그러나 이 사건 처분은 다음과 같은 점에 비추어 재량권을 일탈하거나 남용한 처분으로 위법하다고 할 것입니다.
   먼저 음주운전을 한 경위는 다음과 같습니다.
   신청인은 19○○. ○. ○부터 현재까지 소외 □□주식회사(법인의 목적을 전기용품도매업, 소방공사 설비업 등을 하는 회사입니다)에서 판매과 기능직사원(운전담당)으로 근무하여 왔는바, 20○○. ○. ○. ○○:○○경 일과를 마치고 직장동료 김□□, 이□□의 권유에 의하여 ○○구 ○○길 소재 ○○식당에서 식사를 하고 소주 2홉들이 3병을 나누어 마시었습니다. 당시 신청인은 다음 날인 ○일 ○○시 ○○길에 거주하고 있는 신청인 부친의 생신이어서 저녁 늦게 승용차로 내려갈 계획으로 동료들이 권유하는 술을 사양하고 소주 3잔정도 마시고 같은 날 ○○:○○경 위 식당부근의 노래방에서 노래를 부르며 즐겁게 시간을 가지면서 사이다 등을 마시면서 술이 깨기를 기다렸습니다. 술기가 없다고 느낀 같은 날 ○○:○○경 ○○으로 내려가기 위해 운전하다가 바리케이드를 치고 음주 단속하는 경찰단속반에 바로 적발되었습니다.

당시 단속경찰관은 신청인의 말씨나 보행상태로 보아 음주정도가 가볍다고 판단됨에도 불구하고 수치 측정상으로 문제될 수밖에 없다고 하면서 입건하였습니다.

신청인은 고향인 ○○에서 농업고등학교를 졸업하고 집안에서 농사일을 돕다가 군복무를 마치고 서울로 올라와 위 주식회사에 운전직원으로 취직이 되어 현재의 처와 혼인신고는 하였으나 결혼식을 올리지 못하고 위 회사에 입사하여 직장생활을 하면서 월 110만원의 보수로 반지하 전세집(1,800만원보증금)으로 7개월 된 딸과 함께 넉넉하지는 못하지만 단란한 가정을 이루고 있으며 시골에 교통사고로 입원중인 아버님과 간호하고 있는 어머님에게 매월 40만원씩 입원비와 생활비를 송금하면서 어렵게 생활하고 있습니다.

이 사건 운전면허 취소처분으로 인해 신청인은 운전을 할 수 없는 상태가 되어 위 회사에서 강제로 퇴직당할 입장에 있어, 신청인의 생계는 물론이고 부모님의 병원치료비 송금도 어렵게 되었습니다. 더욱이 신청인의 딸이 생후 7개월 정도로 부인이 별도로 직업을 갖기도 어려운 실정입니다.

비록 신청인이 음주운전을 하였다고는 하나 음주운전으로 인하여 어떠한 사고도 낸 사실이 없으며, 음주 후 상당시간이 지난 후에 운전을 시작하였고 음주량 및 취한 정도도 매우 경미하고 운전면허 취소로 인하여 신청인이 직업을 잃어 가족을 부양하는 것이 매우 곤란하게 된 점을 감안해볼 때 이 사건 처분은 형식적인 음주측정 수치에 의존한 채 지나치게 가혹하여 재량권을 일탈하거나 남용한 처분이라 할 것이므로 위법하여 취소되어야 할 것입니다.

3. 정지의 필요성

신청인은 앞의 내용과 같이 이 사건 처분이 위법하여 취소하여야 할 것으로 판단하고 이를 다투는 본안소송을 이미 제기 하였으나 본안판결시 까지는 상당한 기간이 소요될 것이 예상되고 한편 이 사건 운전면허취소의 효력은 유지된다고 볼 것이므로 신청인이 본안소송에서 승소한다하더라도 처분의 효력이 그때까지 유지된다면 신청인에게 회복하기 어려운 손해가 생길 염려가 있으므로 그 효력의 정지를 구하기 위해 이 사건 신청에 이르렀습니다.

입 증 방 법

1. 소갑 제1호증   처분서
1. 소갑 제2호증   적발보고서
1. 소갑 제3호증   재직증명서
1. 소갑 제4호증   법인등기부 등본
1. 소갑 제5호증   주민등록등본
1. 소갑 제6호증   전세계약서 사본
1. 소갑 제7호증   확인서

첨 부 서 류

1. 위 입증방법   각 1부
1. 소송위임장   1부

20○○년   ○월   ○일
신청인 대리인 변호사 ○ ○ ○ (서명 또는 날인)

○ ○ 행 정 법 원 귀중

[서식 예] **자동차 운전면허취소처분 효력정지신청서(위법 부당한 처분)**

자동차 운전면허취소처분 효력정지신청

신 청 인   ○ ○ ○(주민등록번호)
　　　　　　　○○시 ○○구 ○○길 ○○ (우편번호 ○○○ - ○○○)

피 신 청 인   △△지방경찰청장
　　　　　　　○○시 ○○구 ○○길 ○○ (우편번호 ○○○ - ○○○)

자동차운전면허취소처분 효력정지 신청

신 청 취 지

피신청인이 20 ○○년 ○○월 ○○일에 신청인에 대하여 한 자동차운전면허(서울 ○종보통, 면허번호 : ○○○호)취소처분의 효력은 ○○행정법원 ○○구 ○○호 자동차운전면허취소처분 취소청구사건의 본안판결 확정시까지 이를 정지한다.
라는 결정을 구합니다.

신 청 이 유

1. 사건개요

　신청인은 20○○. ○○월경 서울에서 자동차운전면허(○종 보통)를 취득하고, 그 뒤 계속해서 신청인 소유 자동차를 스스로 운전해 오던 중 20○○년 ○○월 ○○일 ○○시경 서울시 서초구 ○○길 ○○번지 앞도로에서 음주운전(혈중알콜농도 ○퍼센트)을 했다는 이유로 피신청인에 의해 같은 해 ○○월 ○○일 운전면허를 취소당하였고 다음날 취소처분통지를 받았으며, 현재 ○○지방법원에 이건 운전면허취소처분 취소소송이 계류중입니다.

2. 피신청인의 처분의 위법 및 부당성

　(1) 신청인은 20○○년 ○○월 ○○일 ○○시경 친구인 신청외 ○○○집에서 소주1잔을 마시고 신청인의 자동차를 운전하여 귀가를 하던 중 경찰관에 의해 음주측정을 당하였습니다.

　(2) 당시 음주측정을 하여 혈중알콜농도가 ○○%로 나타났는데, 음주측정결과는 신청인이 마신 술의 양, 음주 후에 경과된 시간, 주취상태 및 음

주후 운전 태도, 운전거리 및 음주운전으로 인해 사고가 없던 점 등에 비춰볼 때 위 수치는 믿기 어려운 수치입니다.

(3) 한편, 신청인은 운전업에 종사하는 자로 20○○년 ○○월 ○○일 ○○ 지역의 어민들이 생산한 생선 등을 매일 ○○지역까지 운반해 주기로 계약을 체결한 상태인데, 만일 피신청인의 신청인에 대한 이 건 운전면허취소처분이 취소되지 않는다면, 1년간 운전면허를 취득하지 못하여 생업에 막대한 지장을 받는 것은 변론하고 위 운송계약을 파기하게 되어 막대한 손해 배상을 부담해야할 처지에 있습니다.

(4) 따라서 신청인의 이러한 제반 사정들을 잘 알고 있으면서 단지 음주측정기의 기계적인 수치만을 믿고 신청인의 운전면허를 취소한 피신청인의 이 건 운전면허취소처분은 위와 같은 제반 사정에 비추어 볼 때 너무 가혹하며 적절한 재량권의 범위를 벗어난 위법, 부당한 처분이라 할 것입니다.

3. 운전면허집행정지의 필요성

위에서 보듯이, 만일 피신청인의 신청인에 대한 이 건 운전면허취소처분의 효력이 그대로 유지된다면, 후일 신청인이 ○○지방법원의 운전면허취소처분 취소소송의 본안판결에서 승소하더라도 신청인이 막대한 피해를 입을 것이 명백하다 할 것이므로, 신청인은 ○○지방법원의 본안판결확정시까지 신청인이 입을 피해를 미연에 방지하고자 부득이 이건 신청에 이르게 되었습니다.

4. 결론

따라서 피신청인의 신청인에 대한 이 건 운전면허취소처분은 위에서 보듯이 너무 가혹하며 적절한 재량권의 범위를 벗어난 위법, 부당한 처분으로 취소되어야 마땅한 처분이라 할 것인바, 만일 피신청인의 이러한 처분이 계속하여 효력을 유지한다면 신청인은 피할 수 없는 막대한 손해를 입게 되므로, 부득이 ○○지방법원에서 계류중인 이 건 운전면허취소처분 취소소송의 판결이 확정될 때까지 피신청인의 이 건 운전면허취소처분의 효력을 정지시키고자 이 건 신청에 이르게 되었습니다.

첨 부 서 류

1. 자동차운전면허취소통보서	1통
1. 계약서	1통

1. 진술서 및 인우보증서   1통
1. 소장접수증명원   1통

20○○년 ○월 ○일
신 청 인   ○ ○ ○ (서명 또는 날인)

○ ○ 행 정 법 원 귀중

제4절 건축 관련 행정소송 서식

[서식 예] 건축 불허가처분 취소청구의 소

소　　장

원　고　○　○　○(주민등록번호)
　　　　　○○시 ○○구 ○○길 ○○ (우편번호 ○○○-○○○)

피　고　△△시 △△구청장
　　　　　○○시 ○○구 ○○길 ○○ (우편번호 ○○○-○○○)

건축불허가처분 취소청구의 소

청 구 취 지

1. 피고가 20○○. ○. ○. 원고에 대하여 한 건축불허가처분은 이를 취소한다.
2. 소송비용은 피고의 부담으로 한다.
라는 판결을 구합니다.

청 구 원 인

1. 원고는 20○○. ○. ○. ○○시 ○○구 ○○동 ○○ 대 150㎡를 구입한 후 그 위에 여관건물을 짓기 위하여 건축허가신청을 한 사실이 있습니다. 이에 대하여 피고는 20○○. ○. ○.자로 국토의계획및이용에관한법률 제76조, 동법시행령 제71조, ○○도 도시계획조례 등을 들어 건축허가가 불가하다는 처분을 하였습니다.
2. 불허가처분의 위법, 부당한 사유
 가. 이 사건 대지의 지역 및 지구
　　　피고의 불허가처분의 근거는 이 사건 대지가 속한 인근은 19○○년경부터 ○○시장의 도시계획에 의하여 녹지지역으로 구분되어 있으므로 그 안에서는 건물을 신축할 수 없다는 것입니다.
 나. 그러나 불허가의 근거가 된 위 도시계획은 20○○. ○. ○.경 다시 변경되어 이 사건 대지가 속한 인근은 근린 상업지구로 변경된 바 있으나

관계공무원이 이를 간과하고 만연히 과거의 기준으로 가지고 이 사건
건축 불허가처분을 하였던 것입니다.

다. 한편 근린 상업지구로 변경된 현재로서 숙박시설을 건축하는 것은 도시
계획법 및 동법 시행령상 하등의 문제가 없으므로 이 사건 대상인 처분
은 위법 부당하여 취소되어야 할 것입니다.

입 증 방 법

1. 갑 제1호증   행정처분결과통지서
1. 갑 제2호증   경기 도시계획결정조례
1. 갑 제3호증   건축허가신청서

첨 부 서 류

1. 위 입증방법   각 1통
1. 소장부본   1통
1. 납부서   1통

20○○년 ○월 ○일

원 고   ○ ○ ○   (서명 또는 날인)

○ ○ 행 정 법 원 귀중

소　　장

원　　고　　○　○　○(주민등록번호)
　　　　　　　○○시 ○○구 ○○길 ○○ (우편번호 ○○○-○○○)

피　　고　　△ △ 시장
　　　　　　　○○시 ○○구 ○○길 ○○ (우편번호 ○○○-○○○)

건물철거대집행계고처분 취소청구의 소

청 구 취 지

1. 피고가 20○○. ○. ○. 원고에 대하여 한 원고 소유인 ○○시 ○○구 ○
　○동 ○○ 소재 부속건물 ○○조 평가건 점포 1동 건평 ○○평 ○○홉에
　대한 건물철거대집행계고처분은 이를 취소한다.
2. 소송비용은 피고부담으로 한다.
라는 판결을 구합니다.

청 구 원 인

1. 피고는 20○○. ○. ○. 원고 소유인 ○○시 ○○구 ○○동 ○○번지 부속건
　물 ○○조 평가건 점포 1동 건평 ○○평 ○○홉이 불법 건축한 건물이라
　고 하여 건축법 및 행정대집행법의 관련규정에 의하여 20○○년 ○월 ○
　일까지 철거하라고 건물철거대집행계고처분을 하였습니다.
2. 그러나 위 건물이 건축법에 위반하여 건축한 건물이라 하더라도, 그 철거의무
　를 대집행하기 위한 계고처분을 하려면 다른 방법으로는 그 이행의 확보
　가 어렵고, 그 불이행을 방치함이 심히 공익을 해하는 경우이어야 하는 것
　이 타당하며 이 사건과 같이 허가 없이 건축물을 축조한 사실을 행정관청
　이 묵인 내지 용인한 경우 및 이건 건축물의 면적과 그 사용용도, 위치,
　규모 등을 감안할 때 철거를 함으로써 얻는 공익의 보호가치와 계고처분
　의 취소로 인한 공익의 보호가치 중 후자가 크고 원고에게 중대한 손해를
　가져올 우려가 있어 이 건 소송에 이른 것입니다.

입 증 방 법

1. 갑 제1호증   계고서
1. 갑 제2호증   사실확인서

첨 부 서 류

1. 위 입증방법   각1통
1. 접수증 사본   1통
1. 영수증(취득세)사본   1통
1. 소장부본   1통
1. 납 부 서   1통

20○○년 ○월 ○일
원 고   ○ ○ ○   (서명 또는 날인)

○ ○ 행 정 법 원 귀중

[서식 예] 건축공사 중지명령처분 취소청구의 소

소　　장

원　　고　　○　○　○(주민등록번호)
　　　　　　　○○시 ○○구 ○○길 ○○ (우편번호 ○○○-○○○)

피　　고　　△△시 △△구청장
　　　　　　　○○시 ○○구 ○○길 ○○ (우편번호 ○○○-○○○)

공사중지명령처분 취소청구의 소

청 구 취 지

1. 피고가 20○○. ○. ○. 원고에 대하여 한 ○○시 ○○구 ○○동 ○○ 지하
　3층, 지상10층 건물의 신축공사에 대한 공사중지 명령처분을 취소한다.
2. 소송비용은 피고의 부담으로 한다.
라는 판결을 구합니다.

청 구 원 인

1. 소외 □□□는 원고에게 위 건물의 신축공사를 도급주어 원고는 위 공사에
　지하1층의 골조공사까지 마쳤는바, 피고는 인접건물의 건물주들의 민원이
　있자 이건 건축공사를 중지하라고 하였습니다.

2. 그러나 피고의 위 공사중지 명령처분에는 다음과 같은 잘못이 있습니다.
　가. 원고는 이건 신축건물을 시공함에 있어 피고가 허가한 설계도 및 허가조
　　건에 맞추어 굴착공사 및 지하1층 골조공사를 마쳤습니다.
　　그런데 인접건물의 건물주들이 그들의 건물에 균열이 발생하였다는 진정
　　서를 제출하자, 피고는 자세한 조사도 없이 중지명령을 내렸습니다.
　나. 원고는 이건 건물을 시공함에 있어 건축법의 어느 규정에도 위반한 바
　　없었고, 한국건설기술협회의 지시대로 안전조치까지 한 상태이므로 피고
　　는 원고에게 책임을 문의할 수 없다 할 것입니다.

3. 그렇다면 피고의 이 사건 중지명령 처분은 재량권의 범위를 크게 일탈하였

거나 재량권을 남용한 것이어서 위법하다 할 것이므로 그 취소를 구하기 위하여 이 사건 청구에 이른 것입니다.

20○○년 ○월 ○일

원 고 ○ ○ ○ (서명 또는 날인)

○ ○ 행 정 법 원 귀중

[서식 예] 국가기술 자격정지처분 취소청구의 소(건축사)

소　　장

원　　고　　○○○(주민등록번호)
　　　　　　○○시 ○○구 ○○길 ○○(우편번호 ○○○-○○○)
　　　　　　전화.휴대폰번호:
　　　　　　팩스번호, 전자우편(e-mail)주소:
피　　고　　서울지방국토관리청장
　　　　　　○○시 ○○구 ○○길 ○○(우편번호 ○○○-○○○)

국가기술자격정지처분 취소청구의 소

청 구 취 지

1. 피고가 원고에 대하여 19○○. ○. ○. 자로 한 국가기술자격정지(98.4.24. ~ 98.10.23.) 처분은 이를 취소한다.
2. 소송비용은 피고의 부담으로 한다.
라는 재판을 구합니다.

청 구 원 인

1. 소외 주식회사 ◎◎엔지니어링 종합건축사사무소(이하 소외회사라고만 합니다)는 19○○. ○. ○. 소외 도로공사(이하 소외공사라고 합니다)와 간에 부산 외곽 순환고속도로 건설공사 실시설계용역(제6공구)계약을 체결하였습니다. 이 용역계약은 소외공사가 제공하는 기본 설계도에 따라 세부 실시 설계도를 작성하여 제공하기로 하는 계약으로서 계약기간은 19○○. ○. ○.부터 19○○. ○. ○.까지 1년간이었습니다. 이 용역계약의 진행은, 소외공사가 제공하여 주는 항공측량원도와 기본설계도서에 의하여 도로의 선형과 교각의 위치를 지정하고, 그에 따라 지정된 토지를 측량한 다음, 토질을 조사하여 지반에 대한 자료를 확보한 뒤에 도로의 형태나 구조, 교량의 형식 등을 선정하여, 실제로 공사를 실시할 수 있는 구조 계산과 설계도면을 작성함으로서 실시 설계를 완성해야 하는 것이었습니다.

2. 소외회사는 위 용역 계약을 수주하여 19○○. ○. ○. 착공계를 제출하고

작업을 시작할 준비를 갖추었으나, 소외공사가 작업 진행의 전제가 되는 항공측량원도 교부를 계속 지연하다가 19○○. ○. ○. 경에 이르러 이를 소외회사에게 제공하였고, 소외회사는 위 항공측량원도에 따라 도로의 선형 결정과 교각 위치를 선정하는 작업이 늦어졌으며, 그 무렵 우기가 겹치므로 정상적인 토질 조사를 위한 시추작업을 할 수가 없게 되었으며, 이런 제반 조건을 구비한 다음에야 이루어질 설계도작성 또한 늦어져 실제로 설계 작업이 시작된 것은 19○○. ○. 초부터였습니다. 원고는 19○○. ○. ○. 소외회사에 신규 입사하였으나 다른 일에 종사하다가 이 분야의 책임을 맡게되었습니다. 원고가 위 설계용역의 구조분야책임기술 사무를 인수받아 보니 앞에서 말한 조건이 이루어지지 아니하고 있어서 실제로 구조 계산을 하고 실시 설계 도면을 작성하는 작업을 하는 것은 불가능하였고, 그 당시의 작업량이 소외회사의 구조부 전 직원을 총 출동하여도 최소 한 1년 정도의 기간이 소요되어야 하는 작업이었으므로, 원고는 위 사무 인수 즉시 현 상황에서는 계약 기간 내에 설계를 완료하는 것이 불가능하니 기간을 연장해야 한다고 여러 번 건의하였으나, 소외회사는 계약 기간을 해태하면 지체상금을 배상해야 하므로 연장을 할 수 없다고 버티기만 하였습니다.

3. 소외공사는 위의 설계 용역 성과품에 따라 공사를 발주하여 도로공사를 시공하게 되었으나 시공 균열 사고가 발생하자 감사원은 이 공사 전체에 대한 감사를 실시하게 되었고, 그 결과 도로교 표준 시방서 등 제 설계 기준에 맞게 설계하여 래하성, 내구성 및 안전성이 확보된 고가 교량 구조물이 건설되도록 하였어야 함에도 설계 용역을 부실하게 수행하였고 잘못된 설계도서에 의하여 시공된 교량 상부와 하부구조물에 하자가 발생하였다는 것으로 단정하고, 피고에 대하여 이는 오로지 원고의 잘못이니 원고를 의법조치 하라는 시정 사항을 통보하였습니다.

4. 그러나 원고는 공사 착공 관련자 연석회의에서 본 공사의 설계 성과품이 충분한 검토가 되지 않은 상태에서 납품되었음을 상기시키고 시공 단계에서 시공자, 감리자 및 설계 회사가 설계도서를 검토한 후 보완하여 시공하도록 주문한 바 있었고, 소외공사 역시 설계를 위한 선결조건의 이행이 늦어져 충분한 검토를 하지 못한 사정을 이해한 바 있습니다.

5. 굳이 이 사건과 관련한 책임이 있다면 감독소홀 등의 발주처(설계감독 및 공사감독), 설계용역회사 대표이사 및 시공 전 설계도서를 검토할 의무를

저버린 시공회사 현장 및 대표이사 혹은 본 과업의 사업책임 기술자(도로기술사) 및 기타 분야별 책임기술자, 초기단계 공기를 지연시킨 착수계 제출시 참여한 구조기술사 및 원고가 회사를 사직한 후 보완책임을 진 구조기술사들 모두에게 있다고 할 것인데도 불구하고 유독 분야별 책임기술자 그것도 계약 공기 중 마지막 4개월 동안만 참가한 원고에게만 가중한 제재를 가하고자 하는 것은 형평성에 맞지 않는 것입니다.

6. 이상과 같은 이유에 의하여 피고가 원고에게 한 처분은 심히 위법 부당한 것이므로 청구취지와 같은 판결을 구하고자 본소 제기에 이른 것입니다.

입 증 방 법

    1. 갑 제1호증   국가기술자격정지처분
    1. 갑 제2호증   용역표준계약서

첨 부 서 류

    1. 위 입증방법   각 1통
    1. 소장부본   1통
    1. 송달료납부서   1통

20○○.　○.　○.
위 원고　○○○　(서명 또는 날인)

○ ○ 행 정 법 원 귀중

[서식 예] 담장철거 대집행계고처분 취소청구의 소

소　　　장

원　고　○○○(주민등록번호)
　　　　　　○○시 ○○구 ○○길 ○○ (우편번호 ○○○-○○○)

피　고　△△시 △△구청장
　　　　　　○○시 ○○구 ○○길 ○○ (우편번호 ○○○-○○○)

담장철거대집행계고처분 취소청구의 소

청 구 취 지

1. 피고가 20○○. ○. ○. 원고에 대하여 한 ○○시 ○○구 ○○동 ○○ 지상
   의 담장등 철거대집행 계고처분을 취소한다.
2. 소송비용은 피고의 부담으로 한다.
라는 재판을 구합니다.

청 구 원 인

1. 원고는 19○○년경 ○○시 ○○구 ○○동 ○○ 대지와 그 지상의 주택을
   매수하여 거주하였는데, 그 서쪽에 접한 소외 정□□ 소유의 같은 동 ○○
   의 ○ 대지(이하 이 사건 토지라 한다)의 일부도 위 주택의 부지로서 함께
   점유 사용하였고, 그 둘레에는 담장과 쪽문이 설치되어 있었으며, 원고의
   대지 남쪽에 접한 같은 동 ○○의 ○○ 대지의 소유자인 소외 조□□도
   원고와 같이 이 사건 토지의 일부를 점유 사용하였습니다.
2. 원고는 19○○. ○. ○.경 기존의 주택을 철거하고 지하 1층, 지상 2층의
   주택을 신축함에 있어 이 사건 토지를 도로로, 그 경계선으로부터 0.2m
   후퇴한 선을 건축선으로 각 표시한 설계도면을 첨부하여 건축허가를 받고
   이에 기하여 위 주택을 건축하였으며, 그 후 위 조□□도 기존의 주택을
   철거하고 지하 1층, 지상 2층의 다가구주택을 신축하면서 위와 같이 이
   사건 대지를 도로로 하여 건축허가를 받고 이에 기하여 건축하였습니다.
3. 원고와 위 정□□는 동쪽에 위치한 같은 동 ○○의 ○와 같은 동 ○○의
   ○○ 대지 사이의 현황도로에 접하여 대문을 설치하고 이를 이용하여 공

로에 출입하였고, 위 정□□의 대지 남쪽에 접한 같은 동 ○○의 ○○ 대지의 소유자인 소외 조□□도 동쪽의 다른 현황도로를 이용하여 출입하여 왔는데, 위 소외인들이 각기 그 대지상에 다세대주택을 신축하면서 현황도로의 대지 소유자가 도로를 폐쇄하고 담장을 설치하는 등으로 통행을 방해하고 위 현황도로가 다세대주택의 건축시 요구되는 도로로서의 요건을 충족하지 아니하자 19○○년경 피고에게 원고가 도로인 이 사건 토지상에 담장과 가설물을 설치하여 통행을 방해한다는 이유로 이를 배제하여 달라는 민원을 제기하였으며, 이에 피고는 19○○. ○. ○. 위 담장이 약 21년 전에 설치된 것이고 가설물은 지하실 출입구의 차면용 시설로서 단속 제외대상이라고 회시하였습니다.

4. 그런데, 위 소외인들이 피고에게 위와 같은 민원을 계속 제기하자, 피고는 19○○. ○. ○. 원고에 대하여 위 담장 등이 도로인 이 사건 토지상에 건축된 위법건축물이라는 이유로 건축법 제11조와 행정대집행법 제2조, 제3조 제1항을 적용하여 위 담장 등을 14일 이내에 자진 철거할 것을 명하고, 원고가 그때까지 이 사건 건물을 자진철거하지 아니하면 행정대집행할 것임을 계고하는 처분(이하 이 사건 처분이라 한다)을 하고, 이를 원고에게 고지하였습니다.

5. 이 사건 처분의 적법 여부
 가. 피고처분의 위법성

피고는, 이 사건 토지가 도로용도로 분할되었고, 그후 원고가 주택을 신축하면서 건축법 제2조 제11호, 같은 법 시행령 제3조 제4항 제2호에 규정에 의한 3m의 도로폭을 확보하기 위하여 이 사건 토지를 도로로 인정하고 그 경계선에서 0.2m 후퇴한 선을 건축선으로 하여 건축허가를 받았으므로 이 사건 토지는 시장, 구청장 등이 지정한 건축법상 도로에 해당함에도 원고가 그 지상에 담장 등을 설치하여 인근주민을 방해하고 있음을 들어 이 사건 처분이 적법하다고 주장하고 있습니다.

이에 대하여 원고는, 이 사건 토지가 일반주거지역의 대지로서 원고가 그 일부를 소유자의 승낙 하에 20여년 간 대지의 일부로서 사용하여 왔고 원고와 인근 주민들이 다른 곳에 개설된 사실상의 도로를 이용하여 왔으며 피고가 이를 도로로 지정한 바가 없으므로 건축법상의 도로에 해당하지 아니할 뿐만 아니라, 이 사건 대집행계고서상 그 목적물의 소재지가 이 사건 토지가 아닌 원고의 대지로 기재되어 집행목적물이 특정되지 아니하여 그 효력이 발생할 수 없으므로 이 사건 처분은 어느 모로 보나 위법하여 취소되어야 합니다.

나. 관계법령

구 건축법(1991. 5. 31. 법률 제4381호로 전문개정되기 전의 것) 제2조는 이 법에서 사용하는 용어의 정의는 다음과 같다고 하면서 제15호에서 도로라 함은 보행 및 자동차통행이 가능한 너비 4미터 이상의 도로(지형적 조건 또는 지역의 특수성으로 인하여 자동차 통행이 불가능한 도로와 막다른 도로의 경우에는 대통령령이 정하는 구조 및 폭의 도로)로서 다음에 게기하는 것의 하나에 해당하는 도로 또는 그 예정도로를 말한다고 규정하고, 그 가.목은 도시계획법 도로법 사도법 기타 관계법령에 의하여 신설 또는 변경에 관한 고시가 된 것을, 그 나.목은 건축허가시 시장(서울특별시장 직할시장을 포함한다, 이하 같다) 또는 군수가 그 위치를 지정한 도로를 각 들고 있고, 제30조는 건축선은 도로의 경계선으로 한다. 다만 제2조 제15호의 규정에 의한 소요폭에 미달되는 폭의 도로인 경우에는 그 중심선으로부터 당해 소요폭의 2분의 1에 상당하는 수평거리를 후퇴한 선을 건축선으로 한다고 규정하며, 또한 같은 법 시행령(1992. 5. 30. 대통령령 제13655호로 전문개정되기 전의 것) 제64조 제1항은 법 제2조 제15호 나목의 규정에 의하여 시장 군수가 도로를 지정하고자 하는 경우에는 당해 도로에 대하여 이해관계를 가진 자의 동의를 얻어야 하며, 도로를 지정한 때에는 그 도로의 구간 연장 폭 및 위치를 기재한 건설교통부령이 정하는 도로대장을 작성 비치하여야 한다고 규정하고, 제62조 제1항은 법 제2조 제15호의 규정에 의한 막다른 도로의 폭은 도로의 길이가 10m 이상 35m 미만인 경우 3m 이상이어야 한다고 규정하고 있습니다.

6. 결 론

그렇다면 이 사건 처분은 위법하다 할 것이므로 그 처분은 취소되어야 할 것입니다.

입 증 방 법

1. 갑 제1호증　　　　　　　　증여계약서
1. 갑 제2호증　　　　　　　　인증서
1. 갑 제3호증　　　　　　　　부동산등기사항전부증명서

첨 부 서 류

1. 위 입증방법　　　　　　　　각 1통

```
        1. 법인등기사항전부증명서        1통
        1. 소장부본                    1통
        1. 납 부 서                    1통


              20○○년  ○월 ○일
        원 고   ○ ○ ○    (서명 또는 날인)


○ ○ 행 정 법 원  귀중
```

제5절 영업 관련 행정소송 서식

[서식 예] 영업허가취소처분 취소청구의 소(일반음식점)

소　　　장

원　　고　　○　○　○(주민등록번호)
　　　　　　　○○시 ○○구 ○○길 ○○ (우편번호 ○○○-○○○)

피　　고　　△△시 △△구청장
　　　　　　　○○시 ○○구 ○○길 ○○ (우편번호 ○○○-○○○)

영업허가취소처분 취소청구의 소

청 구 취 지

1. 피고가 20○○. ○. ○. 원고에 대하여 한 영업허가취소(영업소 폐쇄명령)
   처분은 이를 취소한다.
2. 소송비용은 피고가 부담한다.
라는 판결을 구합니다.

청 구 원 인

1. 처분의 경위
   원고는 20○○. ○. ○. 피고에게 일반음식점 영업신고를 한 후 ○○시 ○
   ○구 ○○길 ○○ 소재 건물 1층에서 "☆☆"이라는 상호로 일반음식점 영
   업을 해 왔는데, 피고는 소외 박□□이 위 장소에서 일반음식점 영업을 해
   오다가 20○○. ○. ○. 청소년인 소외 김□□에게 주류를 제공하다가 적발되
   자 폐업을 가장하여 행정처분을 면탈하려는 목적으로 폐업신고를 하였다는
   이유로 같은 해 ○. ○. 위 폐업신고의 수리를 철회하고, 원고에 대한 영업
   허가를 취소한다는 처분을 하였습니다.
2. 처분의 위법
   원고는 전영업자인 이□□로부터 위 일반음식점을 양수할 때에 전영업자
   가 청소년에게 주류 판매한 사실을 전혀 고지 받지 못해 이를 전혀 모르

고 있었고, 이 사건 처분은 원고에게 행정제재처분을 면탈할 의사가 없음에도 불구하고 그러한 의사가 있는 것으로 사실을 오인하였을 뿐만 아니라 아무런 법적 근거 없는 위법한 처분으로서 취소되어야 할 것입니다.

입 증 방 법

1. 갑 제1호증   영업취소통지서
1. 갑 제2호증   사업자등록증

첨 부 서 류

1. 위 입증방법   각 1통
1. 소장부본   1통
1. 납부서   1통

20○○년 ○월 ○일
원 고   ○ ○ ○   (서명 또는 날인)

○ ○ 행 정 법 원 귀중

■참 고 ■

※ 관할법원(행정소송법 9조)
  1. 취소소송의 제1심 관할법원은 피고의 소재지를 관할하는 행정법원임. 다만, 중앙행정기관 또는 그 장이 피고인 경우의 관할법원은 대법원 소재지의 행정법원임
  2. 토지의 수용 기타 부동산 또는 특정의 장소에 관계되는 처분 등에 대한 취소소송은 그 부동산 또는 장소의 소재지를 관할하는 행정법원에 이를 제기할 수 있음

※ 제소기간(행정소송법 20조)
  1. 취소소송은 처분 등이 있음을 안 날부터 90일 이내에 제기하여야 함. 다만, 다른 법률에 당해 처분에 대한 행정심판의 재결을 거치지 아니하면 취소소송을 제기할 수 없다는 규정이 있는 때와 그밖에 행정심판청구를 할 수 있는 경우 또는 행정청이 행정심판청구를 할 수 있다고 잘못 알린 경우에 행정심판 청구가 있는 때의 기간은 재결서의 정본을 송달받은 날부터 기산함.
  2. 취소소송은 처분 등이 있은 날부터 1년(제1항 단서의 경우는 재결이 있은 날부터 1년)을 경과하면 이를 제기하지 못함. 다만, 정당한 사유가 있는 때에는 그러하지 아니함.

[서식 예] 영업정지처분 취소청구의 소(숙박업)

소   장

원   고   ○ ○ ○(주민등록번호)
            ○○시 ○○구 ○○길 ○○ (우편번호 ○○○-○○○)

피   고   △△시 △△구청장
            ○○시 ○○구 ○○길 ○○ (우편번호 ○○○-○○○)

영업정지처분 취소청구의 소

청 구 취 지

1. 피고가 20○○. ○. ○. 원고에 대하여 한 20○○. ○. ○.부터 같은 해 ○. ○.
    까지(2개월)의 숙박업영업정지처분은 이를 취소한다.
2. 소송비용은 피고의 부담으로 한다.
라는 판결을 구합니다.

청 구 원 인

1. 처분의 경위
    원고는 19○○. ○.경 ○○시 ○○구 ○○길 ○○번지 소재 ☆☆이라는 상호
의 여관을 인수하여 피고로부터 숙박업 허가를 득한 후 경영해 왔는바, 피
고는 원고가 20○○. ○. ○. 21 : 00경 위 여관에 미성년자를 혼숙하게 하
였다는 이유로, 20○○. ○. ○. 자로 원고에 대하여 20○○. ○. ○.부터
같은 해 ○. ○.까지 2개월간 위 여관의 영업을 정지할 것을 명하는 처분을
하였습니다.

2. 처분의 위법성
    이 사건 처분은 다음과 같은 점에서 위법하므로 취소되어야 합니다.
    가. 청소년보호법상 "청소년을 남녀 혼숙하게 하는 등 풍기를 문란하게 하
       는 영업행위를 하거나 이를 목적으로 장소를 제공하는 행위"를 금지하
       고 있고, 공중위생관리법에서는 "시장·군수·구청장은 공중위생영업자가
       이 법 또는 이 법에 의한 명령에 위반하거나 또는 「성매매알선 등 행

위의 처벌에 관한 법률」·「풍속영업의 규제에 관한 법률」·「청소년 보호법」·「의료법」에 위반하여 관계행정기관의 장의 요청이 있는 때에는 6월 이내의 기간을 정하여 영업의 정지 또는 일부 시설의 사용중지를 명하거나 영업소폐쇄등을 명할 수 있다"고 규정하고 있으나, 원고의 업소에서는 청소년을 남녀혼숙하게 한 사실이 없습니다.

이 사건의 경우는 김□□라는 30대 중반의 남자와 이□□라는 18세의 여자가 위 여관에 다른 목적을 가지고 잠시 들어왔을 뿐으로, 그들은 성관계를 갖거나 잠을 잔 적이 없으므로, 청소년보호법 제30조 제8호에 정한 "청소년을 남녀 혼숙하게 하는 등 풍기를 문란하게 하는 영업행위를 하거나 이를 목적으로 장소를 제공하는 행위"에 해당하지 아니한다 할 것입니다.

나. 이 사건 당일 21 : 00경 위 김□□라는 30대 중반의 남자가 20대 초반으로 보이는 이□□라는 여자를 데리고 대실을 요구하여 원고가 여자에게 주민등록증을 요구하였던 바, 위 김□□는 "사람을 그렇게 믿지 못하느냐, 미성년자가 아니니 걱정 말라."고 하면서 화를 내었고, 이에 원고가 "숙박계라도 기재하라."고 요구하자 "잠시 쉬어 갈텐데 무슨 숙박계를 쓰느냐."고 화를 내므로 하는 수 없이 동 여관 308호실로 안내하였습니다.

3. 처분의 부당성

설령 위 행위가 명목상 청소년보호법에 반하는 것이라고 하더라도 위와 같은 사정에 비추어 원고를 비난하기 어렵고, 이 사건의 실체에 비추어 볼 때, 이 사건 처분은 지나치게 형식에만 치우쳐 그 처분으로 달성하려는 원래의 목적에서 일탈하는 결과에 이르게 될 것인 바, 그렇다면 이 사건 처분은 원고에게 과도한 것으로 부당하다고 아니할 수 없어 마땅히 취소를 면키 어렵다고 할 것입니다. 따라서 위 처분은 위법하고 부당하므로 취소되어야 할 것입니다.

입 증 방 법

1. 갑 제1호증의 1   청소년보호법 위반업소 행정처분
1. 갑 제1호증의 2   행정처분(영업정지)
1. 갑 제2호증   숙박업 신고증
1. 갑 제3호증   사업자 등록증

첨 부 서 류

1. 위 입증방법   각 1통
1. 소장부본   1통
1. 납부서   1통

20○○년 ○월 ○일
원 고 ○ ○ ○ (서명 또는 날인)

○ ○ 행 정 법 원 귀중

⚖ 관련판례

영업정지처분에 대한 집행정지 결정은 피고인이 제기한 영업정지처분 취소사건의 본안판결 선고시까지 그 처분의 효력을 정지한 것으로서 행정청의 처분의 위법성을 확정적으로 선언하지도 않았으므로, 위 집행정지 신청이 잠정적으로 받아들여졌다는 사정만으로는, 구 음반·비디오물 및 게임물에 관한 법률(2006.4.28. 법률 제7943호로 폐지) 위반으로 기소된 피고인에게 적법행위의 기대가능성이 없다고 볼 수는 없다고 한 원심판단을 수긍한 사례(대법원 2010.11.11. 선고, 2007도8645, 판결).

[서식 예] 영업허가취소처분 취소청구의 소(식품접객업)

소   장

원   고   ○ ○ ○(주민등록번호)
             ○○시 ○○구 ○○길 ○○ (우편번호 ○○○-○○○)

피   고   △△시 △△구청장
             ○○시 ○○구 ○○길 ○○ (우편번호 ○○○-○○○)

영업허가취소처분 취소청구의 소

청 구 취 지

1. 피고가 원고에 대하여 20○○. ○. ○.자로 한 식품접객업소 허가취소처분은 이를 취소한다.
2. 소송비용은 피고의 부담으로 한다.
라는 판결을 원합니다.

청 구 원 인

1. 원고는 20○○. ○. ○. 피고로부터 대중음식점 영업허가를 받고서 "☆☆"이라는 상호로 대중음식점을 경영해 왔는데, 피고는 원고가 대중음식점의 조리실로 사용해오고 있는 부분이 무허가건물임을 이유로 위 대중음식점 영업허가를 취소하였습니다.
2. 그러나 무허가건물을 제외한 유허가건물만으로는 식품위생법상의 대중음식점 시설 기준에 미달되는 때라 할지라도 시설개수명령이나 영업정지명령을 하지 아니하고 곧바로 영업취소처분을 한 것은 그 행정처분이 원고의 기득권을 침해하는 것이므로 중대한 공익상의 필요 또는 제3자 이익보호의 필요가 있는 경우가 아니면 취소권을 남용한 것으로 위법하다고 할 것입니다.
3. 따라서 피고가 원고에 대하여 20○○. ○. ○..자로 한 식품접객업소허가취소처분은 마땅히 취소되어야 할 것이므로 원고는 이 소를 제기합니다.

입 증 방 법

1. 갑 제1호증   식품접객업소 허가취소통보
1. 갑 제2호증   영업허가증

첨 부 서 류

1. 위 입증방법   각 1통
1. 소장부본   1통
1. 납부서   1통

20○○년　○월 ○일
원 고　○ ○ ○　(서명 또는 날인)

○ ○ 행 정 법 원　귀중

[서식 예] 석유판매업 허가신청서 반려처분 취소청구의 소

<table>
<tr><td colspan="2" align="center">소　　　장</td></tr>
</table>

원　고　○　○　○(주민등록번호)
　　　　　　○○시 ○○구 ○○길 ○○ (우편번호 ○○○-○○○)

피　고　△△시 △△구청장
　　　　　　○○시 ○○구 ○○길 ○○ (우편번호 ○○○-○○○)

석유판매허가신청서반려처분 취소청구의 소

청 구 취 지

1. 피고가 20○○. ○. ○. 원고에 대하여 한 석유판매허가신청 반려처분은 이를 취소한다.
2. 소송비용은 피고가 부담한다.
라는 판결을 구합니다.

청 구 원 인

1. 처분의 경위
　　원고는 ○○시 ○○구 ○○길 ○○번지에다 주유소를 설치하여 석유판매업을 하고자 20○○. ○. ○. 피고에게 석유판매허가신청서를 제출하였는바, 피고는 주민들의 민원을 이유로 20○○. ○. ○. 자로 석유허가판매허가신청서를 원고에게 반려하는 처분을 하였습니다. 그러므로 피고의 처분은 원고의 석유판매업허가를 거부한 처분이라 할 것입니다.
2. 처분의 위법
　　원고는 법률 및 법령의 규정에 따라 적법하게 석유판매업허가신청을 하였는데도 피고는 지역주민들의 민원을 이유로 석유판매업허가를 거부한 것은 적절한 재량권의 범위를 벗어난 위법한 처분이라 할 것입니다.
3. 결론
　　이상에서 살펴본 바와 같이 피고의 처분은 법률상 근거 없는 위법한 처분이므로 원고는 직업선택 및 재산권을 보호하고자 이 사건 청구에 이른 것입니다.

입 증 방 법

변론시 수시 제출하겠습니다.

첨 부 서 류

　　　1. 소장 부본　　　　　　　　　1통
　　　1. 납부서　　　　　　　　　　　1통

　　　　　　20○○년　○월 ○일
　　　원 고　　○ ○ ○　　(서명 또는 날인)

○ ○ 행 정 법 원　귀중

[서식 예] 건설업 영업정지처분 무효확인 청구의 소

소   장

원   고   ○ ○ ○(주민등록번호)
　　　　　　　○○시 ○○구 ○○길 ○○ (우편번호 ○○○ - ○○○)

피   고   △△시 △△구청장
　　　　　　　○○시 ○○구 ○○길 ○○ (우편번호 ○○○ - ○○○)

건설업영업정지처분무효확인 청구의 소

청 구 취 지

1. 피고가 20○○. ○. ○. 원고에 대하여 건설업 영업을 정지한 처분은 무효임을 확인한다.
2. 소송비용은 피고의 부담으로 한다.
라는 판결을 구합니다.

청 구 원 인

1. 피고는 20○○. ○. ○. 원고에 대하여 건설업영업을 정지한다라는 처분을 하였습니다. 즉, 피고는 원고가 소외 김□□에게 원고의 상호를 사용하여 건설공사를 시공하게 하였다는 이유로 건설산업기본법 제82조 제1항 제2호, 제21조의 2 건설업면허등의 대여금지규정을 위반하였다면서 위처분을 하였습니다.
2. 그러나 원고는 소외 김□□에게 원고의 상호를 사용하여 건설공사를 시공하게 한 일이 없습니다. 그러므로 피고의 위 처분은 내용 및 절차상 흠이 있는 위법한 처분이므로 당연히 무효라고 할 것입니다.

첨 부 서 류

　　　　　　1. 소장부본　　　　　　　　　　　1통
　　　　　　1. 법인등기사항증명서　　　　　　1통
　　　　　　1. 납부서　　　　　　　　　　　　1통

20○○.   ○.   ○.

원 고   ○ ○ ○   (서명 또는 날인)

○ ○ 행 정 법 원 귀 중

[서식 예] 자동차 정비사업 허가취소처분 취소청구의 소

소   장

원   고   ○○○(주민등록번호)

　　　　　　　○○시 ○○구 ○○길 ○○ (우편번호 ○○○-○○○)

피   고   △ △ 시장

　　　　　　　○○시 ○○구 ○○길 ○○ (우편번호 ○○○-○○○)

자동차정비사업허가취소처분 취소청구의 소

청 구 취 지

1. 피고가 20○○. ○. ○. 원고에 대하여 자동차정비사업허가를 취소한 처분은 이를 취소한다.
4. 소송비용은 피고의 부담으로 한다.
라는 재판을 구합니다.

청 구 원 인

1. 원고는 20○○. ○. ○. 자동차정비사업허가를 득하였으나 20○○. ○. ○. 피고는 원고에 대한 영업허가는 인근 주민의 생활에 많은 불편을 줄 가능성이 있다는 이유로 위 면허를 취소하였습니다.
2. 그러나 원고가 운영하려는 정비소는 인근 주택가와는 다소 떨어진 외딴 지점에 자리 잡을 예정이므로 인근 주민의 생활에 아무런 불편을 주지 않을 것입니다.
3. 따라서 피고의 원고에 대한 사업허가 취소처분은 합리적인 근거 없이 재량권을 일탈한 위법한 행위로서 취소되어야 한다고 사료되어 본 청구에 이릅니다.

첨 부 서 류

　　　　　1. 소장 부본　　　　　　　　　1통
　　　　　1. 납부서　　　　　　　　　　 1통

                    20○○년   ○월 ○일
            원 고   ○ ○ ○   (서명 또는 날인)

    ○ ○ 행 정 법 원   귀중

⚖ **관련판례 1**

구 여객자동차 운수사업법(2012.5.23. 법률 제11447호로 개정되기 전의 것, 이하 '구 법'이라 한다) 제4조 제1항, 제3항, 제5조, 제10조, 구 여객자동차 운수사업법 시행규칙(2011.12.30. 국토해양부령 제425호로 개정되기 전의 것) 제17조, 제32조 등 관계 법령의 규정 내용 및 체계에 의하면, 여객자동차 운송사업에서 운송할 여객 등에 관한 업무의 범위나 기간을 한정하는 면허(이하 '한정면허'라 한다)의 사업계획변경에 대한 인가여부는 교통수요, 운송업체의 수송능력, 공급능력 등에 관하여 기술적·전문적인 판단을 요하는 분야로서 이에 관한 행정처분은 운수행정을 통한 공익실현과 아울러 합목적성을 추구하기 위하여 구체적 타당성에 적합한 기준에 의하여야 하므로 그 범위 내에서는 법령이 특별히 규정한 바가 없으면 행정청의 재량에 속한다. 구 법 제10조 제3항은 '국토해양부장관 또는 시·도지사는 운송사업자가 운송 개시의 기일이나 기간 안에 운송을 시작하지 아니한 경우, 개선명령을 받고 이행하지 아니한 경우 등에는 사업계획의 변경을 제한할 수 있다'는 규정을 두고 있지만, 이는 그와 같은 제한사유에 해당하는 경우 국토해양부장관 또는 시·도지사에게 사업계획의 변경을 제한할 수 있는 권한이나 재량을 부여한 것으로 보일 뿐, 그와 같은 사유에 해당하지 아니한 사업계획의 변경이라고 하여 반드시 인가하여야 한다는 의미로 볼 수는 없으므로, 구 법 제10조 제3항을 들어 한정면허의 사업계획변경에 대한 인가의 성질을 달리 볼 것은 아니다(대법원 2014.4.30. 선고, 2011두14685, 판결).

⚖ **관련판례 2**

청주시장이 청주시 소재 버스회사에서 일정기간 근속한 자에 대하여 면허발급 우선순위를 부여하고 있는 '청주시 개인택시운송사업면허 업무규정'에 따라 화성시에 본점을 둔 버스회사의 청주영업소에 소속되어 근무한 운전경력을 청주시 소재 버스회사에서 근속한 경력으로 볼 수 없다는 이유로 이를 제외한 경력만을 근거로 우선순위를 계산하여 甲을 개인택시운송사업면허발급대상에서 제외하는 처분을 한 사안에서, 청주시장이 본점 소재지가 청주시가 아니라는 형식적인 이유만으로 다른 합리적인 이유 없이 甲을 부당하게 차별대우했다고 할 수 없어 위 처분이 위법하다고 볼 수 없음에도 이와 달리 본 원심판결에 법리를 오해한 위법이 있다(대법원 2012.11.29. 선고, 2011두9812, 판결).

⚖ 관련판례 3

시외버스운송사업계획변경 인가처분에 대한 취소소송에서, 당사자가 그 처분으로 변경된 여객자동차 운수회사 노선이 고속형 시외버스운송사업에 해당하고, 해당 행정청은 처분권한이 없다고 주장하면서 관련 판결문을 제출한 사안에서, 원심으로서는 당사자가 제출한 소송자료 등 기록에 나타난 자료에 의하여 위 처분으로 변경된 노선이 관련 법령이 규정한 고속형 시외버스운송사업에 해당하는지 등을 중심으로 처분의 위법 여부를 판단했어야 한다는 이유로, 이와 달리 판단한 원심판결에 필요한 심리를 다하지 않고 판단을 누락한 위법이 있다(대법원 2011.2.10. 선고, 2010두20980, 판결).

⚖ 관련판례 4

甲에게 개인택시운송사업을 양도한 乙이 전 양도인 丙으로부터 그 사업을 양수할 당시 부정한 방법으로 인가를 받았고, 甲이 양도인 乙의 불법행위를 승계 받았다는 사유로 행정청이 甲의 개인택시운송면허를 취소한 사안에서, 乙에 대한 위 사업의 양도·양수인가 처분은 흠 있는 처분이고 이는 甲의 사위의 방법에 의한 신청행위에 기인한 것이므로, 행정청이 별도의 법적 근거가 없더라도 乙에 대하여 개인택시운송사업 면허를 취소할 수 있고, 乙의 지위를 승계한 甲에 대하여도 개인택시운송사업 면허를 취소할 수 있음에도 이와 달리 판단한 원심판결에 법리를 오해한 위법이 있다(대법원 2010.11.11. 선고, 2009두14934, 판결).

[서식 예] 배출부과금 부과처분 취소청구의 소

소 장

원 고   ○○○(주민등록번호)
　　　　　○○시 ○○구 ○○길 ○○ (우편번호 ○○○-○○○)

피 고   △△시 △△구청장
　　　　　○○시 ○○구 ○○길 ○○ (우편번호 ○○○-○○○)

배출부과금부과처분 취소청구의 소

청 구 취 지

피고가 20○○. ○. ○. 원고에 대하여 한 배출부과금 금○○○원의 부과처분을 취소한다.
라는 판결을 구합니다.

청 구 원 인

1. 처분의 경위

　　원고는 19○○. ○. ○. 원고 소유인 ○○시 ○○구 ○○동 ○○ 대지 1,416㎡상에 3개의 돈사를 신축하여 양돈농장을 경영하면서 각 돈사에서 나오는 폐수가 돈사 옆 지하에 설치된 예비정화조와 종합정화조를 거쳐 정화되어 최종 방류되도록 피고 소속 환경단속 공무원이 20○○. ○. ○. 위 농장에 와서 종합정화조가 가동되지 않고 있음을 발견하고 돈사 옆 맨홀에서 폐수시료를 채취하여 위 폐수의 오염도를 측정한 결과 허용치를 초과하므로 이를 근거로 원고에 대하여 20○○. ○. ○. 폐수배출부과금 금 ○○○원의 부과처분을 하였습니다.

2. 부과처분의 위법성

　가. 위 돈사에서 나오는 폐수는 종합정화조가 일시 가동되지 않고 있다고 하더라도 예비정화조 등을 통과하면서 침전 등에 의하여 어느 정도 오염도가 낮아져 최종 방류된다 할 것임에도 예비정화조 등을 거치지 아니하고 돈사에서 나오는 폐수가 바로 모이는 돈사 옆 맨홀에서 채취한 시료의 오염도에 기하여 이 사건 배출부과금을 산정한 것은 그 오염도가 최종배

출구에서 배출되는 폐수의 오염도와 같다고 볼 수 없다 할 것입니다.

나. 수질오염도 검사를 위한 방류폐수채취시 시료채취지점은 폐수의 성질을 대표할 수 있도록 채취되어야 하며, 나아가 시료채취시 우수(雨水)나 조업목적 이외의 물이 포함되지 않아야 하므로, 폐수정화시설을 정상 가동하였을 경우에는 정화시설 최초 방류지점에서 시료를 채취하여야 하고, 폐수처리장을 거치지 아니하고 무단 방류하였을 경우에는 배출시설 최초 방류지점에서 채취하는 것이 마땅합니다.

다. 당시 원고 농장의 폐수정화시설은 그 처리용량이 1일 15㎥를 기준으로 설계되어 있으나 농장의 폐수는 매일 10㎥밖에 배출되지 않았으며, 종합정화조가 가동되지 아니하면 예비정화조에서 종합정화조로 폐수가 내려가지 못하고 예비정화조가 넘치면 폐수가 하수파이프로 흘러가는 경우가 있다 하나 예비정화조 부분에는 작업인부들이 사용하는 수도가 설치되어 있고 주변의 우수가 예비정화조로 유입되도록 설계되어 있으므로 예비정화조와 종합처리장을 거쳐 배출되는 폐수에는 폐수 이외의 물이 포함될 가능성이 크다 할 것임에도 피고와 같이 돈사 바로 옆 맨홀에서 바로 폐수시료를 채취하여 측정하여 그 결과에 기하여 이 건 부과처분을 함은 위법한 것이라 할 것입니다.

3. 결론

그렇다면 피고의 이 건 폐수배출부과금부과처분은 수질오염도검사에 있어 방류폐수채수지점 및 방법상의 오류로 말미암아 위법한 것이라 할 것이므로 원고는 피고의 이 사건 배출부과금부과처분의 취소를 구하기 위하여 본 건 청구에 이른 것입니다.

입 증 방 법

1. 갑 제1호증　　　　　주민등록등본
1. 갑 제2호증　　　　　배출부과금부과처분 통지
1. 갑 제3호증　　　　　부동산등기부등본
1. 갑 제4호증　　　　　설계도

첨 부 서 류

1. 위 입증방법　　　　　각 1통
1. 소장부본　　　　　　　1통
1. 납 부 서　　　　　　　1통

⚖ **관련판례 1**

여객자동차 운수사업법 제12조 제1항 본문의 내용 및 입법 취지에 비추어 볼 때, 여객자동차 운수사업법상의 명의이용행위에 해당하기 위해서는 운송사업자 아닌 자가 운송사업자의 명의를 이용하여 운송사업자를 배제한 채 독립적으로 여객자동차운송사업을 경영하였음이 인정되어야 하고, 운송사업자의 일반적인 지휘·감독 아래 개별 차량을 운행하게 한 것에 불과하다면 명의이용행위에 해당하지 아니한다.

나아가 운송사업자 아닌 자가 운송사업자를 배제한 채 독립적으로 여객자동차 운송사업을 경영함으로써 명의이용행위에 이르렀는지를 판단할 때에는 차량의 공제조합 가입명의인 및 관련 운전종사자들과의 근로계약서에 기재된 명의상 고용주가 누구인지 등 외형적 요소에 구애될 것은 아니다. 오히려 외형적 요소보다 운송사업자 아닌 자가 차량을 이용하게 된 경위와 이용에 수반된 약정의 내용이 어떠한지, 운전종사자들에 대한 차량 배차나 운행, 휴무, 교육, 납입할 운송수입금의 액수 등에 관한 지휘·감독권한을 누가 실질적으로 행사하는지, 차량 운행에 따른 손익의 위험을 누가 최종적으로 부담하는지, 운전종사자들에 대한 임금과 4대 보험료나 유류비·수리비 등 차량 운행비용을 누가 실질적으로 부담하는지 등이 중요한 판단 기준이 된다(대법원 2016.3.24. 선고, 2015두48235, 판결).

⚖ **관련판례 2**

구 자동차관리법(2012.1.17. 법률 제11190호로 개정되기 전의 것, 이하 '자동차관리법'이라고 한다)상 자동차관리사업자로 구성하는 사업자단체인 조합 또는 협회(이하 '조합 등'이라고 한다) 설립인가 제도의 입법 취지, 조합 등에 대하여 인가권자가 가지는 지도·감독 권한의 범위 등과 아울러 자동차관리법상 조합 등 설립인가에 관하여 구체적인 기준이 정하여져 있지 않은 점에 비추어 보면, 인가권자인 국토해양부장관 또는 시·도지사는 조합 등의 설립인가 신청에 대하여 자동차관리법 제67조 제3항에 정한 설립요건의 충족 여부는 물론, 나아가 조합 등의 사업내용이나 운영계획 등이 자동차관리사업의 건전한 발전과 질서 확립이

라는 사업자단체 설립의 공익적 목적에 부합하는지 등을 함께 검토하여 설립인
가 여부를 결정할 재량을 가진다. 다만 이러한 재량을 행사할 때 기초가 되는
사실을 오인하였거나 비례·평등의 원칙을 위반하는 등의 사유가 있다면 이는 재
량권의 일탈·남용으로서 위법하다(대법원 2015.5.29. 선고, 2013두635, 판결).

소 장

원 고 　○○○(주민등록번호)
　　　　○○시 ○○구 ○○길 ○○(우편번호 ○○○-○○○)
　　　　전화.휴대폰번호:
　　　　팩스번호, 전자우편(e-mail)주소:
피 고 　서울특별시 ◇◇◇보건소장
　　　　○○시 ○○구 ○○길 ○○(우편번호 ○○○-○○○)
　　　　소송수행자 □□□

약국개설등록신청거부처분 취소청구의 소

청 구 취 지

1. 피고가 20○○. ○. ○. 원고에 대하여 한 약국개설 등록 거부처분을 취소한다.
2. 소송비용은 피고의 부담으로 한다.
라는 판결을 구합니다.

청 구 원 인

1. 처분의 경위

가. 약사인 원고는 서울 ○○구 ○○길 ○○○의 ○ 소재 건물 (이하 이 사건 건물이라고 한다) 지하 1층에 약국을 개설하기 위해 20○○. ○. ○. 피고에게 약국개설등록신청을 하였습니다.

나. 피고는 ① 원고가 약국을 개설하고자 신청한 장소(이하 이 사건 장소라고 한다)가 의료기관의 시설 안 또는 구내에 해당하는 점(이하 ①의 사유라고 한다), ② 이 사건 장소에는 식품위생법상 일반 음식점으로 신고된 업소인 "◎◎"레스토랑이 폐업신고 되지 않고 그대로 존속하고 있는 점(이하 ②의 사유라고 한다)을 들어 20○○. ○. ○. 원고에 대해 약국개설 등록을 거부하는 이 사건 처분을 하였다.

2. 처분의 위법성

가. 이 사건 건물은 지하1층, 지상 4층의 건물로 건축물대장상 주 용도가 근린생활시설로 되어 있는바, 1층에는 소아과 의원이, 2층에는 이비인후과 의원이, 그리고 3층에는 치과의원이 각각 들어서 있고, 4층은 이 사건 건물의 건축 시부터 주거용으로 사용되어 오다가 현재는 일반사무실 등과 같은 다른 용도로 사용하기 위해 잠시 비어 있는 상태입니다.

나. 이 사건 건물은 ○○ 4거리에서 △△대학교로 향하는 대로변에 위치해 있고, 양쪽 건물과 뒤쪽 건물과의 경계를 명백히 하기 위해 낮은 담이 설치되어 있을 뿐, 이 사건 건물 정면에는 담을 비롯한 아무런 장애물이 없어, 그 앞을 지나가는 사람들이 비교적 자유로이 이 사건 건물에 드나들 수 있습니다.

다. 이 사건 건물과 위 대로 사이에는 이 사건 건물 부지에 속한 주차장이 있는바, 이 주차장은 특별히 관리되어 있지 않아 이 사건 건물을 이용하는 사람들뿐만 아니라 외부인들도 사용할 수 있습니다.

라. 이 사건 건물의 지하층과 지상층을 바로 연결하는 계단이나 통로는 없고, 다만 주차장에서 이 사건 건물의 출입문으로 향하는 길의 왼쪽(이 사건 건물 출입문의 바로 옆임)에 지하로 내려가는 계단이 있을 뿐입니다.

마. 이 사건 건물에 위치한 의원들의 경우 이 사건 건물의 소유주로부터 각자 사용하는 층 부분만을 임차하여 개설된 것이고, 그밖에 달리 의원전용 공간으로 소유주로부터 임차한 부분은 없습니다.

바. 약사법에는 "의료기관"에 대해 별다른 정의 규정이 없고, 다만 의료법 제3조가 이를 정의하고 있는바, 이에 의하면, "의료기관"이라 함은 의료인이 공중 또는 특정 다수인을 위한 의료, 조산의 업을 행하는 곳을 말한다고 하고(제1항) "의료기관"의 종류로 종합병원, 병원, 치과병원, 의원 등을 열거하고 있으며(제2항), "의원""치과의원"에 대해서는 의사, 치과의사가 각각 그 의료를 행하는 곳으로서 진료에 지장이 없는 시설을 갖추고 주로 외래환자에 대하여 의료를 행할 목적으로 개설하는 의료기관을 말한다고 규정하고 있습니다(제6항).

사. 약국개설 등록을 거부하도록 규정한 약사법 제20조 제5항 제2호 소정의 "약국을 개설하고자 하는 장소가 의료기관의 시설 안 또는 구내인 경우"에 해당하는지의 여부에 대한 판단을 함에 있어서는 약사법상의 약국개설 등록이 기속행위인 점 및 헌법상 보장된 영업의 자유 등을 고려하여 엄격히 하여야 할 것인바, 약사법 고유의 "의료기관"이라는 개념이 따로 없는 이상 위 에서 본 의료법 소정의 "의료기관"의 개념 규정에 따라 위

조항에의 해당여부를 판단하여야 할 것입니다.

아. 그런데 이 사건에서는 위에서 본 바와 같이 이 사건 건물을 그 전체가 종합병원으로 운영되는 것이 아니고, 각 층별로 의원들이 독자적으로 설립되어 있는 것에 불과하며, 특히 4층은 의료기관과는 전혀 무관한 다른 용도로 사용되어 왔고 앞으로도 그러할 예정인 데다가, 1층 내지 3층에 각각 위치한 의원들과 지하에 위치한 이 사건 장소는 직접 계단이나 통로 등으로 연결되어 있지 아니하고 이 사건 건물의 출입문을 나와 지하로 내려가는 별도의 계단을 통해서만 비로소 이 사건 장소에 갈 수 있으며, 이 사건 건물은 대로변에 위치해 있고 건물 정면과 도로 사이에 별다른 장벽이 없어 이 사건 건물을 지나가는 사람들이라면 누구나 쉽게 이 사건 장소에 드나들 수 있다고 할 것인바, 사정이 이와 같은 것이라면, 출입문 밖에 설치되어 있는 별도의 계단을 통해서만 접근가능한 지하의 이 사건 장소가 1층 내지 3층에 위치한 의원들의 "시설 안 또는 구내"에 해당한다고 보기 어렵다고 할 것입니다. 그리고 이는 의약분업의 시행 이후 의사와 약사의 담합행위를 금지하기 위해 위 조항이 마련된 것이라는 입법취지를 충분히 감안하더라도 마찬가지라고 할 것인바, 물론 이 사건에서와 같이 하나의 건물 안에 의원과 약국이 같이 들어서게 되면, 그러하지 않은 경우에 비하여 의사와 약사사이의 담합행위의 가능성 자체가 증가하게 된다는 점은 결코 부인할 수는 없다고 할 것이지만, 이러한 가능성의 증가만을 이유로 하여 무작정 의료기관과 약국을 격리시켜야 한다고 보아 이 사건에서와 같이 의원들만 있는 건물에는 결코 약국이 들어설 수 없도록 하게 하는 것은 위 조항을 확장 해석하는 것으로 영업의 자유를 과잉 침해하는 결과를 초래하므로 부당하다 할 것이고, 이러한 담합행위를 금지하기 위해서는 의약분업 시행의 취지에 대한 인식의 제고 및 단속업무의 강화와 위반행위의 적발시 엄정한 법 집행 등을 함으로써 공익의 달성과 개인의 영업의 자유 사이의 조화로운 균형점을 찾도록 하여야 할 것입니다. 따라서 피고의 이 사건 처분은 위법하다 할 것입니다.

3. 결 론

이에 본건 소를 제기합니다.

입 증 방 법

1. 갑 제1호증 　　　　　　　　　　건축물대장

1. 갑 제2호증   사실확인서

1. 갑 제3호증   주민등록표등본

첨 부 서 류

1. 위 입증방법   1통

1. 소장부본   1통

1. 송달료납부서   1통

20○○. ○. ○.

위 원고 ○○○ (서명 또는 날인)

○ ○ 행 정 법 원 귀중

[서식 예] 영업정지처분 취소청구의 소(노래방)

소　　　　장

원　　고　　○○○(주민등록번호)
　　　　　　○○시 ○○구 ○○길 ○○(우편번호 ○○○-○○○)
　　　　　　전화.휴대폰번호:
　　　　　　팩스번호, 전자우편(e-mail)주소:
피　　고　　서울특별시 ◇◇구청장
　　　　　　○○시 ○○구 ○○길 ○○(우편번호 ○○○-○○○)
　　　　　　소송수행자 □□□

영업정지처분 취소청구의 소

청 구 취 지

1. 피고가 20○○. ○. ○. 원고에 대하여 한 영업정지처분을 취소한다.
2. 소송비용은 피고의 부담으로 한다.
라는 판결을 구합니다.

청 구 원 인

1. 처분의 경위
　　피고는 서울 ○○구 ○○길 ○○○의 ○○ 소재 건물 1층에서 "◎◎노래방"이라는 상호로 노래연습장을 경영하고 있던 원고가 20○○. ○○. ○. 접대부 ◆◆◆, △△△를 고용하였다는 이유로 20○○. ○○. ○. 원고에 대하여 3개월 간(20○○. ○○. ○○.~20○○. ○. ○○) 영업정지처분을 하였습니다.
2. 처분의 위법성
　가. ▲▲▲, ▽▽▽는 약 1년 전 서울 ○○구 ○○길 소재 ●●나이트클럽에서 만나 평소 알고 지내던 ◆◆◆, △△△와 20○○. ○○. ○. ○○:○○경 위 ●●나이트클럽 앞에서 만나 ◎◎노래방에 들어갔습니다.
　나. ▲▲▲ 일행이 위 ◎◎노래방 ○○호실에 입실하여 약 10분간 저알콜 음료를 마시며 노래를 부르고 있을 때, ○○구 경찰서 ○○길 파출소 소속 단속반 7, 8명이 위 ◎◎노래방에 들어와 ▲▲▲, ▽▽▽, ◆◆◆, △△

△를 서로 다른 방으로 데려가 접대부 고용 여부에 관하여 조사를 하였습니다.

다. 당시 ◆◆◆, △△△는 자신들이 접대부가 아니라며 강력히 항의하여 단속반원들이 요구하는 진술서를 작성하지 아니하였으나, ▲▲▲, ▽▽▽는 집으로 전화를 하여 여자들과 함께 있었던 사실을 알리겠다는 단속반원들의 말에 가정불화가 생길 것을 두려워하여, 단속반원들이 미리 작성한 "시간당 1만원씩 주기로 하고 ▲▲▲, ▽▽▽를 불렀다"는 취지의 진술서에 서명을 하였습니다.

라. 피고의 이 사건 처분은 사실을 오인한 처분으로서 위법하다 할 것입니다.

3. 결 론

이에 이 사건 처분을 취소하기 위하여 본 건 소를 제기합니다.

입 증 방 법

1. 갑 제1호증   행정처분통지서
1. 갑 제2호증   노래방등록증
1. 갑 제3호증   사업자등록증
1. 갑 제4호증   사실확인서
1. 갑 제5호증   영업소내부사진

첨 부 서 류

1. 위 입증방법   각 1통
1. 소장부본   1통
1. 송달료납부서   1통

20○○. ○. ○.

위 원고 ○○○ (서명 또는 날인)

○ ○ 행 정 법 원 귀중

[서식 예] 영업정지처분 취소청구의 소(손님을 접대부로 오인)

소　　　장

원　　고　　○○○(주민등록번호)
　　　　　　○○시 ○○구 ○○길 ○○(우편번호 ○○○-○○○)
피　　고　　서울특별시 ◇◇구청장
　　　　　　○○시 ○○구 ○○길 ○○(우편번호 ○○○-○○○)

영업정지처분 취소청구의 소

청 구 취 지

1. 피고가 20○○. ○. ○. 원고에 대하여 한 3개월 간의 영업정지처분
(20○○. ○. ○. ~ 20○○. ○. ○.)을 취소한다.
2. 소송비용은 피고의 부담으로 한다.
라는 판결을 구합니다.

청 구 원 인

1. **처분의 경위**
　　피고는 서울 ○○구 ○○길 ○○ - ○ 소재 건물 1층에서 "◎◎노래방"이
라는 상호로 노래연습장업을 경영하고 있던 원고가 20○○. ○. ○. 접대
부 임△△, 이▲▲를 고용하였다는 이유로 20○○. ○. ○. 원고에 대하여
3개월 간(20○○. ○. ○. ~ 20○○. ○. ○.) 영업정지처분을 하였습니다.
2. **처분의 위법성**
　　임△△, 이▲▲는 문▽▽, 김▼▼와 함께 노래방에 들어온 손님이지 접대
부가 아니었으므로 이 사건 처분은 사실을 오인한 위법한 처분입니다.
3. **결론**
　　위와 같이 피고가 원고에 대하여 한 처분은 위법하므로 이에 본건 소를
제기합니다.

입 증 방 법

　　　　1. 갑 제1호증　　　　　　영업정지명령서

1. 갑 제2호증   노래방등록증
1. 갑 제3호증   사업자등록증
1. 갑 제4호증   사실확인서

첨 부 서 류

1. 위 입증방법   각 1통
1. 소장부본   1통
1. 송달료납부서   1통

20○○.   ○.   ○.
위 원고   ○○○   (서명 또는 날인)

○ ○ 행 정 법 원 귀중

[서식 예] 영업정지처분 취소청구의 소(노래방-주류반입 묵인)

소　　　　장

원　　고　　○　○　○(주민등록번호)
　　　　　　　　○○시 ○○구 ○○길 ○○ (우편번호 ○○○-○○○)
피　　고　　△△시 △△구청장
　　　　　　　　○○시 ○○구 ○○길 ○○ (우편번호 ○○○-○○○)

영업정지처분 취소청구의 소

청 구 취 지

1. 피고가 20○○. ○. ○. 원고에 대하여 한 20○○. ○. ○.부터 같은 해 ○. ○까지(2개월)의 영업정지처분은 이를 취소한다.
2. 소송비용은 피고의 부담으로 한다.
라는 판결을 구합니다.

청 구 원 인

1. 처분의 경위

　　원고는 20○○. ○월경 ○○시 ○○구 ○○길 ○○소재 지하실 "☆☆노래방"이라는 상호의 노래방을 인수하여 영업의 승계인 신고를 하여 피고로부터 갱신등록증을 득한 후 경영해 왔는데, 피고는 원고가 20○○. ○. ○. 21:00경 위 노래방에 주류를 반입을 묵인하였다는 이유로 20○○. ○. ○.자로 원고에 대하여 20○○. ○. ○.부터 같은 해 ○. ○까지 2개월 간 위 노래방의 영업을 정지할 것을 명하는 처분을 하였습니다.

2. 처분의 위법성

　　이 사건 처분은 다음과 같은 점에서 위법하므로 취소되어야 합니다.

　가) 음악산업진흥에관한법률상 노래연습장업자의 준수사항으로 "주류를 판매·제공하지 아니할 것"라고 규정하고 있는바, 원고의 업소에서는 노래방 이용손님에게 주류를 판매·제공한 사실이 없습니다. 이 사건의 경우는 30대 중반 남자 김□□외 4명이 위 노래방에 들어와 1시간동안 노래를 부르고 가겠다고 하여 1시간대실료 금 13,000원을 받고 노래기기에 음악을 제공한 사실은 있었으나 음악산업진흥에관한법률 제22조 제

1항 제3호에 정한 "주류를 판매·제공"한 행위에 해당하지 아니한다 할 것입니다.

나) 이 사건 당일 21:00경 위 30대 남자 안□□외 일행 4명이 만취상태에서 노래방에 들어와 1시간만 노래를 부르고 가겠다고 하여 201호를 대실한 사실이 있으나 위 손님 중에 1명이 품속에 캔맥주 5개를 노래방 종사자 모르게 반입하여 5명이 201호 내에서 나누어 마신 후 빈 캔을 휴지통에 버린 것을 피고의 소속 단속공무원이 원고가 주류반입을 묵인한 것으로 오인하여 위 같은 처분한 것으로 사료됩니다.

3. 처분의 부당성

원고는 위와 같다면 노래방 종사자로 내방 손님이 품속에 주류를 숨겨 반입하는 것까지 이를 막을 방법이 없다할 것입니다. 가사 원고가 주류반입을 알고 있었다고 하더라도 만취한 손님에게 주류반입을 금지할 경우 손님이 이에 응할 손님이 거의 없는 현실에서 단순히 소극적으로 이를 제지하지 아니하였다는 이유로 원고에게 생계수단인 노래방 영업정지처분은 가혹하고 부당하다할 것입니다. 따라서 위 같은 사정에 비추어 원고를 비난하기 어렵고, 이 사건의 실체에 비추어 볼 때 이 사건처분은 지나치게 형식에만 치우쳐 그 처분으로 달성하려는 원래 목적에서 일탈하는 결과에 이르게 될 것인 바, 그렇다면 이 사건 처분은 원고에게 과도한 것으로 부당하다고 아니할 수 없어 마땅히 취소를 면키 어렵다고 할 것입니다.

입 증 방 법

1. 갑 제1호증　　　　　행정처분 통지서
1. 갑 제2호증　　　　　노래방 등록증
1. 갑 제3호증　　　　　사업자등록증
1. 갑 제4호증　　　　　사실확인서

첨 부 서 류

1. 위 입증방법　　　　各 1통
1. 소장부본　　　　　　1통
1. 납부서　　　　　　　1통

20○○년　○월　○일

원 고　○ ○ ○　　(서명 또는 날인)

○ ○ 행 정 법 원　귀중

[서식 예] 영업정지처분 취소청구의 소(대중음식점)

소　　　장

원　　고　　○○○(주민등록번호)
　　　　　　　○○시 ○○구 ○○길 ○○ (우편번호 ○○○-○○○)

피　　고　　△△시 △△구청장
　　　　　　　○○시 ○○구 ○○길 ○○ (우편번호 ○○○-○○○)

영업정지처분 취소청구의 소

청 구 취 지

1. 피고가 20○○. ○. ○. 원고에 대하여 한 영업정지처분은 취소한다.
2. 소송비용은 피고의 부담으로 한다.
라는 판결을 구합니다.

청 구 원 인

1. 원고는 20○○. ○. ○. 피고로부터 일반음식점 허가를 받아 ○○시 ○○구 ○
○길 ○○ ◎◎빌딩 3층에 ☆☆맥주라는 상호로 경양식 호프음식점업을
경영하여 오던 중 피고는 원고가 20○○. ○. ○. 미성년자에게 주류를 제공하
였다는 사유로 같은 해 ○. ○. 자로 원고에 대하여 영업정지 2개월을 명하는
처분을 하였습니다.
2. 그러나 위 영업정치처분은 위반행위에 이르게 된 경위 및 원고의 생계에 비추
어 보아 너무 가혹하여 재량권의 범위를 일탈 또는 남용한 것으로 위법한
처분이라고 할 것입니다.
3. 관계법령
  식품위생법 제44조 (영업자 등의 준수사항)
  ② 식품접객영업자는 「청소년 보호법」 제2조에 따른 청소년(이하 이 항에서
    "청소년"이라 한다)에게 다음 각 호의 어느 하나에 해당하는 행위를 하여
    서는 아니 된다.
    1. 청소년을 유흥접객원으로 고용하여 유흥행위를 하게 하는 행위
    2.「청소년 보호법」제2조제5호가목3)에 따른 청소년출입·고용 금지업소에

청소년을 출입시키거나 고용하는 행위

3. 「청소년 보호법」제2조제5호나목3)에 따른 청소년고용금지업소에 청소년을 고용하는 행위

4. 청소년에게 주류(酒類)를 제공하는 행위

같은 법 제75조(허가취소 등) ① 식품의약품안전처장 또는 특별자치도지사·시장·군수·구청장은 영업자가 다음 각 호의 어느 하나에 해당하는 경우에는 대통령령으로 정하는 바에 따라 영업허가 또는 등록을 취소하거나 6개월 이내의 기간을 정하여 그 영업의 전부 또는 일부를 정지하거나 영업소 폐쇄(제37조제4항에 따라 신고한 영업만 해당한다. 이하 이 조에서 같다)를 명할 수 있다.

13. 제44조제1항·제2항 및 제4항을 위반한 경우

4. 이 사건의 경위

원고는 사건 당일 소외 홍□□과 정□□이 다른 남자 1사람 및 여자 3사람과 같이 위 음식점에서 자신들이 대학생인데 신분증을 가져오지 않았다고 하면서 양주1병과 호프 6잔, 안주 등을 주문하여 마시고는 그 다음날 02:00경 계산을 하지 아니한 채 도망하려고 하자 원고가 그들을 붙잡으려고 하다가 오히려 폭행을 당하게 되어 112로 신고를 하였습니다.

원고는 이 사건 전에 동종의 위반경력이 전혀 없습니다.

5. 결론

그러므로 원고가 미성년자들이 스스로 속이고 들어왔으며 원고가 112에 신고를 해서 본 건이 문제화되었다는 점등을 참작하면 피고의 이 사건 영업정지처분은 재량권을 일탈한 위법한 처분으로 취소되어야 할 것입니다.

입 증 서 류

1. 갑 제1호증	영업정지처분서
1. 갑 제2호증	확인서
1. 갑 제3호증	사건발생보고서
1. 갑 제4호증	진술서
1. 갑 제5호증	탄원서
1. 갑 제6호증	주민등록증사본
1. 갑 제7호증	영업허가증

첨 부 서 류

1. 위 입증방법   각 1부
1. 소장부본   1부
1. 납부서   1부

20○○년 ○월 ○일

원 고 ○ ○ ○ (서명 또는 날인)

○ ○ 행 정 법 원 귀중

[서식 예] 영업허가취소처분 취소청구의 소(유흥음식점)

소   장

원 고   ○ ○ ○(주민등록번호)
　　　　　　○○시 ○○구 ○○길 ○○ (우편번호 ○○○-○○○)

피 고   △△시 △△구청장
　　　　　　○○시 ○○구 ○○길 ○○ (우편번호 ○○○-○○○)

영업허가취소처분 취소청구의 소

신 청 취 지

1. 피고가 원고에 대하여 한 20○○. ○. ○.자로 20○○. ○. ○.부 유흥음식
   점허가를 취소한 처분은 이를 취소한다.
2. 소송비용은 피고의 부담으로 한다.
라는 판결을 구합니다.

신 청 이 유

1. 원고는 ○○시 ○○구 ○○길 ○○ 소재에서 "☆☆"이라는 상호로 유흥주
   점영업을 하여 오던 중, 위 주점에서 시간외 영업을 하였다는 이유로 적발
   되자 피고는 원고가 위와 같이 시간외 영업을 하였다는 사유로 식품위생
   법 제43조 제1항 및 같은 법 제75조 제1항에 의하여 20○○. ○. ○.자로
   원고에 대하여 20○○. ○. ○.부터 같은 해 ○. ○.까지 1달간 영업정지를
   명하는 처분에 대해 원고는 동 명령을 충실히 이행하였습니다.
2. 처분의 위법성
   이 사건 처분은 너무 가혹하여 재량권의 범위를 일탈한 위법이 있다 할 것입
   니다.
 가) 원고는 20○○. ○. ○. 피고로부터 유흥주점 영업허가를 받아 ○○시 ○
    ○구 ○○길 ○○ 약 80평의 실내에 룸 10개를 설치하고 "☆☆"이라는
    상호로 유흥주점영업을 해 왔습니다.
 나) 원고는 동 명령을 준수하기 위하여 관리인인 소외 김□□을 시켜 패문관
    리를 철저히 하고 있던 중 원고가 부재중 원고의 아들인 소외 홍□□가

절친한 친구가 군에 입대한다고 20○○. ○. ○. 밤20:00부터 동 주점에서 10여명이 모여 송별회를 한다고 맥주 3박스 등을 구입하여 회합을 가진바가 있습니다.

다) 그런데 피고는 이를 원고가 영업정지 중에 영업을 한 것이라고 오인을 하고 원고에 대하여 20○○. ○. ○자로 같은 해 ○. ○부로 영업허가를 취소한다는 처분을 하였으나 원고는 영업을 한 사실이 없고 이 사건처분으로 인하여 원고가 입을 불이익 등에 비추어 볼 때 이 사건 처분은 지나치게 무거운 것입니다

따라서 위 처분은 위법하며 취소되어야 할 것입니다.

입 증 방 법

1. 갑 제1호증   영업허가취소통지서
1. 갑 제2호증   행정처분(영업정지)
1. 갑 제3호증   사업자등록증

첨 부 서 류

1. 위 입증방법   각 1통
1. 소장부본   1통
1. 납부서   1통

20○○년 ○월 ○일
원 고 ○ ○ ○   (서명 또는 날인)

○ ○ 행 정 법 원 귀중

[서식 예] 개인택시 운송사업면허 거부 취소청구의 소

소 장

원 고 ○ ○ ○(주민등록번호)
　　　　　○○시 ○○구 ○○길 ○○ (우편번호 ○○○-○○○)

피 고 △ △ 시장
　　　　　○○시 ○○구 ○○길 ○○ (우편번호 ○○○-○○○)

개인택시운송사업면허거부 취소청구의 소

청 구 취 지

1. 피고가 20○○. ○. ○. 원고에 대하여 개인택시 운송사업면허를 거부한 처분을 취소한다.
2. 소송비용은 피고의 부담으로 한다.
라는 재판을 구합니다.

청 구 원 인

1. 원고는 개인택시운송사업면허를 받고자 하는 자로서 ○○시가 20○○. ○. ○. 공고한 개인택시운송사업면허공고일정에 따라 20○○. ○. ○. 면허신청을 한 사실이 있습니다.
2. 원고는 개인택시면허신청자동차운수사업법시행규칙 제13조 제1항의 규정에 의한 시설등의 기준외, 개인택시면허신청공고일로부터 기산하여 과거 6년간 ○○시에서 미군, 군속 및 그 가족 등만을 대상으로 하여 영업을 하도록 면허를 받은 택시회사 소속 운전원으로 위 같은 기간 무사고로 운전한 경력이 있습니다. 따라서 원고는 개인택시 운송사업 면허를 득하는데 아무런 결격사유가 없습니다.
3. 그런데 피고는 원고가 근무하였던 위 택시회사의 운임의 결정방법이나 처우조건이 일반택시와 다르다는 사실만으로 원고의 자격을 불리하게 산정하여, 원고는 개인택시운송사업면허를 거부당하게 되었습니다.
4. 그러나 위와 같은 ○○시 행위는 합리적인 이유가 없는 재량권 일탈행위이므로 원고는 본 청구에 이른 것입니다.

입 증 방 법

1. 갑 제1호증   재직증명서

첨 부 서 류

1. 위 입증방법   1통
1. 소장부본   1통
1. 납부서   1통

20○○년 ○월 ○일
원 고 ○ ○ ○ (서명 또는 날인)

○ ○ 행 정 법 원 귀중

[서식 예] 건축사 업무정지처분 취소청구의 소

소   장

원   고   ○ ○ ○(주민등록번호)
              ○○시 ○○구 ○○길 ○○ (우편번호 ○○○-○○○)

피   고   △△시 △△구청장
              ○○시 ○○구 ○○길 ○○ (우편번호 ○○○-○○○)

건축사업무정지처분 취소청구의 소

청 구 취 지

1. 피고가 20○○. ○. ○. 원고에 대하여 한 건축사업무정지 61일(20○○. ○. ○. - 20○○. ○. ○.) 명령처분을 취소한다.
2. 소송비용은 피고의 부담으로 한다.
라는 판결을 구합니다.

청 구 원 인

1. 피고는, 원고가 ○○시 ○○구 ○○동 ○○ 대지상에 ○○○의 근린생활시설 및 주택건축공사 등을 감리함에 있어서 옥외주차장폭이 2.3m이어야 하는데도 2.1m만 확보하는 등의 위반사항이 발생하였음에도 시정지시와 보고를 하지 아니하는 등 건축법에 의한 공사감리자로서의 의무를 이행하지 아니하였다는 이유로 건축사법 제28조, 동법시행령 제29조의 2에 의거하여 2월간의 건축사업무정지명령을 하였습니다.
2. 그러나 원고는 지적도상 그 주차장 너비가 2.3m 이상이었기 때문에 준공처리를 하여 주었던 것이고, 피고의 지적에 따라 실측하여 본 결과 그 주차장 대부분의 너비가 2.3m이상이었으나 단지 입구 쪽의 일부분만이 그 인접 건물 담장과의 거리가 2.1m임을 알게 되었습니다. 이에 원고는 대한지적공사에 의뢰하여 재 측량하여 본 결과 그 지적도상의 너비는 분명 2.3m이상이고 그 인접건물담장이 위 건물대지 쪽으로 20cm 침범하여 축조한 탓으로 인접 건물 담장과의 거리가 2.1m로 된 것임이 판명되었습니다. 그렇다면 원고로서는 그 감리상의 성실의무에 위반된바가 없는 것이므

로 위 처분은 위법함을 면치 못할 것입니다.

3. 가사, 주차장 입구 쪽의 현황 상 너비가 2.1m인 것을 조사하지 아니한 것이 성실의무위반으로 의율 된다 하더라도 그것은 주차장의 극히 일부분에 지나지 아니하는 점, 그로 인해 승용차 출입에 전혀 지장이 없는 점, 20cm가 부족하게 된 원인은 인접 건물의 침범으로 인한 것인 점 등을 참작할 때, 위와 같은 이유로 원고에 대하여 업무정지 61일의 처분을 함은 너무나 가혹한 것으로서 재량권의 일탈 내지 남용에 해당한다 할 것입니다.

4. 따라서 피고가 원고에 대하여 한 건축사업무정지명령처분을 취소해 주시기 바랍니다.

입 증 방 법

    1. 갑 제1호증   위반건축사 행정처분서
    1. 갑 제2호증   건축사업무정지 명령서
    1. 갑 제3호증   행정심판접수증

첨 부 서 류

    1. 위 입증방법   각 1통
    1. 소장부본   1통
    1. 납부서   1통

20○○년　○월　○일
원 고　○ ○ ○　　(서명 또는 날인)

○ ○ 행 정 법 원 　귀중

제6절 조세 관련 행정소송 서식

[서식 예] 취득세 부과처분 취소청구의 소(수시분)

소　　　　장

원　　고　　○　○　○(주민등록번호)
　　　　　　　○○시 ○○구 ○○길 ○○

피　　고　　△ △ 시장
　　　　　　　○○시 ○○구 ○○길 ○○

취득세부과처분 취소청구의 소

청 구 취 지

1. 피고가 20○○. ○. ○. 원고에 대하여 한 20○○년도 ○월 수시분 취득세 ○
　○○원 과세처분을 취소한다.
2. 소송비용은 피고가 부담한다.
라는 판결을 구합니다.

청 구 원 인

1. 피고는 원고에게 ○○시 ○○구 ○○동 ○○소재 건축물의 신축에 대하여
　20○○년도 ○월 수시분 취득세 금○○○원을 납부할 것을 통지하고, 원고
　는 피고의 이건 과세처분에 대하여 이의신청을 하였으나 기각 당하였고
　행정심판청구를 하였으나 역시 기각 당한바 있습니다.
2. 그러나 피고가 원고에게 부과한 취득세는 원고가 1년 전에 홍수로 멸실 된
　건축물을 신축한 경우에 해당하여, 지방세법 제108조에 의하여 천재 등으
　로 인한 대체취득에 대한 비과세 규정에 해당하여 취득세를 부과할 수 없음
　이 명백함에도 불구하고 피고는 이 건 위법한 부과처분을 하였으므로 그 취
　소를 구하기 위하여 이 청구에 이른 것입니다.

```
                    첨 부 서 류

        1. 등기사항증명서              1통
        1. 건축물관리대장              1통
        1. 소장부본                   1통
        1. 납 부 서                   1통


             20○○년  ○월  ○일
        원 고   ○ ○ ○    (서명 또는 날인)


  ○ ○ 행 정 법 원 귀중
```

■**참 고**■

※ 관할법원(행정소송법 제9조)

① 취소소송의 제1심 관할법원은 피고의 소재지를 관할하는 행정법원임. 다만, 중앙
   행정기관 또는 그 장이 피고인 경우의 관할법원은 대법원 소재지의 행정법원임

② 토지의 수용 기타 부동산 또는 특정의 장소에 관계되는 처분 등에 대한 취소소송
   은 그 부동산 또는 장소의 소재지를 관할하는 행정법원에 이를 제기할 수 있음

※ 제소기간(행정소송법 제20조)

① 취소소송은 처분 등이 있음을 안 날로부터 90일 이내에 제기하여야 함. 다만,
   다른 법률에 당해 처분에 대한 행정심판의 재결을 거치지 아니하면 취소소송을 제
   기할 수 없다는 규정이 있는 때와 그밖에 행정심판청구를 할 수 있는 경우 또는
   행정청이 행정심판청구를 할 수 있다고 잘못 알린 경우에 행정심판 청구가
   있는 때의 기간은 재결서의 정본을 송달 받은 날로부터 기산함.

② 취소소송은 처분 등이 있은 날로부터 1년(제1항 단서의 경우는 재결이 있은 날
   로부터 1년)을 경과하면 이를 제기하지 못함. 다만, 정당한 사유가 있는 때에는
   그러하지 아니함.

⚖ **관련판례**

일반적으로 세금부과처분 취소소송에서 과세요건사실에 관한 증명책임은 과세
권자에게 있다. 그렇지만 구체적인 소송과정에서 경험칙에 비추어 과세요건사실
이 추정되는 사실이 밝혀진 경우에는, 납세의무자가 문제로 된 사실이 경험칙
을 적용하기에 적절하지 아니하다거나 사건에서 경험칙의 적용을 배제하여야
할 만한 특별한 사정이 있다는 점 등을 증명하지 못하는 한, 과세처분이 과세
요건을 충족시키지 못한 위법한 처분이라고 단정할 수 없다(대법원 2016.6.10.
선고, 2015두60341,판결)

[서식 예] 상속세 부과처분 취소청구의 소(부동산)

소　　장

원　고　1. ○　○　○(주민등록번호)
　　　　2. ○　○　○(주민등록번호)
　　　　3. ○　○　○(주민등록번호)
원고들의 주소　○○시 ○○구 ○○길 ○○

피　고　△△세무서장
　　　　　○○시 ○○구 ○○길 ○○

상속세부과처분 취소청구의 소

청 구 취 지

1. 피고가 원고들에 대하여 한 20○○. ○. ○.자 상속세 ○○○원의 부과처분
　은 이를 취소한다.
2. 소송비용은 피고가 부담한다.
라는 판결을 구합니다.

청 구 원 인

1. 원고 ○○○는 소외 망 □□□의 처이고, 나머지 원고들은 위 ○○○의 자
　녀들인바, 위 □□□가 1999. 10. 20. 사망함으로써 그 소유인 별지목록
　기재 부동산을 원고 ○○○, ○○○, ○○○ 1.5:1:1로 상속하였습니다.
2. 당시 원고 ○○○은 무지하고, 나머지 원고들은 아직 어렸던 관계로 원고
　들이 상속세 신고문제를 간과한 채 지내오고 있었는데 피고는 당초 1999.
　11. 30. 경 소외 ○○시장으로부터 위 ○○○의 사망자료를 접수하고 2000.
　1. 20. 전산입력 된 국세청의 과세자료로써 위 ○○○의 사망 당시 달리
　상속재산을 갖고 있지 않았음을 확인한 다음 위 자료에 의거하여 상속세
　과세미달 처리를 하였다가, 2000. 9. 21.경에 이르러 2000. 6. 8.경 감사
　원장으로부터 통보 받은 종합토지세 과세자료 등에 의한 상속세 과세자료
　에 의하여 위 망□□□에게 별지목록 기재 부동산이 있었음을 새로이 확
　인하였다는 이유로 2000. 6. 8. 당시의 공시지가로 위 상속재산가액을 평

가한 뒤 이를 기초로 상속세 ○○○원을 원고들에게 결정 고지하였습니다. 그 후 피고는 원고들의 진정에 따라 2000. 6. 8. 당시의 공시지가로 평가한 위 부동산 시가가 너무 높게 책정되었음을 인정하고 2000. 11. 1. 에 이르러 위 부동산의 2000. 8. 20. 기준 시가감정을 새로이 한 다음 상속세를 감액 결정한 뒤 원고들에게 새로이 상속세를 부과처분 하였습니다.

3. 피고가 원고들에 대하여 원고들의 상속재산에 관하여 행한 위 2000. 4. 5. 자 상속세부과처분은 다음과 같이 위법한 처분입니다.

즉, 피고는 원고들에게 이건 상속세 부과처분을 함에 있어, 2000. 8. 20. 기준하여 상속재산가액을 산정, 별지목록 기재 부동산 중 ○○시 ○○동 212 전 312 및그 지상 주택 1동에 대한 개별공시지가 금 ○○○원과 그 나머지 부동산에 관하여 ☆☆감정평가법인이 감정한 감정가액 금○○○원을 합한 도합 금○○○원을 위 부동산의 시가로 보아 상속세를 결정 고지하였습니다.

4. 그러나 상속재산의 가액평가는 상속개시 당시의 현황에 따라 하게 되어 있으므로 이건의 경우 위 □□□의 사망시인 1999. 10. 20.당시의 현황에 따라 상속재산의 가액을 평가하여야 한다고 해야 할 것인바, 별지 목록 기재 부동산을 199 9. 10. 20. 당시의 현황에 따라 그 가액을 평가하여 상속세를 산출해 보면 별첨 감액요청금액의 계산명세와 같으므로, 그 금액을 초과하여 결정 고지한 피고의 이건 상속세 및 방위세 부과처분은 위법하다고 할 것입니다.

5. 이에 원고들은 2000. 12. 20.경 조세심판원장에게 심판청구를 해 2001. 5. 1. 기각을 결정 받고 이 사건 청구에 이른 것입니다.

입 증 방 법

1. 갑제1호증　　　　　　　결정서
1. 갑제2호증의 1　　　　　조세심판 결정통지
1. 갑제2호증의 2　　　　　결정서

첨 부 서 류

1. 위 입증방법　　　　　　각 1통
1. 소장부본　　　　　　　　1통
1. 납부서　　　　　　　　　1통

20○○년   ○월   ○일

위 원 고 1. ○ ○ ○ (서명 또는 날인)

2. ○ ○ ○ (서명 또는 날인)

3. ○ ○ ○ (서명 또는 날인)

○○ 행 정 법 원 귀중

⚖ 관련판례

공동상속인의 연대납부의무는 다른 공동상속인이 고유의 상속세 납부의무를 이행하면 그 범위에서 일부 소멸하는 것일 뿐 다른 공동상속인의 납부 여부에 따라 원래부터 부담하는 연대납부의무의 범위가 변동되는 것은 아니다. 또한 국세징수법상 독촉이나 압류 등의 체납처분은 확정된 세액의 납부를 명하는 징수고지를 전제로 이루어지는데, 확정된 세액에 관한 징수고지가 있고 세액이 미납된 경우 과세관청은 확정된 세액 전부에 관하여 독촉이나 압류에 나아갈 수 있으므로 과세관청이 확정된 세액에 관한 징수고지를 하면서 연대납부의무의 한도를 명시하지 아니하였다면 연대납부의무의 한도가 없는 징수고지를 한 것으로 보아야 한다. 한편 징수절차상 고유의 하자가 있는 경우 독촉이나 압류 등의 체납처분뿐만 아니라 징수고지 자체를 다툴 수도 있는데, 어떠한 공동상속인이 상속재산 중 받았거나 받을 재산을 한도로 한 연대납부의무만을 부담함에도 과세관청이 공동상속인이 부담하는 상속세 전액에 대하여 징수고지를 한 경우 연대납부의무의 한도는 다른 공동상속인에 대한 부과처분을 다투는 방법으로는 불복할 수 없는 공동상속인 자신에 한정된 징수절차상 고유의 하자에 해당하므로, 연대납부의무의 한도를 다투려는 공동상속인은 자신의 연대납부의무에 직접 영향을 미치는 과세관청의 처분인 징수고지를 대상으로 항고소송을 제기할 수 있다(대법원 2016.1.28, 선고, 2014두3471, 판결).

[서식 예] 가산세 부과처분 취소청구의 소(행정처분 위법을 이유로)

소 장

원 고 ○ ○ ○(주민등록번호)
  ○○시 ○○구 ○○길 ○○ (우편번호 ○○○ - ○○○)

피 고 △△세무서장
  ○○시 ○○구 ○○길 ○○ (우편번호 ○○○ - ○○○)

가산세부과처분취소 청구의 소

청 구 취 지

1. 피고가 20○○. ○. ○.자로 원고에게 한 가산세 부과처분은 이를 취소한다.
2. 소송비용은 피고의 부담으로 한다.
라는 판결을 구합니다.

청 구 원 인

1. 이 사건에 이르게 된 경위
 가. 원고는 소외 부 망 김□□이 20○○. ○. ○. 사망하여 단독으로 전 재산을 상속하게 되었고 20○○. ○. ○. 상속세법 제3조, 제13조, 제25조에 따라 총상속세액금 100,000,000원을 자진 신고함과 동시에 같은 법 제71조에 따라 상속세액중 일부인 금 40,000,000에 대하여 연부연납 신청을 하고 같은 해 3. 2. 위 연부연납 신청금액을 제외한 나머지 세액 금 60,000,000원을 자진납부 하였습니다.
 나. 그 후 원고는 상속받은 재산의 처분이 어렵고 또한 상속세를 납부할 만한 소득이 없어 같은 해 ○. ○ . 위 연부연납 신청을 철회하고 같은 법 제73조에 따라 같은 해 ○. ○.자로 상속세 물납 신청을 하여 같은 해 ○. ○. 피고로부터 상속세 물납허가를 받았습니다.

2. 피고의 부과처분
 그런데 피고는 같은 해 ○. ○. 원고가 연부연납 신청을 철회함으로써 당초부터 연부연납 신청이 없었던 것과 마찬가지가 되었으므로 미납부 신고세액에 대하여 신고납부기한 다음 날로부터 위 납세고지일인 같은 해 ○. ○.

까지의 납부불성실 가산세 등을 합한 금액을 부과하였습니다.

3. 전심절차
원고는 이건 부과처분에 불복하고 피고 및 국세청에 이건 부과처분에 대하여 20○○. ○. ○. 이의신청을, 같은 해 ○. ○. 심사청구를 같은 해 ○. ○. 심판청구를 하였으나 청구를 기각한다는 결정을 받았습니다.

4. 피고처분의 부당성
그러나 연부연납을 신청한 금액에 대하여는 같은 법 제70조 제1항 4호의 규정에 의하여 신고기한 내의 자진납부 의무가 없다고 할 것이므로 신고기한 내에 납부를 하지 않았더라도 납부불성실가산세를 부과할 수 없다고 할 것이며 또한 비록 원고가 위 연부연납 신청을 철회하였다고 하더라도 그 철회에 의하여 당초 담보제공의 의사표시와 함께 한 연부연납 신청이 소급하여 처음부터 없었던 것과 같이 되는 것은 아니므로 피고가 원고에게 한 가산세 부과처분은 위법한 처분이라 할 것입니다.

5. 결론
그러므로 피고의 위 행정처분은 명백히 위법하다 할 것이므로 원고는 그 취소를 구하고자 본소 청구에 이르게 되었습니다.

입 증 방 법

1. 갑 제1호증   가산세고지서
1. 갑 제2호증   연부연납신청서
1. 갑 제3호증   물납신청허가서

첨 부 서 류

1. 위 입증방법   각 1부
1. 소장부본   1부
1. 납부서   1부

20○○년 ○월 ○일
원 고 ○ ○ ○ (서명 또는 날인)

○ ○ 행 정 법 원 귀중

⚖️ 관련판례

조세행정에 있어서 2개 이상의 같은 목적의 행정처분이 단계적·발전적 과정에서 이루어진 것으로서 서로 내용상 관련이 있다든지, 조세행정소송 계속 중에 그 대상인 과세처분을 과세관청이 변경하였는데 위법사유가 공통된다든지, 동일한 행정처분에 의하여 수인이 동일한 의무를 부담하게 되는 경우에 선행처분에 대하여 또는 그 납세의무자들 중 1인이 적법한 전심절차를 거친 때와 같이, 국세청장과 조세심판원으로 하여금 기본적 사실관계와 법률문제에 대하여 다시 판단할 수 있는 기회를 부여하였을 뿐더러 납세의무자로 하여금 굳이 또 전심절차를 거치게 하는 것이 가혹하다고 보이는 등 정당한 사유가 있는 때에는 납세의무자가 전심절차를 거치지 아니하고도 과세처분의 취소를 청구하는 행정소송을 제기할 수 있다고 할 것이나, 그와 같은 정당한 사유가 없는 경우에는 전심절차를 거치지 아니한 채 과세처분의 취소를 청구하는 행정소송을 제기하는 것은 부적법하다(대법원 2014.12.11. 선고, 2012두20618, 판결).

소   장

원   고   ○○○(주민등록번호)

              ○○시 ○○구 ○○길 ○○

피   고   △△세무서장

              ○○시 ○○구 ○○길 ○○

증여세부과처분 취소청구의 소

청 구 취 지

1. 피고가 20○○. ○. ○. 원고에 대하여 한 증여세 ○○○원 부과처분을 취소한다.
2. 소송비용은 피고가 부담한다.

라는 재판을 구합니다.

청 구 원 인

1. 피고는 20○○. ○. ○. 원고에 대하여 증여세 금○○○원을 부과하였습니다. 즉, 피고는 원고가 원고의 남편인 소외 □□□로부터 ○○시 ○○구 ○○길 ○○ ○○제곱미터를 증여 받았다는 이유로 위 증여세 부과처분을 하였습니다.
2. 그러나 원고는 위 부동산을 소외 □□□로부터 증여 받은 것이 아니라 원고가 ☆☆주식회사 경리사원으로 근무하고서 20○○. ○. ○. 퇴사 후 퇴직금을 모아 소외 □□□로부터 매수한 것입니다. 따라서 피고의 원고에 대한 과세처분은 존재하지 아니하는 증여에 대한 것으로서 위법한 부과처분이므로 취소되어야 합니다.

입 증 방 법

      1. 갑 제1호증   매매계약서

      1. 갑 제2호증   부동산중개인확인서서

1. 갑 제3호증   퇴직금내역서

첨 부 서 류

1. 위 입증방법   각 1통
1. 소장부본   1통
1. 납 부 서   1통

20○○년 ○월 ○일
원 고 ○ ○ ○ (서명 또는 날인)

○ ○ 행 정 법 원 귀중

[서식 예] 양도소득세 부과처분 무효확인 청구의 소(착오로 과세처분)

소   장

원 고   ○ ○ ○(주민등록번호)
　　　　○○시 ○○구 ○○길 ○○ (우편번호 ○○○ - ○○○)

피 고   △△세무서장
　　　　○○시 ○○구 ○○길 ○○ (우편번호 ○○○ - ○○○)

양도소득세부과처분무효확인 청구의 소

청 구 취 지

1. 피고가 20○○. ○. ○. 원고에 대하여 한 양도소득세 금 ○○○원의 부과처분은 무효임을 확인한다.
2. 소송비용은 피고의 부담으로 한다.
라는 판결을 구합니다.

청 구 원 인

1. 처분의 경위

　가. 원고의 전 남편이던 소외 강□□는 ○○가정법원에 원고와의 이혼소송이 계속되어 있던 20○○. ○.경 △△세무서에 '원고가 타인명의를 빌려 별지목록 기재 부동산을 분양 받아 이를 전매하여 양도소득세를 탈세하고는 전매차익 8억원을 가지고 가출하였다'는 내용의 진정을 한 후, △△세무서에 출석하여 같은 내용의 진술을 하였습니다(갑제1호증 : 조사복명서).

　나. 이에 △△세무서는 위 소외인을 불러 위 진정내용을 조사하였고, 피고는 20○○. ○. ○. 별지목록 기재 각 부동산에 관하여 실질적인 양도인을 원고로 인정하여 원고에 대하여 금 ○○○원의 양도소득세를 결정.고지하였습니다(갑제2호증의 1:양도소득세 결정결의서, 갑제2호증의 2:양도소득금액 결정내역서).

2. 이 사건 청구의 경위

　가. 원고는 19○○. ○. ○.경 소외 강□□와 결혼하여 두 자녀를 두고 생활하던 중, 20○○. ○.경 위 소외인의 상습적인 폭행을 견디지 못하고 두

자녀를 데리고 가출하여 ○○도 ○○시 ○○길 ○○에 월세방을 얻어 생활하고 있었습니다. 원고는 위 가출 직후인 20○○. ○. ○. 서울가정법원에 위 소외인을 상대로 이혼 및 재산분할 등 청구의 소송을 제기하여 20○○. ○. ○. 일부승소 판결을 받았으나 위 소외인이 이에 항소하여 결국 20○○. ○. ○. 서울고등법원에서 일부 승소판결을 받고 위 판결이 확정되었습니다(갑제3호증의 1, 2:각 판결문).

나. 그 후 원고는 20○○. ○. 말경 원고 소유로 되어있던 ○○시 ○○구 ○○길 ○○ ☆☆아파트 3층 303호의 등기부등본을 확인하게 되었는데 확인결과 △△세무서가 20○○. ○. ○. 위 부동산에 압류등기를 한 사실을 처음 알게 되었습니다. 이에 원고는 △△세무소에 압류경위를 문의하였는바, △△세무소의 설명은 위 소외인이 '원고가 타인명의를 빌려 별지목록 기재 부동산을 분양 받아 이를 전매하여 양도소득세를 탈세하고는 전매차익 8억원을 가지고 가출하였다'는 내용의 진정을 하여 이를 근거로 이 사건 양도소득세 부과처분을 하였다는 것이었습니다.

3. 양도소득세 부과처분의 무효

가. 납세의무자가 아닌 자에 대한 과세처분

(1) 피고는 원고가 별지목록 기재 부동산의 양도자라고 하여 이 사건 양도소득세 부과처분을 하였습니다. 그러나 원고는 별지목록 기재 부동산을 취득했던 사실도 또한 그 양도과정에 관여한 바도 전혀 없습니다. 심지어 그 존재조차도 이 사건 양도소득세 부과처분을 계기로 알게 된 것입니다(갑4호증의 1, 2:각 등기부등본).

(2) 위 소외인은 원고와 이혼소송 계속 중, 원고에게 악감정을 품고 △△세무서에 위와 같은 내용의 허위진정을 하였던 것인데 △△세무서는 원고를 불러 원고의 전매사실을 문의하여 봄이 없이 만연이 위 소외인의 진정내용만으로 원고에게 이 사건 양도소득세 부과처분을 하였던 것입니다. 또한 위 진정내용에 대한 조사과정에서 △△세무서는 위 소외인의 진술과 별지목록 기재 부동산의 양수인들의 진술이 일치하지 아니하여 위 진정내용이 신빙성이 없다고 조사하였음에도 불구하고 귀속연도를 19○○.경으로 하여 추정세액으로 금 ○○○원을 부과하는 이 사건 양도소득세 부과처분을 하였습니다(갑제1호증:조사복명서, 갑제5호증:사실내용확인요구).

(3) 결국, 이 사건 양도소득세 부과처분은 납세의무자가 아닌 자에 대한 처분으로 그 하자가 중대하고도 명백하여 당연무효의 처분입니다.

나. 송달의 부적법성

(1) 피고는 20○○. ○. ○. 이 사건 양도소득세 납세고지서를 ○○시 ○○구 ○길동 ○○ ☆☆아파트 303호로 송달하였습니다. 그러나 위 송달당시, 원고는 위 장소에 거주하지도 않았으며 위 장소가 원고의 주민등록지도 아니었습니다.

(2) 원고는 20○○. ○.경까지 ○○시 ○○구 ○○길 ○○에 거주하며 주민등록을 두고 있었습니다. 그러던 중 원고는 20○○. ○.경 위 주소지를 가출하게 되었고 이 후 ○○도 ○○시 ○○길 ○○소재 월세방에서 생활하고 있었습니다. 당시 원고는 이혼소송 등 신변문제로 주민등록 전출신고를 하지 않고 있었는데, 위 소외인의 신고로 원고의 위 주소지 주민등록이 20○○. ○. ○. 직권말소 되었습니다(갑제6호증:주민등록초본).

(3) 그런데 위 소외인은 자신 혼자 ○○시 ○○구 ○○길 ○○ ☆☆아파트 3동 303호로 이사한 후 전입신고를 하였는데, △△세무서는 위 동아아파트 3동 303호로 이 사건 양도소득세 납세고지서를 송달하였고 위 소외인이 이를 수령한 것입니다. 따라서 원고는 위 양도소득세 납세고지서를 송달받지 못하여 위 세금부과사실을 전혀 알 수 없었습니다(갑제7호증:사실증명).

(4) 결국 이 사건 양도소득세 부과처분은 부적법한 송달에 의한 것으로서 그 하자가 중대하고 명백하여 당연무효의 처분입니다.

4. 확인의 이익

가. 원고는 20○○. ○. ○. 수원지방법원에 위 소외인 소유인 ○○시 ○○구 ○○길 ○○ ★★아파트 105-1052 부동산에 대하여 처분금지가처분을 하여 둔 상태입니다. 원고는 위 소외인에 대한 확정판결에 기해 위자료 금○○○원, 재산분할 금○○○원, 양육비 금○○○원 등을 지급 받고자 위 가처분을 하였고, 20○○. ○. ○. 강제경매절차가 개시되었습니다(20○○타경○○○5). 위 경매절차에 따라 위 소외인 소유의 위 부동산은 ○○○원에 낙찰 되었고, 위 금원에서 임차보증금 ○○○원 등을 공제한 잔액이 원고에게 배당될 것으로 보입니다. 그런데 피고는 이 사건 양도소득세 부과처분에 기해 원고의 위 가처분채권을 압류하여 배당받으려 하고 있습니다(갑제8호증:경위서, 갑제9호증:등기부등본). 현재 위 경매절차에 따라 원고는 금 ○○○원을 배당받았으나 위 법원은 위 △△세무서의 압류에 따라 이를 공탁해 둔 상태입니다(갑제10호증:배당표).

나. 결국 원고는 위 당연무효의 양도소득세 부과처분의 외관에 따라 그 재산이 현실적으로 집행될 위험성이 계속하여 상존하고 있으므로, 원고는 위 양도소득세 부과처분의 무효 확인을 구할 이익이 있다고 할 것입니다.

5. 결 론

결국, 피고가 20○○. ○. ○. 원고에 대하여 한 이 사건 양도소득세 부과처분은 당연 무효이므로 원고는 이의 확인을 구하고자 이 사건 청구에 이르게 된 것입니다.

입 증 방 법

1. 갑제1호증	조사복명서
1. 갑제2호증의 1	양도소득세 결정결의서
1. 갑제2호증의 2	양도소득금액 결정내역서
1. 갑제3호증의 1, 2	각 판결문
1. 갑4호증의 1, 2	각 등기사항증명서
1. 갑제5호증	사실내용확인요구
1. 갑제6호증	주민등록초본
1. 갑제7호증	사실증명
1. 갑제8호증	경위서
1. 갑제9호증	등기사항증명서
1. 갑제10호증	배당표

첨 부 서 류

1. 위 입증방법	각 1통
1. 소장부본	1통
1. 납부서	1통

20○○년 ○월 ○일

원 고 ○ ○ ○ (서명 또는 날인)

○ ○ 행 정 법 원 귀 중

[별 지]

부동산의 표시

1. ○○시 ○○구 ○○동 ○○ ◎◎아파트 ○○○-○○○○호(42평형)
2. ○○도 ○○시 ○○동 ○○ ◎◎아파트 ○○○-○○○○호(48평형). 끝.

⚖ 관련판례

행정청이 어느 법률관계나 사실관계에 대하여 어느 법률 규정을 적용하여 행정처분을 한 경우에 그 법률관계나 사실관계에 대하여는 그 법률 규정을 적용할수 없다는 법리가 명백히 밝혀져 해석에 다툼의 여지가 없음에도 행정청이 위규정을 적용하여 처분을 한 때에는 하자가 중대하고도 명백하지만, 그 법률관계나 사실관계에 대하여 그 법률 규정을 적용할 수 없다는 법리가 명백히 밝혀지지 않아 해석에 다툼의 여지가 있는 때에는 행정관청이 이를 잘못 해석하여행정처분을 했더라도 이는 처분 요건사실을 오인한 것에 불과하여 하자가 명백하다고 할 수 없다(대법원 2012.8.23. 선고, 2010두13463, 판결).

[서식 예] 법인세 원천징수불이행 가산세부과처분 취소청구의 소

소 장

원 고   ○○공업 주식회사
　　　　　○○시 ○○구 ○○길 ○○ (우편번호 ○○○ - ○○○)
　　　　대표이사 ○   ○   ○

피 고   △△세무서장
　　　　　○○시 ○○구 ○○길 ○○ (우편번호 ○○○ - ○○○)

법인세원천징수불이행가산세부과처분 취소청구의 소

청 구 취 지

1. 피고가 20○○. ○. ○. 원고에 대하여 한 20○○년 귀속 법인세 원천징수
   불이행에 대한 가산세 금 1,000,000원의 부과처분은 이를 취소한다.
2. 소송비용은 피고의 부담으로 한다.
라는 판결을 구합니다.

청 구 원 인

1. 이 사건 청구의 대상인 처분
   원고는 소외 ☆☆화학주식회사로부터 그 소유의 ★★주식회사 발행 주식을
   매수하면서 우선 계약금만을 지급하고 잔금은 연불 조건으로 3회에 걸쳐
   지급하되 그 미지급 잔금에 대하여는 시중은행의 일반대출이율과 같은 비
   율의 이자를 지급하기로 약정한 다음 20○○. 1. 1. 같은 해 2. 1. 및 같
   은 해 3. 31. 등 모두 3회에 걸쳐 약정된 이자를 지급하였는데, 피고는 위
   이자가 소득세법 제16조 제1항 제11호 소정의 비영업대금의 이익에 해당
   한다고 보고 그 지급자인 원고에게는 법인세법 제73조 제1항에 따른 법인
   세의 원천징수의무가 있음에도 불구하고 이를 이행하지 않았다 하여 20○
   ○. 1. 24.자의 가산세 부과처분을 하였습니다.
2. 가산세부과처분의 위법성
   가. 법인세법 제76조 제1항에 의하여 법인세 미납부 세액에 대하여 부과하
   　　는 가산세는 법인세 납부의무 이행을 확보하기 위하여 법인이 그 납부

의무를 해태하였을 때 이에 대하여 세금의 형태로 과징하는 행정상의 제재로서 납세의무자가 그 의무의 불이행에 관하여 정당한 이유가 있는 경우에는 부과할 수 없는 것이라고 하겠습니다.

나. 위 법인세법의 규정에 의하여 법인세 미납부 세액에 대한 가산세를 부과하는 경우 그 법인세 중 일부가 이미 납부된바 있으면 그 납부일 이후로는 이를 공제한 나머지 세액을 기준으로 이를 산정하여야 할 것입니다. 그런데 원고는 20○○. 6. 30. 이 사건 법인세로 피고에게 금 20,000,000원을 납부하였습니다.

그렇다면 그 이후의 가산세를 계산함에 있어서는 이를 공제한 그 잔액을 기준으로 삼아야 할 것인데도 피고가 이 사건 법인세 전액에 대하여 미납부 가산세를 산정하였습니다.

3. 전심절차의 경유

원고는 이 사건 부과처분의 고지를 받고,

가. 20○○. 3. 1.국세청정에게 심사청구를 하여

나. 같은 해 4. 3. 그 기각결정통지를 수령하였고,

다. 같은 해 5. 3. 국세심판소장에게 심판청구를 하여,

라. 같은 해 6. 3. 그 기각결정 통지를 수령하였는바,

이로써 원고는 이 사건 부과처분에 관하여 필요한 전심절차를 모두 거쳤습니다.

4. 결론

그렇다면 이상 살펴본 바와 같이 피고의 이 사건 가산세부과처분은 위법하다고 할 것이므로 마땅히 취소되어야할 것입니다.

입 증 방 법

1. 갑 제1호증의 1 내지 4   납세고지서
1. 갑 제2호증   결정서
1. 갑 제3호증   결정서

첨 부 서 류

1. 위 입증방법   각 1통
1. 소장부본   1통
1. 납부서   1통

20○○년   ○월   ○일
원 고   ○○공업 주식회사
대표이사 ○ ○ ○ (서명 또는 날인)

○ ○ 행 정 법 원 귀중

[서식 예] 취득세, 등록면허세, 교육세 부과처분 취소청구의 소

<h1 style="text-align:center">소   장</h1>

원   고   ○ ○   ○(주민등록번호)
             ○○시 ○○구 ○○길 ○○

피   고   △△시장
             ○○시 ○○구 ○○길 ○○

취득세등 부과처분 취소청구의 소

<h2 style="text-align:center">청 구 취 지</h2>

1. 피고가 20○○. ○. ○. 원고에 대하여 부과한 취득세 10,000,000원, 등록
면허세 15,000,000원, 교육세 3,000,000원의 부과처분을 각 취소한다.
2. 소송비용은 피고가 부담한다.
라는 판결을 구합니다.

<h2 style="text-align:center">청 구 원 인</h2>

1. 이 사건 부과처분의 경위
 원고는 20○○. ○. ○. ○○시 ○○동 ○○ 대지 626㎡중 530㎡, 건물
4,376㎡중 2,500㎡(이하 이 사건 부동산이라 한다)를 법원으로부터 경락받
아 취득하였던 바, 피고는 이 사건 부동산의 취득을 원인으로 하여 취득세
금1,000만원, 등록면허세 금1,500만원, 교육세 금300만원의 각 부과처분을
받았습니다. 원고는 이 사건 부동산을 벤처기업 집적시설로 임대할 목적으
로 법원으로부터 경락을 받았던 바, 20○○. ○. ○. 경락허가결정을 받고
항고하던 중인 20○○. ○. ○.경부터 ○○도의 해당공무원에게 경락허가결
정을 가지고 가서 벤처기업집적시설지정신청을 하였습니다.
 그러나 위 해당공무원은 위와 같은 사건을 취급한 적이 없다고 하면서 이
곳저곳 확인을 하더니 경락대금을 납입한 후에 경락대금완납증명서를 첨부
하여 지정신청을 하라고 하면서 지정신청서를 접수받지 않아 원고는 경락
대금완납증명을 받은 후인 같은 해 8. 3.에야 지정신청서를 접수할 수 있
었습니다.

이에 피고는 원고가 구 지방세법 제276조 제4항에 의하여 취득세, 등록면허세, 교육세를 감면 처리하여 부과하지 않았으나 원고가 이 사건 부동산에 대한 소유권을 취득한 후에 벤처기업집적시설지정을 받았으므로 위 법에 의한 면제대상이 아니라는 이유로 20○○. ○. ○. 원고에 대하여 이 사건 취득세, 등록면허세, 교육세의 부과처분을 하였습니다.

2. 전심절차

이에 원고는 같은 해 5. 6. 이 사건 취득세등 부과처분에 대하여 ○○남도지사에게 이의신청을 하였으나 ○○도지사는 같은 해 6. 5. 이의신청을 기각하였으며, 원고가 같은 해 9. 7. 조세심판원장에게 심사청구를 하였으나 같은 해 11. 6. 기각한다는 결정을 받았습니다. (원고는 위 결정통지를 같은 해 11. 8. 송달받았음)

3. 피고처분의 위법성

가. 원고는 해당공무원의 사무착오로 지정신청을 늦게 접수할 수밖에 없었습니다. 원고는 이 사건 부동산을 취득하기 전(즉 경락대금을 완납하기 전)에 이미 ○○도청의 해당 공무원에게 벤처기업집적시설승인신청을 하려 하였으나 해당공무원이 경락대금완납증명서를 첨부하여야만 접수를 받을 수 있다고 하면서 접수를 거부하는 바람에 사전에 승인신청을 할 수 없었습니다.

나. 구 지방세법 제276조 제4항의 규정에서 벤처기업육성에 관한 특별조치법에 의하여 정하는 벤처기업집적시설의 사업시행자가 벤처기업집적시설을 개발 조성하여 "분양 또는 임대할 목적으로" 취득한 부동산에 대하여 취득세, 등록세를 면제한다고 규정하고 있으므로 부동산을 취득한 후 지정받은 경우에는 면제대상에 해당하지 않는다는 이유로 원고의 청구를 기각하였습니다.

그러나 위 법에 규정한 "분양 또는 임대할 목적으로"의 문구를 집적시설지정승인을 부동산 취득일 전에 받아야만 한다고 축소해석 할 근거가 없고 설령, 그러한 근거가 있다고 하더라도 지정을 목적부동산의 취득전, 후에 받은 사실만으로 취득세 등을 면제받거나 면제받지 못하게 차별하여 적용하는 것은 실질과세의 원칙이나 형평과세의 원칙에도 반하여 무효라 하겠습니다. 따라서 원고가 이 사건 부동산을 취득한 후에 집적시설승인을 받았기 때문에 취득세 등을 면제할 수 없다고 한 피고의 주장은 위법하다 할 것입니다.

4. 결론

그렇다면 피고가 20○○. ○. ○. 원고에 대하여 한 이 사건 취득세등 부과처분은 각 취소되어야 마땅하다 할 것이므로 원고는 청구취지와 같은 판결을 구하기 위하여 본 소 청구를 제기합니다.

입 증 방 법

1. 갑제1호증   결정통지 및 결정서
1. 갑제2호증   심사청구 결정통지 및 결정서

첨 부 서 류

1. 위 입증방법   각 1통
1. 소장부본   1통
1. 납부서   1통

20○○년   ○월   ○일

원 고   ○ ○ ○   (서명 또는 날인)

○ ○ 행 정 법 원 귀중

[서식 예] 양도소득세 부과처분 취소청구의 소(국민주택용지 양도)

소   장

원   고   ○ ○ ○(주민등록번호)
　　　　　　○○시 ○○구 ○○길 ○○ (우편번호 ○○○ - ○○○)

피   고   △△세무서장
　　　　　　○○시 ○○구 ○○길 ○○ (우편번호 ○○○ - ○○○)

양도소득세부과처분취소 청구의 소

청 구 취 지

1. 피고가 원고에 대하여 한 양도소득세 금 ○○○원의 부과처분은 이를 취소한다.
2. 소송비용은 피고의 부담으로 한다.
라는 판결을 구합니다.

청 구 원 인

1. 피고는 20○○. ○. ○. 원고에 대하여 양도소득세 금○○○원을 부과처분 하였으므로, 즉 원고가 소외 ○○주택조합에 국민주택용지를 양도하므로 인하여 발생한 양도소득에 대하여 금○○○원의 양도소득세를 부과한 것입니다.
2. 그러나 국가 지방자치단체 대한주택공사 토지개발공사 등에게 주택법 제9조 제1항의 등록의무가 면제되는 것은 등록은 하지 않아도 등록업자와 동일한 지위를 갖게 하려는 취지로 볼 수 있는데 주택조합도 동일하게 등록의무가 면제될 뿐만 아니라 주택법 제10조 제2항은 주택조합은 등록업자와 공동사업주체로 보고 있으므로 주택조합도 주택법 제9조 제1항의 주택건설등록업자와 동일한 지위를 가지므로 주택조합이 주택건설등록업자가 아니라는 이유로 국민주택의 건설용지를 양도하므로서 발생한 양도소득을 조세감면규제법이 정하는 양도소득세 면제대상이 아니라는 판단하에 부과된 이 사건 토지에 대한 과세처분은 흠결이 있어 위법하므로 취소되어야 할 것입니다.

첨 부 서 류

   1. 소장부본   1통
   1. 납부서   1통

20○○년　○월　○일

원 고　○ ○ ○　(서명 또는 날인)

○ ○ 행 정 법 원　귀중

[서식 예] 부가가치세 부과처분 취소청구의 소(사업인수에 대하여)

소   장

원   고   주식회사 ○○
          ○○시 ○○구 ○○길 ○○ (우편번호 ○○○ - ○○○)
          대표이사 ○ ○ ○

피   고   △△세무서장
          ○○시 ○○구 ○○길 ○○ (우편번호 ○○○ - ○○○)

부가가치세부과처분 취소청구의 소

청 구 취 지

1. 피고가 20○○. ○. ○. 원고에 대하여 한 19○○. 1기분 20,000,000원, 19
   ○○. 2기분 20,000,000원, 19○○. 1기분 20,000,000원, 19○○. 2기분
   20,000,000원의 부과처분은 이를 취소한다.
2. 소송비용은 피고가 부담한다.
라는 판결을 구합니다.

청 구 원 인

1. 이 사건 부과처분의 경우

 가. 원고는 ○○시 ○○구 ○○길 ○○에서 (주)○○이라는 상호로 19○○.
    ○. ○. 개업한 빙과류 제조업체입니다.
    그런데 소외 (주)☆☆제과의 임가공위탁업체인 ★★제과(주)의 부도로 인
    하여 농산물 유통공사가 위 (주)☆☆제과의 사업장에 경매를 신청하자
    원고는 공장시설물 일체를 19○○. ○. ○. 낙찰 받게 되었습니다.
    그러자 피고는 원고가 (주)☆☆제과의 시설물 등을 낙찰받기 전인 19○
    ○. ○. ○. 미리 법인을 설립하여 사업을 영위하면서 인수작업을 추진한
    점과 (주)☆☆ 제과의 주주는 100% 가족들로 구성되었고 원고 회사의
    주주도 가족이 95% 의 지분을 소유한 점, (주)☆☆제과의 종업원 8명중
    7명이 원고회사에 고용된 점, 납품처인 ★★제과(주)와는 제품위탁 생산
    기본계약서를 체결하여 납품을 계속할 수 있는 권리를 인수한 점 등에

비추어 상호만 변경되었을 뿐 원고가 위 (주)☆☆제과의 모든 사업을 포괄적으로 양수하였다고 볼 수 있다고 하여 주된 납세자인 (주)☆☆제과의 체납세액 부가가치세 (19○○. 1기분 2,000만원, 같은 해 2기분 2,000만원, 19○○. 1기분 2,000만원, 같은 해 2기분 2,000만원) 합계 금8,000만원에 대하여 20○○. ○. ○. 원고를 2차 납세의무자로 지정하고 납부통지서에 의하여 부과고지를 하였습니다.

나. 그러나 원고는 이에 불복하여 20○○. 7. 13. 이의신청을 거쳐 20○○. 10. 13. 심사청구를 하였는바, 국세청에서는 20○○. 12. 8. 피고가 부과한 부가가치세 중 경정 결정된 19○○. 1기분 부가가치세 2,000만원 부분을 취소하였으며 원고는 위 내용의 결정서를 20○○. 12. 8. 수령하였습니다.

2. 부과처분의 위법성

가. 국세기본법 제41조(사업양수인의 제2차 납세의무) 제1항은 「사업의 양도.양수가 있는 경우에 양도일 이전에 양도인의 납세의무가 확정된 당해 사업에 관한 국세.가산금과 체납처분비를 양도인 재산으로 충당하여도 부족이 있는 때에는 대통령령이 정하는 사업의 양수인은 그 부족액에 대하여 양수한 재산의 가액을 한도로 제2차 납세의무를 진다」고 규정하고, 같은 법 시행령 제22조(사업의 양도.양수의 범위)에는 「법 제41조에서 대통령이 정하는 사업의 양수인이라 함은 사업장별로 그 사업에 관한 모든 권리(미수금에 관한 것을 제외한다)와 모든 의무(미지급금에 관한 것을 제외한다)를 포괄적으로 승계한 자를 말한다.」고 규정하고 있으며, 같은법 시행령 제23조(사업양수인의 제2차 납세의무의 한계) 제2항에는 「법 제41조 제2항에서 양수한 재산의 가액이라 함은 다음 각호의 가액을 말한다.

　1. 사업의 양수인이 양도인에게 지급하였거나 지급하여야 할 금액이 있는 경우에는 그 금액

　2. 제1호의 규정에 의한 금액이 없거나 불분명한 경우에는 양수한 자산 및 부채를 상속세 및 증여세법 제60조 내지 66조의 규정을 준용하여 평가한 후 그 자산총액에서 부채총액을 공제한 가액」이라고 규정하고 있으며, 또한 같은 법 기본통칙 4-2-25…41(사업의 양도.양수로 보지 아니하는 경우)에는 「다음 각호의 "1"에 해당하는 경우에는 사업의 양도.양수로 보지 아니한다.」

　① 영업에 관한 일부의 권리와 의무를 승계한 경우

② 강제집행절차에 의하여 경락된 재산을 양수한 경우

③ 보험업법에 의한 자산등의 강제이전의 경우라고 규정하고 있습니다.

나. 원고는 (주)☆☆제과와 사업에 관한 양도.양수를 한 바 없으며 전혀 다른 법인체이고 다만 공장시설물 일체를 제3자인 농산물유통공사가 신청한 경매에 의하여 취득하였으므로 사업의 양수인이 아닌 것입니다.

3. 따라서 피고는 원고를 제2차 납세의무자로 보아 원고에 대하여 한 이 사건 과세처분은 위법 부당하므로 그 취소를 구하고자 이건 청구에 이른 것입니다.

입 증 방 법

1. 갑제1호증   결정서
1. 갑제2호증의 1내지 6   납세고지서
1. 갑제3호증   낙찰허가결정

첨 부 서 류

1. 위 입증방법   각 1통
1. 소장부본   1통
1. 납부서   1통

20○○년   ○월   ○일

원 고   ○ ○ ○   (서명 또는 날인)

○ ○ 행 정 법 원   귀중

☞ 관련판례

甲 회사 등이 부가가치세 환급세액신고에 대한 차감고지세 부과처분 취소청구소송에서 승소 확정판결을 받았음을 이유로 국가를 상대로 그 존재와 범위가 확정되어 있는 미지급 환급세액 상당의 부당이득반환을 구한 사안에서, 확정판결에 기한 甲 회사 등의 청구가 신의성실원칙에 반하여 허용될 수 없거나 불법원인급여의 반환을 구하는 것이라고 본 원심판결에 법리오해의 위법이 있다(대법원 2012.8.30. 선고, 2012다21546, 판결).

[서식 예] 종합소득세 부과처분 취소청구의 소(귀속)

소　　장

원　　고　　○　○　○(주민등록번호)
　　　　　　　○○시 ○○구 ○○길 ○○ (우편번호 ○○○ - ○○○)

피　　고　　△△세무서장
　　　　　　　○○시 ○○구 ○○길 ○○ (우편번호 ○○○ - ○○○)

종합소득세부과처분 취소청구의 소

청 구 취 지

1. 피고가 원고에 대하여 20○○. ○. ○.자로 결정 고지한 20○○년도 귀속 종합소득세 ○○○원의 부과처분은 이를 취소한다.
2. 소송비용은 피고의 부담으로 한다.
라는 판결을 구합니다.

청 구 원 인

1. 기초사실
　원고는 20○○. ○. ○.부터 20○○. ○. ○.까지 일반건설업 및 부대사업, 주택건설업, 부동산매매 및 임대업 등을 목적으로 하는 소외 ☆☆종합건설 주식회사(이하 회사라고만 한다.)의 대표이사로 등재하였습니다.

2. 종합소득세 부과처분
　가. 소외 △○△세무서장은　○○시 ○○구 ○○길 ○○ 소재 회사에 대한 20○○년도 법인세를 추계결정하고 추계소득 ○○○원을 상여로 처분하였습니다.
　나. △○△세무서장은 위 추계소득의 귀속이 분명하지 않다며 추계소득금액 중 원고와 소외 이□□이 공동대표이사로 등재되어 있던 20○○. ○. ○.부터 20○○. ○. ○. 까지 중 2분의1인 52일과 원고가 단독으로 위 회사 대표이사로 등재되어 있던 20○○. ○. ○.부터 20○○. ○. ○.까지 44일을 합한 96일간에 해당하는 ○○○원을 원고에게 귀속된 것으로

하여 위 회사에게 소득금액변경통지를 하였습니다.

다. △○△세무서장은 위 회사가 부도로 폐업하자 원고의 주소지 관할인 피고에게 통보하였습니다.

라. 피고는 △○△세무서장의 과세자료통보에 따라 20○○. ○. ○. 20○○년귀속 종합소득세 ○○○원을 원고에게 결정고지 하였다가 20○○. ○. ○. △○△세무서장이 위 회사에 대한 추계소득금액중 원고 귀속 소득금액을 원고가 단독으로 위 회사의 대표이사로 등재되어 있던 20○○. ○. ○.부터 20○○. ○. ○.까지 44일간에 해당하는 ○○○원으로 변경 통보하자 20○○. ○. ○. 원고에 대한 종합소득세를 ○○○원으로 감액경정 결정하였습니다.

마. 그러나 피고가 원고에 대한 종합소득세 부과처분은 위법한 처분입니다.

3. 관계법령

가. 법인세법 제67조

법제60조에 따라 각 사업연도의 소득에 대한 법인세의 과세표준을 신고하거나 제66조 또는 제69조에 따라 법인세의 과세표준을 결정 또는 경정할 때 익금에 산입한 금액은 그 귀속자 등에게 상여.배당.기타사외유출.사내유보등 대통령령이 정하는 바에 의하여 처분한다. --- 라고 규정하고 있고,

나. 같은 법 시행령 제106호

법제 67조의 규정에 의하여 익금에 산입한 금액의 처분은 다음 각호의 규정에 의하여 처분한다

(1) 익금에 산입한 금액이 사외에 유출된 것이 분명한 경우에는 그 귀속자에 따라 다음과 같이 이익처분에 의한 상여.배당.기타사외유출로 한다. 다만, 귀속이 불분명한 경우에는 대표자(소액주주등이 아닌 주주등인 임원 및 그 와 제43조 제8항에 따른 특수관계에 있는 자가 소유하는 주식 등을 합하여 해당 법인의 발행주식총수 또는 출자총액의 100분의 30 이상을 소유하고 있는 경우의 그 임원이 법인의 경영을 사실상 지배하고 있는 경우에는 그 자를 대표자로 하고, 대표자가 2명 이상인 경우에는 사실상의 대표자로 한다.)에게 귀속된 것으로 본다.

　ㄱ. 귀속자가 출자자(임원 또는 사용인인 주주등을 제외한다)인 경우에는 그 귀속자에 대한 배당으로 한다.

　ㄴ. 귀속자가 임원 또는 사용인인 경우에는 그 귀속자에 대한 상여

로 한다.

ㄷ. 귀속자가 법인이거나 사업을 영위하는 개인인 경우에는 기타사
외유출로 한다.

ㄹ. 귀속자가 가목 내지 다목외의 자인 경우에는 그 귀속자에 대한
기타소득

4. 처분의 부당성

가. 원고는 20○○. ○. ○.부터 20○○. ○. ○. 기간동안 위 회사의 대표이
사로 등재되어 있으나 이는 형식적인 대표자일 뿐 실질적인 대표자가 아
닙니다.

(1) 20○○. ○. ○. 위 회사의 주식이동상황명세서에 의하면 대주주인
소외 이□□과 친동생인 이◎◎, 이◇◇의 주식액면가액이○○○원
(이□□ ○○○원 - 38%, 이◎◎ ○○○원 - 13%, 이◇◇ ○○○원
- 6%)으로 총발행주식 ○○○주 대비 57%를 보유하고 있고, 원고는
위 회사의 주식을 한주도 소유하고 있지 않습니다.

(2) 20○○. ○. ○. 소외 정□□과 위 이□□간에 작성된 회사운영에 관
한 주주합의서에는

ㄱ. 위 회사의 업무에 필요한 일체의 서류관리 및 직인, 인감증명발
급, 통장개설, 사용인감의 사용은 정□□이 하고,

ㄴ. 공사수주업무는 정□□이 하되 공사를 수주하여 토목부분은 정
□□이, 건축부분은 이□□이 책임을 지고 시행하기로 하며, 여
기에서 소요되는 공사경비는 각자 부담하고 회사관리비는 회사
에서 일정한 비율에 의하여 정산처리하고,

ㄷ. 20○○. ○. ○. 까지 ☆☆종합건설(주)명의로 발행한 모든 어음
은 이□□이 책임지기로 하며,

ㄹ. 위 회사의 주식중 50%를 정□□에게 양도하기로 하는 내용 등
의 합의를 하였습니다.

(3) 한편 위 회사(대표이사 원고)와 위 정□□, 소외 이□□, 양□□, 이◎◎
은 20○○. ○. ○.경

ㄱ. 이□□이 경영한 ○○도 ○○ 사무실에서 근무한 모든 임직원의
체불된 급료, 관리비등 발생한 모든 체불대금은 이□□인묵이
책임지기로 하며,

ㄴ. 이□□이 발생한 20○○. ○. ○.자 당좌수표 ○○○원, 같은 달
6일 자 당좌수표 ○○○원, 같은 달 7일자 당좌수표 ○○○원,

같은 달 12일자 당좌수표 ○○○원을 정□□이 결재하였으므로 위 회사의 주식 50%의 주주인 이□□(27%), 이◎◎(10%) 및 양□□(13%)의 주식을 20○○. ○. ○.까지 정□□에게 양도하고,

　ㄷ. 위 회사가 시행하고 있는 공사 및 모든 현장들의 관리 및 공사 대금 수령은 전부 위 회사의 대표이사가 하기로 하고, 공사비를 수령 후 그 공사비로 이□□이 발행한 어음을 결재하기로 하며,

　ㄹ. 이□□명의로 당좌 개설된 도장은 20○○. ○. ○.부터 정□□이 보관하며 어음이 전부 결재된 후에는 이□□에게 돌려주고,

　ㅁ. 회사가 정상화되었을 경우 이□□은 정□□이 투자한 금액 전부와 이에 대한 법정이자를 계산하여 정□□에게 변제한 후 이□□은 회사의 모든 운영권을 다시 인수하기로 하는 합의를 하였습니다.

(4) 위 회사운영에 관한 주주합의서, 합의각서에 보듯이 원고는 위 회사의 주식을 보유하고 있지 아니하고 위 회사의 운영에 관여한 사실이 전혀 없습니다.

나. 위 회사의 운영권

(1) 위 회사는 앞서 본바와 같이 이□□과 그의 형제들이 회사주식 중 57%를 보유하고 있고 실질적으로 위 이□□이 회사를 운영하였습니다. (공사계약, 당좌발행, 회사의 관리 등 모든 제반업무)

(2) 위 회사의 이사들인 김□□, 이□□외 4 등도 원고가 위 회사의 대표이사로서 업무행위를 한 적이 없다고 확인하였습니다.

(3) 위 회사에 운영에 관한 주주합의, 합의를 하였던 정□□은 자신이 원고에게 부탁을 하여 형식상 대표이사로 등재되어 있을 뿐 회사운영 전반에 관하여 일체 관여하지 않았다는 것을 확인하고 있습니다.

다. 결국 피고는 원고가 위 회사의 형식적인 대표자로서 명의만을 빌려주었고, 위 회사의 주식을 보유하고 있지도 않으며, 회사의 운영에 관여한 사실이 없음에도 위 회사에 대한 추계소득금액 중 귀속이 불분명한 경우라고 하면서 20○○. ○. ○.부터 20○○. ○. ○.까지 44일간에 해당하는 ○○○원을 기초로 하여 종합소득세 ○○○원을 부과한 것은 위법한 처분입니다.

5. 따라서 피고의 원고에 대한 이 사건 종합소득세 부과처분은 취소되어야 할 것입니다.

6. 처분을 안날   20○○. ○. ○.

    이의신청일   20○○. 8. 30.

    이의신청결정   20○○. 11. 28.

    심사청구일   20○○. 1. 16.

    심사청구 결정통지를 받은 날   20○○. 3. 13

    심판청구일   20○○. 5. 6.

    심판청구 결정통지를 받은 날   20○○. 5. 3.

입 증 자 료

    1. 갑제1호증   법인등기사항증명서

    1. 갑제2호증   제적등본(또는, 가족관계등록사항

                                  관한 증명서)

    1. 갑제3호증   주식이동상황명세서

    1. 갑제4호증   회사운영에 관한 주주합의서

    1. 갑제5호증   합의각서

    1. 갑제6호증   내용증명

    1. 갑제7호증의 1내지7   각 확인서

첨 부 서 류

    1. 소장부본   1부

    1. 입증자료   각 1부

    1. 납부서   1부

20○○년   ○월   ○일

원 고   ○ ○ ○   (서명 또는 날인)

○ ○ 행 정 법 원 귀중

[서식 예] 관세 등 부과처분 취소청구의 소

소　　　장

원　고　　○ ○ ○(주민등록번호)
　　　　　　○○시 ○○구 ○○길 ○○

피　고　　△△세관장
　　　　　　○○시 ○○구 ○○길 ○○

관세등부과처분 취소청구의 소

청 구 취 지

1. 피고가 20○○. ○. ○. 원고에게 한 관세○○○원, 부가가치세 ○○○원등 가산금○○○원의 부과처분은 이를 취소한다.
2. 소송비용은 피고가 부담한다.
　라는 판결을 구합니다.

청 구 이 유

1. 피고는 20○○. ○. ○. 원고에게 청구취지 기재와 같은 조세부과처분을 한 바 있습니다.
2. 원고는 ○○도 ○○군 ○○면 ○○길 ○○에서 ☆☆라는 상호로 살충제 등을 제조하여 전량 국방부조달본부에 납품하는 것을 업으로 하는 자로서 20○○. ○. ○.부터 같은 해 ○월 사이에 시중 농약 도매상인 ○○시 ○○구 ○○길 ○○번지 ○○농약사(대표○○○)로부터 오후나크라는 시중판매의 완제품을 구입하여, 그 오후나크라는 상품에서 복합살충제를 제조하기 위한 원료를 추출하여 위의 살충제를 제조한 후 국방부에 납품한 일이 있을 뿐 관세법 소정의 물품을 수입한 일도 없고 관세를 납부할 과세원인행위를 한 일이 없습니다.
그런데 피고는 원고가 시중에서 구입한 위 오후나크라는 상품의 성분 가운데 피리다펜치온이라는 물품이 있고 그 물품은 소외 ○○농약사라는 수입업자가 관세를 면제받아 수입한 물품이며 당해 관세 면제사유는 당해 면제물품이 농약제조용으로 수입되었기 때문이었는데, 원고가 이를 농약이 아닌 복합살충제로 사용하였다는 이유로 원고에게 해당관세를 부과한 것이라고 보여지는 바이나 관세가 면제된 물품이 수입된 후에 당해 물품이 원료로 사용되어 완제품이어서 시중에 판매된 뒤에 시중에서 일반국민이 이를 구입하여 관세면제사유가 아닌 다른 용도에 사용한다고 하여 이를 구입 사용한 일반국민이 당해 면제된 관세를 납부할 의무가 있다고는 볼 수 없는 것이라고 할 것입니다.

3. 이에 원고는 본 건 관세등부과처분을 20○○. ○. ○.받은 바 있어 같은 해 ○. ○. 이에 대한 이의신청을 하여 같은 해 ○. ○. 이의신청을 기각하는 결정을 받았고, 같은 해 ○. ○. 심판청구를 하여 같은 해 ○. ○. 이에 대하여 기각하는 결정을 받고 위와 같이 위법한 부과처분의 취소를 구하고자 본 소에 이른 것입니다.

첨 부 서 류

1. 소장부본	1통
1. 납부서	1통

20○○년   ○월   ○일

원 고   ○ ○ ○   (서명 또는 날인)

○ ○ 행 정 법 원 귀중

소 　 　 장

원　　고　　○○○ 주식회사

　　　　　　　　○○시 ○○구 ○○길 ○○

　　　　　　　대표이사 ○ ○ ○

피　　고　　△△시 △△구청장

　　　　　　　　○○시 ○○구 ○○길 ○○

등록면허세부과처분취소 청구의 소

청 구 취 지

1. 피고가 원고에 대하여 한 20○○. ○. ○. 자 등록면허세 ○○○원, 교육세 ○
　○○원의 부과처분 중 등록면허세 ○○○원, 교육세 ○○○원을 초과하는
　부분은 이를 취소한다.
2. 소송비용은 피고가 부담한다.
라는 판결을 구합니다.

청 구 이 유

1. 이 사건 처분의 경위
　원고는 주택건설업, 부동산 매매 및 임대업을 사업 목적으로 하여 20○○.
　○. ○. ○○시 ○○구 ○○길 ○○을 본점으로 설립된 법인으로서, 20○
　○. ○. ○. ○○시 ○○구 ○○길 ○○에 지하 5층, 지상 20층, 연면적
　69,027.08㎡ 규모의 ○○ 오피스텔(이하 이 사건 건물이라 한다)을 신축하
　고 같은 해 9. 17. 그 중 전유면적 34,785.169㎡만을 보존등기하면서 등록
　면허세로 ○○○원을 신고 납부한 사실, 그러자 피고는 이 사건 건물에 대
　한 보존등기가 지방세법 제138조 제 1조 소정의 대도시 내에서의 법인설립
　이후 부동산등기라는 이유로 동조 소정의 중과세율을 적용하고, 과세표준은
　고유면적을 포함한 이 사건 건물의 전체면적 69,027.08㎡에 대한 공사비
　○○○원으로 보아, 이미 납부한 세액을 공제한 후 20○○. ○. ○. 원고에
　대하여 등록면허세 ○○○원, 교육세 ○○○원을 부과한 사실이 있습니다.

2. 원고의 주장

1) 첫째, 이 사건 건물은 원고가 분양을 목적으로 신축한 후 일시적으로 소유권보존등기를 경료 하였을 뿐이고 법인의 업무용 또는 사업용 부동산에 해당하지 아니하므로 지방세법 제13조 소정의 중과세율을 적용할 수는 없고, 가사 그렇지 아니하고 이 사건 건물의 등기에 관하여 중과세율을 적용할 수밖에 없다 하더라도 그 근거가 되는 지방세법시행령 제102조 제2항이 "법인설립 이후의 부동산등기"를 업무용, 비업무용 또는 사업용, 비사업용을 불문하고 법인이 설립 이후 5년 이내에 취득하는 일체의 부동산등기로 규정하고 있는 것은, 입법 취지에 비추어 볼 때 지방세법 제138조는 등록면허세 중과를 통하여 인구와 경제력의 대도시 집중을 억제함으로써 대도시 주민의 생활환경을 보존, 개선함과 동시에 지역 간의 균형발전 내지 지역경제의 활성화를 궁극의 목적으로 하고 있는 점, 등록면허세 중과 규정의 변천 과정에 비추어 볼 때에도 지방세법시행령 제102조 제2항이 1985. 8. 26. 대통령령 제11751호로 개정되기 전에는 법인이 "직접 그 업무에 사용하기 위하여" 취득하는 경우 또는 법인의 "사업용에 공하기 위하여" 취득한 경우 등으로 규정하여 오다가 1985. 8. 26.에 이르러 비로소 "업무용, 비업무용 또는 사업용, 비사업용을 불문한 일체의 부동산등기"로 규정하고 있는 점, 지방세법시행령 제102조 제2항은 "등록면허세 중과세의 범위와 적용 기준 기타 필요한 사항은 대통령령으로 정한다."고 규정하고 있는 지방세법 제138조 제3항을 그 근거로 하고 있는 바, 모법인 지방세법 제138조 제 1항 제3호의 규정만으로도 법인의 설립 등에 따른 부동산등기와 그 이후의 부동산등기의 과세대상을 확정하는 데 아무런 어려움이 없고, 달리 과세대상의 확정을 위하여 시행령에 위임할 필요성을 찾아볼 수 없을 뿐 아니라 어떠한 경제적, 사회적 여건의 변화에 따라 과세대상의 범위를 조정할 필요성이 있어서 과세대상의 범위를 시행령에 위임하였다고 볼 배경도 찾아보기 어려우므로 지방세법 제138조 제3항은 모 법의 집행을 위하여 필요한 사항을 정하도록 한 집행명령의 근거로 보아야 할 것이고 가사 위임명령의 근거로 본다 하더라도 앞서 본 바와 같은 입법 취지 등에 비추어 볼 때 위임명령이 모법의 취지를 벗어나 과세대상의 범위를 확장할 수는 없다 할 것이므로 결국 시행령 제102조 제2항은 모법의 위임 범위를 벗어나 무효의 규정이라 할 것이고, 나아가 이를 물리적으로만 본다면 제한적인 해석의 여지도 전혀 없어 위헌적인 요소가

다분한 점 등을 감안하여 볼 때, 위 시행령에 의하여 이 사건 건물의 등기에 대하여 중과세율을 적용하였음은 위법하고,

2) 둘째, 피고가 이 사건 건물의 과세표준을 산정함에 있어서도 원고가 실질적으로 보존등기를 경료한 전유부분 이외에 공유부분까지를 포함하여 건물의 전체 면적에 대한 공사비를 기준으로 하였음은 위법한 것이며,

3) 셋째, 원고는 주택건설사업자로서 이 사건 건물의 취득은 지방세법 제13조단서 소정의 중과세 예외 업종에 속하므로 등록면허세를 중과할 수는 없다고 보므로 부득이 이 건 소를 제기하게 된 것입니다.

입 증 방 법

1. 갑 제 1호증   납세고지서
1. 갑 제 2호증   세액계산명세표

첨 부 서 류

1. 위 입증방법   각 1부
1. 소장부본   1부
1. 납부서   1부

20○○년 ○월 ○일

원 고   ○ ○ ○   (서명 또는 날인)

○ ○ 행 정 법 원 귀중

소 장

원 고 　○○○ 주식회사
　　　　　　○○시 ○○구 ○○길 ○○
　　　　　대표이사 ○ ○ ○
피 고 　△△시 △△구청장
　　　　　　○○시 ○○구 ○○길 ○○

등록면허세등부과처분취소 청구의 소

청 구 취 지

1. 피고가 19○○. ○. ○. 원고에 대한 한 등록면허세 ○○○원 및 방위세 ○○○원의 부과처분은 이를 모두 취소한다.
2. 소송비용은 피고가 부담한다.
라는 판결을 구합니다.

청 구 원 인

1. 사실관계
   원고는 ○○시 ○○구 ○○동 ○○번지 대지 ○○○㎡와 위 지상 건물 1동을 소외 □□공사로부터 매입하여 19○○. ○. ○. 소유권이전등기를 하고 19○○. ○. ○. 원고의 본점소재지를 ○○도 ○○시 ○○동 ○○의 ○에서 ○○시 ○○구 ○○동 ○○으로 이전등기 하였습니다.

2. 부과처분의 내용
   피고는 이 사건 부동산의 소유권이전등기를 법인 본점의 대도시 내로의 전입에 따른 부동산등기로 보아 지방세법 제13조 규정에 의한 중과세율을 적용하여 원고가 이미 자진 신고 납부한 세액을 차감한 후 청구취지와 같이 추가납부 고지하였습니다.

3. 부과처분의 위법성
   그러나 지방세법 제13조가 대도시 내로의 법인의 본점전입에 따른 부동산등기를 중과세하는 취지는 대도시의 인구집중을 방지하기 위한 것이므로 대도시 내로의 법인전입과 관련하여 취득하는 등기를 말하는 것이므로 단순히 본점전입과 무관하게 그 이전에 취득한 이 사건 부동산이 중과세되는 것으로 볼 수는 없습니다.

또한 가사 중과세 요건이 되더라도 과세요건의 충족은 중과세 요건이 발생한 19○○. ○. ○. 본점이전 당시를 기준으로 할 것인바 이때는 방위세가 이미 폐지되었으므로 방위세 부과는 할 수 없습니다.

 4. 전심절차

 (1) 납 세 고 지 - 19○○. ○. ○.

 (2) 감사원 심사청구 - 19○○. ○. ○.

 (3) 기 각 통 지 일 - 20○○. ○. ○.

입 증 방 법

　　1. 갑 제 1호증　　　　　　납세고지서

　　1. 갑 제 2호증　　　　　　부동산등기사항전부증명서

첨 부 서 류

　　1. 위 입증방법　　　　　　각 1부

　　1. 법인등기사항증명서　　　　1부

　　1. 소장부본　　　　　　　　1부

　　1. 납부서　　　　　　　　　1부

　　　　　　20○○년　　○월　　○일

　　　　원 고　　○ ○ ○　　(서명 또는 날인)

○ ○ 행 정 법 원 귀중

⚖ **관련판례**

과세관청의 소득처분과 그에 따른 소득금액변동통지가 있는 경우 원천징수의무자인 법인은 소득금액변동통지서를 받은 날에 그 통지서에 기재된 소득의 귀속자에게 당해 소득금액을 지급한 것으로 의제되어 그때 원천징수하는 소득세의 납세의무가 성립함과 동시에 확정되므로 소득금액변동통지는 원천징수의무자인 법인의 납세의무에 직접 영향을 미치는 과세관청의 행위로서 항고소송의 대상이 된다. 그리고 원천징수의무자인 법인이 원천징수하는 소득세의 납세의무를 이행하지 아니함에 따라 과세관청이 하는 납세고지는 확정된 세액의 납부를 명하는 징수처분에 해당하므로 선행처분인 소득금액변동통지에 하자가 존재하더라도 당연무효 사유에 해당하지 않는 한 후행처분인 징수처분에 그대로 승계되지 아니한다. 따라서 과세관청의 소득처분과 그에 따른 소득금액변동통지가 있는 경우 원천징수하는 소득세의 납세의무에 관하여는 이를 확정하는 소득금액변동통지에 대한 항고소송에서 다투어야 하고, 소득금액변동통지가 당연무효가 아닌 한 징수처분에 대한 항고소송에서 이를 다툴 수는 없다(대법원 2012.1.26. 선고, 2009두14439, 판결).

소　　　장

원　　고　　○　○　○(주민등록번호)
　　　　　　　○○시 ○○구 ○○길 ○○ (우편번호 ○○○ - ○○○)

피　　고　　△△세무서장
　　　　　　　○○시 ○○구 ○○길 ○○ (우편번호 ○○○ - ○○○)

부가가치세부과처분무효확인의 소

청 구 취 지

1. 피고가 20○○. ○. ○.자로 원고에 대하여 한 20○○년 수시분 부가가치세 10,234,560원의 부과처분은 무효임을 확인한다.
2. 소송비용은 피고의 부담으로 한다.
라는 판결을 구합니다.

청 구 원 인

1. 원고는 피고로부터 20○○. ○. ○.자로 소외 ☆☆ 주식회사의 과점 주주임을 이유로 제2차 납세의무자로 지정되었으니 회사의 체납 부가가치세 10,234,560원을 납부하라는 부과처분을 받았습니다.
2. 그러나 피고는 소외 ☆☆주식회사에 대한 납세고지서를 그 본점 소재지로 발송 하였다가 수취인 불명으로 반송되어 오자 그 대표이사인 원고 이○○의 주소지 등을 확인하여 보지도 아니한 채 곧바로 공시 송달한 사실이 있습니다. 법인에 대한 송달은 본점 소재지에서 그 대표이사가 이를 수령할 수 있도록 해야 하고 그와 같은 송달이 불능인 경우에는 법인등기부등본을 조사하여 본점 소재지의 이전 여부 및 대표이사의 변경 여부나 대표이사의 법인등기부상의 주소지 등을 확인하여 그에게 송달하였는데도 그 송달이 불능인 경우에 비로소 공시송달을 해야 할 것이므로 피고는 공시송달의 요건을 갖추지 않은 채 송달을 하였다할 것입니다.
3. 따라서 피고의 송달은 공시송달의 요건을 갖추지 못한 경우에 해당하여 위법 한 송달이라 할 것이고 이로 인한 주된 납세의무자에 대한 납세고지

의 효력이 발생되지 않는다 할 것이므로 주된 납세의무자의 납세의무가 확정되지 않은 이상 보충적인 제2차 납세의무자인 원고의 납세의무도 발생할 여지가 없다 할 것입니다.

첨 부 서 류

1. 소장부본   1부
1. 납 부 서   1부

20○○년   ○월   ○일

원 고   ○ ○ ○   (서명 또는 날인)

○ ○ 행 정 법 원 귀중

⚖ 관련판례

피수용자가 부가가치세법상의 납세의무자인 사업자로서 손실보상금으로 수용된 건축물 등을 다시 신축하는 것이 자기의 사업을 위하여 사용될 재화 또는 용역을 공급받는 경우에 해당하면 건축비 등에 포함된 부가가치세는 부가가치세법 제38조 제1항 제1호에서 정한 매입세액에 해당하여 피수용자가 자기의 매출세액에서 공제받거나 환급받을 수 있으므로 위 부가가치세는 실질적으로는 피수용자가 부담하지 않게 된다. 따라서 이러한 경우에는 다른 특별한 사정이 없는 한 피수용자가 사업시행자에게 위 부가가치세 상당을 손실보상으로 구할 수는 없다(대법원 2015.11.12. 선고, 2015두2963, 판결).

[서식 예] 상속세 부과처분 취소청구의 소 (비상장주식)

소   장

원　　고　○　○　○(주민등록번호)
　　　　　　　○○시 ○○구 ○○길 ○○
피　　고　△△세무서장
　　　　　　　○○시 ○○구 ○○길 ○○

상속세부과처분 취소청구의 소

청 구 취 지

1. 피고가 20○○. ○. ○. 원고에 대하여 한 상속세 ○○○원의 부과처분 중 상속세 ○○○원을 초과하는 부분을 취소한다.
2. 소송비용은 피고의 부담으로 한다.
라는 판결을 구합니다.

청 구 원 인

1. 사실관계
 가. 상속개시
　　　망 □□□는 19○○. ○. ○. 사망하자 원고가 상속인의 지위를 취득하였습니다.
 나. 상속세 신고
　　　원고는 소정의 상속세신고기간 내에 과세표준 및 세액 신고를 이행하였습니다.
2. 부과처분
　　피고는 20○○. ○. ○. 과세표준 ○○○원 산출세액 ○○○원 공제세액 ○○○원, 신고납부세액 ○○○원, 가산세 ○○○원, 고지세액 ○○○원을 하여 납세고지를 하였습니다.
3. 부과처분의 위법성
 가. 비상장주식의 평가차이에 의한 가산세 부과부당
　　　피고는 원고가 상속재산으로 신고한 비상장주식의 평가를 달리하고 금○○

○원을 증액하고 이에 대한 가산세○○○원을 부과하였습니다. 그러나 평가를 과세관청과 달리 하였다하여 가산세 부과는 할 수가 없습니다. 상속세 및 증여세법 제78조 제2항에 의하면 평가가액이 차이로 인하여 납부하여야 할 세액에 미달한 금액을 가산세 부과대상에서 제외하고 있기 때문입니다.

나. 신고세액공제

피고는 신고세액 공제를 함에 있어서는 평가차이로 발생하는 평가액을 기준으로 하지 않고 신고가액을 기준으로 하고 있습니다.

그러나 상속재산으로 신고한 이상 신고세액공제 역시 신고한 가액으로 할 것이 아니라 과세관청이 평가하여 과세하는 가액을 기준으로 하는 것이 타당합니다. 따라서 다음과 같이 신고세액공제을 추가로 금○○○원을 해 주어야 합니다.

다. 도로에 관한 평가

피고는 도로에 편입되어 사실상 재산권 행사를 못하고 있는 도로에 대하여 이를 금○○○원으로 평가하여 상속재산가액에 산입하고 있습니다.

그러나 국세청의 기본통칙에 의하더라도 0원으로 평가하도록 되어 있는 데도 불구하고 사용수익권을 포기하여 보상을 받을 수도 없는 토지를 상속재산가액에 산입한 것은 위법합니다.

라. ○○종합금융과 ○○은행 주식

피고는 퇴출되어 재산적 가치가 없는 위 회사의 주식을 ○○○원을 상속가액에 산입하였으나 이는 수용할 수 없습니다.

구 분	증액평가차액	세 액	신고세액공제
근저당설정과 공시지가 적용차이	267,470,000	120,361,500	12,036,150
보상금액과 공시지가 적용차이	336,783,966	151,552,784	15,155,278
건물평가차이	5,955,626	2,698,031	269,803
비상장주식평가차이	455,066,256	204,779,818	20,477,981
계			47,939,212

마. ○○○ 회원권

피고는 19○○. ○. ○. 고시한 ○○○회원권 기준시가 ○○○원을 적용하는 것이 상당함에도 불구하고 오래 전에 고시한 ○○○원을 적용하였습니다. 19○○. ○. ○. 고시한 기준시가는 상속개시일 19○○. ○. ○. 근접한 무렵에 과세당국이 시가.조사하여 19○○. ○. ○. 고시하였으므로 19○○. ○. ○. 고시한 가액이 시가에 보다 근접합니다.

4. 전심절차

   납세고지 - 19○○. ○. ○.

   심사청구 - 19○○. ○. ○.

   기　　각 - 20○○. ○. ○.

   심판청구 - 20○○. ○. ○.

   기　　각 - 20○○. ○. ○.

입 증 방 법

   1. 갑제1호증의 1　　　　　　　납세고지서

   1. 갑제1호증의 2　　　　　　　세액계산명세서

   1. 갑제2호증의 1　　　　　　　심판결정통지

   1. 갑제2호증의 2　　　　　　　결 정 서

첨 부 서 류

   1. 위 입증방법　　　　　　　　각 1통

   1. 소장부본　　　　　　　　　　1통

   1. 납부서　　　　　　　　　　　1통

20○○년　　○월　　○일

원 고　　○ ○ ○　　(서명 또는 날인)

○ ○ 행 정 법 원 귀 중

[서식 예] 재산세 부과처분 취소청구의 소

소 장

원 고   ○ ○ ○(주민등록번호)
　　　　　　○○시 ○○구 ○○길 ○○
피 고   △△시 △△구청장
　　　　　　○○시 ○○구 ○○길 ○○

재산세부과처분 취소청구의 소

청 구 취 지

1. 피고가 원고에게 20○○. ○. ○.자로 부과한 20○○년도 6월 정기분 재산세 ○○○원 중 ○○○원을 초과한 부분을 취소한다.
2. 소송비용은 피고가 부담한다.
라는 판결을 구합니다.

청 구 원 인

1. 원고의 지위
　원고는 ○○시 ○○구 ○○길 ○○에 거주하는 자로서 ☆☆건설에서 분양한 ○○평형 아파트를 분양 받아 소유하고 있는 재산세납세의무자입니다.
2. 부과처분의 경위
　피고는 20○○. ○. ○. 원고에게 20○○년도 6월 정기분으로 재산세 금○○○원을 부과 처분하였습니다.
3. 부과처분 내역
　이 사건 아파트 ○○평형에 해당되는 재산세의 부과내역을 검토하여 보면 다음과 같습니다.
　가. ㎡기준단가 산출내역
　　㎡기준단가는 기준지가 × 구조지수 × 용도지수 × 위치지수 × 잔가율로 하여, 동아파트 ○○평형㎡ 가액은 160,000원(기준가액)×1(구조지수)× 1(용도지수) × 0.96(위치지수) × 0.987(잔가율) = 151,000원으로 산출하였습니다.
　나. 과표산출내역

① 전용면적에 해당되는 과세표준

　　○○○㎡(전용면적) × 151,000원(㎡당 기준가액) × 1.4(가감산율) = ○○○원

② 공유면적에 해당되는 과세표준

　　○○○㎡ ×151,000원 ×1.0(가감산율) = ○○○원

③ 지하대피소에 해당되는 과세표준

　　○○○㎡ × 151,000원 × 0.8 = ○○○원

④ 지하차고에 해당되는 과세표준

　　○○○㎡ × 151,000원 × 0.5 = ○○○원

① + ② + ③ + ④를 하면 합계 금 ○○○원이 됩니다.

다. 재산세부과액(지방세법 제188조 제1항 2호(1)의 규정 참조)

　　① 전용면적 과세표준액(상기 ①부분)에 ○○○ × 0.07 - 1,944,000원 = ○○○원의 재산세액과

　　② 공유면적에 해당되는 과세표준액(상기 ②+③+④부분)인 ○○○×0.003 = ○○○원의 재산세액이 각 산출되는 바,

위 전용면적에 해당되는 세액 ○○○원과 공용면적에 해당되는 세액 ○○○원을 합하여 동 ○○평형 아파트 재산세로는 금○○○원(10원 미만은 버림)을 부과하였습니다.

4. 이 사건 부과처분의 부당성

가. 지방세법 제110조 제1항은 토지·건축물·주택에 대한 재산세의 과세표준은 제4조제1항 및 제2항에 따른 시가표준액에 부동산 시장의 동향과 지방재정 여건 등을 고려하여 다음 각 호의 어느 하나에서 정한 범위에서 대통령령으로 정하는 공정시장가액비율을 곱하여 산정한 가액으로 한다.고 규정하고 있습니다.

나. 그리고 지방세법 제111조 제1항은 토지에 대하여 다음과 같이 규정하고 있습니다.

과세표준	세　　율
6천만원 이하	1,000분의 1
6천만원 초과 1억5천만원 이하	60,000원 + 6천만원 초과금액의 1,000분의 1.5
1억5천만원 초과 3억원 이하	195,000원 + 1억5천만원 초과금액의 1,000분의 2.5
3억원 초과	570,000원 + 3억원 초과금액의 1,000분의 4

다. 위 재산세 산출근거가 되는 행자부에서 시행하는 부동산 과세시가표준액표의 내용상 시가표준액의 산출근거를 검토하여 보더라도 건물에 대한

시가표준액은 1㎡당 기준가격 160,000원에 구조별, 용도별, 위치별 지수 (이 3가지의 지수를 적용지수라 함)와 경과년수별 잔가율을 곱하여 1㎡ 당 금액을 결정하고 있습니다. 위 건물에 대한 시가 표준액 산출시 1㎡ 당 기준가격 160,000에 구조별, 용도별, 위치별 지수와 경과년수별 잔가율을 곱하여 1㎡당 금액을 산출하는 것은 건물의 특성을 고려하여 1㎡ 당 건물의 시가표준액을 위하여 적용된 특수지수라 하더라도 이렇게 산출된 1㎡당 건물의 시가 표준액에 다시 적용하고 있는 가감산 특례를 적용하는 것이 문제가 된다 할 것입니다. 그중에서 ①특수설비가 설치되어 있는 건물중 자동 승강기와 7,560㎉이상의 에어컨(중앙소정식에 한함) 및 빌딩 자동화 시설에 대한 가산율 적용과 특수건물에 대한 가산을 적용, 호화 내.외장재 사용 건물에 대한 단순한 가산율 적용은 건물 특수성에 따라 이미 가감하고 있는데도 또 다시 단독주택 및 공동주택에 대하여 단순지수가 아닌 단독주택 및 공동주택의 면적에 따른 누진가산율 적용은 이중 누진율 가산적용으로 심히 부당하다 할 것입니다.

라. 또한 지방세법 제110조 제1항은 토지·건축물·주택에 대한 재산세의 과세표준은 제4조제1항 및 제2항에 따른 시가표준액에 부동산 시장의 동향과 지방재정 여건 등을 고려하여 다음 각 호의 어느 하나에서 정한 범위에서 대통령령으로 정하는 공정시장가액비율을 곱하여 산정한 가액으로 하고 있으므로 이는 시가를 기준으로 한다는 대원칙을 선언하고 있다고 볼 수 있습니다. 그러나 지방세법 및 시행령, 시행규칙 부동산과세 시가표준액표 등을 검토하더라도 이와 같은 대원칙을 반영한 경우는 찾아 볼 수 없으며 오히려 서울과 기타 지방간의 실제 재산가격을 무시한 채(이것은 지역지수를 합리적으로 반영하여야만 서울과 타지방간 재산가액의 균형을 이룰 수 있음) 보유재산의 평수위주로 재산세과표를 산출하고 있기 때문에 서울에 있는 재산세의 세액과 지방에 있는 재산의 재산세와 비교하면 서울에 있는 재산은 지방에 있는 재산에 비하여 상대적으로 낮게 평가되고 있고, 또한 같은 건물이라 하더라도 일반 상가건물과는 달리 유독 주택건물에 대하서만 이중으로 누진적 가산율을 적용하는 것은 공평과세에도 어긋날 뿐만 아니라 재량권 일탈 남용했다 할 것입니다.

마. 이처럼 조세의 종목은 지방세법 제110조에 규정하고 있고, 세율은 지방세법상 각 과세표준에 누진율을 적용하여 계산한 금액으로 산출하도록 규정하고 있음에도 불구하고 피고가 다시금 원고들에게 단독주택 및 공동주택의 면적에 따른 누진가산율을 적용하는 것은 이중 누진율을 적용하는 것으로서 재량권을 벗어난 것이라 할 것입니다. 따라서 위에서 본

바와 같이 법률규정에 나타난 것이라 할 것입니다. 따라서 위에서 본 바와 같이 법률규정에 나타난 누진율 적용외에 또 다시 자의적으로 누진적으로 세율을 적용한다는 것은 조세법률주의에 어긋나는 위헌적 요소가 있을 뿐만 아니라 어느 모로 보나 재량권을 일탈남용한 것이어서 위법 부당하다 할 것입니다.

5. 결 론

결국 피고가 부동산 과세시가표준액표상 단독주택 및 공동주택에 적용된 1㎡당 주택에 규모별로 누진 가산율을 적용하여 한 이 사건 부과처분은 이미 지방세법 제188조 제1항 2호 건축물중(1)주택부문에 주택에 대한 재산세의 세액은 각 과세표준에 누진율을 적용하여 계산한 금액으로 산출하도록 규정하고 있음에도 원고들에게 이를 또 다시 이중으로 누진적 세액을 부담하도록 하는 결과를 가져왔는데, 이는 신의, 성실의 원칙에 따라 법률에 의한 세금부과를 하되 공평, 실질 과세를 하여야 할 피고가 단지 세수확보만을 목적으로 한 것이어서 이 사건 부과처분은 그 재량권을 일탈 남용한 위법이 있다 할 것이므로 원고들은 이를 취소 받고자 이건 소에 이르게 되었습니다.

6. 전심절차

원고들은 피고의 위와 같은 부과처분에 대하여 이의신청 및 심사청구를 경료하여 20○○. ○. ○.자 심사청구결정통지서를 같은 해 ○. ○.경 수령하였습니다.

입 증 방 법

1. 갑 제1호증의 1내지 32	납세고지서
1. 갑제 2호증	이의신청결정통지서
1. 갑제 3호증	심사청구결정통지서

첨 부 서 류

1. 위 입증방법	각 1부
1. 소장부본	1부
1. 납부서	1부

20○○년 ○월 ○일

원 고 ○ ○ ○ (서명 또는 날인)

○ ○ 행 정 법 원 귀중

⚖ 관련판례

구 국세기본법(2007.12.31. 법률 제8830호로 개정되기 전의 것) 제14조 제1항
에서 규정하는 실질과세의 원칙은 소득이나 수익, 재산, 거래 등의 과세대상에
관하여 귀속 명의와 달리 실질적으로 귀속되는 자가 따로 있는 경우에는 형식
이나 외관을 이유로 귀속명의자를 납세의무자로 삼을 것이 아니라 실질적으로
귀속되는 자를 납세의무자로 삼겠다는 것이므로, 재산의 귀속명의자는 이를 지
배·관리할 능력이 없고, 명의자에 대한 지배권 등을 통하여 실질적으로 이를 지
배·관리하는 자가 따로 있으며, 그와 같은 명의와 실질의 괴리가 조세를 회피할
목적에서 비롯된 경우에는, 그 재산에 관한 소득은 재산을 실질적으로 지배·관
리하는 자에게 귀속된 것으로 보아 그를 납세의무자로 삼아야 할 것이나, 그러
한 명의와 실질의 괴리가 없는 경우에는 소득의 귀속명의자에게 소득이 귀속된
것으로 보아야 할 것이다(대법원 2014.7.10. 선고, 2012두16466, 판결).

[서식 예] 제2차 납세의무자 지정처분 취소청구의 소

소 장

원 고   ○ ○ ○(주민등록번호)
　　　　○○시 ○○구 ○○길 ○○ (우편번호 ○○○ - ○○○)

피 고   △△세무서장
　　　　○○시 ○○구 ○○길 ○○ (우편번호 ○○○ - ○○○)

제2차납세의무자지정처분취소 청구의 소

청 구 취 지

1. 피고가 20○○. ○. ○. 원고에 대하여 결정 고지한 소외 김□□에 대한 종합소득세 20○○. ○. 수시분 금 30,000,300원 가산금 5,000,000원의 제2차납세의무자 지정 처분을 취소한다.
2. 소송비용은 피고의 부담으로 한다.
라는 판결을 구합니다.

청 구 원 인

1. 원고는 19○○. ○. ○. 소외 이□□과 그 소유인 ○○시 ○○구 ○○동 ○○ 대 106㎡(32평) 지상 시멘트 블록조 시멘트기와지붕 단층주택 1동 건평 30㎡에 관하여 임대보증금 800만원, 임대기간 19○○. ○. ○.부터 2년간으로 정하여 임대차계약을 맺고 동 보증금을 지급한 후 입주하였습니다. 원고는 19○○. ○. ○. 동 이□□의 요청에 따라 사업자금조로 금1,000만원을 이자 월 2푼, 변제기한은 정하지 않고 대여하였습니다.
2. 동 이□□은 19○○. ○.5월분까지는 이자만 지급하고 그 후부터의 이자를 연체하다가 사업에 실패하여 변제기한을 넘기고 원리금을 변제하지 못할 뿐 아니라 임대보증금의 반환도 할 수 없는 상태에 이르렀습니다.
   원고와 동 이□□은 절충 끝에 19○○. ○. ○. 원고에 대한 위 차용원리금 채무와 임대보증금반환채무를 담보하기 위하여 동 이□□ 소유인 위 대지 및 건물에 가등기담보를 설정하였습니다. 동 이□□은 위 채무이행을 미루기만 하기에 원고는 가등기담보를 실행하고자 하였으나 사정에 따라 미루어 오다가 19○○. ○. ○.에 이르러 하는 수 없이 동 이□□와 그 동안의 차용원리금 24,635,000원 및 임대보증금 800만원 합계금 32,635,000원의 대물변제로 위 대지 건물에 대한 소유권을 원고에게 이전하기로 합의를 한 후 본 등기를 마쳤습니다.

3. 그런데 피고는 소외 납기 19○○. ○. 수시분 종합소득세 금30,000,300원 가산금 5,000,000원, 합계금 35,000,300원을 체납하였다하여 19○○. ○. ○. 위 대지.건물에 체납처분으로서의 압류를 하였습니다.

  그러나 국세기본법 제42조 제1항 단서에 의하면 그 국세의 납부기한으로 부터 1년전에 담보의 목적이 된 양도담보재산에 대하여는 제2차납세(물적 납세의무)의무의 대상에서 제외하고 있습니다.

  그러므로 위 국세납기의 1년전에 위 대지 가옥에 대한 가등기담보권자가 된 원고에 대하여 제2차 납세의무자로 지정한 피고의 처분은 위법 부당함 이 명백합니다.

4. 원고는 위 지정처분의 취소를 구하고자 20○○. ○. ○. 국세청장에 대하여 심사청구를 하였는데 국세청장은 20○○. ○. ○. 심사청구를 기각하는 결 정을 하였습니다. 원고는 20○○. ○. ○. 위 기각 결정에 대하여 국세심판 소장에게 심판청구를 하였는데 국세심판소에서는 20○○. ○. ○. 심판청구 를 기각하는 결정을 하였습니다.

  그러므로 원고는 피고의 위법한 위 지정처분에 대하여 취소를 구하고자 청구에 이르렀습니다.

입 증 방 법

1. 갑 제1호증   임대차계약서
1. 갑 제2호증   차용증
1. 갑 제3호증   대불변제합의서
1. 갑 제4호증 1, 2   심사청구서,결정서
1. 갑 제5호증   감정서
1. 갑 제6호증   등기부등본

첨 부 서 류

1. 위 입증방법   각 1통
1. 소장부본   1통
1. 납부서   1통

　　　　　　　20○○년　　○월　　○일
　　　　　　원 고　　○ ○ ○　　(서명 또는 날인)

○ ○ 행 정 법 원　귀중

⚖ 관련판례

과세관청이 甲 주식회사 주식 전부를 소유한 과점주주인 乙, 丙, 丁, 戊를 甲
회사의 제2차 납세의무자로 지정하여 甲 회사의 체납 부가가치세 등을 납부하
라는 내용의 제1차 처분 및 제2차 처분을 하자, 乙, 丙, 丁, 戊가 국세심판원을
상대로 제1차 처분에 대한 심판청구를 제기하여 乙, 丙은 인용결정을, 丁, 戊는
기각결정을 받았는데, 이후 과세관청이 위 결정에 따라 丁에 대해 추가 세액을
납부하라는 내용의 제3차 처분을 하자, 丁, 戊가 납세의무 성립일 이전에 이미
위 주식을 양도하였다며 위 각 과세처분의 취소를 청구하였던 사안에서, 丁, 戊
가 제2차 및 제3차 처분에 대해 전심절차를 거치지 않았다 하더라도 이에 대한
청구는 적법하다(대법원 2011.1.27. 선고, 2009두13436, 판결).

[서식 예] 증여세 과세처분 취소청구의 소(의제증여 간주)

소　　　장

원　고　○　○　○(주민등록번호)
　　　　　○○시 ○○구 ○○길 ○○

피　고　△△세무서장
　　　　　○○시 ○○구 ○○길 ○○

증여세부과처분취소 청구의 소

청 구 취 지

1. 피고가 원고에 대하여 한 20○○. ○. ○.자 증여세 ○○○원의 부과처분은 이를 취소한다.
2. 소송비용은 피고가 부담한다.
라는 판결을 구합니다.

청 구 원 인

1. 사건개요
　　피고는 원고가 20○○. ○. ○. ○○시 ○○구 ○○동 ○○번지 대지 ○○○ 평방미터를 대금 ○○○원에 매수하고 같은 해 ○. ○. 그 소유권이전등기를 필한데 대해 원고의 매수자금을 남편인 소외 □□□으로부터 증여 받은 것으로 인정하여 청구취지와 같은 증여세 부과처분을 하였습니다.

2. 불복사유
　　그러나 위 매수자금은 원고가 19○○. ○.경부터 ○○동 소재 ○○시장에서 식당을 경영하며 얻은 수입금과 시장에서 계를 조직·운영하여 얻은 계금을 적금으로 가입하여 얻은 수익금 등을 합하여 충당한 것으로 남편으로부터 증여받은 것이 아닙니다.

3. 결　어
　　사안이 이와 같음에도 불구하고 피고는 원고와 소외 □□□이 남편이라는 이유로 사실조사를 하지도 아니한 채, 위 매수대금에 대하여 상속세 및 증여세법 제32조의 의제증여로 간주하여 증여세부과처분을 하였기에 이에 원고는 피고의 부당한 증여세부과처분의 취소를 구하고자 이 건 소제기에 이른 것입니다.

입 증 방 법

1. 갑 제1호증　　　　　　　　납세고지서
1. 갑 제2호증　　　　　　　　세액계산명세표

첨 부 서 류

1. 위 입증방법　　　　　　　　각 1통
1. 소장부본　　　　　　　　　　1통
1. 납 부 서　　　　　　　　　　1통

20○○년　　○월　　○일
원 고　　○ ○ ○　　(서명 또는 날인)

○ ○ 행 정 법 원 귀중

⚖ **관련판례**

甲이 자신의 아버지가 출자에 의하여 지배하고 있는 법인의 감사로서 특수관계자 乙로부터 비상장주식을 저가로 양수하였다고 보고 증여세 부과처분을 하였다가, 후에 위 주식의 실질적인 보유자는 甲의 부(父)이고 乙은 명의수탁자에 불과하므로 甲이 특수관계자인 부(父)로부터 주식을 저가로 양수하였다는 처분사유를 예비적으로 추가한 것은, 처분의 동일성이 유지되는 범위 내에서의 처분사유의 변경으로서 허용된다(대법원 2011.1.27. 선고, 2009두1617, 판결).

소   장

원 고   ○ ○ ○(주민등록번호)
　　　　　　○○시 ○○구 ○○길 ○○
피 고   △△세무서장
　　　　　　○○시 ○○구 ○○길 ○○

증여세부과처분 취소청구의 소

청 구 취 지

1. 피고가 20○○. ○. ○. 원고에게 증여세 ○○○원을 부과한 처분은 이를 취소한다.
2. 소송비용은 피고가 부담한다.
라는 판결을 구합니다.

청 구 원 인

1. 피고는 20○○. ○. ○. 원고에 대하여 증여세 ○○○원을 부과하였습니다. 즉, 피고는 원고가 원고의 아버지인 소외 김□□로부터 ○○시 ○○구 ○○동 ○○ 잡종지 900㎡를 증여 받았다는 이유로 위 증여세 부과처분을 하였습니다.
2. 그러나 원고는 위 부동산을 위 김□□로부터 증여받은 것이 아니라 원고가 ☆☆화학주식회사에 근무하면서 저축한 돈으로 동명이인인 ○○시 ○○구 ○○길 ○○에 거주하는 소외 김◎◎로부터 매수한 것입니다.
3. 따라서 피고의 원고에 대한 위 과세처분은 존재하지 아니하는 증여에 대하여 한 것으로 내용상의 흠이 있는 위법한 처분으로 취소되어야 합니다.

입 증 방 법

　　　1. 갑 제1호증　　　　　매매계약서
　　　1. 갑 제2호증　　　　　주민등록등본
　　　1. 갑 제3호증　　　　　영수증사본

1. 갑 제4호증　　　　　　　부동산등기사항전부증명서

첨 부 서 류

1. 위 입증방법　　　　　　　각 1통
1. 소장부본　　　　　　　　　1통
1. 납 부 서　　　　　　　　　1통

20○○년　○월　○일

원 고　○ ○ ○　(서명 또는 날인)

○ ○ 행 정 법 원　귀중

[서식 예] 취득세 부과처분 취소청구의 소(비업무용 토지)

소   장

원   고   ○○주식회사
　　　　　　○○시 ○○구 ○○길 ○○
　　　　대표이사 ○ ○ ○

피   고   △△시 △△구청장
　　　　　　○○시 ○○구 ○○길 ○○

취득세부과처분 취소청구의 소

청 구 취 지

1. 피고가 20○○. ○. ○. 원고에 대하여 한 20○○년 ○월 수시분 취득세 ○
   ○○원의 부과처분을 취소한다.
2. 소송비용은 피고가 부담한다.
라는 판결을 구합니다.

청 구 원 인

1. 원고의 지위
   원고는 ○○제조업과 이에 관련된 부대사업을 영위할 목적으로 19○○. ○.
   ○. 설립하였고, 자본금이 ○○○원에 불과한 소규모 중소기업체로서 주로
   제품은 수출을 하고 있는 법인체입니다.
2. 조세부과처분의 위법사유
  가. 피고는 구 지방세법 제112조의 3에 대한 해석으로 법인이 토지를 취득
      한 후 5년 이내에 해당 토지를 매각하였을 때에는 무조건 비업무용 부
      동산을 매각한 것으로서 중과세의 대상이 된다고 풀이하고 있으나, 법인
      이 위 토지를 5년 이내에 매각하였더라도 업무용부동산으로 사용하다가
      매각한 경우 비업무용부동산이 된 것을 전제로 한 위 법조는 적용될 여
      지가 없음이 법문자체에 의하여 명백합니다.(대법원 1982.7.13. 선고 80
      누149판결 참조)
      그러므로 원고가 이 사건 토지를 업무용으로 사용하다가 매각하였으므

로 뒤에서 보는바와 같이 피고의 이 사건 과세처분은 위법하다 할 것입니다.

나. 법인의 비업무용토지에 대한 취득세 중과의 취지는 법인의 부동산투기를 억제하고 법인의 건실한 운영을 도모하는데 목적이 있고 아울러 법인이 그 고유의 목적에 사용할 수 있는데도 불구하고 다른 이익을 위하여 그 토지를 방치하는 경우를 제재하기 위한 것이므로 (대법원 1987.10.13 선고 87누688판결) 설령 피고가 구 지방세법 제112조의 3에 대하여 해석하는 바와 같이 5년 이내의 매각이 비업무용토지에 해당한다고 하더라도 원고의 경우는 토지, 건물을 취득하여 공장으로 사용할 목적이었고, 그 공장이 원고에게는 유일한 부동산인 점, 그 부동산소재지가 절대녹지지역으로 원래 매매가 잘 이루어지지 않는 다는 점 등을 미루어 보면 원고가 투기를 하기 위하여 취득하거나 그것을 기대한 것이 아님이 명백하다 할 것입니다.

그러므로 원고가 위 부동산을 취득하였다가 매각한 것은 부득이한 사유에 의한 것이므로 이를 중과한다는 것은 입법취지에 어긋나는 위법이 있고,

다. 원고가 위 토지를 취득한 후 아래에서 보는 바와 같이 2년 3개월 만에 매각하지 않으면 안 될 사유가 있었습니다.

① 원고가 위 토지를 취득하게 된 목적은 임차공장에서 자기 소유공장으로 이전하기 위한 것일 뿐 투기의 목적이 없었고,

② 공장이 아닌 건물과 그 부수토지를 취득 후 공장으로 용도를 변경하기 위하여 건축물을 개조하는 작업을 하였고 기존의 임차공장을 소유주에게 반환하기로 약속하여 임차공장 소유주가 원고의 임차공장을 타인에게 임대하기로 계약까지 하였으나 피고가 원고의 공장설치계획을 불허함으로써 원고는 할 수 없이 기존임차공장을 다시 사용할 수밖에 없어 소유주의 다른 사람과의 임대차계약을 해약하게 함으로 인하여 원고가 위약금조로 일금 ○○원을 지불하였고,

③ 원고가 위 취득 부동산을 피고의 공장설치계획의 불허통보와 인근주민의 공장설치반대의 진정에 의하여 공장이전계획이 실패하자 즉시 이를 매각코져 하였으나, 절대녹지지역으로 매각조차도 어렵게 됨으로 위 부동산을 방치할 수 없이 원고의 공원기숙사, 창고 및 개발실로 사용하였고 소외 박○○을 상주시켜 취득부동산을 관리하도록 하다가 매수를 원하는 자가 있어 이를 매각하기에 이르렀습니다.

결국 원고가 위 부동산을 업무용부동산으로 취득하였다가 5년 이내에

매각할 수밖에 없는 정당한 사유가 있었으므로 이러한 경우 취득세를 중과함은 위법하므로 이 사건 부과처분은 취소되어야 할 것입니다.

입 증 방 법

1. 갑제1호증		위약금영수증
1. 갑제2호증		공장설치불허가통지
1. 갑제3호증		공장임대차계약해지합의서
1. 갑제4호증의	1	지방세이의신청 결정통지
	2	심사청구기각결정
1. 갑제5호증의	1	지방세 심사청구 결정통지
	2	심판청구 기각결정

첨 부 서 류

1. 위 입증방법	각 1통
1. 소장부본	1통
1. 납부서	1통

20○○년   ○월   ○일

원 고   ○ ○ ○   (서명 또는 날인)

○ ○ 행 정 법 원   귀중

⚖ 관련판례

국민의 출국의 자유는 헌법이 기본권으로 보장한 거주·이전의 자유의 한 내용을 이루는 것이므로 그에 대한 제한은 필요 최소한에 그쳐야 하고 그 본질적인 내용을 침해할 수 없고, 출입국관리법 등 출국금지에 관한 법률 규정의 해석과 운용도 같은 원칙에 기초하여야 한다. 구 출입국관리법(2011.7.18. 법률 제10863호로 개정되기 전의 것) 제4조 제1항, 구 출입국관리법 시행령(2011.11.1. 대통령령 제23274호로 개정되기 전의 것) 제1조의3 제2항은, 5천만 원 이상의 '국세·관세 또는 지방세를 정당한 사유 없이 그 납부기한까지 내지 아니한 사람'에 대하여는 기간을 정하여 출국을 금지할 수 있다고 규정하고 있다. 그러나 위와 같은 조세 미납을 이유로 한 출국금지는 그 미납자가 출국을 이용하여 재산을 해외에 도피시키는 등으로 강제집행을 곤란하게 하는 것을 방지함에 주된 목적이 있는 것이지 조세 미납자의 신병을 확보하거나 출국의 자유를 제한하여 심리적 압박을 가함으로써 미납 세금을 자진납부 하도록 하기 위한 것이 아니다. 따라서 재산을 해외로 도피할 우려가 있는지 여부 등을 확인하지 않은 채 단순히 일정 금액 이상의 조세를 미납하였고 그 미납에 정당한 사유가 없다는 사유만으로 바로 출국금지 처분을 하는 것은 헌법상의 기본권 보장 원리 및 과잉금지의 원칙에 비추어 허용되지 않는다. 나아가 재산의 해외 도피 가능성 유무에 관한 판단에서도 재량권을 일탈하거나 남용해서는 안 되므로, 조세 체납의 경위, 조세 체납자의 연령과 직업, 경제적 활동과 수입 정도 및 재산상태, 그간의 조세 납부 실적 및 조세 징수처분의 집행과정, 종전에 출국했던 이력과 목적·기간·소요 자금의 정도, 가족관계 및 가족의 생활정도·재산상태 등을 두루 고려하여, 출국금지로써 달성하려는 공익목적과 그로 인한 기본권 제한에 따라 당사자가 받게 될 불이익을 비교형량하여 합리적인 재량권의 범위 내에서 출국금지 여부를 결정해야 한다(대법원 2013.12.26. 선고, 2012두18363, 판결).

[서식 예] 종합소득세 부과처분 취소청구의 소(추계소득에 대해)

소　　　장

원　　고　　○　○　○(주민등록번호)
　　　　　　　　○○시 ○○구 ○○길 ○○ (우편번호 ○○○ - ○○○)
피　　고　　△△세무서장
　　　　　　　　○○시 ○○구 ○○길 ○○ (우편번호 ○○○ - ○○○)

종합소득세부과처분 취소청구의 소

청 구 취 지

1. 피고가 원고에 대하여 20○○. ○. ○.자로 결정 고지한 20○○년도 귀속
　종합소득세 ○○○원의 부과처분은 이를 취소한다.
2. 소송비용은 피고의 부담으로 한다.
라는 판결을 구합니다.

청 구 원 인

1. 기초사실
　원고는 20○○. ○. ○.부터 20○○. ○. ○.까지 일반건설업 및 부대사업,
　주택건설업, 부동산매매 및 임대업 등을 목적으로 하는 소외 ☆☆종합건설
　주식회사(이하 회사라고만 한다.)의 대표이사로 등재하였습니다.
2. 종합소득세 부과처분
　가. 소외 △○△세무서장은　○○시 ○○구 ○○길 ○○ 소재 회사에 대한 20
　　　○○년도 법인세를 추계결정하고 추계소득 ○○○원을 상여로 처분하였습
　　　니다.
　나. △○△세무서장은 위 추계소득의 귀속이 분명하지 않다며 추계소득금액
　　　중 원고와 소외 이□□이 공동대표이사로 등재되어 있던 20○○. ○. ○.
　　　부터 20○○. ○. ○. 까지 중 2분의1인 52일과 원고가 단독으로 위 회
　　　사 대표이사로 등재되어 있던 20○○. ○. ○.부터 20○○. ○. ○.까지
　　　44일을 합한 96일간에 해당하는 ○○○원을 원고에게 귀속된 것으로 하
　　　여 위 회사에게 소득금액변경통지를 하였습니다.
　다. △○△세무서장은 위 회사가 부도로 폐업하자 원고의 주소지 관할인 피고

에게 통보하였습니다.

라. 피고는 △○△세무서장의 과세자료통보에 따라 20○○. ○. ○. 20○○년 귀속 종합소득세 ○○○원을 원고에게 결정고지 하였다가 20○○. ○. ○. △○△세무서장이 위 회사에 대한 추계소득금액중 원고 귀속 소득금액을 원고가 단독으로 위 회사의 대표이사로 등재되어 있던 20○○. ○. ○.부터 20○○. ○. ○.까지 44일간에 해당하는 ○○○원으로 변경 통보하자 20○○. ○. ○. 원고에 대한 종합소득세를 ○○○원으로 감액 경정 결정 하였습니다.

마. 그러나 피고가 원고에 대한 종합소득세 부과처분은 위법한 처분입니다

3. 관계법령

가. 법인세법 제67조

법제60조에 따라 각 사업연도의 소득에 대한 법인세의 과세표준을 신고하거나 제66조 또는 제69조에 따라 법인세의 과세표준을 결정 또는 경정할 때 익금에 산입한 금액은 그 귀속자 등에게 상여.배당.기타사외유출.사내유보등 대통령령이 정하는 바에 의하여 처분한다. --- 라고 규정하고 있고,

나. 같은 법 시행령 제106호

법제 67조의 규정에 의하여 익금에 산입한 금액의 처분은 다음 각호의 규정에 의하여 처분한다.

(1) 익금에 산입한 금액이 사외에 유출된 것이 분명한 경우에는 그 귀속자에 따라 다음과 같이 이익처분에 의한 상여.배당.기타사외유출로 한다. 다만, 귀속이 불분명한 경우에는 대표자(소액주주등이 아닌 주주등인 임원 및 그 와 제43조 제8항에 따른 특수관계에 있는 자가 소유하는 주식 등을 합하여 해당 법인의 발행주식총수 또는 출자총액의 100분의 30 이상을 소유하고 있는 경우의 그 임원이 법인의 경영을 사실상 지배하고 있는 경우에는 그 자를 대표자로 하고, 대표자가 2명 이상인 경우에는 사실상의 대표자로 한다.)에게 귀속된 것으로 본다.

ㄱ. 귀속자가 출자자(임원 또는 사용인인 주주등을 제외한다)인 경우에는 그 귀속자에 대한 배당으로 한다.

ㄴ. 귀속자가 임원 또는 사용인인 경우에는 그 귀속자에 대한 상여로 한다.

ㄷ. 귀속자가 법인이거나 사업을 영위하는 개인인 경우에는 기타사외유출로 한다.

ㄹ. 귀속자가 가목 내지 다목외의 자인 경우에는 그 귀속자에 대한 기타소득

4. 처분의 부당성

가. 원고는 20○○. ○. ○.부터 20○○. ○. ○. 기간동안 위 회사의 대표이사로 등재되어 있으나 이는 형식적인 대표자일 뿐 실질적인 대표자가 아닙니다.

　(1) 20○○. ○. ○. 위 회사의 주식이동상황명세서에 의하면 대주주인 소외 이□□과 친동생인 이◎◎, 이◇◇의 주식액면가액이○○○원(이□□ ○○○원 - 38%, 이◎◎ ○○○원 - 13%, 이◇◇ ○○○원 - 6%)으로 총발행주식 ○○○주 대비 57%를 보유하고 있고, 원고는 위 회사의 주식을 한주도 소유하고 있지 않습니다.

　(2) 20○○. ○. ○. 소외 정□□과 위 이□□간에 작성된 회사운영에 관한 주주합의서에는

　　ㄱ. 위 회사의 업무에 필요한 일체의 서류관리 및 직인, 인감증명발급, 통장개설, 사용인감의 사용은 정□□이 하고,

　　ㄴ. 공사수주업무는 정□□이 하되 공사를 수주하여 토목부분은 정□□이, 건축부분은 이□□이 책임을 지고 시행하기로 하며, 여기에서 소요되는 공사경비는 각자 부담하고 회사관리비는 회사에서 일정한 비율에 의하여 정산처리하고,

　　ㄷ. 20○○. ○. ○. 까지 ☆☆종합건설(주)명의로 발행한 모든 어음은 이□□이 책임지기로 하며,

　　ㄹ. 위 회사의 주식 중 50%를 정□□에게 양도하기로 하는 내용 등의 합의를 하였습니다.

　(3) 한편 위 회사(대표이사 원고)와 위 정□□, 소외 이□□, 양□□, 이◎◎은 20○○. ○. ○.경

　　ㄱ. 이□□이 경영한 ○○도 ○○ 사무실에서 근무한 모든 임직원의 체불된 급료, 관리비등 발생한 모든 체불대금은 이□□인묵이 책임지기로 하며,

　　ㄴ. 이□□이 발생한 20○○. ○. ○.자 당좌수표 ○○○원, 같은 달 6일 자 당좌수표 ○○○원, 같은 달 7일자 당좌수표 ○○○원, 같은 달 12일자 당좌수표 ○○○원을 정□□이 결재하였으므로 위 회사의 주식 50%의 주주인 이□□(27%), 이◎◎(10%) 및 양□□(13%)의 주식을 20○○. ○. ○.까지 정□□에게 양도하고,

　　ㄷ. 위 회사가 시행하고 있는 공사 및 모든 현장들의 관리 및 공사대금 수령은 전부 위 회사의 대표이사가 하기로 하고, 공사비를 수령후 그 공사비로 이□□이 발행한 어음을 결재하기로 하며,

　　ㄹ. 이□□명의로 당좌 개설된 도장은 20○○. ○. ○.부터 정□□이

보관하며 어음이 전부 결재된 후에는 이□□에게 돌려주고,

ㅁ. 회사가 정상화되었을 경우 이□□은 정□□이 투자한 금액 전부와 이에 대한 법정이자를 계산하여 정□□에게 변제한 후 이□□은 회사의 모든 운영권을 다시 인수하기로 하는 합의를 하였습니다.

(4) 위 회사운영에 관한 주주합의서, 합의각서에 보듯이 원고는 위 회사의 주식을 보유하고 있지 아니하고 위 회사의 운영에 관여한 사실이 전혀 없습니다.

나. 위 회사의 운영권

(1) 위 회사는 앞서 본바와 같이 이□□과 그의 형제들이 회사주식 중 57%를 보유하고 있고 실질적으로 위 이□□이 회사를 운영하였습니다. (공사계약, 당좌발행, 회사의 관리 등 모든 제반업무)

(2) 위 회사의 이사들인 김□□, 이□□외 4 등도 원고가 위 회사의 대표이사로서 업무행위를 한 적이 없다고 확인하였습니다.

(3) 위 회사에 운영에 관한 주주합의, 합의를 하였던 정□□은 자신이 원고에게 부탁을 하여 형식상 대표이사로 등재되어 있을 뿐 회사운영 전반에 관하여 일체 관여하지 않았다는 것을 확인하고 있습니다.

다. 결국 피고는 원고가 위 회사의 형식적인 대표자로서 명의만을 빌려주었고, 위 회사의 주식을 보유하고 있지도 않으며, 회사의 운영에 관여한 사실이 없음에도 위 회사에 대한 추계소득금액 중 귀속이 불분명한 경우라고 하면서 20○○. ○. ○.부터 20○○. ○. ○.까지 44일간에 해당하는 ○○○원을 기초로 하여 종합소득세 ○○○원을 부과한 것은 위법한 처분입니다.

5. 따라서 피고의 원고에 대한 이 사건 종합소득세 부과처분은 취소되어야 할 것입니다.

6. 처분을 안날   20○○. ○. ○..

    이의신청일   20○○. 8. 30.

    이의신청결정   20○○. 11. 28.

    심사청구일   20○○. 1. 16.

    심사청구 결정통지를 받은 날   20○○. 3. 13

    심판청구일   20○○. 5. 6.

    심판청구 결정통지를 받은 날   20○○. 5. 3.

입 증 자 료

    1. 갑제1호증   법인등기사항증명서

    1. 갑제2호증   제적등본(또는, 가족관계등록사항

에 관한 증명서)

1. 갑제3호증   주식이동상황명세서
1. 갑제4호증   회사운영에 관한 주주합의서
1. 갑제5호증   합의각서
1. 갑제6호증   내용증명
1. 갑제7호증의 1내지7   각 확인서

첨 부 서 류

1. 소장부본   1부
1. 입증자료   각 1부
1. 납부서   1부

20○○년   ○월   ○일
원 고   ○ ○ ○   (서명 또는 날인)

○ ○ 행 정 법 원 귀 중

⚖ 관련판례 1

부과처분을 위한 과세관청의 질문조사권이 행해지는 세무조사결정이 있는 경우 납세의무자는 세무공무원의 과세자료 수집을 위한 질문에 대답하고 검사를 수인하여야 할 법적 의무를 부담하게 되는 점, 세무조사는 기본적으로 적정하고 공평한 과세의 실현을 위하여 필요한 최소한의 범위 안에서 행하여져야 하고, 더욱이 동일한 세목 및 과세기간에 대한 재조사는 납세자의 영업의 자유 등 권익을 심각하게 침해할 뿐만 아니라 과세관청에 의한 자의적인 세무조사의 위험마저 있으므로 조세공평의 원칙에 현저히 반하는 예외적인 경우를 제외하고는 금지될 필요가 있는 점, 납세의무자로 하여금 개개의 과태료 처분에 대하여 불복하거나 조사 종료 후의 과세처분에 대하여만 다툴 수 있도록 하는 것보다는 그에 앞서 세무조사결정에 대하여 다툼으로써 분쟁을 조기에 근본적으로 해결할 수 있는 점 등을 종합하면, 세무조사결정은 납세의무자의 권리·의무에 직접 영향을 미치는 공권력의 행사에 따른 행정작용으로서 항고소송의 대상이 된다(대법원 2011.3.10. 선고, 2009두23617,23624, 판결).

⚖️ 관련판례 2

국세징수법이 압류재산을 공매할 때에 공고와 별도로 체납자 등에게 공매통지를 하도록 한 이유는, 체납자 등으로 하여금 공매절차가 유효한 조세부과처분 및 압류처분에 근거하여 적법하게 이루어지는지 여부를 확인하고 이를 다툴 수 있는 기회를 주는 한편, 국세징수법이 정한 바에 따라 체납세액을 납부하고 공매절차를 중지 또는 취소시켜 소유권 또는 기타의 권리를 보존할 수 있는 기회를 갖도록 함으로써 체납자 등이 감수하여야 하는 강제적인 재산권 상실에 대응한 절차적인 적법성을 확보하기 위한 것으로 보아야 하고, 따라서 체납자 등에 대한 공매통지는 국가의 강제력에 의하여 진행되는 공매에서 체납자 등의 권리 내지 재산상의 이익을 보호하기 위하여 법률로 규정한 절차적 요건이라고 보아야 하며, 공매처분을 하면서 체납자 등에게 공매통지를 하지 않았거나 공매통지를 하였더라도 그것이 적법하지 아니한 경우에는 절차상의 흠이 있어 그 공매처분이 위법하게 되는 것이지만, 공매통지 자체가 그 상대방인 체납자 등의 법적 지위나 권리·의무에 직접적인 영향을 주는 행정처분에 해당한다고 할 것은 아니므로 다른 특별한 사정이 없는 한 체납자 등은 공매통지의 결여나 위법을 들어 공매처분의 취소 등을 구할 수 있는 것이지 공매통지 자체를 항고소송의 대상으로 삼아 그 취소 등을 구할 수는 없다 (대법원 2011.3.24. 선고, 2010두25527, 판결).

[서식 예] 부가가치세 부과처분 무효확인의 소(제2차 납세의무자)

```
                        소        장

원    고    ○   ○   ○(주민등록번호)
                 ○○시 ○○구 ○○길 ○○ (우편번호 ○○○ - ○○○)


피    고    △△세무서장
                 ○○시 ○○구 ○○길 ○○ (우편번호 ○○○ - ○○○)
```

부가가치세부과처분무효확인의 소

청 구 취 지

1. 피고가 20○○. ○. ○.자로 원고에 대하여 한 20○○년 수시 분 부가가치
   세 10,234,560원의 부과처분은 무효임을 확인한다.
2. 소송비용은 피고의 부담으로 한다.
라는 판결을 구합니다.

청 구 원 인

1. 원고는 피고로부터 20○○. ○. ○.자로 소외 ☆☆ 주식회사의 과점 주주임을 이
   유로 제2차 납세의무자로 지정되었으니 회사의 체납 부가가치세 10,234,560원
   을 납부하라는 부과처분을 받았습니다.
2. 그러나 피고는 소외 ☆☆주식회사에 대한 납세고지서를 그 본점 소재지로
   발송 하였다가 수취인 불명으로 반송되어 오자 그 대표이사인 원고 이○
   ○의 주소지 등을 확인하여 보지도 아니한 채 곧바로 공시 송달한 사실이
   있습니다. 법인에 대한 송달은 본점 소재지에서 그 대표이사가 이를 수령
   할 수 있도록 해야 하고 그와 같은 송달이 불능인 경우에는 법인등기부등
   본을 조사하여 본점 소재지의 이전 여부 및 대표이사의 변경 여부나 대표
   이사의 법인등기부상의 주소지 등을 확인하여 그에게 송달하였는데도 그
   송달이 불능인 경우에 비로소 공시송달을 해야 할 것이므로 피고는 공시
   송달의 요건을 갖추지 않은 채 송달을 하였다할 것입니다.
3. 따라서 피고의 송달은 공시송달의 요건을 갖추지 못한 경우에 해당하여 위
   법한 송달이라 할 것이고 이로 인한 주된 납세의무자에 대한 납세고지의

효력이 발생되지 않는다 할 것이므로 주된 납세의무자의 납세의무가 확정되지 않은 이상 보충적인 제2차 납세의무자인 원고의 납세의무도 발생할 여지가 없다 할 것입니다.

첨 부 서 류

1. 소장부본   1부
1. 납 부 서   1부

20○○년   ○월   ○일

원 고   ○ ○ ○   (서명 또는 날인)

○ ○ 행 정 법 원 귀중

⚖ **관련판례**

부가가치세법상의 사업자등록은 과세관청으로 하여금 부가가치세의 납세의무자를 파악하고 그 과세자료를 확보하게 하려는 데 제도의 취지가 있는바, 이는 단순한 사업사실의 신고로서 사업자가 관할세무서장에게 소정의 사업자등록신청서를 제출함으로써 성립하는 것이고, 사업자등록증의 교부는 이와 같은 등록사실을 증명하는 증서의 교부행위에 불과한 것이다. 나아가 구 부가가치세법(2006.12.30. 법률 제8142호로 개정되기 전의 것) 제5조 제5항에 의한 과세관청의 사업자등록 직권말소행위도 폐업사실의 기재일 뿐 그에 의하여 사업자로서의 지위에 변동을 가져오는 것이 아니라는 점에서 항고소송의 대상이 되는 행정처분으로 볼 수 없다. 이러한 점에 비추어 볼 때, 과세관청이 사업자등록을 관리하는 과정에서 위장사업자의 사업자명의를 직권으로 실사업자의 명의로 정정하는 행위 또한 당해 사업사실 중 주체에 관한 정정기재일 뿐 그에 의하여 사업자로서의 지위에 변동을 가져오는 것이 아니므로 항고소송의 대상이 되는 행정처분으로 볼 수 없다(대법원 2011.1.27. 선고, 2008두2200, 판결).

[서식 예] 재산세 부과처분 취소청구의 소(아파트)

소　　　장

원　　고　　○○○(주민등록번호)
　　　　　　　○○시 ○○구 ○○길 ○○

피　　고　　△ △ 구청장
　　　　　　　○○시 ○○구 ○○길 ○○

재산세부과처분취소 청구의 소

청 구 취 지

1. 피고가 원고에 대한 20○○. ○. ○.자 재산세 금○○○원의 부과처분을 취소
   한다.
2. 소송비용은 피고가 부담한다.
라는 판결을 구합니다.

청 구 원 인

1. 피고는 20○○. ○. ○. 원고에게 ○○시 ○○구 ○○길 ○○ 소재 ◎◎아
   파트 ○○동○○○호(이하 이 사건 부동산이라고 칭함)에 대하여 지방세법
   제107조를 근거로 금○○○원의 재산세를 부과하여 고지하였으나, 이는
   부당합니다.
2. 원고가 이 사건 부동산을 점유.사용하게 된 경위
   가. 원고는 19○○. ○. ○. 소외 ☆☆주식회사(이하 소외 회사라 칭함)와 사
   이에 이 사건 부동산에 대하여 19○○. ○. ○.까지 입주하기로 하는 분양
   계약을 체결하고 그 후 수회에 걸쳐 일부 분양 대금을 납부하였습니다.
   나. 그러나 위 소외 회사는 원고와의 입주 예정일을 지키지 않고 20○○. ○.
   ○.중순 경 건축공정 약90% 상태에서 도산하여 이 사건 아파트의 공사가
   중단이 되었습니다. 이에 원고를 포함한 이 사건 부동산의 수분양자들은 협
   의를 한 끝에 잔여 공정에 대하여 공사비를 분담하기로 하고 내부공사 및
   조경공사 등 기타 마무리 공사를 하였으나, 이 사건 부동산에 대한 공사하
   자 등으로 인하여 현재까지 준공검사를 받지 못하고 있으며, 원고는 소외

회사와 최종 분양 대금에 대해서는 정산을 하지 못한 채 입주를 하여 거주하고 있는 실정입니다.

3. 이 사건 부동산에 대한 재산세부과의 부당성

가. 지방세법 제107조 제1항은 "재산세 과세기준일 현재 재산을 사실상 소유하고 있는 자는 재산세를 납부할 의무가 있다. 다만, 공유재산인 경우에는 그 지분에 해당하는 부분(지분의 표시가 없는 경우에는 지분이 균등한 것으로 본다)에 대하여 그 지분권자를 납세의무자로 보며, 주택의 건물과 부속토지의 소유자가 다를 경우에는 그 주택에 대한 산출세액을 제4조제1항 및 제2항에 따른 건축물과 그 부속토지의 시가표준액 비율로 안분계산한 부분에 대하여 그 소유자를 납세의무자로 본다."고 규정하고 있습니다.

나. 한편, 대법원 판례에 의하면, '건축 회사가 공사를 중단할 당시의 공정도에 비추어 건축공정 약 90% 상태에서 도산하였다면 건축회사가 원시취득에 의한 소유자라고 할 것이고, 다만 그 이후 이 사건 기준일 이전에 입주자들이 분양대금을 정산하여 잔금지급의무가 소멸하였음이 입증된다면 지방세법제182조제1항 단서의 "사실상 소유자"가 될 수 있을 것이나, 피고가 주장하는 바와 같이 건축회사가 도산하여 그 존재가 유명무실하게 되었다거나 입주자들이 이 사건 아파트에 입주하여 점유. 사용하면서 권리자 행세를 하고 있다 하여 곧 이 사건 부과처분의 처분사유인 "소유권의 귀속이 분명하지 아니하여 소유권자를 알 수 없는 경유에 해당한다고 할 수 없다.(대법원 2001. 2. 9.선고 99두5580호 판결)고 할 것입니다.

4. 결 론

따라서 위에서 살펴본 바와 같이 원고는 소외 회사와 분양대금에 관하여 합의를 보지 못하고 있고, 완전한 권리를 행사할 수 없다고 할 것이어서 피고의 재산세 부과처분은 부당하므로 이 사건 청구에 이른 것입니다.

입 증 방 법

1. 갑 제1호증   분양계약서 사본
1. 갑 제2호증   중도금납부서 사본
1. 갑 제3호증   납세고지서 사본

첨 부 서 류

1. 위 입증방법   각 1부
1. 소장부본   1부

1. 납 부 서   1부

20○○년   ○월   ○일
원 고   ○ ○ ○   (서명 또는 날인)

○ ○ 행 정 법 원 귀중

[서식 예] 법인세등 부과처분 취소청구의 소(수시분)

소　　　　장

원　고　　○○종합건설 주식회사
　　　　　　　○○시 ○○구 ○○길 ○○ (우편번호 ○○○ - ○○○)
　　　　　　　대표이사　　○　○　○

피　고　　△△세무서장
　　　　　　　○○시 ○○구 ○○길 ○○ (우편번호 ○○○ - ○○○)

법인세등부과처분취소 청구의 소

청 구 취 지

1. 피고가 20○○. ○. ○.자로 원고에 대하여 한 20○○년도 수시분 법인세 금 50,000,000원 및 20○○. ○. ○.자 20○○년도 수시분 부가가치세 금 9,000,000원 합계 59,000,000의 부과처분은 이를 모두 취소한다.
2. 소송비용은 피고의 부담으로 한다.
라는 판결을 구합니다.

청 구 원 인

1. 피고의 법인세등 부과처분
　피고는 원고회사가 신고한 20○○년도 법인세 중 19○○. ○. ○. 지출한 금 40,000,000원, 같은 해 ○. ○. 지출한 금42,300,000원, 같은 해 ○. ○. 지출한 금 50,000,000원 등 도합 금 132,000,000원의 외주가공비는 과대 계상된 것으로 보아 이를 대표이사에게 상여처분한 후 법인세 금 50,000,000원을, 원고가 소외 ☆☆설비 등 5개 업체로부터 외주가공비의 명목으로 받은 공급가액금80,000,000원의 세금계산서를 사실과 다른 계산서로 보아 위 금액에 해당하는 매입세액을 공제하지 않고 부가가치세 금 9,000,000원을 각 결정 부과하였습니다.
2. 전심절차
　원고회사는 이건 부과처분에 불복하고 피고 및 국세청에 이건 부과처분에 대하여 20○○. ○. ○. 이의신청을, 같은 해 ○. ○. 심사청구를 같은 해

○. ○. 심판청구를 하였으나 청구를 기각한다는 결정을 받았습니다.

3. 피고처분의 부당성

소득세법상 추계과세는 수입금액이나 과세표준결정의 근거가 되는 납세자의 장부나 증빙서류 등이 없거나 그 내용이 미비 또는 허위이어서 실질조사가 불가능한 경우에 한하여 예외적으로 아주 제한된 범위 내에서 허용되는 것임에도 불구하고 피고는 원고가 1998년 외주공사의 인건비 등으로 지출한 금132,000,000원의 거래장부 기재에 대한 증빙자료가 미비하고 거래당사자들의 확인이 없으며 또한 소외 ☆☆설비등 5개업체가 원고에게 외주가공비등의 명목으로 교부한 세금계산서가 진실로 작성되었다는 증거가 없다는 이유로 위 증빙자료 등에 관한 실질조사 없이 부과처분 하였습니다.

4. 결 론

그러므로 피고가 원고에게 한 부과처분은 실질거래내용을 제대로 확인하지 않고 단지 거래장부 기재에 대한 증빙자료의 미비등을 이유로 한 실질과세 원칙에 반하는 부당한 추계과세 처분이라 할 것이므로 원고는 이의 취소를 구하기 위하기 본 소 청구에 이른 것입니다.

입 증 방 법

1. 갑 제1호증   결정서

첨 부 서 류

1. 위 입증방법   1통
1. 법인등기사항증명서   1통
1. 소장부본   1통
1. 납부서   1통

20○○년   ○월   ○일

원   고   ○○종합건설 주식회사

대표이사   ○ ○ ○   (서명 또는 날인)

○ ○ 행 정 법 원 귀 중

⚖ 관련판례 1

징수처분의 취소를 구하는 항고소송에서도 과세관청은 처분의 동일성이 유지되는 범위 내에서 처분사유를 교환·변경할 수 있다. 그런데 원천징수하는 법인세는 소득금액 또는 수입금액을 지급하는 때에 납세의무가 성립함과 동시에 자동적으로 확정되는 조세로서[구 국세기본법(2007.12.31. 법률 제8830호로 개정되기 전의 것) 제21조 제2항 제1호, 제22조 제2항 제3호], 과세관청의 원천징수의무자에 대한 징수처분 그 자체는 소득금액 또는 수입금액의 지급사실에 의하여 이미 확정된 납세의무에 대한 이행을 청구하는 것에 불과하여 소득금액 또는 수입금액의 수령자가 부담하는 원천납세의무의 존부나 범위에는 아무런 영향을 미치지 아니한다. 그리고 구 국세징수법(2011.4.4. 법률 제10527호로 개정되기 전의 것) 제9조 제1항은 국세의 징수를 위한 납세고지서에 '세액의 산출근거'를 명시하도록 규정하고 있으나, 여기에서 말하는 '산출근거'에 소득금액 또는 수입금액의 수령자가 포함된다고 보기도 어렵다. 이러한 법리 등에 비추어 보면, 원천징수하는 법인세에서 소득금액 또는 수입금액의 수령자가 누구인지는 원칙적으로 납세의무의 단위를 구분하는 본질적인 요소가 아니라고 봄이 타당하다. 따라서 원천징수하는 법인세에 대한 징수처분 취소소송에서 과세관청이 소득금액 또는 수입금액의 수령자를 변경하여 주장하더라도 그로 인하여 소득금액 또는 수입금액 지급의 기초 사실이 달라지는 것이 아니라면 처분의 동일성이 유지되는 범위 내의 처분사유 변경으로서 허용된다(대법원 2013.7.11. 선고, 2011두7311, 판결).

⚖ 관련판례 2

장부에 기재되지 않고 사외유출된 법인의 수입금은 그 귀속이 분명하지 않은 한 과세관청이 법인세법 제67조, 법인세법 시행령 제106조 제1항 제1호 단서의 규정에 의하여 대표자에 대한 상여로 소득처분할 수밖에 없는 것이고, 이 경우 그 귀속이 분명하다는 점에 관한 증명책임은 이를 주장하는 납세의무자에게 있다(대법원 2013.3.28. 선고, 2010두20805, 판결).

⚖ 관련판례 3

자산유동화에 관한 법률에 의한 유동화전문회사인 甲 유한회사 등이 乙 자산관리회사에 지급한 컨설팅 용역비를 손금산입하여 법인세 과세표준을 신고하였다가 위 용역비가 가공경비임이 밝혀지자, 이를 손금불산입함과 아울러 기타소득으로 소득처분한 후 사원에게 추가 배당하는 결의를 하고 추가 배당금을 해당 사업연도 소득금액에서 공제하는 소득공제신청을 하였으나, 과세관청이 추가 배당결의에 따른 소득공제신청을 불인정한 후 법인세를 증액경정처분한 사안에서, 비록 甲 회사 등이 컨설팅 용역비를 손금불산입하면서 사내유보로 소득처분하지 아니하고 기타소득(사외유출)으로 소득처분하였다고 하더라도, 甲 회사 등이 乙 회사 등에 컨설팅 용역비 상당액에 대한 손해배상청구권 등의 권리를 가지고 있었고 결국 이를 회수한 이상, 컨설팅 용역비의 손금불산입으로 인한 소득금액 증가분은 甲 회사 등에게 유보되어 있어 그에 대한 추가 배당결의는 적법하고, 그 배당금은 구 법인세법(2005.12.31. 법률 제7838호로 개정되기 전의 것) 제51조의2 제1항에 의하여 甲 회사 등의 해당 사업연도 소득금액에서 공제되어야 한다는 이유로, 과세관청의 위 증액경정처분은 위법하다(대법원 2012.11.29. 선고, 2010두7796, 판결).

⚖ 관련판례 4

甲 생명보험 주식회사의 대주주 겸 대표이사인 乙이 'GMF'라는 역외펀드를 설립하고, 甲 회사로 하여금 회사 자금을 송금하게 한 후 다시 GMF로 하여금 이를 제3의 개인구좌 등에 송금하게 하였는데, 과세관청이 乙이 甲 회사 자금을 횡령한 것으로 보아 GMF가 송금한 금액을 해당 사업연도의 익금에 산입하면서 乙에 대한 상여로 소득처분하고 甲 회사에 소득금액변동 통지한 사안에서, 제반사정에 비추어 乙의 횡령 행위는 애초에 회수를 전제하지 아니한 것으로서 그 금액이 사외유출 되었다고 보아야 한다는 이유로, 이와 달리 보아 소득금액 변동통지가 위법하다고 본 원심판결에 법리오해의 위법이 있다(대법원 2012.5.9. 선고, 2009두2887, 판결).

⚖ 관련판례 5

과세관청이, 甲 주식회사가 당초 신고한 2004 사업연도 법인세액에 대해 2006.12.5. 법인세 증액경정처분을 하였다가 다시 2008.2.경 동일한 금액을 감액하는 제1차 법인세 감액경정처분을 하였고, 2008.3.경 甲 회사가 이전에 한 감액청구 중 과대신고로 인한 부분을 제외한 부분을 받아들여 제2차 법인세 감액경정처분을 한 사안에서, 2004 사업연도 법인세의 법정신고기한인 2005.3.31.부터 경정청구기간이 경과하기 전인 2006.12.5. 증액경정처분이 있었으므로 甲 회사는 증액경정처분에 의하여 증액된 세액뿐만 아니라 당초 신고한 세액에 대해서도 취소를 구할 수 있는데도, 이와 달리 보고 2004 사업연도 법인세에 대한 증액경정처분이 제1차 감액경정처분에 의해 취소되어 더 이상 존재하지 아니한다는 전제하에 그 취소청구를 부적법하다고 본 원심판결에 법리오해의 위법이 있다(대법원 2012.3.29. 선고, 2011두4855, 판결).

⚖ **관련판례 6**

준설선 등 선박에 유류를 공급하는 업을 목적으로 하는 甲 주식회사가 乙 주식회사 등에게서 허위세금계산서를 수취하고 2006년 및 2007년도 법인세를 신고 납부하였는데, 이에 대하여 과세관청이 甲 회사의 허위세금계산서 매입액 중 甲 회사가 제출한 유류의 실지매입사실을 인정한 금액을 제외한 매입액을 손금 불산입하는 등 2004 사업연도부터 2007 사업연도까지의 법인세 부과처분을 한 사안에서, 제반 사정에 비추어 무자료 매입유량이 있다고 보고 그에 상당한 필요경비의 발생이 경험칙상 명백하다고 본 원심판결에 자유심증주의의 한계를 벗어난 위법이 있다(대법원 2011.4.28. 선고, 2010두28076, 판결).

제7절 산재 관련 행정소송 서식

[서식 예] 요양불승인처분 취소청구의 소

소　　장

원　　고　　○　○　○(주민등록번호)
　　　　　　　○○시 ○○구 ○○길 ○○ (우편번호 ○○○-○○○)

피　　고　　근로복지공단
　　　　　　　○○시 ○○구 ○○길 ○○ (우편번호 ○○○-○○○)
　　　　　　　대표자 이사장 △△△

요양불승인처분취소 청구의 소

청 구 취 지

1. 피고가 20○○. ○. ○. 원고에게 한 산업재해보상보험요양신청에 대한 불승인처분을 취소한다.
2. 소송비용은 피고의 부담으로 한다.
라는 판결을 구합니다.

청 구 원 인

1. 원고는 ○○시 ○○구 ○○길 ○○ 염색공업사에서 19○○. ○.부터 20○○. ○.까지 근무한 바 있습니다.
2. 그러던 중 원고는 20○○. ○.경부터 심근경색으로 입원하게 되어 피고에게 요양신청을 하였으나 피고는 병명과 업무간 인과관계가 없다는 이유로 요양을 불승인하였습니다.
3. 그러나 이는 부당한 처분으로 염색업에 종사하는 경우 심근경색이 있을 수 있는바 인과관계가 충분히 있다고 사료되어 피고가 원고에게 한 요양불승인처분의 취소를 구하고자 이 건 청구에 이른 것입니다.

입 증 방 법

1. 갑 제1호증　　　　　　　　요양신청서
1. 갑 제2호증　　　　　　　　재결서
1. 갑 제3호증　　　　　　　　진단서

첨 부 서 류

1. 위 입증방법　　　　　　　1통
1. 소장부분　　　　　　　　　1통
1. 요양신청서 사본　　　　　1통
1. 진단서 사본　　　　　　　1통
1. 납부서　　　　　　　　　　1통

20○○.　○.　○.
위 청구인　○　○　○　(서명 또는 날인)

○ ○ 행 정 법 원　귀중

■ 참 고 ■

※ 관할법원(행정소송법 9조)
 1. 취소소송의 제1심 관할법원은 피고의 소재지를 관할하는 행정법원임. 다만, 중앙행정기관 또는 그 장이 피고인 경우의 관할법원은 대법원 소재지의 행정법원임
 2. 토지의 수용 기타 부동산 또는 특정의 장소에 관계되는 처분 등에 대한 취소소송은 그 부동산 또는 장소의 소재지를 관할하는 행정법원에 이를 제기할 수 있음.

※ 제소기간(행정소송법 20조)
 1. 취소소송은 처분 등이 있음을 안 날부터 90일 이내에 제기하여야 함. 다만, 다른 법률에 당해 처분에 대한 행정심판의 재결을 거치지 아니하면 취소소송을 제기할 수 없다는 규정이 있는 때와 그밖에 행정심판청구를 할 수 있는 경우 또는 행정청이 행정심판청구를 할 수 있다고 잘못 알린 경우에 행정심판 청구가 있는 때의 기간은 재결서의 정본을 송달받은 날부터 기산함.
 2. 취소소송은 처분 등이 있은 날부터 1년(제1항 단서의 경우는 재결이 있는 날부터 1년)을 경과하면 이를 제기하지 못함. 다만, 정당한 사유가 있는 때에는 그러하지 아니함.

[서식 예] 장해등급 결정처분 취소청구의 소

소　　장

원　　고　　○○○(주민등록번호)
　　　　　　○○시 ○○구 ○○길 ○○(우편번호 ○○○-○○○)
　　　　　　전화.휴대폰번호:
　　　　　　팩스번호, 전자우편(e-mail)주소:
피　　고　　근로복지공단
　　　　　　○○시 ○○구 ○○길 ○○(우편번호 ○○○-○○○)
　　　　　　대표자 이사장 □□□

장해등급결정처분 취소청구의 소

청 구 취 지

1. 피고가 20○○. ○. ○.에 원고에 대하여 행한 산업재해보상보험법에 의한 장해등급 제12급 12호의 결정처분은 이를 취소한다.
2. 소송비용은 피고의 부담으로 한다.
   라는 판결을 구합니다.

청 구 원 인

1. 원고는 소외 ◇◇실업주식회사의 ○○지구현장에서 근무 중 20○○. ○.○○.에 업무상재해를 입고 상병명 1)뇌좌상, 2)고막파열, 3)경막상혈종, 4)두개기저부골절, 5)선산두개골골절상을 입고 요양 가료 후 20○○. ○○. ○○.에 치료종결하고 ●●신경외과의원에서 발급한 장해진단서로 장해보상을 청구하였던 바, 결정기관은 "국부에 신경증상이 남은 사람"인 장해등급 제14급 9호로 결정처분 하였습니다.

2. 이에 원고는 장해등급 제3급 3호에 속한다는 내용으로 제14급 9호의 결정처분은 부당하다는 내용으로 피고에게 심사청구를 하였습니다.

3. 피고는 심사한 바, "두통, 현훈, 기억력감퇴 등이 지속되며 국소 신경증상이 잔존한 상태"의 소견과 "개두술흔이 있고 경미한 뇌실확장 등이 보임. 제12

급 이 타당할 것으로 봄"이라는 소견으로 "국부에 완고한 신경증상이 남은 사람"인 장해등급 제12급 12호에 해당된다며 원처분을 취소하였습니다.

4. 그러나 원고는 현재 이 사건 사고로 인하여 신경 외과적 상해로 인하여 제 3급 3호인 "정신에 현저하게 장해를 남겨 종신 노무에 종사할 수 없는 상 태"이며 또한 청력상실과 안구이상으로 인하여 안구 운동장해 및 시력감 퇴가 심하게 나타나고 있는 바, 이를 장해등급의 병급의 방식에 따르면 1 급의 장해에 해당된다고 할 것입니다.

5. 피고는 정당한 이유 없이 원고에 대하여 재감정을 하지 않고 최초 감정시 의 장해내용 및 관련자료 만을 가지고 12급 12호로 결정하였는바, 원고의 상태에 비하면 산업재해보상보험법 및 동 시행령을, 무시한 결정이라 할 것이며, 따라서 피고의 결정처분 역시 위법하므로 청구취지와 같은 판결을 바라옵고 신체감정에 따라 결정되기를 바라와 본소에 이른 것입니다.

입 증 방 법

1. 갑 제1호증   심사결정서송부공문
1. 갑 제2호증   결정서등본
1. 갑 제3호증   주민등록등본

첨 부 서 류

1. 위 입증방법   각 1통
1. 소장부본   1통
1. 송달료납부서   1통

20○○.   ○.   ○.

위 원고   ○○○   (서명 또는 날인)

○ ○ 행 정 법 원 귀중

⚖ 관련판례

행정청이 산업재해보상보험법에 의한 보험급여 수급자에 대하여 부당이득 징수결정을 한 후 징수결정의 하자를 이유로 징수금 액수를 감액하는 경우에 감액처분은 감액된 징수금 부분에 관해서만 법적 효과가 미치는 것으로서 당초 징수결정과 별개 독립의 징수금 결정처분이 아니라 그 실질은 처음 징수결정의 변경이고, 그에 의하여 징수금의 일부취소라는 징수의무자에게 유리한 결과를 가져오는 처분이므로 징수의무자에게는 그 취소를 구할 소의 이익이 없다. 이에 따라 감액처분으로도 아직 취소되지 않고 남아 있는 부분이 위법하다 하여 다투고자 하는 경우, 감액처분을 항고소송의 대상으로 할 수는 없고, 당초 징수결정 중 감액처분에 의하여 취소되지 않고 남은 부분을 항고소송의 대상으로 할 수 있을 뿐이며, 그 결과 제소기간의 준수 여부도 감액처분이 아닌 당초 처분을 기준으로 판단해야 한다(대법원 2012.9.27. 선고, 2011두27247, 판결).

[서식 예] 유족연금지급 비대상결정처분 취소청구의 소

소   장

원   고   ○ ○ ○(주민등록번호)
　　　　　　○○시 ○○구 ○○길 ○○ (우편번호 ○○○-○○○)

피   고   국방부장관

유족연금지급비대상결정처분 취소청구의 소

청 구 취 지

1. 피고가 20○○. ○. ○. 원고에 대하여 한 유족연금지급비대상결정처분은
   이를 취소한다.
2. 소송비용은 피고의 부담으로 한다.
라는 판결을 구합니다.

청 구 원 인

1. 처분의 경위

가. 소외 1은 19○○. ○. ○○.생으로 19○○. ○. ○○. 군대에 사병으로 입
　　대하였고, 19○○. ○. ○. 원고와 혼인하여 혼인생활 중 슬하에 ○명의
　　자녀를 두었으며, 19○○. ○. ○○. 소령으로 퇴역하였습니다.

나. 원고와 소외 1은 19○○. ○. ○○. 이혼심판이 확정되어 이혼하였는데,
　　소외 1은 그 직후인 19○○. ○. ○○. 소외 2와 혼인하였습니다. 소외 1
　　은 원고와 이혼할 무렵부터 주로 ○○에서 생활하였고, 원고는 자녀들과
　　함께 ○○에서 생활하였습니다.

다. 소외 1은 20○○. ○. ○○.에 이르러 소외 2와 이혼하였고, 20○○. ○.
　　○. 다시 원고와 혼인하였는데, 당시 소외 1은 69세였다. 소외 1은 그와
　　같이 다시 원고와 혼인한 직후인 20○○. ○. ○. 원고 주소지에 전입하
　　였다가 20○○. ○○. ○. 종전의 ○○ 주소지에 다시 전입하였다. 소외
　　1은 20○○. ○. ○○. 사망하였습니다.

라. 원고가 소외 1의 배우자로서 피고에게 소외 1의 사망에 따른 군인연금법
　　이 정한 유족연금의 지급을 청구하였으나, 피고는 20○○. ○. ○○. 원

고가 소외 1의 61세 이후에 혼인한 배우자로서 군인연금법이 정한 유족
에 해당하지 않는다는 이유로 유족연금 지급불가 결정(이하 '이 사건 처
분'이라 한다)을 하였습니다.

2. 처분의 법적 근거

군인연금법 제26조 제1항 제1호에 의하면, 유족연금은 퇴역연금을 받을
권리가 있는 자가 사망한 때에 그 유족에게 지급하는 것이고, 같은 법 제3
조 제1항 제4호 (가)목에 의하면, 유족에는 군인 또는 군인이었던 자의 사
망 당시 그에 의하여 부양되고 있던 배우자(사실상 혼인관계에 있던 자를
포함하며, 퇴직 후 61세 이후에 혼인한 배우자를 제외한다)를 포함하고 있
습니다.

3. 처분의 위법, 부당성

가. 피고는, 군인이었던 자가 퇴직한 후 61세 이후에 혼인한 배우자는 위 조
   항 소정의 유족에서 제외하는 것으로 되어 있으며, 이 사건에서 원고가
   소외 1이 퇴직한 후 61세가 지난 후에 소외 1과 혼인하였으므로 원고는
   군인연금법 제3조 제1항 제4호 가.목 소정의 유족이 아니라고 결정하였
   습니다.
나. 하지만, 소외 1이 군복무를 하는 동안 원고가 소외 1과 혼인관계를 이룬
   적이 있었으므로, 유족에 해당하며, 또한 원고가 사실혼의 배우자로서 소
   외 1의 유족에 해당한다고 판단할 수 있으므로, 피고의 유족연금지급비
   대상결정처분은 위법, 부당한 것이라고 할 것입니다.

4. 결 어

위에서 본 바와 같이 원고는 소외 1에 관하여 군인연금법 제3조 제1항 제
4호 가.목 소정의 유족인 배우자에 해당하는데도 원고의 유족연금지급신청
을 거부한 피고의 처분은 위법, 부당하다고 할 것이므로, 원고는 피고의 이
러한 위법한 처분의 취소를 구하는 이건 소송을 제기하기에 이르렀습니다.

입 증 방 법

1. 갑제 1 호증   기본증명서
                  (단, 2007.12.31. 이전 사망한 경우
                  제적등본)
1. 갑제 2 호증   혼인관계증명서

1. 갑제 3 호증의 1   행정심판재결서
           2   민원회신

첨 부 서 류

1. 위 입증방법   각 1통
1. 소장부본   1통
1. 납 부 서   1통

            20○○.   ○.   ○.
원 고   ○ ○ ○   (서명 또는 날인)

○ ○ 행 정 법 원 귀중

[서식 예] 유족보상금 지급청구 부결처분 취소청구의 소

소　　　　장

원　　고　　○　○　○(주민등록번호)
　　　　　　　　○○시 ○○구 ○○길 ○○ (우편번호 ○○○-○○○)
피　　고　　공무원연금관리공단
　　　　　　　　○○시 ○○구 ○○길 ○○ (우편번호 ○○○-○○○)
　　　　　　　　대표자 이사장 △△△

유족보상금지급청구부결처분 취소청구의 소

청 구 취 지

1. 피고가 20○○. ○. ○. 원고에 대하여 한 유족보상금 지급청구 부결처분은
　이를 취소한다.
2. 소송비용은 피고의 부담으로 한다.
라는 판결을 구합니다.

청 구 원 인

1. 피고는 소외 망 김□□가 19○○. ○. ○. 순경으로 임용되어 그 때부터 ☆
　☆경찰서에서 근무하다가 19○○. ○. ○. ★★경찰서로 전입하여 같은 경
　찰서 소속 ○○파출소 외근원으로 근무하던 중, 20○○. ○. ○. ○○:○○
　경 출근하여 같은 파출소장으로부터 다음날 ○○:○○경까지의 주야간 근
　무명령을 받고 같은 날 ○○:○○부터 ○○:○○까지 무기고 등이 있는 위
　파출소 관내 도보순찰근무를 명받았으나 같은 날 ○○:○○까지만 도보순
　찰근무를 하고 파출소로 돌아온 사실, 위 망인은 그 당시 순경 5호봉으로
　무기고 등을 경비하는 위 파출소 내 최상급자 이었음에도 불구하고 소정
　시간에 파출소로 돌아와서 같은 파출소 근무 순경인 소외 이□□, 예비군
　무기고 근무 방위병들인 소외 박□□, 최□□, 정□□ 등과 같이 그 곳 방
　위병타격대실에서 음주하였고, 술이 부족하자 위 맥주 외에도 파출소 내에
　있던 맥주 6병을 추가로 나누어 마신 사실, 그런데 위 망인이 같은 날 ○
　○:○○경 그 곳 방위병타격대실 침상에 침구를 깔고 잠을 잘 준비를 하고
　있을 때 위 이□□이 속칭 "러시안 롤렛"게임을 하자고 하면서 허리에 차

고 있던 3.8구경 권총을 꺼내어 탄알집에 1발을 장전하고 탄알집을 돌리는 장난을 하다가 장전되어 있던 탄알이 발사되면서 약 0.88m 전방에 있던 위 망인의 왼쪽 쇄골직하부위에 맞자 위 망인을 즉시 ○○시 ○길 소재 ○○병원으로 후송하였으나 같은 날 ○○:○○경 급성출혈로 사망한 사실, 위 이□□은 평소에도 "러시안 룰렛" 게임의 흉내를 내는 등 권총으로 자주 장난을 하여온 사실을 인정한 다음 위 인정사실에 의하면 위 망인으로서는 사고당시 ○○:○○까지 무기고 등이 있는 관내의 도보순찰근무를 명받고도 ○○:○○경 파출소로 돌아와서 권총을 휴대한 채 무기고 등을 경비하는 중요하고도 위험한 업무를 부여받은 소내 최상급자로서 근무자들의 음주를 방지하기는커녕 오히려 음주를 주도한 잘못이 있었다고 할 것이고, 이러한 잘못은 불가피한 사유 없이 관계 법령과 안전수칙을 위반하는 등의 중대한 과실에 해당한다고 하여 유족보상금 지급청구부결처분을 하였습니다.

2. 그러나 위 피고의 처분과 관련 살펴보면, 공무원연금법 제62조 제3항 제1항 및 같은 법 시행령 제53조에 의하면, 이 법에 의한 급여를 받을 수 있는 자가 중대한 과실에 의하여 질병·부상·폐질을 발생하게 하거나, 사망하거나 또는 그 질병·부상·폐질의 정도를 악화하게 하거나, 그 회복을 방해한 경우에는 장해연금·장해보상금 또는 유족보상금은 그 급여액의 2분의 1을 감하여 이를 지급하도록 규정하고 있는바, 여기서 중대한 과실이라 함은 조금만 주의를 하였더라면 사고의 발생을 미리 인식하여 이를 방지할 수 있었음에도 불구하고 현저히 주의를 태만하였기 때문에 사고의 발생을 인식할 수 없었거나 이를 방지하지 못한 경우를 말한다고 할 것이고, 한편 공무원연금법의 취지나 목적 등에 비추어 보면, 같은 법 제62조 제3항 제1호 소정의 "중대한 과실"은 되도록 엄격하게 해석하여야 할 것인데도(대법원 1992. 5. 12. 선고 91누13632 판결 참조) 피고의 위 처분은 부당하고 또한 이 사건 사고는 당시 위 망인이 이□□ 등과의 술자리를 마친 다음 잠을 자기 위하여 침상에서 침구를 깔고 있는 사이에 위 이□□이 갑자기 직무상 휴대하고 있던 권총에 탄알 1발을 장전한 다음 탄알집을 돌리는 장난을 하다가 오발된 것이 위 망인에게 명중되어 발생한 것으로 인정되는 바, 사실관계가 이와 같다면 피고가 설시한 여러 사정을 감안하더라도 이 사건 사고의 발생에 있어서 위 망인에게 위 법조 소정의 중대한 과실이 있다고 볼 수는 없다 할 것입니다.

3. 그럼에도 불구하고 피고는 그 설시와 같은 이유로 위 망인이 위 법조 소정의 중대한 과실에 의하여 사망하였다고 판단하였으니 위 법조 소정의 중

대한 과실에 관한 법리를 오해한 위법이 있다 할 것이고, 이와 같은 위법
은 마땅히 취소되어야 함으로 이를 바로잡기 위하여 이 사건 청구에 이르
렀습니다.

입 증 방 법

1. 갑 제1호증   수사기록대장
1. 갑 제2호증   기본증명서
1. 갑 제3호증   주민등록등본
1. 갑 제4호증   사망진단서

첨 부 서 류

1. 위 입증방법   각 1통
1. 소장부본   1통
1. 납 부 서   1통

20○○.   ○.   ○.
위   원고   ○ ○ ○ (서명 또는 날인)

○ ○ 행 정 법 원 귀중

[서식 예] 유족보상일시금 및 장의비 부지급 취소청구의 소

소 장

원 고   ○ ○ ○(주민등록번호)
　　　　　　○○시 ○○구 ○○길 ○○ (우편번호 ○○○-○○○)

피 고   근로복지공단
　　　　　　○○시 ○○구 ○○길 ○○ (우편번호 ○○○-○○○)
　　　　　대표자 이사장 △△△

유족보상일시금 및 장의비 부지급 취소청구의 소

청 구 취 지

1. 피고가 20○○. ○. ○. 원고에 대하여 한 산업재해보상보험법에 기한 유족
　 보상일시금 및 장의비의 지급을 하지 아니한다는 결정을 취소한다.
2. 소송비용은 피고의 부담으로 한다.
라는 재판을 구합니다.

청 구 원 인

1. 산업재해의 발생
 가. 원고는 본건 산재사고의 피해자인 소외 망 배□□의 배우자로서, 산재보
　　험금을 수령할 수 있는 유족으로 위 배□□의 장례를 치른 자입니다.
 나. 소외 망 배□□는 건축도급업자인 소외 ☆☆회사에 목공으로 고용되어
　　있었고, 위 ☆☆회사는 소외 주식회사 ★★으로부터 주택건축을 수급받
　　은 주식회사 ◎◎공무점으로부터 다시 위 주택건축에 관한 목공일을 수
　　급받게 되었습니다.
 다. 그런데 본건 사고일시인 20○○. ○. ○.경 망 배□□는 ★★회사의 위
　　도급공사 현장에서 목공일에 종사하고 있다가 때마침 ◎◎공무점의 전
　　기도급공사관계에 취직을 부탁하러 온 소외 박□□로부터 망치로 동인
　　의 좌측 두부를 구타당하여 두개골 골절의 상해를 입고 그로 인하여 20
　　○○. ○. ○.시에 사망에 이르게 되었습니다.
 라. 본 건 사고당시 위 박□□는 실직한 목공으로 적당한 취직처를 찾고 있

던 차에 ◎◎공무점의 전기, 건축도급공사를 전해 듣고, 그 공사에 취직하려고 위 현장에 갔던 것입니다. 그런데 현장에 ☆☆회사의 경영자나 실무담당자가 아무도 없었던 바, 평소에 잘알고 지내던 위 망 배□□가 공사현장에서 목공일을 하고 있는 것을 보고 망 배□□에게 위 현장에 취직하고 싶다는 뜻을 ☆☆회사의 경영자나 실무담당자에게 전해주기를 부탁했으나, 망 배□□로부터 바라던 대답을 얻어내지 못해 위와 같은 폭행을 하기에 이른 것입니다.

마. 그러므로 위 망 배□□는 ◎◎공무점 및 ☆☆회사의 주택건축 업무에 관하여 사망한 것으로 보아야 하므로 업무상 재해라 할 것이어서 피고는 원고에게 이로 인한 산업재해보상보험법에 기한 유족급여 및 장의비 지급을 하여야 할 의무가 있다고 할 것입니다.

2. 행정처분

가. 위와 같은 이유로 원고는 피고에 대하여 망 배□□가 업무상 사망한 자임을 주장하여 산업재해보상보험법에 기한 유족보상일시금 ○○원 및 장의비 금○○원의 각 보험급여를 청구한 바, 피고는 20○○. ○. ○. 원고에 대하여 망 배□□의 사망은 업무상 재해가 아님을 이유로 보험료지급을 하지 아니한다는 취지의 결정을 하였습니다.

나. 원고는 이에 불복하여 20○○. ○. ○. ○○ 심사청구를 하였으나, 20○○. ○. ○. 청구를 기각한다는 결정을 받고, 다시 20○○. ○. ○. 위원회에 재심사청구를 하였으나 동 위원회로부터도 위 재심사청구를 기각하는 재결을 받아, 20○○. ○. ○. 그 재결서 등본이 원고에게 송달되었습니다.

3. 결 론

그러나 위에서 본 바와 같이 망 배□□의 사망은 업무상재해로 인한 것임이 분명하고, 따라서 위 행정처분은 부당하다고 할 것이므로 유족보상일시금 및 장의비지급 청구를 기각한 위 행정처분의 취소를 구하고자 본건 소를 제기하게 되었습니다.

입 증 방 법

1. 갑 제1호증   재결서 등본
1. 갑 제2호증   기본증명서(망 배□□)
1. 갑 제3호증   가족관계증명서(망 배□□)

첨 부 서 류

1. 위 입증방법   각1통
1. 소장부본   1통
1. 납부서   1통

20○○.   ○.   ○.

원 고   ○ ○ ○   (서명 또는 날인)

○ ○ 행 정 법 원 귀 중

[서식 예] 유족보상금 감액(중과실적용)처분 취소청구의 소

소 장

원 고 ○ ○ ○(주민등록번호)
　　　　　 ○○시 ○○구 ○○길 ○○ (우편번호 ○○○-○○○)

피 고 공무원연금관리공단
　　　　　 ○○시 ○○구 ○○길 ○○ (우편번호 ○○○-○○○)
　　　　　 대표자 이사장 △△△

유족보상금감액처분취소청구의 소

청 구 취 지

1. 피고가 20○○. ○. ○. 원고에 대하여 한 유족보상금 감액처분을 취소한다.
2. 소송비용은 피고의 부담으로 한다.
라는 판결을 구합니다.

청 구 원 인

1. 소외 김□□(이하 '망인'이라 함)는 ○○도 ○○교육청 산하 ○○초등학교 교장 으로 재직하고 있었는데, 20○○. ○. ○. ○○:○○경 ○○시 ○○길 ○○생활관 입구 앞길에서 자신이 운전하던 경기 ○○가 ○○○○호 쏘나타 승용차가 중앙선을 침범하여 반대차선을 주행하고 있던 경기 ○브 ○○○○호 쏘나타 승용차를 충돌하는 사고로 부상을 입고 ○○시 ○○구 ○○길 ○○ 소재 ☆☆병원으로 후송되었으나 같은 날 ○○:○○경 선행사인은 혈복, 저혈량성 쇼크, 중간선행사인은 급성다발성 장기부전, 직접사인은 심정지로 사망하였습니다.

2. 망인의 처인 원고는 망인의 사망이 공무원연금법 제61조 소정의 공무상 재해에 의한 사망이라는 이유로 20○○. ○. ○. 피고에게 망인의 사망에 따른 유족보상금 청구를 하였으나, 피고는 같은 해 ○. ○. 망인이 출근 순로에 따라 출근하던 중 교통사고로 사망한 것이므로 공무상 사망으로 인정하되, 중앙선을 침범하는 중대한 교통법규위반으로 교통사고를 야기하

였기 때문에 자신의 중대한 과실에 의하여 사망한 경우에 해당한다는 이유로 유족보상금을 감액하여 지급하기로 하는 이 사건 처분을 하였습니다.

3. 그러나 공무원연금법 제62조 제3항 소정의 급여감액사유가 되는 "중대한 과실"은 엄격히 해석하여야 할 것인 바, 이 사건 사고는 결국 망인의 과실에 의하여 발생한 것이기는 하나, 전방시야가 불량한 우굽이 내리막길에서 전방에 정차한 차량과의 충돌을 피하기 위하여 급브레이크를 밟았으나 때마침 내린 비로 도로가 미끄러워 차체가 밀리면서 중앙선을 침범하여 사고가 발생한 것으로 이 사건 사고장소 부근의 도로구조 및 교통상황, 노면상태, 사고의 경위 등에 비추어 보면, 망인이 운전하던 차량이 중앙선을 넘게 된 데에는 불가피한 사정이 있었으므로 망인에게 공무원연금법상의 "중대한 과실"이 있는 경우라고 할 수 없음에도 불구하고 망인에게 "중대한 과실"이 있다고 하여 한 이 사건 처분은 위법하다고 할 것입니다. 따라서 원고는 피고가 20○○. ○. ○. 원고에 대하여 한 유족보상금 감액처분의 취소를 구하기 위하여 이 사건 소에 이르게 된 것입니다.

입 증 방 법

1. 갑 제1호증   교통사고사실확인원   1통
1. 갑 제2호증   사고현장 사진   1통
1. 갑 제3호증   목격자진술서   1통

첨 부 서 류

1. 위 입증방법   각 1통
1. 소장부본   1통
1. 납부서   1통

20○○.   ○.   ○.

원 고   ○ ○ ○   (서명 또는 날인)

○ ○ 행 정 법 원 귀중

[서식 예] 공무상 요양불승인처분 취소청구의 소

소   장

원   고   ○ ○ ○(주민등록번호)
            ○○시 ○○구 ○○길 ○○ (우편번호 ○○○-○○○)

피   고   공무원연금관리공단
            ○○시 ○○구 ○○길 ○○ (우편번호 ○○○-○○○)
            대표자 이사장   △ △ △

공무상요양불승인처분 취소청구의 소

청 구 취 지

1. 피고가 20○○. ○. ○. 원고에 대하여 한 공무상요양 불승인 처분을 취소한다.
2. 소송비용은 피고의 부담으로 한다.
라는 판결을 구합니다.

청 구 원 인

1. 원고는 서울시 ○○구청 ○○에서 노인복지업무를 담당하던 자로서 IMF
   시기 이후 구조조정으로 인한 인원 감축과 노인 복지계 직원 5명중 2명의
   출산 휴가로 직원 3명만으로 계속적으로 증가하는 노인복지 업무를 처리
   하기 위하여 연일 야근을 하는 등 과중한 업무로 인한 과로와 스트레스에
   시달리던 중 20○○. ○. ○. 출근 후 업무중 마비증상이 와 동료직원의
   도움으로 ☆☆병원에 입원, '길랑-바레증후군' 진단을 받은 후 현재까지
   입원 치료를 받고 있는 자로서, 피고 공단에 대하여 위 상병에 대하여 공
   무상요양신청을 하였으나 기각되어, 재심결정문을 20○○. ○. ○.경 송달
   받았습니다.(갑제1, 2, 3호증)

2. 공무상요양 불승인 이유를 보면, 원고가 과거 13세때 신청상병인 위 질병
   으로 치료받았고, 근육위축과 근력 약화가 후유증상으로 남아 있었던 것으
   로 추정된다는 소견이 있다는 이유만으로 위 상병은 바이러스 감염과 그
   후유증 및 원고의 면역 체계 이상 등에 의한 신체적인 조건에 의해 발병

한 것이지, 공무상 과로가 그 원인은 아니라는 것입니다.(갑제1, 2호증)

하지만, 원고가 과거 13세에 위 질병에 걸려 치료를 받은 사실은 있으나 완치되어 아무런 지장 없이 지내오다(갑제8호증) 그로부터 20년이 지난 33세에 이르러서야 위 상병이 다시 발병한 것이고, 위 후유증상이 남아 있었던 것으로 추정된다는 소견을 밝힌 담당의사 김□□의 나머지 소견에 의하면 위 상병은 재발하는 경우가 매우 드물어 환자의 약 3%정도의 환자만이 재발하고, 재발의 원인은 초발의 원인과 같은 것으로 생각되나 감염성질환, 외상, 백신, 임신등과 같은 면역체계의 이상을 초래할 수 있는 상황이 재발의 가능성을 높이는 것으로 알려져 있으며 과로와 스트레스와 같은 상황은 면역체계의 변화를 가져와 위 상병의 발생 또는 재발에 영향을 미칠 수 있다고 생각된다는 것이어서 과로나 스트레스가 위 상병의 발병 원인이었음을 알 수가 있음에도 피고는 자신에게 유리하게만 위 소견을 해석하였습니다.(갑제4호증의 1, 2)

3. 원고는 199○. ○. ○.부터 위 ○○과에서 노인복지담당을 하여 구청장으로부터 2차례의 표창을 받을 정도로 열심히 일을 하였습니다. 원고가 일할 당시 노인복지계는 IMF 구조조정으로 인원감축이 있었고, 그 나마 그 직원 5명중 2명을 출산휴가(2개월)를 가게 되어, 나머지 인원으로 운영하게 되면서 연일 야근 및 특근을 하게 되었습니다.(갑제5호증의 1 내지 13, 제6호증의 2, 제7호증 참조)

특히 원고는 위 상병 진단을 받기 직전인 20○○. ○. ○.경 지체장해인 기념행사장인 ○○지역에 출장하여 행사를 완료하고 귀청 도중 몸에 한기를 느끼고 배가 아파 걷지 못함에도 귀청 후 계속 근무를 하였고, 다가올 5월의 어버이날, 장해인의 날, 경로당 설치행사 등 모든 행사가 겹쳐 있어 그 준비로 저녁식사도 제대로 하지 못한 채 연일 야근 및 격무를 하였는데, 20○○. ○. ○.로 예정된 '○○구 부모님 위안잔치' 홍보물을 부착하기 위하여 4. 24.부터 상병 발병 전날인 26.까지 총 133개소를 방문하여 부착하고, 26일에는 그 외에 ◎◎공원 아파트 경로당 설치 신고서를 처리하기 위하여 현장를 방문 확인하였습니다. 그 날 귀청할 때에도 역시 한기와 현기증을 느꼈고, 그 다음날은 연일 격무로 쉬고 싶었으나 직원수가 부족한 상태에서 각종 행사준비에 차질을 우려하여 통근버스를 타는 것도 동료의 부축이 필요하였으며, 결국 오전 10시경 동료의 부축으로 병원에 입원하게 되었던 것입니다. 그렇다면 원고의 상병은 연일 계속 되었던 초과근무등 격무로 인한 과로와 스트레스로 인하여 발병된 것이고, 적어도

과로와 스트레스가 상병에 직, 간접적으로 영향을 미쳤음은 충분히 인정할 수 있다 할 것이므로 피고의 이 건 불승인처분은 부당하므로 그 취소를 구하고자 이 건 소송을 제기하기에 이르렀습니다.

입 증 방 법

1. 갑 제1호증   공무상요양불승인 통보서
1. 갑 제2호증   공무원연금급여재심의원회 결정문 송달
1. 갑 제3호증   심사청구서 이유서
1. 갑 제4호증의 1, 2   각 소견서
1. 갑 제5호증의 1   통장표지
             2   통장
1. 갑 제6호증의 1 내지 13   각 초과근무수당 지급조서
1. 갑 제7호증   초과근무확인대장
1. 갑 제8호증   개인현물급여명세서
1. 갑 제9호증의 1, 2   각 상장
1. 갑 제10호증   탄원서

첨 부 서 류

1. 소장 부본   1통
1. 위 입증방법   각 1통
1. 납부서   1통
1. 법인등기사항증명서   1통

20○○.   ○.   ○.
원 고   ○ ○ ○   (서명 또는 날인)

○ ○ 행 정 법 원 귀중

☆☆ **관련판례**

초등학교 서무책임자로 근무하던 중 갑자기 쓰러져 '좌측 대뇌출혈에 의한 우측 편마비' 진단을 받은 甲에 대하여 지방보훈지청장이 공상공무원으로 국가유공자에 해당한다는 결정을 하였는데, 감사원의 감사결과를 통보받은 보훈심사위

원회가 재심의를 통하여 '甲이 근무시간 전에 운동하던 중 쓰러진 것으로 판단된다.'는 취지로 의결함에 따라 다시 공상공무원 비해당결정을 한 사안에서, 여러 사실관계에 비추어 보면 운동장 평탄화 작업 중에 졸도하였다는 취지로 작성한 교육장의 상병경위서 내용을 甲이 부인하는 사정만으로 곧바로 甲의 상이가 공무로 인한 것이 아니라고 단정할 수는 없다는 이유로, 이와 달리 본 원심판결에 행정처분 취소사유의 증명책임에 관한 법리를 오해한 위법이 있다(대법원 2012.3.29. 선고, 2011두23375, 판결).

[서식 예] 추가상병 불승인처분 취소청구의 소

소　　　장

원　　고　　○　○　○(주민등록번호)
　　　　　　　○○시 ○○구 ○○길 ○○ (우편번호 ○○○-○○○)

피　　고　　근로복지공단
　　　　　　　○○시 ○○구 ○○길 ○○ (우편번호 ○○○-○○○)
　　　　　　　대표자 이사장 △△△

추가상병불승인처분 취소청구의 소

청 구 취 지

1. 피고가 20○○. ○. ○. 원고에 대하여 한 추가상병불승인 처분은 취소한다.
2. 소송비용은 피고의 부담으로 한다.
라는 판결을 구합니다.

청 구 원 인

1. 이 사건에 이르게 된 경위
　　원고는 19○○. ○. ○. 소외 ☆☆공업(이하'회사'라 합니다)에 생산직 직원
　　으로 입사하여 근무하던 중 19○○. ○. ○. 제관작업을 하던중 H빔이 고
　　정되어 있다는 것을 알지 못하고 그대로 밀다가 허리에 통증을 느끼는 업
　　무상 재해로 부상을 입고 상병명 요부염좌로 요양하던중 20○○. ○. ○.
　　상병명 '제4-5요추 추간판탈출증, 제5요추-제1천추 추간판탈출증, 다발성
　　척추강내 협착증'등의 추가상병을 확인하여 추가상병요양신청을 하였으나
　　피고는 퇴행성변화에 따라 발생한 개인질병으로 업무상재해에 해당되지 않
　　는다는 이유로 불승인 처분하였습니다.
2. 이 사건 요양불승인 결정처분의 부당성
　가. 원고는 소외 회사에 입사하여 근무하기까지 약 25년동안 제관, 용접등의
　　　업무를 하여왔는바, 이 사건 이전에는 허리에 아무런 이상이 없었습니다.
　나. 또한 원고가 담당한 업무는 하루종일 허리를 구부리고 하는 작업이어서
　　　허리에 많은 부담이 가는 작업입니다.
　다. 그런데 원고의 최초요양을 행한 ◎◎정형외과에서는 치료기간중 원고의

상병이 호전되지 않음에도 새로운 진단을 실시하지 아니하여 20○○. ○. ○.에 새로운 상병을 확인하였고 20○○. ○. ○. ◇◇병원에서 제4, 5요 추추 간판탈출증, 제5요추제1천추추간판탈출증 등의 진단을 받았고 같은 해 3. 2. ★★병원에서 '우측제5요추신경근증요추추간판탈출증의 진단을 받았는데, 위 진단이 이 사건 사고 이후 곧바로 확인되었다면 보다 명확하게 원고의 업무와의 인과관계를 확인할 수 있었을 것인바, 최초의 진단서에 이를 확인하지 못함으로서 이 사건 사고 발생당시에는 정확한 상병의 발병사실을 확인하지 못했지만 원고의 상병명은 이 사건 사고로 인하여 발생된 것입니다.

라. 원고의 상병은 이 사건 사고와 지속적인 업무상의 부담으로 위 상병명이 발병한 것이고 원고의 상병명중 퇴행성변화의 가능성도 배제할 수 없다고 하나 이 또한 원고의 업무가 기존질병을 악화시킨 것이어서 다른 특별한 사정이 없는 한 상병명과 업무 간에는 인과관계가 있다고 할 것입니다.

3. 결론

따라서 피고가 원고에 대하여 한 이 사건 추가상병불승인결정처분은 사실 오인또는 법리오해로 잘못 처분한 것이 명백하므로 마땅히 취소되어야 할 것입니다.

입 증 방 법

1. 갑 제1호증	추가상병신청에 대한 불승인결정
1. 갑 제2호증	심사결정서
1. 갑 제3호증	재결서

첨 부 서 류

1. 위 입증방법	각 1통
1. 소장부본	1통
1. 법인등기사항증명서	1통
1. 납부서	1통

20○○.　　○.　　○.

원 고　○ ○ ○　(서명 또는 날인)

○ ○ 행 정 법 원 귀중

[서식 예] 유족급여 부지급처분 취소청구의 소

소   장

원   고   ○ ○ ○(주민등록번호)
                    ○○시 ○○구 ○○길 ○○ (우편번호 ○○○-○○○)

피   고   근로복지공단
                    ○○시 ○○구 ○○길 ○○ (우편번호 ○○○-○○○)
                    대표자 이사장 △△△

유족급여부지급처분 취소청구의 소

청 구 취 지

1. 피고가 20○○. ○. ○. 원고에 대하여 한 유족급여부지급처분을 취소한다.
2. 소송비용은 피고의 부담으로 한다.
라는 판결을 구합니다.

청 구 원 인

1. 사건개요
 가. 원고는 소외 망 □□□의 처이고, 소외 망 □□□은 19○○. ○. □□주
    식회사에 입사하여 위 회사의 ○○지사에 발령을 받아 근무를 시작하였
    고, 입사 당시에는 건강에 별다른 이상이 없었으나 근무도중 비(B)형 간
    염보균자로 판명되었고 그로부터 7년 후 만성간염의 진단을 받았으나 업
    무성격상 잦은 출장과 과중한 업무로 적절한 치료를 받지 못한 상태에서
    간경화로 발전, 20○○. ○. ○. ○○대학교병원 한방병원에서 조제해준
    한약치료제를 복용하였으나, 건강상태가 더욱 악화되어 ○○병원 및 ○
    ○대학교 병원에서 3달 가까이 입원치료를 받다가 완치되지 아니한 상태
    로 퇴원하여 집에서 요양하던 중 복수가 차고 소변이 나오지 아니하여
    20○○. ○. ○. ○○대학교 의료원 응급실로 실려 갔으나 비형간염을 선
    행사인으로 하는 급성신부전으로 사망하였습니다.
 나. 원고는 피고에 대하여 유족급여 등을 청구하였으나 피고는 망인의 선행
    사인인 비형간염의 발생원인이 업무와 직접 연관이 없고, 망인의 치료경

과 및 내용에 비추어 볼 때 자연발생적인 악화에 의한 사망으로써 과로와는 관련이 없다는 판단을 근거로 원고의 유족급여 등 청구에 대해 유족급여부지급처분을 내렸습니다.

2. 불복사유

가. 위 망인은 입사시에는 건강에 이상이 없었으나, 회사의 열악한 근무여건과 매일 14시간 이상의 과중한 업무에 시달리며 만성간염이라는 진단을 받을 때까지도 병원에서 적절한 치료를 받을 형편이 되지 못하여 약국에서 약을 사먹는 정도의 치료를 할 수밖에 없었고, 건강이 악화되어 갈수록 회사상황도 어려워져 구조조정으로 인한 인력감축 및 명예퇴직 등이 진행되었고, 한 가정의 가장인 망인으로서는 치료는 커녕 회사에서 살아남아야 된다는 심적 부담감에 벗어나지 못하다 결국 사망에 이르게 되었으므로 이는 업무상재해가 명백하다고 할 것입니다.

나. 또한 위 망인의 주치의 소견서에도 과도한 업무와 이로 인한 정신적 부담이 환자의 치료와 건강회복에 장애요인으로 작용하고 위 망인의 질환이 급속하게 진행될 수도 있다는 소견이므로 망인의 상병악화로 인한 사망과 업무와의 상당인과관계가 명백하다고 할 것입니다.

3. 결 어

따라서 피고측 주장대로 질병의 주된 발생원인인 업무와 직접 연관이 없었다고 하더라도, 이 사건 피해자인 소외 망 □□□은 직무상의 과로 등이 질병의 주된 발생원인과 겹쳐서 질병을 유발시켰고, 직무의 과중으로 인하여 자연적인 진행속도 이상으로 급격히 악화되어 사망하였으므로 업무와 사망과의 상당인과관계가 명백히 입증된다 할 것이고 이에 원고는 피고의 위법한 처분의 취소를 구하고자 이 건 소 제기에 이르렀습니다.

※ 원고의 전치절차

1. 불승인결정 통보일   20○○. ○. ○.
2. 심사청구일   20○○. ○. ○.
3. 심사결정서 수령일   20○○. ○. ○.
4. 재심사청구일   20○○. ○. ○.
5. 제결서 수령일   20○○. ○. ○.

입 증 서 류

1. 갑 제1호증   기본증명서
                   (단, 2007.12.31. 이전 사망한
                   경우 제적등본)

1. 갑 제2호증의1   가족관계증명서
1. 갑 제2호증의2   주민등록말소자등본
1. 갑 제3호증   부지급통보서
1. 갑 제4호증의1   심사결정서 송부
1. 갑 제4호증의2   심사결정서
1. 갑 제5호증   소견서

첨 부 서 류

1. 위 입증방법   각 1통
1. 소장부본   1통
1. 납 부 서   1통

20○○.   ○.   ○.

원 고   ○ ○ ○   (서명 또는 날인)

○ ○ 행 정 법 원 귀중

⚖ **관련판례**

등교하던 중 학교 복도에서 쓰러진 후 사망한 고등학생 甲의 아버지 乙이, 甲의 사망이 등교 중 발생한 학교안전사고에 해당한다며 서울특별시학교안전공제회에 甲에 대한 요양급여, 유족급여 및 장의비의 지급을 구하는 학교안전공제보상심사청구를 하였으나 공제회가 甲의 사망이 교육활동과 인과관계가 없다는 이유로 심사청구를 기각하는 결정을 통보한 사안에서, 위 공제회는 행정청 또는 그 소속기관이나 법령에 의하여 행정권한을 위임받은 공공단체가 아닐 뿐만 아니라, 학교안전공제보상심사청구를 기각한 결정을 乙의 권리·의무에 관계되는 사항에 관하여 직접 효력을 미치는 공권력의 발동으로서 하는 공법상의 행위로 볼 수도 없다는 이유로, 공제회가 한 보상심사청구 기각결정은 항고소송의 대상인 행정처분이 아니라고 본 원심판단을 정당하다(대법원 2012.12.13. 선고, 2010두20874, 판결).

[서식 예] 요양급여 불승인처분 취소청구의 소

소   장

원 고   ○ ○ ○(주민등록번호)
　　　　 ○○시 ○○구 ○○길 ○○ (우편번호 ○○○-○○○)

피 고   근로복지공단
　　　　 ○○시 ○○구 ○○길 ○○ (우편번호 ○○○-○○○)
　　　　 대표자 이사장 △△△

요양급여불승인처분취소 청구의 소

청 구 취 지

1. 피고가 20○○. ○. ○. 원고에 대하여 한 요양급여 불승인 처분은 이를 취소
   한다.
2. 소송비용은 피고의 부담으로 한다.
라는 판결을 구합니다.

청 구 원 인

1. 당사자 관계
   원고는 소외 ☆☆버스 주식회사에 소속되어 근무해온 자로서 20○○. ○.
   ○. 위 회사에서 실시하는 정기건강 진단을 받고 옷을 갈아입다가 쓰러져
   재해를 입은 자이고 소외 ☆☆버스 주식회사는 피고가 관리하는 산업재해
   보상보험에 가입하였습니다.
2. 전심절차
   원고는 피고의 △△북부지사에 요양급여를 청구하는 등 전심절차를 적법하
   게 이행하여 재결서를 20○○. ○. ○. 자로 수령하였습니다.
3. 보상책임
   (1) 원고는 19○○년도에 위 회사의 모체인 ☆☆버스 번영회에 입사하여 근
       무해오다가 위 회사가 법인으로 바뀌고 나서 원고는 20○○. ○. ○. 위
       마을버스 주식회사에 재입사형식을 취하였는데 원고가 담당해 온 일은

버스세차 및 주차장 주변청소 등으로서 20○○. ○. ○. 16:40경 위 회사에서 실시하는 정기건강진단을 받고 옷을 갈아입다가 쓰러져 ★★신경외과에서 입원치료를 받고 ○○대학교 의과대학 부속병원으로 옮겨 입원치료를 해왔으나 더 이상 호전되지 않아 20○○. ○. ○. 퇴원하여 집에서 요양 중에 있습니다.

(2) 위 병원에서 진단된 원고의 병명은 고혈압성 뇌출혈, 뇌기저핵혈증(우), 좌반신마비, 뇌동맥경화증으로서, 원고의 근무기간은 08:00부터 18:00까지 였는데 오전 시간은 회사내 주차장 등 청소와 버스세차 등으로 일이 집중되고 원고 혼자서 감당하기에는 무리였으므로 오전시간에는 과로하였던 것이고 특히 위 회사의 대표이사가 김□□으로 바뀌면서 위 김□□의 성격이 까다로워서 직원들이 근무하기 힘들어했고 나이든 원고는 해고의 불안감에 스트레스를 받아왔던 것입니다.

(3) 또한 피고의 재결서에도 명시된 바와 같이 요양신청서상 주치의는 원고 병명의 업무상 인과관계 여부에 대하여 과로 및 근무중 스트레스 등에 의해 갑작스런 혈압상승에 의한 출혈을 일으켰다고 사료됨으로 되어 있습니다.

4. 결 론

(1) 대법원은 재해가 업무와 직접 관련이 없는 기존의 질병이라도 업무상 질병과 겹쳐서 질병을 악화시킨 경우에도 재해와 업무간의 인과관계를 인정하고 있으며, 평소에 정상적인 근무가 가능한 질병이 업무의 과중으로 악화된 경우도 포함한다고 하고 있습니다. 또한, 기존질병과 업무간에 직접적인 관련이 없다고 하더라도 업무상 과로로 인하여 악화된 경우에는 업무상 재해에 해당한다는 점을 분명히 밝히고 있습니다.

(2) 따라서 원고의 재해는 위와 같이 누적된 업무상의 과로와 스트레스에 기인한 것으로 업무와 상당인과관계가 있음이 명백하므로, 피고가 원고의 재해는 기존질환으로 판단될 뿐 업무상 질병으로 인정할 만한 의학적 소견이 없다는 이유로 원고의 요양급여청구를 불승인한 처분은 위법 부당한 처분이므로 마땅히 취소되어야 할 것입니다.

입 증 방 법

1. 갑 제1호증　　　　　　　　　　진단서
1. 갑 제2호증　　　　　　　　　　재결서

첨 부 서 류

    1. 위 입증방법   각 1통
    1. 소장부본   1통
    1. 납 부 서   1통

20○○.　　○.　　○.
위 원고　○　○　○　　(서명 또는 날인)

○ ○ 행 정 법 원 귀 중

⚖ 관련판례

업무상 재해를 당한 甲의 요양급여 신청에 대하여 근로복지공단이 요양승인 처분을 하면서 사업주를 乙 주식회사로 보아 요양승인 사실을 통지하자, 乙 회사가 甲이 자신의 근로자가 아니라고 주장하면서 사업주 변경신청을 하였으나 근로복지공단이 거부 통지를 한 사안에서, 산업재해보상보험법, 고용보험 및 산업재해보상보험의 보험료징수 등에 관한 법률 등 관련 법령은 사업주가 이미 발생한 업무상 재해와 관련하여 당시 재해근로자의 사용자가 자신이 아니라 제3자임을 근거로 사업주 변경신청을 할 수 있도록 하는 규정을 두고 있지 않으므로 법규상으로 신청권이 인정된다고 볼 수 없고, 산업재해보상보험에서 보험가입자인 사업주와 보험급여를 받을 근로자에 해당하는지는 해당 사실의 실질에 의하여 결정되는 것일 뿐이고 근로복지공단의 결정에 따라 보험가입자(당연가입자) 지위가 발생하는 것은 아닌 점 등을 종합하면, 사업주 변경신청과 같은 내용의 조리상 신청권이 인정된다고 볼 수도 없으므로, 근로복지공단이 신청을 거부하였더라도 乙 회사의 권리나 법적 이익에 어떤 영향을 미치는 것은 아니어서, 위 통지는 항고소송의 대상이 되는 행정처분이 되지 않는다(대법원 2016.7.14. 선고, 2014두47426, 판결).

[서식 예] 유족보상금 지급청구 부결처분 취소청구의 소

소　　　장

원　　고　　○　○　○(주민등록번호)
　　　　　　　　○○시 ○○구 ○○길 ○○ (우편번호 ○○○-○○○)

피　　고　　공무원연금관리공단
　　　　　　　　○○시 ○○구 ○○길 ○○ (우편번호 ○○○-○○○)
　　　　　　　대표자 이사장 △△△

유족보상금지급청구부결처분 취소청구의 소

청 구 취 지

1. 피고가 20○○. ○. ○. 원고에 대하여 한 유족보상금 지급청구 부결처분은 이를 취소한다.
2. 소송비용은 피고의 부담으로 한다.
라는 판결을 구합니다.

청 구 원 인

1. 피고는 소외 망 김□□가 19○○. ○. ○. 순경으로 임용되어 그 때부터 ☆☆경찰서에서 근무하다가 19○○. ○. ○. ★★경찰서로 전입하여 같은 경찰서 소속 ○○파출소 외근원으로 근무하던 중, 20○○. ○. ○. ○○:○○경 출근하여 같은 파출소장으로부터 다음날 ○○:○○경까지의 주야간 근무명령을 받고 같은 날 ○○:○○부터 ○○:○○까지 무기고 등이 있는 위 파출소 관내 도보순찰근무를 명받았으나 같은 날 ○○:○○까지만 도보순찰근무를 하고 파출소로 돌아온 사실, 위 망인은 그 당시 순경 5호봉으로 무기고 등을 경비하는 위 파출소 내 최상급자이었음에도 불구하고 소정 시간에 파출소로 돌아와서 같은 파출소 근무 순경인 소외 이□□, 예비군 무기고 근무 방위병들인 소외 박□□, 최□□, 정□□ 등과 같이 그 곳 방위병타격대실에서 음주하였고, 술이 부족하자 위 맥주 외에도 파출소 내에 있던 맥주 6병을 추가로 나누어 마신 사실, 그런데 위 망인이 같은 날 ○

○:○○경 그 곳 방위병타격대실 침상에 침구를 깔고 잠을 잘 준비를 하고 있을 때 위 이□□이 속칭 "러시안 룰렛"게임을 하자고 하면서 허리에 차고 있던 3.8구경 권총을 꺼내어 탄알집에 1발을 장전하고 탄알집을 돌리는 장난을 하다가 장전되어 있던 탄알이 발사되면서 약 0.88m 전방에 있던 위 망인의 왼쪽 쇄골직하부위에 맞자 위 망인을 즉시 ○○시 ○길 소재 ○○병원으로 후송하였으나 같은 날 ○○:○○경 급성출혈로 사망한 사실, 위 이□□은 평소에도 "러시안 룰렛" 게임의 흉내를 내는 등 권총으로 자주 장난을 하여온 사실을 인정한 다음 위 인정사실에 의하면 위 망인으로서는 사고당시 ○○:○○까지 무기고 등이 있는 관내의 도보순찰근무를 명받고도 ○○:○○경 파출소로 돌아와서 권총을 휴대한 채 무기고 등을 경비하는 중요하고도 위험한 업무를 부여받은 소내 최상급자로서 근무자들의 음주를 방지하기는커녕 오히려 음주를 주도한 잘못이 있었다고 할 것이고, 이러한 잘못은 불가피한 사유 없이 관계 법령과 안전수칙을 위반하는 등의 중대한 과실에 해당한다고 하여 유족보상금 지급청구부결처분을 하였습니다.

2. 그러나 위 피고의 처분과 관련 살펴보면, 공무원연금법 제62조 제3항 제1항 및 같은 법 시행령 제53조에 의하면, 이 법에 의한 급여를 받을 수 있는 자가 중대한 과실에 의하여 질병·부상·폐질을 발생하게 하거나, 사망하거나 또는 그 질병·부상·폐질의 정도를 악화하게 하거나, 그 회복을 방해한 경우에는 장해연금·장해보상금 또는 유족보상금은 그 급여액의 2분의 1을 감하여 이를 지급하도록 규정하고 있는바, 여기서 중대한 과실이라 함은 조금만 주의를 하였더라면 사고의 발생을 미리 인식하여 이를 방지할 수 있었음에도 불구하고 현저히 주의를 태만하였기 때문에 사고의 발생을 인식할 수 없었거나 이를 방지하지 못한 경우를 말한다고 할 것이고, 한편 공무원연금법의 취지나 목적 등에 비추어 보면, 같은 법 제62조 제3항 제1호 소정의 "중대한 과실"은 되도록 엄격하게 해석하여야 할 것인데도(대법원 1992.5.12. 선고 91누13632 판결 참조) 피고의 위 처분은 부당하고 또한 이 사건 사고는 당시 위 망인이 이□□ 등과의 술자리를 마친 다음 잠을 자기 위하여 침상에서 침구를 깔고 있는 사이에 위 이□□이 갑자기 직무상 휴대하고 있던 권총에 탄알 1발을 장전한 다음 탄알집을 돌리는 장난을 하다가 오발된 것이 위 망인에게 명중되어 발생한 것으로 인정되는 바, 사실관계가 이와 같다면 피고가 설시한 여러 사정을 감안하더라도 이 사건 사고의 발생에 있어서 위 망인에게 위 법조 소정의 중대한 과실이 있다고 볼 수는 없다 할 것입니다.

3. 그럼에도 불구하고 피고는 그 설시와 같은 이유로 위 망인이 위 법조 소정의 중대한 과실에 의하여 사망하였다고 판단하였으니 위 법조 소정의 중대한 과실에 관한 법리를 오해한 위법이 있다 할 것이고, 이와 같은 위법은 마땅히 취소되어야 함으로 이를 바로잡기 위하여 이 사건 청구에 이르렀습니다.

입 증 방 법

1. 갑 제1호증	수사기록대장
1. 갑 제2호증	기본증명서
1. 갑 제3호증	주민등록등본
1. 갑 제4호증	사망진단서

첨 부 서 류

1. 위 입증방법	각 1통
1. 소장부본	1통
1. 납 부 서	1통

20○○. ○. ○.
위 원고   ○ ○ ○ (서명 또는 날인)

○ ○ 행 정 법 원 귀중

[서식 예] 장해연금 지급거부처분 취소청구의 소

소　　　장

원　　고　　○　○　○(주민등록번호)
　　　　　　　　○○시 ○○구 ○○길 ○○ (우편번호 ○○○-○○○)

피　　고　　국민연금관리공단
　　　　　　　　○○시 ○○구 ○○길 ○○ (우편번호 ○○○-○○○)
　　　　　　　　대표자 이사장 △△△

장해연금지급거부처분 취소청구의 소

청 구 취 지

1. 피고가 20○○. ○. ○. 원고에 대하여 한 장해연금지급거부처분을 취소한다.
2. 소송비용은 피고의 부담으로 한다.
라는 판결을 구합니다.

청 구 원 인

1. 사건의 개요

가. 원고는 19○○. ○. ○. 최초로 국민연금에 가입하여 오던 중 19○○.
　　○. ○. 처음으로 '후두암' 진단을 받은 다음 20○○. ○. ○. 후두암 수
　　술을 받았습니다.

나. 위 수술로 인하여 원고에게 언어장애와 호흡기장애가 발생하였는데, 그
　　중 '언어장애'에 관하여 피고로부터 2급을, 소외 부산 ○○구청으로부터
　　3급을 각 인정받았습니다[갑 제1호증 심사청구 결정통지 - (첨부된 결정
　　서 2면 중 4의 가. 참조), 갑 제2호증 복지카드].

다. 원고는 당시 폐와 가까운 곳에 구멍이 있어서 산소호흡기를 별도로 사용
　　하지 않은 상태여서 약간의 활동이나 이동은 가능하나 조금만 무리하면
　　숨쉬기가 어려운 증상이 생겨 일상생활에 있어서 불편함은 물론이고 경
　　제활동을 한다는 것은 상상도 할 수 없는 상태였는데, 위 수술을 받은
　　후 생활하던 중 목에서 피를 토하는 증상이 발생하여 가까운 병원으로
　　가서 진료를 받은 결과 호흡기에 문제가 있다는 진단(이하 '이 사건 상

병'이라고만 합니다)을 받고 치료를 받아 왔습니다.

라. 이에 원고는 ○○대학교병원에 내원하여 진료를 받았는데, 담당의는 '기관지확장증, 폐결절우하엽, 후두암 수술후 기관절개'로 인하여 1초간 강제호기량이 9%에 불과하다는 소견 및 이로 인하여 운동 및 보행시 심한 호흡곤란이 생긴다는 원고에 대한 문진을 종합하여 '일상생활 활동능력 및 노동능력이 없'다는 판단아래 '호흡기 장애 1등급'에 해당한다는 진단을 내렸습니다(갑 제3호증 국민연금장애심사용진단서).

마. 이를 근거로 원고는 20○○. ○. ○. 피고 ○○지사에 장애연금의 지급을 청구하였으나, 동 지사는 20○○. ○. ○. 원고의 상태가 장애등급에 해당되지 않는다는 이유로 원고에게 장애연금 수급권 미해당 결정(이하 '이 사건 처분'이라고만 합니다)을 통지하였고, 원고는 그 즈음에 위 통지서를 수령하였습니다(갑 제1호증 중 결정문 1의 가,나항 참조).

2. 피고 처분의 위법성

피고는 원고의 이 사건 상병이 국민연금가입 중에 발생한 것인지 여부 및 정확한 초진인 등이 확정되지 않았고, 장애등급에도 해당되지 않는다는 이유로 이 사건 처분을 하였으나, 피고의 동 처분은 다음과 같은 이유로 위법하다 할 것입니다.

가. 장애발생시점 등에 관하여

1) 피고는 이 사건 처분 결정서에서 이 사건 상이가 국민연금 가입 중 발생한 것인지, 정확한 초진일을 사실상 확정할 수 없다고 하더라도, 장애등급에 해당하지 않음이 명백한 경우에는 자료보완을 하지 않고 장애연금 수급권을 인정하지 않을 수 있다고 주장하고 있습니다.

2) 그러나 장애등급에 해당하지 않음이 '명백하지 않음'은 아래에서 보는 바와 같고, 그에 앞서 이 사건 상이가 국민연금 가입 중 발생하였는지 여부에 관하여 보면 이 사건 상이는 20○○. ○. ○. 처음으로 후두암으로 진단을 받아 같은 해 ○. ○. 관련 수술을 받은 다음 - 특별한 사정 변화가 없는 상태에서 - 그로 인하여 생긴 질환으로 봄이 타당한데, 위에서 보는 바와 같이 피고는 이미 후두암 수술로 인하여 발생한 '언어장애'에 관하여 2급을 인정한 상태이므로, 연금가입기간 중 이 사건 상이가 발생한 것인지 여부에 관하여는 언어장애와 동일하게 취급하여야 할 것입니다.

또한 원고의 경우에는 수술을 한 날이 아니라 초진일을 기준으로 판단하여야 하는데(그렇지 않을 경우 초진일과 수술일의 시간적 차이로 인하여 연금지급여부가 달라지는 불합리가 발생할 수 있습니다) 원고는 19○○. ○. ○. 최초 가입한 이래 20○○. ○. ○.부터 20○○. ○. ○.까지 가입을 한 상태였고, 위 기간 중인 20○○. ○. ○.에 초진을 받아 후두암 진단을 받았으므로 이 사건 상이는 가입 중 발생한 것으로 보아야 할 것입니다(갑 제4호증 가입내역 확인).

나. 장애등급 해당여부에 관하여

1) ○○대학교병원의 진단

원고는 ○○대학교병원에 내원하여 20○○. ○. ○. 검사를 받은 결과, ①1초시 강제호기량이 0.28(9%)로 측정되었고, ②원고는 평소 운동 및 보행시 심한 호흡곤란을 겪어왔던 점을 고려하여 호흡기 장애 1등급 진단을 받았습니다.

2) 관련 규정

그런데 ①국민연금법 시행령 [별표 2]는 "6. 위의 제1호부터 제5호까지에 규정된 자 외의 자로서 신체의 기능이 노동 불능상태이며 상시 보호가 필요한 정도의 장애가 남은 자"를 1급으로, 그 이하의 장애를 2급 내지 4급으로 각 규정하고 있고, ②'국민연금 장애심사규정'(보건복지부 고시 제2017-30호)은 보다 상세한 기준을 제시하고 있는바, 호흡기장애에 관하여 "부상이나 질병이 치유되지 아니하여 신체의 기능이 노동불능상태로서 장기간의 안정과 상시 보호 또는 감시가 필요한 정도의 장애가 있는 자 - 폐기능이나 동맥혈산소분압이 고도이상으로 안정시에도 산소요법을 받아야할 정도의 호흡곤란이 있는 자"를 1급으로, 그 이하는 그 상태에 따라 2~4급으로 규정하고 있습니다.

3) 판단 방법

위 장애심사규정은 '노동불능상태 내지 신체의 기능'을 일응의 기준으로 하면서도, 이에 덧붙여 '폐기능이나 동맥혈산소분압'을 객관적 판단기준으로 제시하고 있습니다. 여기서 ① '폐기능'의 인정요령은 1초시 강제호기량, 폐확산능, 강제폐활량 등의 측정치를 말하고, ② '동맥혈산소분압(PO2)'은 산소를 흡입하지 않으면서 평상시 대기중에서 안정시에 실시한 동맥혈 가스분석의 측정치를 말합니다(장애심사규정 제6절 호흡기의 장애. 2. 인정요령. 나. 폐기능의 검사 참조).

그런데 위 장애심사규정은 '2. 인정요령'에서 '호흡기의 장애는 호흡곤란 정도, 흉부 X-선 촬영, 폐기능검사, 동맥혈가스검사 등 객관적인 검사소견에 의하여 판정'한다고 규정하고 있는바, 위 장애심사규정은 폐기능과 동맥혈산소분압을 동등한 판단방법으로 규정하고 있고, 무엇보다도 1초시 강제호기량 역시 '객관적인 검사소견'의 하나로 인정하고 있음을 알 수 있습니다. 위 규정은 이에 덧붙여 호흡기 장애 판단기준으로 '호흡곤란정도'라는 당사자의 상태 역시 판단기준으로 제시하고 있습니다.

그러므로 피고의 주장, 즉 '동맥혈산소분압이 객관적인 증거이고, 1초시 강제호기량은 수검자의 상태에 따라 편차가 발생하므로 객관적인 증거라고 볼 수 없다'는 취지의 주장은 명백히 위 규정에 배치되는 것입니다. 피고는 여러 가지 판단 요소 중 원고에게 유리한 여러 가지 요소(1초시 강제호기량, 호흡곤란정도)를 배제하고, 의도적으로 불리한 요소만을 근거로 원고의 청구를 배척한 것입니다. 오히려 원고를 진단한 ○○대학교병원 전문의는 1초시 강제호기량 및 원고의 호흡곤란정도를 종합적으로 판단하여 원고가 1급에 해당한다는 진단을 내린 것이므로 위 규정에 부합한다 할 것입니다. 원고의 장애유무 및 등급은 추후 신체감정을 통하여 입증을 하도록 하겠습니다.

3. 결론

위와 같은 사실에 비추어 보면, 피고의 이 사건 처분은 위법하다 할 것이므로, 이러한 위법한 처분의 취소를 구하기 위하여 이 건 소송을 제기하기에 이르렀습니다.

입 증 방 법

1. 갑 제1호증	심사청구 결정통지
1. 갑 제2호증	복지카드
1. 갑 제3호증	국민연금장애심사용진단서
1. 갑 제4호증	가입내역 확인

첨 부 서 류

1. 위 입증방법	각 2통
1. 국민연금 장애등급 판정기준	1통
1. 법인등기사항증명서	1통
1. 납부서	1통
1. 소장부본	1통

20○○.   ○.   ○.

원 고   ○ ○ ○   (서명 또는 날인)

○ ○ 행 정 법 원   귀중

[서식 예] 장해등급 결정처분 취소청구의 소(운전기사)

소　　　　　장

원　고　　○　○　○(주민등록번호)
　　　　　　○○시 ○○구 ○○길 ○○ (우편번호 ○○○-○○○)
피　고　　근로복지공단
　　　　　　○○시 ○○구 ○○길 ○○ (우편번호 ○○○-○○○)
　　　　　　대표자 이사장 △ △ △

장해등급결정처분 취소청구의 소

청 구 취 지

1. 피고가 20○○. ○. ○. 원고에게 한 산업재해보상보험법에 따른 장해등급 5급 8호 결정처분을 취소한다.
2. 소송비용은 피고의 부담으로 한다.
라는 판결을 구합니다.

청 구 원 인

1. 장해등급결정처분의 경위 및 내용
 가. 원고는 소외 ☆☆☆관광 주식회사 소속 운전사로 근무하던 중 20○○. ○. ○. 업무상과로로 "뇌실질내혈종, 뇌실내출혈"이 발생하여 20○○. ○. ○.부터 ○○시 ○○구 ○○길 ○○소재 ◎◎◎병원에서 입원치료를 받고 20○○. ○. ○. 치료 종결한 후 피고에게 장해보상청구를 하였습니다.
 나. 이에 피고는 20○○. ○. ○. 원고가 뇌출혈 후유증으로 인한 신경 및 정신기능에 뚜렷한 장해가 남아 정상 평균인의 1/4 정도의 노동능력 밖에 없다는 이유로 산업재해보상보험법 시행령 별표 6 신체장해 등급 제 5급 8호(신경계통의 기능 또는 정신기능에 뚜렷한 장해가 남아 특별히 손쉬운 노무외에는 종사할 수 없는 사람)로 결정처분 하였습니다.
2. 장해등급처분의 부당성
 가. 원고는 위 요양기간동안 뇌출혈로 인한 응급혈종 제거수술 및 뇌대사 개선을 위한 치료를 받았고 그 기간동안 계속적으로 의복 착탈의, 배변, 장소이동시 수시로 개호를 필요로 하였습니다.

그리고 요양 종결시 원고의 담당의사의 장해 소견은 "두통, 지적능력 감소, 심한 좌반신 마비로 인한 보행장해로 수시 개호가 필요한 상태"라는 것이었고, 향후 장해 상태에 대한 의견은 "노동능력이 없으며, 일상생활에도 제한이 있음"이었습니다.

나. 그리고 피고의 원고에 대한 특진의뢰에 따른 20○○. ○. ○.자 ○○○대학교성빈센트병원의 회신도 "좌반신 강직성부전마비, 좌 심부건반사 항진, 우 시상부에 뇌출혈로 보이는 뇌연화 소견이 있고 뇌파검사상 이상 뇌파의 소견을 보임"이라고 되어 있어 요양 종결시 담당의사의 견해와 별 차이가 없습니다.

다. 원고는 지금도 좌반신 마비로 인하여 좌측 팔, 다리등 신체의 좌측 부분은 전혀 사용이 불가능하여 보행이 불가능함은 물론 혼자서는 일어 설 수도 없으므로 휠체어에 타고 내리는 것, 의복 착.탈의, 배변, 목욕등 일상생활을 영위하는데 수시로 타인의 도움이 필요한 상태라서 원고의 가족들이 교대로 원고를 개호하고 있습니다.

또한 원고는 기억력 장해와 지적능력 저하, 언어 장해, 성기능 상실, 좌측 시력 및 청력저하 등의 장해도 있습니다.

라. 따라서 원고는 노동능력이 전혀 없고 일상생활의 처리동작에 수시로 개호를 요하는 상태라 할 것이므로 원고에게 개호인이 필요 없고 원고의 노동능력이 25 % 잔존함을 전제로 한 피고의 장해등급결정처분은 부당하다 할 것이고, 원고는 산업재해보상보험법 시행령 별표 6 신체장해등급 제 2급 5호 "신경계통의 기능 또는 정신기능에 뚜렷한 장해가 남아 수시로 개호를 받아야 하는 사람" 에 해당한다고 할 것입니다.

마. 그리고 한 팔을 영구적으로 사용하지 못하게 된 사람은 위 신체장해등급 제 5급 제 4호, 한 다리를 영구적으로 사용하지 못하게 된 사람은 위 신체장해등급 제 5 급 제 5 호에 해당되므로 원고는 한 팔과 한 다리를 영구적으로 사용하지 못하는 사람으로서 위 제 5급 제 4, 5 호 중복장해에 해당한다고 할 것이므로 중복장해시의 조정규정인 위 시행령 제 53조 제 2항 제 1호의 규정에 의해 장해등급을 3개 등급 인상하면 원고는 제 2급 상당의 신체 장해에 해당된다고 볼 수 있습니다.

바. 이에 원고는 피고의 장해등급결정처분에 불복하여 피고에게 심사청구를 하였으나 20○○. ○. ○. 자 20○○심사결정 제 ○○○호로 심사청구가 기각되었고, 이에 대하여 산업재해보상보험심사회에 재심사청구를 하였으나 20○○. ○. ○.자 20○○재결 제 ○○○호로 재심사청구가 기각되었으며 동 재결은 20○○. ○. ○.경 원고에게 송달되었습니다.

3. 결 론

위와 같이 원고의 이 건 업무상 재해로 인한 후유장해는 위 신체장해등급 제 2 급 5호에 해당하는 장해가 명백하므로 피고가 20○○. ○. ○.자로 원고에 대하여 행한 위 신체장해등급 5급 8호 결정처분은 위법한 처분으로 취소됨이 마땅하므로 그 취소를 구하기 위하여 이 건 소제기에 이르렀습니다.

입 증 방 법

1. 갑 제1호증의 1, 2   재결서 정본 송부 공문 및 재결서 정본
1. 갑 제2호증의 1, 2   심사결정서 송부 공문 및 심사결정서 사본
1. 갑 제3호증   장해진단서
1. 갑 제4호증   장해보상청구서
1. 갑 제5호증   요양.보험급여결정통지서
1. 갑 제6호증   진찰의뢰에 대한 회신
1. 갑 제7호증의 1, 2   피재근로자에 대한 의학적소견조회 및 결과
1. 갑 제8호증의 1 내지 5   각 원고 사진
1. 갑 제9호증   장애인수첩

첨 부 서 류

1. 위 입증방법   각 1통
1. 피고 법인등기사항증명서   1통
1. 소장부본   1통
1. 납부서   1통

20○○.　○.　○.

위　원고 ○　○　○　(서명 또는 날인)

○ ○ 행 정 법 원　귀중

[서식 예] 장해등급 결정처분 취소청구의 소(공공근로자)

소　　장

원　고　　○　○　○(주민등록번호)
　　　　　　　○○시 ○○구 ○○길 ○○ (우편번호 ○○○-○○○)

피　고　　근로복지공단
　　　　　　　○○시 ○○구 ○○길 ○○ (우편번호 ○○○-○○○)
　　　　　대표자 이사장 △ △ △

장해등급결정처분 취소청구의 소

청 구 취 지

1. 피고가 20○○. ○. ○. 원고에 대하여 한 장애등급결정처분을 취소한다.
2. 소송비용은 피고의 부담으로 한다.
라는 판결을 구합니다.

청 구 원 인

1. 이 사건 처분의 경위 및 전심절차의 경유
　(1) 원고가 20○○. ○. ○. ☆☆청 소속 공공근로자로 근로하던 중 재해가 발생하여 상병명 뇌동맥류파열, 지주막하뇌출혈 등으로 약 1년 동안 요양하다 치료 종결하고 장해보상청구를 하였으나 20○○. ○. ○. 근로복지공단 서울북부지사에서 장해등급 제5급 8호를 결정하였습니다.
　(2) 그리하여 원고는 산업재해보상보험심사위원회에 이에 불복하여 재심사를 청구하였으나 20○○. ○. ○. 이를 기각하는 재결이 있었습니다. (갑 제1호증)

2. 원고의 장해상태에 대한 의학적 소견 및 현재상태
　(1) 원고의 장해상태에 대한 국립의료원 담당의사 강□□의 장해진단서에 의하면 원고는 상병명 뇌동맥류파열, 지주막하뇌출혈 등으로 20○○. ○. ○. 뇌출혈 및 뇌동맥류 결찰술을 시행받으나 치료종결당시 장해상태는 "의식은 명료하나 판단력 저하, 행동의 퇴행소견을 보임. 상기환자는 향후 노동은 불가할 것으로 사료됨."으로 진단하고 있습니다.

(2) 원고는 뇌손상으로 인한 신경계통의 기능 또는 정신기능에 뚜렷한 장해가 남아 운동기능장해로 인하여 혼자서 보행이 곤란하여 화장실 등에 갈 때면 다른 사람의 부축을 받아야 하며 고도의 기억력 장해로 인한 실인, 실행, 실어의 행동을 보이며 감정둔마, 의욕감퇴 등의 인격변화현상이 나타나고 있습니다. 또한 시력도 저하되어 밤에는 전혀 볼 수 없을 정도의 야맹증이 생겼으며 후각도 냄새조차 분별하지 못하는 무감각상태입니다. 그리하여 현 상태로는 전혀 노무수행을 할 수 없는 상태입니다.

(3) 따라서 장해상태에 대한 국립의료원 담당의사 강□□의 의학적 소견 및 원고의 현재상태를 토대로 산업재해보상보험법 제57조 및 동법 시행령 제53조 규정에 의거 원고의 장해등급을 산정하여 보면 원고는 "신경계통의 기능 또는 정신기능에 뚜렷한 장해가 남아 평생 동안 노무에 종사할 수 없는 사람"에 해당되어 장해등급 제3급 제3호에 해당됩니다.

3. 처분의 위법성 등

(1) 뇌손상으로 인한 신경계통 및 정신기능의 장해상태는 수시로 변동되기 때문에 장기간에 걸친 치료 및 관찰로 그 장해상태를 파악하는 것이 정확한 것입니다. 따라서 원고를 1년 동안 치료하고 관찰한 주치의 의학적 소견이 제일 정확하다고 하겠습니다. 그럼에도 불구하고 근로복지공단은 주치의 의학적 소견을 무시하고 동 기관의 자문의 5분도 안되는 원고의 면담결과의 자문소견만을 가지고 원고의 장해등급을 결정한 것은 위법한 결정이라고 하겠습니다.

(2) 원고의 장해상태에 대하여 주치의의 의학적 소견과 근로복지기관의 자문의 자문소견이 다를 때에는 제3 의료기관에 특진 등을 의뢰하여 그 결과에 따라 보다 신중하게 장해등급을 결정하여야 함에도 이러한 절차없이 동기관 자문의의 소견만을 가지고 원고의 장해등급을 결정한 것은 위법한 결정이라고 하겠습니다.

(3) 원고의 잔존 장해가 산업재해보상보험법 시행령 별표 6 장해등급의 기준상의 장해등급 제5급 제8호에 해당되는지 아니면 보다 상위등급(제3급 3호)에 해당되는 장해인지에 대하여 처분청이나 재결청이 장해등급 제3급 제3호에 대한 해석 기준으로 삼고 있는 <장해등급 판정기준>은 행정청 내부의 사무처리준칙에 불과하여 법규로서의 효력이 없으므로 당해 처분의 적법여부는 위 <장해등급 판정기준>에 적합한 것인가의 여부에 따라 판단할 것이 아니고 산업재해보상보험법 제57조와 동법 시행령 제53조의 각 규정 및 취지에 적합한 것인가의 여부에 따라 판단하여야 합니다. (대법원 1995.3.15. 94누12982판결 등)

장해등급 제5급 제8호(신경계통의 기능 또는 정신기능에 뚜렷한 장해가 남아 특별히 손쉬운 노무 외에는 종사할 수 없는 사람)와 상위등급 제3급 제3호(신경계통의 기능 또는 정신기능에 뚜렷한 장해가 남아 일생동안 노무에 종사할 수 없는 사람)의 차이는 손쉬운 노무에라도 종사할 수 있는지 여부에 달려 있다고 보여지는 바, 원고는 운동기능장해로 인하여 혼자서 보행이 곤란하여 화장실 등에 갈 때 타인의 도움을 받아야 하고, 고도의 기억력 장해로 인한 실언, 실행, 실어의 행동을 보이며, 감정둔마, 의욕감퇴 등의 인격변화 현상이 나타나고 있고, 시력이 저하되어 밤에는 전혀 볼 수 없을 정도의 야맹증이 생겼으며, 후각 등 냄새조차 분별하지 못하는 무감각상태이고 장기 기억력, 주의집중능력, 수리적 계산능력, 언어적 이해력 등은 심하게 손상이 되어 있으므로 현재로서는 전혀 노무를 수행할 수 없는 상태라고 보여지므로 피고의 결정은 위법한 것입니다.

(4) 가사 장해등급 제3급 3호의 해석을 피고의 내부기준인 <장해등급 판정기준>에 의한다 하더라도 "사지마비, 감각이상, 추체외로증상, 실어 등의 이른바 대뇌소증상, 인격변화 또는 기억장해 등이 고도인 경우"에는 장해등급 제3급 제3호에 해당된다고 해석되는 바, 원고에게는 현재 감각이상과 실어 등의 이른바 대뇌소증상, 인격변화 또는 기억장해 등은 나타나고 있으므로 그 증상이 고도인 경우에 해당한다고 볼 수 있으므로 피고의 처분은 위법한 것이라고 할 수 있습니다.

4. 결 어

위와 같이 사정을 고려하면 원고는 장해상태는 장해등급 제3급 제3호에 해당한다고 볼 수 있으므로 피고의 처분은 위와 같은 점을 고려하지 않은 위법한 처분이라고 할 수 있으므로 이를 취소하여 원고가 정당한 장해등급을 판정받을 수 있게 하여 주시기 바랍니다.

<h2 style="text-align:center">입 증 방 법</h2>

1. 갑제 1호증   재결
1. 갑제 2호증의 1 내지 3   각 진단서
1. 갑제 3호증   심리학적 평가보고서
1. 갑제 4호증   보험급여결정통지서

첨 부 서 류

1. 위 입증방법   각 1통
1. 소장부본   1통
1. 납 부 서   1통

20○○.   ○.   ○.

위 원고 ○   ○   ○ (서명 또는 날인)

○ ○ 행 정 법 원 귀중

[서식 예] 장해등급 결정처분 취소청구의 소(산업현장근로자)

소　　　장

원　　고　　○　○　○(주민등록번호)
　　　　　　　○○시 ○○구 ○○길 ○○ (우편번호 ○○○-○○○)

피　　고　　근로복지공단
　　　　　　　○○시 ○○구 ○○길 ○○ (우편번호 ○○○-○○○)
　　　　　　대표자 이사장 △△△

장애등급결정처분 취소청구의 소

청 구 취 지

1. 피고가 20○○. ○. ○.에 원고에 대하여 한 장해등급결정처분을 취소한다.
2. 소송비용은 피고의 부담으로 한다.
라는 판결을 구합니다.

청 구 원 인

1. 원고는 소외 □□철강주식회사의 현장에서 근무 중 20XX. X. X.에 한 손의 엄지손가락과 둘째손가락을 상실하는 업무상 재해를 입었으나 이는 제7급 6호의 장해등급에 해당됨에도 불구하고 제8급 3호의 장해등급에 해당한다는 결정처분하였습니다(산업재해보상보험법 제57조 제2항, 산업재해보상보험법 시행령 제53조 및 별표 6 각 참조).
2. 이에 원고는 한 손의 엄지손가락을 포함하여 2개의 손가락을 상실한 자와 둘째손가락을 상실한 자는 구별이 되어야 함에도 이를 간과한 점을 들어 제8급 3호의 장해등급 결정처분을 취소하고자 이 건 청구에 이른 것입니다.

입 증 방 법

　　　　1. 갑 제1호증　　　　　　　결정서 등본

첨 부 서 류

    1. 위 입증방법   1통
    1. 소장부본   1통
    1. 납 부 서   1통

            20○○.　○.　○.
    원 고　　○ ○ ○　　(서명 또는 날인)

○ ○ 행 정 법 원　귀중

제8절 국가유공자 관련 행정소송 서식

[서식 예] 국가유공자 비해당결정처분 취소청구의 소

소　　　　장

원　　고　　○○○(주민등록번호)
　　　　　　○○시 ○○구 ○○길 ○○(우편번호 ○○○-○○○)
　　　　　　전화.휴대폰번호:
　　　　　　팩스번호, 전자우편(e-mail)주소:
피　　고　　○○지방보훈청장
　　　　　　○○시 ○○구 ○○길 ○○(우편번호 ○○○-○○○)

국가유공자비해당결정처분 취소청구의 소

청 구 취 지

1. 피고가 19○○. ○. ○. 소외 망 ◇◇◇에 대하여 한 국가유공자비해당결정처분을 취소한다.
2. 소송비용은 피고의 부담으로 한다.
　라는 판결을 구합니다.

청 구 원 인

1. 소외 망 ◇◇◇은 1945년 해방직후부터 ◎◎경찰서 사찰계에서 '경사'직급으로 근무하다가, 19○○년경에는 ◆◆경찰서 △△지서장으로 근무하였습니다.
2. 1950년 6. 25사변이 일어난 후, 전북 ○○군 ○○읍을 점령하였던 인민군이 후퇴하면서 1950. ○. ○○. ○○군 일대의 사회지도층 인사들을 전북 ○○군 ○○읍 ○○길 소재 ○○산으로 끌고 가서 모두 총살하였습니다. 망 나□□도 인민군에 체포되어 사회지도층 인사들과 같이 위 ○○산으로 끌려가서 총살을 당했습니다.
3. 위 망 나□□의 아들인 원고는 경찰청장의 '국가유공자등록절차 안내'에 따라 20○○. ○. 중순경 ▽▽경찰서장의 '국가유공자등요건관련사실확인

서'를 발급 받아 국가보훈처에 국가유공자등록신청을 하였습니다. 그런데 국가보훈처 보훈심사위원회는 위 망 나□□이 경찰관으로 근무한 사실과 1950. ○. ○ ○. 인민군에 의해 총살되어 순직하였다는 사실을 입증할 자료가 없는 이유로 20○○. ○. ○. 국가유공자등예우및지원에 관한 법률 제4조 제1항 제3호의 요건에 해당되지 아니한다'는 내용의 의결을 하였으며, 피고는 20○○. ○. ○.자로 위 보훈심사위원회의 의결에 따라 위 망 나□□이 국가유공자에 해당하지 아니한다는 결정을 하여 원고에게 송달하였습니다.

4. 국가는 국가공무원에 대한 인사사항, 경력사항 및 상벌사항 등을 기록하는 ' 인사기록부'를 작성하여 보관 및 보존하여야 할 의무가 있는 것입니다. 위 망 나□□이 소속되어 있던 ◆◆경찰서도 망 나□□이 ◆◆경찰서에서 근무한 사실을 인정하면서도 위 나□□에 대한 인사기록부인 '사령원부'를 보관하고 있던 중, 6. 25사변으로 1950. ○. ○.이후 근무자들에 대한 기록만 보관하고 있고 이전에 사령원부는 소각하였으므로 위 나□□에 대한 공부상의 기록을 발견할 수 없다는 것입니다.

5. 국가의 인사기록부에 해당하는 '사령원부가 비록 천재지변에 해당하는 6. 25.사변 중에 소실되었다면 그 '사령원부'의 소실에 따르는 불이익은 사령원 부의 보관 및 보존의 책임이 있는 국가가 받아야 함이 마땅하다 하겠습니다. 위 망 나□□의 아들인 원고는 위 '사령원부'가 6. 25. 사변 중에 소실되었다는 사실을 확인하고 나□□의 근무사실 및 총살사실을 목격한 사람 및 그 사실을 알고 있는 사람들의 확인서를 수집하여 ▽▽경찰서를 통하여 경찰청에 제출하여 경찰청장 명의의 '국가유공자등요건관련사실확인서'를 발급 받아 국가보훈처에 제출하였던 것입니다. 그럼에도 불구하고, 위 '사령원부' 보관 및 보존의 책임이 있는 국가가 위 '사령원부'를 보관하지 못하였는데 그 '사령원부'가 없음으로 인한 불이익을 국민인 원고에게 돌려 위 망 나□□에 대한 국가유공자비해당결정처분을 하는 것은 위법하다 할 것이므로, 위와 같은 위법처분의 취소를 구하기 위하여 이건 소송에 이르렀습니다.

6. 원고는 20○○. ○. ○.자 국가유공자(요건)비행당 결정통보를 20○○. ○. ○.경 송달 받았으며, 20○○. ○. ○.자 국가유공자요건 재심의 결과통보를 20○○. ○. ○. 송달 받았습니다.

입 증 방 법

1. 갑 제1호증   국가유공자요건 재심의 결과통보
1. 갑 제2호증   국가유공자(요건)비해당 결정통보
1. 갑 제3호증   심의의결서
1. 갑 제4호증   각 사실확인서

첨 부 서 류

1. 위 입증방법   각 1통
1. 소장부본   1통
1. 송달료납부서   1통

20○○. ○. ○.

위 원고 ○○○ (서명 또는 날인)

○ ○ 행 정 법 원 귀중

⚖ 관련판례 1

구 국가유공자 등 예우 및 지원에 관한 법률(2011.9.15. 법률 제11041호로 개정되기 전의 것, 이하 '국가유공자법'이라고 한다) 제73조의2 제1항은 지원대상자의 요건을 '불가피한 사유 없이 본인의 과실이나 본인의 과실이 경합된 사유로 사망 또는 상이를 입은 자'로 정하고 있는데, 그중 '불가피한 사유'는 재해 당시 군인 또는 경찰공무원 등의 지위, 당시 수행하던 직무 또는 교육훈련의 내용, 재해 발생 경위 등 제반 사정에 비추어, 재해 또는 상이가 발생할 가능성이 있음에도 원인이 된 행위로 나아갈 수밖에 없었던 사유를 의미한다. 여기에서 '불가피한 사유'는 국가유공자법 제4조 제6항 제1호와 제73조의2 제1항에 공통적으로 규정되어 있고, 불가피한 사유가 인정되면 본인의 과실은 물론이고 본인의 고의·중과실이 개입된 경우에도 국가유공자로 인정될 수 있으므로, 불가피한 사유는 본인의 주관적 책임을 면제하여 주는 예외적 정당화사유로서 객관적 사정에 비추어 엄격하게 해석해야 한다. 그리고 지원대상자의 요건 중 '본인의 과실이나 본인의 과실이 경합된 사유로 사망 또는 상이를 입은 자'란 재해의 발생을 예견하거나 회피할 수 있었음에도 본인의 부주의가 개입하여 재해가 발생하거나 그로 인한 상이가 확대된 경우를 말하는데, 여기에서 '본인의 부주의'란 재

해 발생 당시 존재한 모든 본인의 부주의를 의미하는 것이 아니라 재해 발생 또는 상이 확대와 직접 관련된 부주의만을 의미한다. 이와 같이 국가유공자법 제73조의2 제1항이 정한 '불가피한 사유 없이 본인의 과실이나 본인의 과실이 경합된 사유로 사망 또는 상이를 입은 것'은, 재해 또는 상이 발생 가능성이 있음에도 원인된 행위로 나아갈 수밖에 없는 객관적 사정없이 본인의 부주의로 재해가 발생하거나 그로 인한 상이가 확대된 경우를 의미하고, 이에 관한 증명책임은 처분청에 있다(대법원 2016.8.24. 선고, 2016두32589, 판결).

⚖ 관련판례 2

국가유공자 등 예우 및 지원에 관한 법률(이하 '국가유공자법'이라 한다) 제4조 제1항 제6호, 제6조 제3항, 제4항, 제74조의18의 문언·취지 등에 비추어 알 수 있는 다음과 같은 사정, 즉 국가유공자법 제74조의18 제1항이 정한 이의신청은, 국가유공자 요건에 해당하지 아니하는 등의 사유로 국가유공자 등록신청을 거부한 처분청인 국가보훈처장이 신청 대상자의 신청 사항을 다시 심사하여 잘못이 있는 경우 스스로 시정하도록 한 절차인 점, 이의신청을 받아들이는 것을 내용으로 하는 결정은 당초 국가유공자 등록신청을 받아들이는 새로운 처분으로 볼 수 있으나, 이와 달리 이의신청을 받아들이지 아니하는 내용의 결정은 종전의 결정 내용을 그대로 유지하는 것에 불과한 점, 보훈심사위원회의 심의·의결을 거치는 것도 최초의 국가유공자 등록신청에 대한 결정에서나 이의신청에 대한 결정에서 마찬가지로 거치도록 규정된 절차인 점, 이의신청은 원결정에 대한 행정심판이나 행정소송의 제기에도 영향을 주지 아니하는 점 등을 종합하면, 국가유공자법 제74조의18 제1항이 정한 이의신청을 받아들이지 아니하는 결정은 이의신청인의 권리·의무에 새로운 변동을 가져오는 공권력의 행사나 이에 준하는 행정작용이라고 할 수 없으므로 원결정과 별개로 항고소송의 대상이 되지는 않는다(대법원 2016.7.27. 선고, 2015두45953, 판결).

⚖ 관련판례 3

국가유공자 인정 요건, 즉 공무수행으로 상이를 입었다는 점이나 그로 인한 신체장애의 정도가 법령에 정한 등급 이상에 해당한다는 점은 국가유공자 등록신청인이 증명할 책임이 있지만, 그 상이가 '불가피한 사유 없이 본인의 과실이나 본인의 과실이 경합된 사유로 입은 것'이라는 사정, 즉 지원대상자 요건에 해당한다는 사정은 국가유공자 등록신청에 대하여 지원대상자로 등록하는 처분을 하는 처분청이 증명책임을 진다고 보아야 한다. 이러한 점과 더불어 공무수행으로 상이를 입었는지 여부와 그 상이가 불가피한 사유 없이 본인의 과실이나 본인의 과실이 경합된 사유로 입은 것인지 여부는 처분의 상대방의 입장에서 볼 때 방어권 행사의 대상과 방법이 서로 다른 별개의 사실이고, 그에 대한 방어권을 어떻게 행사하는지 등에 따라 국가유공자에 해당하는지 지원대상자에 해당하는지에 관한 판단이 달라져 법령상 서로 다른 처우를 받을 수 있는 점 등을 종합해 보면, 같은 국가유공자 비해당결정이라도 그 사유가 공무수행과 상이 사이에 인과관계가 없다는 것과 본인 과실이 경합되어 있어 지원대상자에 해당할 뿐이라는 것은 기본적 사실관계의 동일성이 없다고 보아야 한다. 따라서 처분청이 공무수행과 사이에 인과관계가 없다는 이유로 국가유공자 비해당결정을 한 데 대하여 법원이 그 인과관계의 존재는 인정하면서 직권으로 본인 과실이 경합된 사유가 있다는 이유로 그 처분이 정당하다고 판단하는 것은 행정소송법이 허용하는 직권심사주의의 한계를 벗어난 것으로서 위법하다(대법원 2013.8.22. 선고, 2011두26589, 판결).

⚖ **관련판례 4**

군청 공무원 甲이 간이상수도 고장 민원을 받고 누수지점을 탐지하기 위해 간이상수도 관로가 매설된 언덕 비탈면을 따라 이동하다가 우측 발목을 접질리는 사고를 당하여 국가유공자로 등록되었는데, 감사원의 감사 결과 甲을 재심사 대상으로 결정함에 따라 지방보훈지청장이 위 상이는 甲 본인의 과실이 경합하여 발생한 것이라는 이유로 공상공무원에서 지원공상공무원으로 지원대상자 대상구분을 변경하는 처분을 한 사안에서, 甲이 불가피한 사유 없이 본인의 과실로 또는 본인의 과실이 경합된 사유로 상이를 입었다고 보기 어렵다는 이유로 위 처분이 위법하다(대법원 2015.1.29. 선고, 2012두6889, 판결).

⚖ **관련판례 5**

甲의 '좌측 슬관절 외측 반월상 연골 파열'을 상이로 한 국가유공자등록신청에 대하여 지방보훈지청장이 국가유공자등록을 거부한 사안에서, 지방보훈지청장의 처분사유는 甲이 위 상이를 입은 사실 자체는 인정하면서도 다만 甲의 과실이 경합하여 발생한 것이어서 국가유공자등록을 거부한다는 취지인데 반해, 원심의 판시 취지는 결국 甲이 위 상이를 입은 사실이 없다는 것이어서 당초의 처분사유와 기본적 사실관계에서 동일성이 인정된다고 보기 어려우므로, 원심이 새로운 처분사유를 인정하여 위 거부처분의 정당성을 판단한 것은 위법하다(대법원 2011.1.13. 선고, 2010두21310, 판결).

[서식 예] 전공상 불인정처분 취소청구의 소

소　　　　장

원　　고　○　○　○(주민등록번호)
　　　　　　○○시 ○○구 ○○길 ○○ (우편번호 ○○○-○○○)
피　　고　△△보훈지청장
　　　　　　○○시 ○○구 ○○길 ○○ (우편번호 ○○○-○○○)

전공상불인정처분 취소청구의 소

청 구 취 지

1. 피고가 20○○. ○. ○. 원고에 대하여 한 전공상불인정처분은 이를 취소한다.
2. 소송비용은 피고의 부담으로 한다.
라는 판결을 구합니다.

청 구 원 인

1. 이 사건의 경위에 대하여
　가. 원고는 19○○. ○. ○. 육군에 입대하여 ○○훈련소 ○○연대 ○중대 ○
　　　소재에 편성되어 6주간의 전투훈련을 하던 중 철조망을 통과하고 통나
　　　무를 뛰다가 미끄러져 허리를 부딪쳐 허리를 심하게 다쳤습니다.
　　　당시 군대의 군기가 무척 세어서 아프다는 말도 못하고 혼자서 고생을
　　　하면서 훈련을 마치고 수도사단 제○○○○부대에 배치되어 복무하던 중
　　　상급자가 원고의 이러한 상태를 알고서 부대내 의무대에서 약을 복용하
　　　였습니다.
　나. 그러나 원고는 허리부상으로 인한 좌골신경통이 더욱 악화되어 경주 18
　　　육군병원으로 후송되어 좌골신경통을 치료하던 중 급성충수염(맹장염)으
　　　로 인하여 복막유찰수술까지 받게 되었습니다.
　　　한편 위 좌골신경통도 마저 치료를 하다가 완치가 되지 않은 상태에서
　　　군대를 의가사제대 하였습니다.
　다. 원고는 제대한 후에도 수년 동안 좌골신경통으로 고통을 받으면서 병원
　　　생활을 하였으며, 그러던 중 ○○대부속병원에서 좌골신경통수술을 받았
　　　으나 완쾌되지 않고 후유증이 남게 되었으며, 그 후에도 여러 병원을 전

전하고 많은 약을 복용하였으나 신경통이 여전하였습니다. 원고는 이러한 원인으로 인하여 현재까지 노동에 종사하지 못하고 원고의 처가 일을 하면서 생계를 꾸려오고 있는 형편인 것입니다.

라. 결국 원고는 군대에서 훈련을 받던 중에 다치게 되었고 좌골신경통이 완치되지 않은 상태에서 의병 제대하여 지금까지 장애가 온 것입니다.

마. 이에 원고는 군복무중의 상이를 이유로 20○○. ○. ○. 국가유공자등록 신청을 하였으나, 국가보훈처에서는 20○○. ○. ○. 원고의 상이 중 '복막유착'의 상이만 공상으로 인정하고 좌골신경통의 상이는 공상으로 인정하지 않는 전공상불인정처분을 하였던 것입니다.

2. 피고는 원고의 '좌골신경통'에 대해서는 원고가 입대한 후 9개월이 경과한 시점에서 특별한 외상력없이 발병되어 확인이 불가능하므로 군공무와의 관련성 확인이 불가능하다는 이유로 군복무상의 상이로 인정하기 곤란하다고 판단하여 원상병명으로 인정하지 않았습니다.

가. 그러나 당시 육군병원에서는 원고의 병상일지를 보더라도 최종진단란에 '좌골신경통'도 기재되어 있었던 것으로 원고는 군입대 후 18육군병원에 입원할 때까지 한 번도 휴가 등을 가지 않았던 바, 이로 보건대, 군대에서 생활하던 중에 위 좌골신경통이 발생되어진 것이 명확한 것입니다.

나. 피고측에서는 입대 후 9개월이 경과되어 발병이 되었다고 판단하였으나, 원고는 당시 신체검사를 받아 갑종으로 판정을 받았으며, 입대하여 신병훈련이 전반기 6주, 후반기 6주의 훈련을 받는 도중에 발병이 되었으나, 당시 군대의 상황에서 원고는 참고 있었던 것이었을 뿐 이미 9개월 경과이전에 발병이 되었던 것입니다.

다. 원고가 치료를 하였던 ○○의원에서 발행한 진단서를 보더라도 '원고가 장기간의 가료 및 관찰이 요구되고 요추부 좌골신경통으로 노동이 불가능한 상태'라고 기재되어 있습니다.

라. 또한 당시 원고와 같이 신병훈련을 받았던 라□□, 천□□ 등의 확인서를 보더라도 원고가 당시 야간각개전투훈련 중에 철조망을 통과하는 등의 훈련을 받다가 허리를 다친 것이 인정되는 것입니다.

3. 사실이 이러함에도 불구하고 피고는 특별한 합리적인 이유없이 단지 그 이전에 특별한 외상이 없이 발병되어 확인이 불가능하다는 이유만으로 원고의 좌골신경통을 군복무상의 상이로 인정하지 않았으므로 이러한 전공상불인정처분을 취소되어야 할 것입니다.

4. 따라서 원고는 청구취지와 같은 판결을 받고자 이건 청구에 이르게 된 것입니다.

입 증 방 법

1. 갑제1호증의 1   국가유공자비해당결정통보
              2   신체검사결과통지서
1. 갑제2호증   행정심판청구서
1. 갑제3호증의 1, 2   각 진단서 사본
1. 갑제4호증   심의의결서
1. 갑제5호증의 1   국가유공자등 요건관련 사실확인서
              2   병상일지 사본
1. 갑제6호증   제대증사본
1. 갑제7호증   재결서
1. 갑제8호증의 1 내지 3   각 인우보증서

첨 부 서 류

1. 위 입증방법   각 1통
1. 소장부본   1통
1. 납부서   1통

20○○.   ○.   ○.

원 고   ○ ○ ○   (서명 또는 날인)

○ ○ 행 정 법 원 귀중

☗☗ **관련판례 1**

특수임무와 관련하여 국가를 위하여 특별한 희생을 한 특수임무수행자와 유족에 대하여 필요한 보상을 함으로써 특수임무수행자와 유족의 생활안정을 도모하고 국민화합에 이바지함을 목적으로 제정된 특수임무수행자 보상에 관한 법률(이하 '특임자보상법'이라 한다) 및 구 특수임무수행자 보상에 관한 법률 시행령(2010.10.27. 대통령령 제22460호로 개정되기 전의 것, 이하 '개정 전 시행령'이라 한다)의 각 규정 취지와 내용에 비추어 보면, 특임자보상법 제2조 및 개정 전 시행령 제2조, 제3조, 제4조 등의 규정들만으로는 바로 특임자보상법상의 보상금 등 지급대상자가 확정된다고 볼 수 없고, '특수임무수행자 보상심의위원회'의 심의·의결을 거쳐 특수임무수행자로 인정되어야만 비로소 보상금

등 지급대상자로 확정될 수 있다. 이러한 심의·의결에 의하여 특수임무수행자로 인정되기 전에는 특임자보상법에 의한 보상금수급권은 헌법이 보장하는 재산권이라고 할 수 없고, 심의·의결이 있기 전의 신청인의 지위는 보상금수급권 취득에 대한 기대이익을 가지고 있는 것에 불과하다. 따라서 2010.10.27. 대통령령 제22460호로 개정된 특수임무수행자 보상에 관한 법률 시행령 제4조 제1항 제2호(이하 '개정 시행령조항'이라 한다)가 시행령 개정 전에 이미 보상금을 신청한 자들의 이러한 기대이익을 보장하기 위한 경과규정을 두지 아니함으로써 보상금수급 요건을 엄격히 정한 개정 시행령조항이 그들에 대하여도 적용되게 하였다고 하더라도 헌법상 보장된 재산권을 소급입법에 의하여 박탈하는 것이라고 볼 수는 없다(대법원 2014.7.24. 선고, 2012두23501, 판결).

⚖️ **관련판례 2**

국무회의에서 건국훈장 독립장이 수여된 망인에 대한 서훈취소를 의결하고 대통령이 결재함으로써 서훈취소가 결정된 후 국가보훈처장이 망인의 유족 甲에게 '독립유공자 서훈취소결정 통보'를 하자 甲이 국가보훈처장을 상대로 서훈취소결정의 무효 확인 등의 소를 제기한 사안에서, 甲이 서훈취소 처분을 행한 행정청(대통령)이 아니라 국가보훈처장을 상대로 제기한 위 소는 피고를 잘못 지정한 경우에 해당하므로, 법원으로서는 석명권을 행사하여 정당한 피고로 경정하게 하여 소송을 진행해야 함에도 국가보훈처장이 서훈취소 처분을 한 것을 전제로 처분의 적법 여부를 판단한 원심판결에 법리오해 등의 잘못이 있다(대법원 2014.9.26. 선고, 2013두2518, 판결).

⚖️ **관련판례 3**

지방보훈청장이 허혈성심장질환이 있는 甲에게 재심 서면판정 신체검사를 실시한 다음 종전과 동일하게 전(공)상군경 7급 국가유공자로 판정하는 '고엽제후유증전환 재심신체검사 무변동처분' 통보서를 송달하자 甲이 위 처분의 취소를 구한 사안에서, 위 처분이 甲에게 고지되어 처분이 있다는 사실을 현실적으로 알았을 때 행정소송법 제20조 제1항에서 정한 제소기간이 진행한다고 보아야 함에도, 甲이 통보서를 송달받기 전에 자신의 의무기록에 관한 정보공개를 청구하여 위 처분을 하는 내용의 통보서를 비롯한 일체의 서류를 교부받은 날부터 제소기간을 기산하여 위 소는 90일이 지난 후 제기한 것으로서 부적법하다고 본 원심판결에 법리를 오해한 위법이 있다(대법원 2014.9.25. 선고, 2014두8254, 판결).

⚖ 관련판례 4

일반적으로 구 국립묘지안장대상심의위원회 운영규정(2010.12.29. 국가보훈처 훈령 제956호로 개정되기 전의 것, 이하 '운영규정'이라 한다) 제4조 제4항 제2호 규정에서 정한 것과 같은 병적의 이상이 있는 경우에는 안장이 신청된 망인에게 국립묘지의 영예성을 훼손할 사유가 존재할 가능성이 높고, 나아가 그러한 사유가 있더라도 영예성이 훼손되지 않는다고 볼 수 있는 특별한 사유가 인정되는 경우에는 안장대상에서 제외하지 않도록 규정한 점에 비추어, 위 규정은 구 국립묘지의 설치 및 운영에 관한 법률(2011.8.4. 법률 제11027호로 개정되기 전의 것)의 취지에 부합하는 합리적인 것이라고 할 수 있다. 그리고 6·25전쟁 당시의 사회상 등에 비추어 병적에서 전역사유가 확인되지 않는 경우라면 정상적인 전역이 이루어지지 않았을 가능성이 높고, 정상적인 전역이 이루어졌음에도 병적기록 등이 잘못되어 있다면 망인 측에서 다른 방법으로 이를 증명할 수도 있는 점 등의 사정을 고려해 볼 때, 안장대상에서 일단 제외되는 범위에 전역사유 미확인자를 포함시킨 부분 역시 객관적 합리성을 갖춘 것으로 볼 수 있다. 그러므로 위와 같은 운영규정에 따라 이루어진 안장거부처분은 특별한 사정이 없는 한 재량권 범위 내의 것으로 적법하고, 그것이 재량권을 일탈·남용하여 위법한 것이라는 점은 그 처분의 효력을 다투는 당사자가 구체적으로 그 사유를 주장·증명해야 한다(대법원 2013.12.26. 선고, 2012두19571, 판결).

제9절 기타 행정 관련 소송 서식

[서식 예] 행정정보공개 부작위위법 확인의 소

소　　　　장

원　　고　　○○시민연대
　　　　　　　　○○시 ○○구 ○○길 ○○ (우편번호 ○○○ - ○○○)
　　　　　　　대표　○　○　○

피　　고　　△△광역시　△△구청장
　　　　　　　　○○시 ○○구 ○○길 ○○ (우편번호 ○○○ - ○○○)

행정정보공개부작위위법 확인의 소

청 구 취 지

1. 피고가 원고의 별지목록기재 사항에 대한 행정정보를 공개하지 않은 것이 위법임을 확인한다.
2. 소송비용은 피고의 부담으로 한다
라는 판결을 구합니다.

청 구 원 인

1. 원고는 ○○지역에서 지방자치제도의 활성화와 주민들의 지방자치참여를 목적으로 하여 결성된 시민운동단체로서 법인격 없는 사단입니다.
2. 원고는 20○○. ○. ○. 공공기관의정보공개에관한법률에 따라 피고를 상대로 행정감시를 사용목적으로 하여 별지목록기재 사항의 행정정보공개청구를 하였습니다. 그러나 피고는 아직까지 아무런 결정을 하지 않았습니다.
3. 그러나 위 법률 제9조 제1항은 8가지 사유에 해당되지 아니한 경우에는 모든 공공기관의 정보는 공개되어야 한다고 규정하고 있는데 원고가 피고에게 정보공개를 요청한 내용은 위 8가지 사유가 해당되지 아니함에도 피고는 위법하게도 아무런 결정을 하고 있지 아니한 것입니다.
4. 따라서 피고가 아무런 결정을 하지 않은 것에 대해서 위법함을 확인하기

위하여 이 사건 청구에 이르게 된 것입니다.

첨 부 서 류

1. 소장부본   1통
1. 납부서   1통

20○○년   ○월   ○일
원 고   ○ ○ ○   (서명 또는 날인)

○ ○ 행 정 법 원 귀 중

별 지 목 록

1. 2017, 2018년도 기지출된 판공비의 내역(일자 내역 액수 별로 정리)
2. 2017, 2018년도 기지출된 판공비의 지출결의서, 영수증 등 제반 증빙서류
3. 2018년도 각 피고의 판공비 예산총액 및 기관별 총액. 끝.

■참 고■

※ 관할법원(행정소송법 9조, 38조)
  1. 부작위위법확인소송의 제1심 관할법원은 피고의 소재지를 관할하는 행정법원임. 다만, 중앙행정기관 또는 그 장이 피고인 경우의 관할법원은 대법원 소재지의 행정법원임.
  2. 토지의 수용 기타 부동산 또는 특정의 장소에 관계되는 부작위위법확인소송은 그 부동산 또는 장소의 소재지를 관할하는 행정법원에 이를 제기할 수 있음.

※ 제소기간(행정소송법 20조, 38조)
  1. 부작위위법확인소송의 제소기간은 제한이 없다. 다만, 당해 부작위에 대하여 의무이행의 행정심판을 청구하는 경우에는 의무이행행정심판의 재결서정본을 받은 날로부터 90일 이내에 소송을 제기하여야 한다.
  2. 제1항 단서의 경우는 재결이 있은 날부터 1년을 경과하면 이를 제기하지 못함. 다만, 정당한 사유가 있는 때에는 그러하지 아니함.

⚖ 관련판례

甲 등이 한국토지주택공사가 사업시행자로서 택지개발하고 분양가상한제아파트로 건축 및 분양한 고양일산 2지구 아파트와 관련하여 토지매입보상비, 택지조성비 등에 대한 정보공개를 청구하였으나 한국토지주택공사가 이를 거부한 사

안에서, 甲 등이 정보의 공개를 청구하였다가 정보공개거부처분을 받은 이상 자신들이 분양받은 아파트의 분양원가를 계산하기에 충분한 자료를 갖고 있는지 관계없이 위 처분의 취소를 구할 법률상 이익이 있다고 본 원심판단을 수긍한 사례(대법원 2011.7.28. 선고, 2011두4602, 판결).

[서식 예] 행정정보공개청구 거부처분 취소청구의 소

소 장

원 고 ○ ○ ○(주민등록번호)

　　　　○○시 ○○구 ○○길 ○○ (우편번호 ○○○-○○○)

　　　대표 : ○○○

피 고 △△광역시 △△구청장

　　　　○○시 ○○구 ○○길 ○○ (우편번호 ○○○-○○○)

행정정보공개청구거부처분 취소청구의 소

청 구 취 지

1. 원고에 대하여 피고가 20○○. ○. ○.자로 한 행정정보공개청구거부처분은 이를 취소한다.
2. 소송비용은 피고의 부담으로 한다.

라는 판결을 구합니다.

청 구 원 인

1. 원고의 지위

　원고는 △△지역에서 지방자치제도의 활성화와 주민들의 지방자치참여를 목적으로 하여 결성된 시민운동단체로서 법인격 없는 사단입니다.

2. 원고의 정보공개청구

　원고는 20○○. ○. ○. 공공기관의 정보공개에 관한 법률(이하 '법'이라 합니다)에 의거 피고를 상대로 행정감시를 사용목적으로 하여 별지목록기재 사항에 관하여 행정정보공개청구를 하였습니다.

3. 피고의 정보공개 거부처분

　그러나 피고는 20○○. ○. ○. 자로 "첫째 업무추진비 정보에는 영수증이나 세금계산서, 신용카드 매출전표 외에도 특정인을 식별할 수 있는 개인에 대한 정보가 기록된 행사내역서 등이 포함되어 있어 법 제9조 제1항 제6호의 비공개대상정보이며, 둘째, 20○○. ○. ○. 개최된 전국 시장.군수.구청장협의회에서 대법원판결 이후에 공개하기로 하였다"는 이유로 원고의 이 사건 정보공개청구를 거부하는 처분(이하 '이 사건 거부처분'이라 합니다)을 하였습니다.

4. 피고의 이 사건 거부처분의 위법성

 가. 우선 위 두 번째 이유는 법률상 정보공개거부처분의 이유가 될 수 없으므로 더 이상 언급할 가치가 없습니다.

 나. 다음으로 첫 번째 이유에 관하여 살펴보겠습니다. 가사 원고가 청구한 정보속에 피고의 주장대로 특정인을 식별할 수 있는 개인에 대한 정보가 기록된 행사내역서 등이 포함되어 있어 법 제9조 제1항 제6호의 비공개대상정보에 해당되는 정보가 있다 하더라도 피고로서는 그 정보만을 제외하고 공개하여야 할 의무가 있다 할 것이므로, 원고가 청구한 정보 정부를 공개하지 아니한다는 결정을 한 원고의 처분은 위법하다 할 것입니다(참고로 △△광역시의 경우 업무추진비밀 판공비 집행내역을 공개하고, 지출결의서, 영수증 등 제반 증빙서류에 관하여는 열람만 허용한다는 결정을 한 바 있습니다).

그리고 피고의 처분이 위법함은 대개의 지출결의서나 영수증 등에 기재된 이름이나 주민등록번호만으로 개인에 관한 정보가 공개된다고 보기 어려울 뿐 아니라 이를 공개하는 것이 공익에 필요하다고 판단되는 경우가 대부분일 것이라는 점에서도 반증이 됩니다.

5. 결론

그렇다면, 원고에 대하여 피고가 20○○. ○. ○.자로 한 행정정보공개청구 거부처분은 위법하다 할 것이어서 원고는 이의 취소를 구하기 위하여 본건 청구에 이르렀습니다.

입 증 방 법

1. 갑제1호증　　　　　　정보공개청구서
1. 갑제2호증　　　　　　결정통지서

첨 부 서 류

1. 소장부본　　　　　　　　1통
1. 위 입증방법　　　　　　각 1통
1. 납부서　　　　　　　　　1통

20○○. ○. ○.

원 고　　○○○　　(서명 또는 날인)

○ ○ 행 정 법 원　귀중

⚖️ 관련판례

어느 법인이 공공기관의 정보공개에 관한 법률 제2조 제3호, 같은 법 시행령 제2조 제4호에 따라 정보를 공개할 의무가 있는 '특별법에 의하여 설립된 특수법인'에 해당하는지 여부는, 국민의 알 권리를 보장하고 국정에 대한 국민의 참여와 국정운영의 투명성을 확보하고자 하는 위 법의 입법 목적을 염두에 두고, 해당 법인에게 부여된 업무가 국가행정업무이거나 이에 해당하지 않더라도 그 업무 수행으로써 추구하는 이익이 해당 법인 내부의 이익에 그치지 않고 공동체 전체의 이익에 해당하는 공익적 성격을 갖는지 여부를 중심으로 개별적으로 판단하되, 해당 법인의 설립근거가 되는 법률이 법인의 조직구성과 활동에 대한 행정적 관리·감독 등에서 민법이나 상법 등에 의하여 설립된 일반 법인과 달리 규율한 취지, 국가나 지방자치단체의 해당 법인에 대한 재정적 지원·보조의 유무와 그 정도, 해당 법인의 공공적 업무와 관련하여 국가기관·지방자치단체 등 다른 공공기관에 대한 정보공개청구와는 별도로 해당 법인에 대하여 직접 정보공개청구를 구할 필요성이 있는지 여부 등을 종합적으로 고려하여야 한다(대법원 2010.12.23. 선고, 2008두13101, 판결).

[서식 예] 파면처분 취소청구의 소

소   장

원   고   ○○○(주민등록번호)
          ○○시 ○○구 ○○길 ○○ (우편번호 ○○○-○○○)

피   고   △△지방경찰청장
          ○○시 ○○구 ○○길 ○○ (우편번호 ○○○-○○○)

파면처분 취소청구의 소

청 구 취 지

1. 피고가 20○○. ○. ○. 원고에 대하여 한 파면처분을 취소한다.
2. 소송비용은 피고의 부담으로 한다.
라는 판결을 구합니다.

청 구 원 인

1. 원고는 19○○. ○. ○. 순경으로 임용되어 경찰공무원으로 재직한 이래 19
   ○○. ○. ○. 부터는 ◎◎파출소에서 파출소장으로 재직하고 있던 중 19○
   ○. ○. ○. 12:00 위 경찰청 앞 ☆☆식당에서 어떠한 명목으로든지 관내
   유지나 업소로부터 금품을 수수하지 말라는 국무총리 지시사항을 어기고
   방범자문위원회 위원장인 전□□에게서 자율방범대원의 야식비 명목으로
   금 500,000원을 받았다는 혐의로 피고로부터 20○○. ○. ○. 자로 파면처
   분을 받았습니다.
2. 파면처분의 위법성
 가. 원고가 위와 같이 위 전□□으로부터 금 500,000원을 받은 사실은 이를
    인정합니다.
 나. 원고가 받은 위 금원은 원고가 사적으로 사용하기 위하여 받은 것이 아
    니며, 관내 유지나 업소로부터 금품을 수수하지 말라는 국무총리의 지시
    역시 뇌물을 수수하지 말라는 취지인 것이지, 이 사건과 같이 방범자문
    위원을 대신하여 파출소장이 자율방범대원에게 야식을 사주라고 주는 금
    품을 수수하지 말라는 것은 아니므로 피고의 원고에 대한 파면처분은 그

징계이유가 없는 처분으로써 위법하다 할 것입니다.

다. 설혹 원고의 위 금품 수수가 국무총리의 지시에 위반된 것이라고 하더라도, 원고가 받은 금원은 자율방범대원의 야식비로 모두 지출하였지 원고의 사적인 용도로 사용한 것이 아니고, 원고는 경찰로 재직한 30여년간 한 번도 징계처분을 받은 바 없이 모범적인 경찰공무원 생활을 하였으며, 오히려 국무총리 표창을 한 번 받은 외에 총 20여회의 표창을 받은 사실에 비추어 볼 때, 피고의 원고에 대한 위 파면처분은 그 재량을 일탈한 위법한 처분이라 할 것입니다.

3. 결론

피고의 원고에 대한 위 파면처분은 원고에게 파면의 사유가 없음에도 이루어진 처분으로써 위법하므로 이는 취소되어야 할 것이며, 설혹 형식적으로는 징계의 사유가 있다고 하더라도, 원고가 수수한 금원의 액수, 원고의 30여년간의 모범적인 경찰로서의 생활, 금원의 소비용도 등에 비추어 볼 때 피고의 위 파면처분은 그 재량을 일탈한 위법한 처분이므로 이는 취소되어야 합니다.

입 증 방 법

1. 갑 제1호증	행정처분서
1. 갑 제2호증의 1～21	각 표창장 사본
1. 갑 제3호증	진술서(○○○)

첨 부 서 류

1. 위 입증서류	각 1통
1. 소장부본	1통
1. 납부서	1통

200○.　○.　○.

원 고　○ ○ ○　(서명 또는 날인)

○ ○ 행 정 법 원 귀중

⚖️ 관련판례 1

국립대학교 총장이 학교 소속 교수이자 과학자인 甲에 대하여 실험데이터를 조작하여 허위내용의 논문을 작성·발표하였다는 등의 이유로 교육공무원법 제51조 제1항, 국가공무원법 제78조 제1항에 따라 파면처분을 한 사안에서, 국립대학교 교수가 수행하는 직무 및 해당 연구의 특성, 허위논문 작성에 대한 엄격한 징계의 필요성 등에 비추어, 위 징계내용이 객관적으로 명백히 부당한 것으로서 사회통념상 현저하게 타당성을 잃어 징계권자에게 맡긴 재량권을 일탈하거나 남용한 것으로 볼 수 없다(대법원 2014.2.27. 선고, 2011두29540, 판결).

⚖️ 관련판례 2

지방국토관리청장 산하 국도유지관리사무소 소속 청원경찰로서 과적차량단속업무를 담당하던 甲이 건설장비 대여업자에게서 과적단속을 피할 수 있는 이동단속반의 위치정보 등을 알려달라는 청탁을 받고 이를 알려준 대가로 6회에 걸쳐 190만 원의 뇌물을 받아 직무상 의무를 위반하고 품위를 손상하였다는 이유로 지방국토관리청장이 파면처분을 한 사안에서, 이는 甲이 권한을 악용하여 과적단속을 피할 수 있도록 이동과적단속차량의 위치를 알려주고 대가로 금전을 수수한 것으로서 이에 대하여 엄격한 징계를 가하지 않을 경우 이러한 단속업무를 수행하는 청원경찰의 공정하고 엄정한 단속을 기대하기 어렵게 되고, 일반 국민 및 함께 근무하는 청원경찰들에게 법적용의 공평성과 청원경찰의 청렴의무에 대한 불신을 불러일으킬 수 있으며, 금품제공자의 지위, 금품수수 액수, 횟수, 방법 등에 비추어 청원경찰징계규정에서 파면사유로 규정한 '비위의 도가 중하고 고의가 있는 경우'에 해당하므로, 파면처분은 甲의 직무 특성과 비위 내용 및 성질, 징계양정 기준, 징계 목적 등에 비추어 객관적으로 명백히 부당한 것으로서 사회통념상 현저하게 타당성을 잃었다고 볼 수 없다(대법원 2011.11.10. 선고, 2011두13767, 판결).

[서식 예] 견책처분 취소청구의 소

<h1 style="text-align:center">소　　　장</h1>

원　　고　　○　○　○(주민등록번호)
　　　　　　　　○○시 ○○구 ○○길 ○○ (우편번호 ○○○-○○○)
피　　고　　△ △ 시장
　　　　　　　　○○시 ○○구 ○○길 ○○ (우편번호 ○○○-○○○)

견책처분 취소청구의 소

<h2 style="text-align:center">청 구 취 지</h2>

1. 피고가 20○○. ○. ○. 원고에 대하여 한 견책처분은 이를 취소한다.
2. 소송비용은 피고의 부담으로 한다.
라는 판결을 구합니다.

<h2 style="text-align:center">청 구 원 인</h2>

1. 당사자의 관계
   원고는 공무원 경력 10년의 ○○시 소속 7급 직원으로 민원담당 부서에서 근무하고 있으며 피고는 원고에게 견책처분이라는 징계를 한 행정청입니다.
2. 원고는 평소 공무원으로서 긍지와 사명감을 가지고 그 직분을 충실히 수행해온 성실한 직원입니다. 그러나 민원부서에서 각양, 각색의 민원들을 접하다보니 나름대로의 원칙과 소신을 견지할 필요가 있었고 이로 인해 차가운 사람이라는 평을 듣는 경우도 있었습니다.
3. 20○○. ○월경 ○○시의 지방세 부과처분에 대해 이의를 가지고 있던 납세의무자 소외 정□□이 원고에게 찾아와 잘 부탁한다면서 제3의 장소에서 한번 만나줄 것을 거듭 요구하였습니다. 평소 성실하며 업무처리 면에서 만큼은 소신을 뚜렷이 하던 원고에게 민원인의 요구는 청탁을 하겠다는 의사로 비추어졌기에 그 자리에서 단호한 거절의 의사표시를 하였습니다. 원고의 단호한 거절에 당황한 민원인은 원고의 민원처리 태도에 불만을 토로하기 시작했으며 급기야 시장에게 원고를 징계해달라는 취지의 민원을 내기에 이르렀습니다. 당시 민원인은 숙박업소 협의회 회장이라는 감투를 가지고 있었으며 이러한 그의 배경이 민선자치단체장에게는 암암리에 압력으로

작용했는지 다음날 즉시 원고에게 질책이 내려졌습니다. 누구보다 친절해야 할 민원부서 공무원이 오히려 민원을 야기했다는 이유였습니다.

4. 이 일로 인해 원고는 견책처분을 받았고, 소청까지 했으나 받아들여지지 않았습니다. 비록 원고가 본의 아니게 민원인에게 고지식하게 굴어 불친절한 인상을 주었다고 하나 이는 민원인 측에서 업무에 관한 청탁을 하겠다는 인상을 주었기에 발단이 된 것이고, 민원서의 내용도 진위파악이 되지 않은 상태이기에 평소 원고의 성실함을 고려한다면 단순한 주의 조치로도 시정이 가능했으리라 판단되는데 공무원으로서 승진 및 승급에 제한이 따르는 견책처분은 사회통념상 현저하게 타당성을 잃어 징계권자에게 주어진 재량권을 남용했다고 판단됩니다.

5. 따라서 원고는 청구취지와 같은 판결을 구하고자 이건 청구에 이른 것입니다.

입 증 방 법

　　　1. 갑 제1호증　　　　　　　　견책처분통고서

첨 부 서 류

　　　1. 위 입증방법 사본　　　　　　　　1통
　　　1. 소장부본　　　　　　　　　　　　1통
　　　1. 납부서　　　　　　　　　　　　　1통

　　　　　　20○○.　　○.　　○.
　　　원 고　○ ○ ○　　(서명 또는 날인)

○ ○ 행 정 법 원　귀중

관련판례

사립학교법 제20조의2 제2항에서 정한 시정요구는 사학의 자율성을 고려하여 관할청이 취임승인 취소사유를 발견하였더라도 바로 임원의 취임승인을 취소할 것이 아니라 일정한 기간을 주어 학교법인 스스로 이를 시정할 기회를 주고 학교법인이 이에 응하지 아니한 때에 한하여 취임승인을 취소한다는 취지이다. 따라서 시정이 가능한 사항에 대하여만 시정 요구할 것을 전제로 하고 있다거나 시정이 불가능하여 시정요구가 무의미한 경우에는 임원취임승인취소처분을 할 수 없다고 해석할 수는 없다. 그리고 사립학교법 제20조의2에서 말하는 '시정요구에 응하지 아니한 경우'에는 관할청의 시정요구를 애초부터 거부한 경우뿐만 아니라 시정에 응한 결과가 관할청의 시정요구를 이행하였다고 보기에 미흡한 경우도 포함된다. 시정요구를 받은 학교법인이 시정에 응할 의사로 최선의 합리적인 조치를 다하였는지는 이를 객관적으로 판정하기 어려우며, 기본적으로 시정이 전혀 이루어지지 않았음에도 시정을 위한 최선의 노력을 하였다는 것만으로 '시정요구에 응하였다'고 보는 것은 문언 취지에도 맞지 않으므로, 그러한 사정은 임원취임승인취소의 재량 남용 여부를 판단할 때 참작될 수 있을 뿐이다(대법원 2014.9.4. 선고, 2011두6431, 판결).

[서식 예] 해임처분 취소청구의 소

소　　　장

원　　고　　○　○　○(주민등록번호)
　　　　　　○○시 ○○구 ○○길 ○○ (우편번호 ○○○-○○○)
피　　고　　△△지방경찰청장
　　　　　　○○시 ○○구 ○○길 ○○ (우편번호 ○○○-○○○)

해임처분 취소청구의 소

청 구 취 지

1. 피고가 20○○. ○. ○. 원고에 대하여 한 해임처분은 이를 취소한다.
2. 소송비용은 피고의 부담으로 한다.
라는 판결을 구합니다.

청 구 원 인

1. 원고는 19○○. ○. ○. 경찰공무원으로 임용되어 19○○. ○. ○.부터 ○○지
   방경찰청 ○○경찰서 ○○파출소장으로 근무하여 왔는데, 피고는 원고가 ○
   ○시 ○○구 ○○길 ○○ 소재에 있는 ☆☆주점의 업주 소외 양□□과 친분
   관계가 있음을 기화로 20○○. ○. ○. 위 업소가 퇴폐영업으로 단속되자 관
   할 파출소장인 원고에게 "사건을 잘 처리해 달라"고 청탁하였다는 이유로
   원고의 이와 같은 행위는 국가공무원법 제56조, 제57조, 제63조에 위배되어
   같은 법 제78조 제1항 각 호 소정의 징계사유에 해당한다고 하여 보통징계
   위원회의 의결을 거쳐 20○○. ○. ○. 원고를 해임처분 하였습니다.
2. 원고는 위 청탁사실은 인정하나, 원고는 ☆☆주점 업주 소외 양□□을 입건
   조치하였고, 원고는 19○○. ○. ○. 순경으로 임용된 후 19○○. ○. ○. 경
   장으로 19○○. ○. ○. 경사로 19○○. ○. ○. 경위로 승진하는 등 경찰관
   으로서 약 19년 동안 성실히 근무하여 오면서 치안본부장 표창 2회 충북지
   방경찰청 표창 5회(이상은 경찰공무원징계양정등에관한규칙 제9조 제1항 제
   2호 단서에 의하여 경감 이하인 경찰공무원인 원고의 경우 징계감경사유가
   될 수 있다)등을 포함하여 20여회에 걸쳐 각종표창을 받은 사실, 원고는 재
   직 중인 19○○. ○.경 당시 ○○세의 나이에 ○○대학교를 입학하여 19○

○. ○.경 졸업한 점 등 정상참작사유와 이 사건 행위에 이르게 된 동기와 경위, 청탁의 결과, 징계절차가 개시된 경위 등을 고려하면 위와 같은 징계사유만으로 원고를 해임한 이 사건 처분은 징계처분에 있어서 재량권의 범위를 일탈하였거나 남용한 것이라고 아니할 수 없습니다.

3. 따라서 원고는 피고가 원고에 대하여 한 20○○. ○. ○.자 해임처분의 취소를 구하기 위해 본 소에 이른 것입니다.

입 증 방 법

1. 갑 제1호증   징계의결서 1통
1. 갑 제2호증   표창장 7부

첨 부 서 류

1. 위 입증방법   각 1통
1. 소장부본   1통
1. 납 부 서   1통

20○○.   ○.   ○.

원 고   ○ ○ ○   (서명 또는 날인)

○ ○ 행 정 법 원 귀중

🏷 관련판례 1

사립학교 운영의 자유가 헌법 제10조, 제31조 제1항, 제4항에서 도출되는 기본권이기는 하나, 사립학교도 공교육의 일익을 담당한다는 점에서 국·공립학교와 본질적인 차이가 있을 수 없다. 따라서 공적인 학교 제도를 보장하여야 할 책무를 진 국가가 일정한 범위 안에서 사립학교의 운영을 감독·통제할 권한과 책임을 지는 것은 당연한바, 그 규율의 정도는 시대적 상황과 각급 학교의 형편에 따라 다를 수밖에 없는 것이므로, 교육의 본질을 침해하지 않는 한 궁극적으로는 입법자의 형성의 자유에 속한다. 그런 점에서, 임시이사가 선임된 학교법인의 정상화를 위한 이사 선임에 관하여 사학분쟁조정위원회에 주도권을 부여한 사립학교법 제24조의2 제2항 제3호, 제4항 본문, 제25조의3 제1항은, 사학분쟁조정위원회가 인적 구성과 기능에서 공정성 및 전문성을 갖추고 있고,

학교법인의 정체성은 설립목적 및 그것이 화체된 정관을 통하여 기능적으로 유지·계승되며, 사학분쟁조정위원회는 정상화 심의과정에서 종전이사 등 이해관계인의 의견을 청취할 수 있는 점 등을 고려할 때 학교법인과 종전이사 등의 사학의 자유를 침해한다고 볼 수 없다. 한편 사립학교를 위하여 출연된 재산에 대한 소유권은 학교법인에 있고, 설립자는 학교법인이 설립됨으로써, 그리고 종전이사는 퇴임함으로써 각각 학교운영의 주체인 학교법인과 더 이상 구체적인 법률관계가 지속되지 않게 되므로, 설립자나 종전이사가 사립학교 운영에 대하여 가지는 재산적 이해관계는 법률적인 것이 아니라 사실상의 것에 불과하다(대법원 2014.1.23. 선고, 2012두6629, 판결).

⚖ 관련판례 2

근로자가 부당해고 구제신청을 하여 해고의 효력을 다투던 중 근로계약기간의 만료 등으로 근로관계가 종료하였다면 근로자로서는 해고기간 중의 지급받지 못한 임금을 지급받기 위한 필요가 있다고 하더라도 이는 임금청구소송 등 민사소송절차를 통하여 해결될 수 있어 더 이상 구제절차를 유지할 필요가 없게 되었으므로 구제이익은 소멸한다고 보아야 한다(대법원 2009.12.10. 선고 2008두22136 판결 등 참조). 원심판결 이유에 의하면 원심은, 원고의 근로자들이 부당해고 구제신청을 하여 해고의 효력을 다투던 중 원고의 폐업으로 인하여 원고와 그들의 근로관계가 이 사건 재심판정 이전에 적법하게 종료하였으므로 그들에게 구제이익이 없다고 판단하였다. 위에서 본 법리와 기록에 비추어 살펴보면 원심의 위와 같은 판단은 정당하고, 거기에 상고이유의 주장과 같이 구제이익에 관한 법리를 오해한 위법이 없다(대법원 2012.6.28. 선고, 2012두4036, 판결).

⚖ 관련판례 3

해임처분 무효확인 또는 취소소송 계속 중 임기가 만료되어 해임처분의 무효확인 또는 취소로 지위를 회복할 수는 없다고 할지라도, 그 무효확인 또는 취소로 해임처분일부터 임기만료일까지 기간에 대한 보수 지급을 구할 수 있는 경우에는 해임처분의 무효확인 또는 취소를 구할 법률상 이익이 있다. 해임권자와 보수지급의무자가 다른 경우에도 마찬가지이다(대법원 2012.2.23. 선고, 2011두5001, 판결).

⚖ 관련판례 4

국가나 지방자치단체에서 근무하는 청원경찰은 국가공무원법이나 지방공무원법상 공무원은 아니지만 다른 청원경찰과는 달리 임용권자가 행정기관의 장이고, 국가나 지방자치단체에게서 보수를 받으며, 산업재해보상보험법이나 근로기준법이 아닌 공무원연금법에 따른 재해보상과 퇴직급여를 지급받고, 직무상 불법행위에 대하여도 민법이 아닌 국가배상법이 적용되는 등 특징이 있으며, 그 외 임용자격, 직무, 복무의무 내용 등을 종합하여 볼 때, 그 근무관계를 사법상 고용계약관계로 보기는 어렵다. 따라서 지방자치단체장이 지방자치단체에서 근무하는 청원경찰에게 징계로서 한 해임은 행정소송 대상이 되는 처분에 해당한다 (부산고법 2011.11.2. 선고, 2011누1870, 판결 : 확정).

소   장

원   고   ○○○(주민등록번호)
　　　　　　○○시 ○○구 ○○길 ○○ (우편번호 ○○○-○○○)
피   고   △△시장
　　　　　　○○시 ○○구 ○○길 ○○ (우편번호 ○○○-○○○)
감봉처분 취소청구의 소

청 구 취 지

1. 피고가 20○○. ○. ○. 원고에 대하여 한 감봉 2월의 징계처분을 취소한다.
2. 소송비용은 피고의 부담으로 한다.
라는 판결을 구합니다.

청 구 원 인

1. 처분의 경위
 가. 원고는 지방직 8급 공무원으로 △△시 회계과에서 근무하면서 퇴직자에
　　대한 퇴직금지급등의 업무를 수행하고 있습니다.
 나. 그런데 소외 윤□□이 20○○. ○. ○.에 일용직 영양사로 고용되어 시청
　　식당에서 노무를 제공하던 중 같은 해 ○. ○.에 퇴사하게 되었는데 1년
　　미만 근무하였으므로 퇴직금 지급규정이 적용되지 않음에도 원고가 퇴
　　직금지급 규정을 잘못 알고 20○○. ○. ○.에 퇴직금 금500,000원을 지
　　급하였습니다.
 다. 이후 20○○. ○. ○.에 원고는 소외 윤□□에 대한 퇴직금지급이 잘못된
　　것임을 알고 소외 윤□□에게 조속한 시일내에 퇴직금을 반환해줄 것을
　　전화상으로 수차례에 걸쳐 요구하였으나 윤□□이 차일피일 미루며 퇴
　　직금을 반환하지 않았습니다.
 라. 그러던 중 20○○. ○. ○.에 △△시청의 자체 감사에서 윤□□에 대한
　　퇴직금이 잘못 지급되었음이 지적되었습니다.
 마. 감사실에서는 원고가 윤□□과 고등학교 동기로 절친한 친구사이로서 근
　　무 기간이 1년 미만이므로 퇴직금이 지급되지 않음에도 불구하고 퇴직

금을 지급하였고, 원고가 소외 윤□□에 대한 퇴직금환수 노력을 태만히 하였다는 사유로 인사위원회에 징계의결을 요구하였고 인사위원회는 20○○. ○. ○. 지방공무원법 제69조 제1항 제2호에 해당한다고 보아 원고에 대하여 감봉 2월의 징계처분을 하였습니다.

2. 징계처분의 위법
  가. 원고는 19○○. ○. ○.에 △△시청 9급 공무원으로 채용된 이래 교통과에서 근무하여 오던 중 20○○. ○. ○.에 회계과로 발령 받아 퇴직자에 대한 퇴직금지급 업무를 맡게 되었으며 소외 윤□□에 대한 퇴직금을 지급할 당시에는 업무 파악이 되지 않아 단순 실수로 인하여 윤□□에게 퇴직금을 지급하게 된 것입니다.
  나. 원고는 20○○. ○. ○.에 소외 윤□□에 대한 퇴직금이 잘못 지급된 것임을 알았고 이후 소외 윤□□에게 전화상으로 퇴직금을 조속히 반환하도록 요구하였으나 소외 윤□□이 사정이 어렵다며 차일피일 미루곤 하였습니다.
  다. 원고는 소외 윤□□이 고등학교 동기로 친구사이여서 법적 조치를 취하지는 못 하였으나 퇴직금을 환수받기 위해서 수십차례에 걸쳐 전화로 독촉하고 소외 윤□□의 집에까지 찾아가 독촉한 바가 있습니다.
  라. 원고가 소외 윤□□에게 퇴직금을 지급한 것은 원고와 소외 윤□□이 친구사이여서 이득을 주기 위해서 한 것이 아니라 퇴직금 규정을 미처 파악하지 못한 상태에서 단순 실수로 인하여 퇴직금을 지급한 것입니다.
  마. 소외 윤□□은 원고가 자신의 일로 감봉처분을 받은 것을 알고는 퇴직금을 즉시 반납하였습니다.

3. 결론
  원고가 규정을 잘못 알고 퇴직금을 지급한 것은 사실이나 이는 오로지 단순 실수로 인한 것이고 소외 윤□□과의 친분에 의하여 이득을 주기 위한 것이 아니었고, 소외 윤□□이 퇴직금을 반납하였으므로 원고에 대한 징계처분은 징계권의 범위에서 벗어난 남용에 해당한다 할 것이므로 원고에 대한 감봉처분은 취소되어야 할 것입니다.

입 증 방 법

1. 갑 제 1호증   퇴직금반납확인서

첨 부 서 류

1. 위 입증방법   1부
1. 소장부본   1부
1. 납 부 서   1부

20○○.　　○.　　○.

원 고　　○ ○ ○　　(서명 또는 날인)

○ ○ 행 정 법 원　귀중

⚖ **관련판례**

교육감이 국가수준 학업성취도 평가의 시험 감독 지시를 거부하고 학업성취도 평가를 반대하는 1인 시위를 한 고등학교 교사 甲에게 감봉 2월의 징계처분을 한 사안에서, 징계의 원인이 된 비위사실의 내용과 정도, 징계에 의하여 달성하려는 행정목적 등에 비추어 볼 때, 위 처분이 객관적으로 명백하게 부당한 것으로서 사회통념상 현저하게 타당성을 잃었다고 할 수 없다는 이유로, 이와 달리 본 원심판결에 법리 오해의 위법이 있다(대법원 2012.10.11. 선고, 2012두 10895, 판결).

[서식 예] 직권면직처분 취소청구의 소

소   장

원　　고　　○　○　○(주민등록번호)
　　　　　　　　○○시 ○○구 ○○길 ○○ (우편번호 ○○○-○○○)
피　　고　　△△대학교 총장
　　　　　　　　○○시 ○○구 ○○길 ○○ (우편번호 ○○○-○○○)

직권면직처분 취소청구의 소

청 구 취 지

1. 피고가 20○○. ○. ○. 원고에 대하여 한 직권면직처분을 취소한다.
2. 소송비용은 피고의 부담으로 한다.
라는 판결을 구합니다.

청 구 원 인

1. 당사자간의 관계
　　원고는 ○○대학교 소속 기능직 9급 국가공무원이며, 피고는 원고의 인사권자입니다.

2. 피고의 처분
　　피고는 20○○. ○. ○. 자로 원고에 대하여 인사발령처분(직권면직)을 한 바 있습니다.(갑제1호증 인사발령통지서 참조)

3. 소청심사청구와 기각
　　이에 원고는 20○○. ○. ○.경 안전행정부 소청심사위원회에 직권면직처분을 취소하라는 소청심사청구를 하였으나, 소청심사위원회에서는 20○○. ○. ○.자로 기각처분을 하였고 원고는 20○○. ○. ○. 그 통고를 받았습니다.

4. 위 처분은 기본적으로 법률상 요건을 갖추지 못한 위법 부당한 처분입니다.
　　위 피고의 처분은 피고 자체의 여러 이유의 위법한 점도 많지만, 특히 국가 또는 교육부 차원의 기본적으로 위법 부당한 공무원 구조조정계획에 따라 이루어진 것입니다.

즉, 국립의 각급 학교에 두는 공무원의정원에관한규정(1999. 2. 8. 대통령령 제 160099호, 2000. 2. 28. 대통령령 제6728호로 개정되기 전의 규정임)에 의하여 기능직 위생원 9, 10 급, 방호원 9, 10급의 정원이 감축됨에 따라 각 대학의 기능직 위생원 및 방호원의 정원도 이에 따라 감축되어 이른바 국가 공무원법 제 70조 제1항 3호의 "직제와 정원의 개폐 또는 예산의 감소 등에 의하여 폐직 또는 과원이 되었을 때"에 해당한다고 하여 피고는 이 사건과 같은 처분을 한 것입니다.

여기서 먼저 위 국립의각급학교에두는공무원의정원에관한규정 상의 기능직 위생원과 방호원의 정원을 살펴보면 다음과 같습니다.

기능직 위생원 9급 43명, 위생원 10급 357명, 방호원 9급 28명, 방호원 10급 228명으로 되어 있습니다.

그런데 교육부에서는 국립 각급의 교육기관 중 국립 초중고교의 경우가 아닌 대학교에는 원칙적으로 위생원 및 방호원을 모두 없애는 방향으로 기본계획을 설정하여 이번에 50%, 내년에 50% 인원감축을 하여 국립대학의 위생원, 방호원은 모두 없애고 외부에 용역을 주려 한다고 합니다.

교육부의 위와 같은 기본계획, 즉 위생원, 방호원의 직급 자체가 폐직되지 아니하고 그 정원이 남아 있으며, 위생원, 방호원의 업무를 외부에 용역을 줄 수 있음은 초, 중, 고교의 경우의 경우나 교육부 산하 기관도 차이가 나지 않으며 나아가서는 정부 산하 다른 부처도 위생원, 방호원을 그대로 두고 있음에도, 유독 국립대학의 경우에는 위생원, 방호원 정원을 전면 없애는 방향으로 인원을 감축하는 것은 법률이 규정하고 있는 "직계와 정원의 개폐 또는 예산의 감소 등에 의하여 폐직 또는 과원이 되었을 때"에 해당하지 않는 경우임에도 면직처분을 하는 것이므로 법률상의 면직요건을 갖추지 못한 위법 부당한 처분인 것입니다.

즉 위생원과 방호원의 직제가 폐지되지 아니하여 그 정원이 남아 있다면 초, 중, 고교 및 교육부 산하 전체(나아가서는 정부 부서 산하 전체)의 방호원, 위생원을 대상으로 임용형태, 업무성적, 직무수행능력, 징계처분사유, 근무연한, 연령, 부양가족 등 모든 요소를 고려하여 각급 학교 및 교육부 산하 각 기관별 필요인원에 비례하여 교육부 산하 기관 및 각 국립대학의 위생원, 방호원 정원을 정하고, 그에 따른 인원 감축계획을 세워야 함에도 국립 초중고교나 교육부 내지 정부 부처 산하 다른 위생원, 방호원은 그대로 놔둔 채, 유독 국립대학의 위생원, 방호원은 정원을 하나도 남기지 않고 무조건 전원 면직시키는 것을 전제로 인원감축계획을 세우고 이를 실행하고 있으므로, 이는 법률과 위 영이 예정하고 있는 바와 같은 "직제와 정원의 개폐로 인한 폐직이나 과원이 된 경우"에 해당한다고 할 수 없으므로 명백히 위법 부당한 것입니다.

또한 예산이 감소하여 종전의 위생원과 방호원의 정원이 줄어든다 하더라도 이는 위의 경우와 똑같이 초, 중, 고교 및 교육부 내지 정부 산하 전체의 방호원, 위생원을 대상으로 임용형태, 업무성적, 직무수행능력, 징계처분사유, 근무연한, 연령, 부약가족 등 모든 요소를 고려하여 각급 학교 및 교육부 산하 각 기관별 필요인원에 비례하여 적정한 정원을 설정하고, 용역을 주는 경우 예산이 절감되는 정도와 전면 폐직 아닌 인원 감축으로 예산감소의 문제를 해소할 수 있는지 등을 비교 고려하여 교육부 산하 공무원들의 공감대가 형성될 수 있는 인원감축안을 만들도록 노력하여야 할 것이고, 이렇게 노력한 결과에 따른 합리적인 계획에 의하여 인원감축을 하여야 만이 위 법률과 영이 예정하고 있는 "예산의 감소로 인하여 폐직 또는 과원이 되는 경우"라 할 것인데, 교육부 또는 피고는 예산의 감소로 폐직되지도 않았고 과원이 되었다는 타당한 인원 배정안이 마련된 것도 아님에도 무조건 국립대학의 위생원, 방호원 정원을 한 명도 남겨두지 않고 면직시키는 방식으로 정부의 구조 조정계획을 실행하려는 것은 위 법률과 영의 본지에 어긋나는 것이므로 이 사건 처분은 법률상의 면직요건을 갖추지 못한 자의적인 것이고 집행자의 편의에만 부합하는 비합리적인 위법 부당한 처분인 것입니다.

5. 위 처분은 다음과 같이 위법 부당한 처분입니다.

 가. 위 처분은 교육부 산하 기관 및 국립의 초, 중, 고교, 타 대학, 또 같은 대학 내의 다른 직급 공무원과 비교할 때, 현저히 형평성을 잃은 위법 부당한 처분입니다.

   교육부의 위와 같은 기본계획에 따라 피고는 ○○대학교 내의 위생원 및 방호원의 직급 정원을 모두 없앤다는 기본 계획 하에 금년에 위생원 현원 1명인 원고에 대하여 면직처분, 방호원 7명 중 3명에 대하여 1명은 전직, 1명은 전출, 1명은 면직처분을 하고, 내년에 나머지 방호원 4명을 없애겠다고 하고 있습니다. 이는 다른 학교와의 형평성 또는 정부 산하의 다른 부처의 위생원, 방호원의 인원감축 현황과 현저히 형평성을 잃은 위법 부당한 처분인 것입니다.

   즉, 정부의 다른 부처에서 위생원, 방호원을 그대로 두고 있고, 교육부 산하의 초, 중, 고교도 위생원, 방호원을 그대로 두고 있음에도 유독 국립대학 재직 중인 위생원, 방호원만이 그 대상이 되어 전원 직급을 없애 현원을 1명도 남기지 않는 방향으로 구조조정을 함은 현저히 형평성을 잃었다고 아니할 수 없는 것입니다.

더군다나 교육부 산하 국립대학의 경우에도 총, 학장 재량에 맡겨짐에 따라 개별 대학교, 대학에서는 정년에 이르렀거나 퇴직을 희망하는 자를 우선적으로 인원 감축대상으로 하거나, 면직을 원하지 않는 사람에 대하여는 전직 또는 전출의 기회를 부여하여 위생원 및 방호원의 희생을 최소한으로 막기 위하여 노력하고 있음에도 피고는 이 사건 위생원 현원 1명인 원고에 대하여 그러한 배려를 전혀 하지 않고 직권 면직시켰음은 타대학, 타정부부처와의 형평성을 잃은 처사라 아니할 수 없는 것입니다.

같은 조건에 있는 ○○대학교의 경우에는 기능직, 방호원 18명 모두에게 전직시험을 보는 기회를 부여하여 전기, 목공 등의 기능직으로 전직 또는 전출하도록 하였고, ○○대 10명, ○○대 4명, ○○대 7명 등 그러한 기회를 부여받고 전직한 방호원, 위생원은 수 없이 많습니다.

따라서 피고는 교육부 산하의 위생원, 방호원의 정원과 비례하여 각 대학의 위생원, 방호원의 직급을 폐지하는 것이 옳은 것이지, 타대학과 비교하여 원고에게 이 사건과 같은 가혹한 처분을 하는 것이 형평에 맞는 것인지, 또는 면직되는 사람들을 구제할 수 있는 방법이 없는지 등을 전혀 고려하지 아니한 채 안일하게 '공무원 숫자 줄이기'에 급급하여 힘없고, 못 배운 원고에게 이 사건 처분을 하게 된 것이므로 이 사건 처분은 현저하게 형평성을 잃은 위법 부당한 처분인 것입니다.

나. 위 처분은 합리적 기준 없이 자의적으로 행한 처분이어서 현저히 재량권이 남용 또는 일탈된 위법 부당한 처분입니다.

국가공무원법 제70조 제1항 3호에 의하여 면직시킬 때에는 임용형태, 업무성적, 직무수행능력, 징계처분사유 등을 고려하여 면직기준을 정하도록 되어 있습니다.(국가공무원법 제70조 제3항)그러나 피고의 이 사건 처분은 임용형태나 업무성적, 직무수행능력 등을 고려하지 않은 채 아무런 기준도 없이 이 사건과 같은 처분을 하였으므로 이는 재량권 남용 내지는 일탈의 위법 부당한 처분이라 할 것입니다.

피고가 발급한 원고에 대한 사유설명서에 의하면, 면직여부만을 심의. 의결하였다라고 기재하고 있고 이는 구체적인 구제노력이나 원칙 없이 법령의 개정에 따라 무조건 이 사건 처분을 한 것임을 알 수 있어 이 사건 처분은 재량권을 남용한 위법 부당한 처분임이 분명한 것입니다.(갑 제2호증 직권면직처분사유설명서 참조).

다. 위 처분은 처분이 달성하려는 목적에 비하여 원고의 희생이 너무도 큰 비례의 원칙에 위배된 위법 부당한 처분입니다.

피고가 총장으로 있는 ○○대학교의 경우 등 전국의 국립대학교에서는 위생원, 방호원을 면직시킨 후에는 위생원, 방호원의 역할을 외부 용역회사에 맡기려는 계획을 갖고 있다고 합니다. 현재 기능직 공무원들은 낮은 급여를 받으며 청사관리나 유지보수 및 청소업무를 수행하고 있고, 이들 인원을 감축한다고 하여도 새로이 용역회사에게 이들이 하던 업무를 맡기면 그로 인하여 종전에 소요되던 비용 못지않은 새로운 비용이 들어가며, 용역회사 인원의 전문성의 결여와 낮은 보수로 인한 비능률성, 보안상의 문제점, 무책임성 등으로 인하여 기존의 위생원, 방호원이 근무하는 경우보다 많은 비용이 발생할 수 있음을 고려하면, 예산절감을 목적으로 하는 이 사건 처분은 그 실질적인 효과는 별로 나타나지 않는다 할 것입니다.

이 사건 처분의 대상이 된 원고는 40대 후반에 속하는 하위직 공무원으로서 오로지 공무원의 봉급만으로 생계를 유지하여 오고 있었으며 자녀들이 대부분 학자금이 증가하는 시기에 있어 이 사건 처분으로 인하여 공직을 잃게 되면 새로운 직장을 얻기도 어렵고 생계유지도 어려운 처지에 있습니다.(갑제4호증 부양가족상황 및 가족관계증명서 참조)

그러므로 이 사건 처분은 면직처분 대상자에 대하여는 생계수단을 박탈하고 사회적으로는 대량의 실직자를 양산하게 되며 국가적으로는 실업자에 대한 또다른 예산이 필요하여 지는 등, 이 사건 처분을 통하여 달성하려는 행정목적과 이 사건 처분으로 인하여 발생하는 손해를 비교하여 볼 때 개인적으로나 국가적 차원에서 모두 손실만이 발생할 처분인 것이므로, 행정행위 또는 처분은 그 처분으로 인하여 얻는 이익과 잃는 손해를 비교하여 보아 이득이 될 때에만 하여야 하는 비례의 원칙에도 어긋나는 위법 부당한 처분이라 아니할 수 없는 것입니다.

라. 위 처분은 신뢰보호의 원칙에 위배된 위법한 처분입니다.

현재 교육부가 국립대학 등을 상대로 진행하고 있는 구조조정은 이 사건 대상자들인 위생원뿐만 아니라 교육부, 일반직, 별정직, 기능직 내 다른 직급 등 모든 교육부 산하 공무원을 그 대상으로 하고 있습니다. 그런데 교육부가 마련한 구조조정의 기본계획안은 교육부 산하 각 직급들의 강력한 반발을 받아 현재 보완을 거듭하며 구체적인 형평성을 찾기 위해 그 시행을 미루고 있다고 합니다. 그러함에도 유독 힘없고 못 배운 하위직 공무원에 대하여는 위와 같은 기본계획 실행의 연기와 관계없이 종전

하달된 방침에 따라 졸속으로 급하게 시행함으로써, 적어도 국민적 공감
대 내지는 교육부 산하 공무원 간의 공감대가 형성된 후에 합리적인 기
준에 따라 구조조정이 이루어질 것으로 생각하고 있던 이 사건 처분 대
상자에게는 졸지에 십수년씩 봉직하던 공직에서 물러나야 하는 아픔을
겪게 만들었습니다. 이는 자신에게 불이익한 처분은 사전에 예고되어 이
를 회피할 수 있는 방법을 강구할 수 있도록 해주거나 적어도 교육부 전
체의 합리적 인원감축계획이 마무리된 연후에 이 사건과 같은 처분이 나
올 것으로 예상하고 있던 원고에게 불의의 치명적인 일격을 가하였다고
할 수 있고 이는 행정의 예측가능성을 현저하게 유린한 신뢰보호의 원칙
을 위배한 위법 부당한 처분인 것입니다.

6. 결 론
위에서 살펴본 바와 같이 이 사건 피고의 처분은 현저하게 위법 부당한
것이므로 그 취소를 구하기 위하여 이 사건 청구에 이르게 되었습니다.

입 증 방 법

    1. 갑 제1호증　　　　　인사발령통지서
    1. 갑 제2호증　　　　　직권면직사유설명서
    1. 갑 제3호증　　　　　학교별 재직현황 및 구조조정현
    　　　　　　　　　　　황 파악
    1. 갑 제4호증　　　　　부양가족상황 및 가족관계증명서

첨 부 서 류

    1. 위 입증방법　　　　　　각 1통
    1. 소장부본　　　　　　　　1통
    1. 납 부 서　　　　　　　　1통

20○○.　　○.　　○.

위 원고 ○　○　○　(서명 또는 날인)

○ ○ 행 정 법 원 귀중

⚖️ 관련판례 1

교원소청심사위원회(이하 '위원회'라 한다)의 결정은 처분청에 대하여 기속력을 가지고 이는 그 결정의 주문에 포함된 사항뿐 아니라 그 전제가 된 요건사실의 인정과 판단, 즉 처분 등의 구체적 위법사유에 관한 판단에까지 미친다. 따라서 위원회가 사립학교 교원의 소청심사청구를 인용하여 징계처분을 취소한 데 대하여 행정소송이 제기되지 아니하거나 그에 대하여 학교법인 등이 제기한 행정소송에서 법원이 위원회 결정의 취소를 구하는 청구를 기각하여 위원회 결정이 그대로 확정되면, 위원회 결정의 주문과 그 전제가 되는 이유에 관한 판단만이 학교법인 등 처분청을 기속하게 되고, 설령 판결 이유에서 위원회의 결정과 달리 판단된 부분이 있더라도 이는 기속력을 가질 수 없다. 그러므로 사립학교 교원이 어떠한 징계처분을 받아 위원회에 소청심사청구를 하였고, 이에 대하여 위원회가 그 징계사유 자체가 인정되지 않는다는 이유로 징계양정의 당부에 대해서는 나아가 판단하지 않은 채 징계처분을 취소하는 결정을 한 경우, 그에 대하여 학교법인 등이 제기한 행정소송 절차에서 심리한 결과 징계사유 중 일부 사유는 인정된다고 판단이 되면 법원으로서는 위원회의 결정을 취소하여야 한다. 이는 설령 인정된 징계사유를 기준으로 볼 때 당초의 징계양정이 과중한 것이어서 그 징계처분을 취소한 위원회 결정이 결론에 있어서는 타당하다고 하더라도 마찬가지이다. 위와 같이 행정소송에 있어 확정판결의 기속력은 처분 등을 취소하는 경우에 그 피고인 행정청에 대해서만 미치는 것이므로, 법원이 위원회 결정의 결론이 타당하다고 하여 학교법인 등의 청구를 기각하게 되면 결국 행정소송의 대상이 된 위원회 결정이 유효한 것으로 확정되어 학교법인 등도 이에 기속되므로, 위원회 결정의 잘못은 바로잡을 길이 없게 되고 학교법인 등도 해당 교원에 대한 적절한 재징계를 할 수 없게 되기 때문이다(대법원 2013.7.25. 선고, 2012두12297, 판결).

⚖️ 관련판례 2

사립학교 교원이 교원소청심사를 청구하기 전 이미 임용기간이 만료되었다고 하더라도, 임용기간이 만료된 경우에는 사립학교법과 학교법인의 정관 규정에 따라 재임용 여부에 관하여 교원인사위원회의 심의를 받을 권리 및 심의를 거쳐 재임용 여부를 결정해 줄 것을 임면권자에게 요구할 권리가 인정되는 반면, 임용취소통지에 의하여 신규임용이 무효로 인정되는 경우에는 그러한 권리가 인정되지 않아 법률상 지위에 차이가 있게 되고, 특히 교원이 임용 후 임용취소통지일까지 기간에 대하여 전혀 교육경력을 인정받지 못하게 됨으로써 대학교원 자격기준 등에 관한 규정 제2조 제1호 및 같은 규정 [별표]에 정해진 자격기준에 필요한 연구실적 연수(年數) 및 교육경력 연수(年數)를 갖추었는지에 영향을 미쳐 교원으로 임용되는 데 법령상 제약으로 작용할 수도 있는 등 불이익을 입을 수 있으므로, 위와 같은 권리 또는 법률상 지위에 대한 위험이나 불안을 제거하기 위하여 임용취소통지에 대한 소청심사를 청구할 법률상 이익이 있다고 보는 것이 타당하다(대법원 2012.6.14. 선고, 2011두29885, 판결).

소　　　장

원　　고　　○　○　○(주민등록번호)
　　　　　　　　○○시 ○○구 ○○길 ○○ (우편번호 ○○○-○○○)
피　　고　　△△지방병무청장
　　　　　　　　○○시 ○○구 ○○길 ○○ (우편번호 ○○○-○○○)

입영처분 취소청구의 소

청 구 취 지

1. 피고가 20○○. ○. ○. 원고에게 20○○. ○. ○.까지 ○○도 ○○군 ○○
   면 ○○길 제○훈련소로 입대하라고 한 입영처분은 이를 취소한다.
2. 소송비용은 피고의 부담으로 한다.
라는 판결을 구합니다.

청 구 원 인

1. 입영처분 및 입영사유
   피고는 원고가 방위산업체로 지정된 ☆☆주식회사의 선반공으로 근무하며
   산업기능요원에 편입되어 해당 전문분야인 선반공으로 계속 종사하여 오
   다가 19○○. ○. ○. 위 회사의 노동조합 전임자로 선출된 것을 이유로 병
   역법 제40조 제2호 소정의 해당 전문분야에 종사하지 아니한 때의 사유가
   발생한 것으로 보고 원고에 대하여 산업기능요원 편입처분을 취소하고 병
   역법 제16조에 의하여 현역병으로 입영할 것을 통지하였습니다.
2. 불복사유
 가. 피고는 원고가 병역법 제40조 제2호 소정의 산업기능요원 편입당시 지
     정업체의 해당분야에 종사하지 아니한 때의 사유로 산업기능요원 편입
     을 취소하고 입영처분을 하였으나, 병역법 제41조 제1항은 위 제40조
     제2호의 규정에 해당하는 사람이 대통령령이 정한 사유가 발생한 자에
     대하여는 편입을 취소하지 아니하고 다만 그 종사하지 않은 기간을 연
     장하여 종사하게 한다는 취지로 규정하고 있으며,

나. 노동조합및노동관계조정법 제41조 제2항, 방위산업에관한특별조치법 제
   18조 등에 의하면 방위산업체에 종사하는 근로자에 대하여는 쟁의행위
   가 제한될 뿐으로서 단결권은 제한되지 아니하여 노조의 활동이 보장되
   도록 되어 있으므로 이들 규정 등을 아울러 고려하면 산업기능요원으로
   서 의무종사기간중 단체협약에 따라 노동조합 전임자로 근무하게 된 자
   는 병역법 제40조 제2호 소정의 해당 전문분야에 종사하지 아니한 자에
   해당하지 아니한다고 할 것입니다.

3. 결 어
   산업기능요원 복무제도의 목적과 취지가 병역의무이행의 형평을 기하고
   군소요인원의 충원에 지장이 없는 범위안에서 국가발전에 필요한 인력을
   지원하기 위하여 일정한 자격이 있는 기술인력을 방위산업체 등에서 해당
   전문분야에 일정기간 의무적으로 종사하게 하고 그 기간을 마친 때에는
   공익근무요원의 복무를 마친 것으로 본다면 피고의 원고에 대한 입영처분
   은 부당하므로 이에 피고의 입영처분에 대한 취소를 구하고자 이 건 소
   제기에 이르렀습니다.

입 증 서 류

    1. 갑 제1호증   법인등기사항증명서
    1. 갑 제2호증   단체협약서

첨 부 서 류

    1. 위 입증방법   각 1통
    1. 소장부본   1통
    1. 납 부 서   1통

         2000.   0.   0.
      원 고   0 0 0   (서명 또는 날인)

0 0 행 정 법 원 귀중

[서식 예] 전문연구요원 편입취소처분 취소청구의 소

소   장

원   고   ○○○(주민등록번호)
　　　　　　○○시 ○○구 ○○길 ○○(우편번호 ○○○-○○○)
　　　　　　전화.휴대폰번호:
　　　　　　팩스번호, 전자우편(e-mail)주소:
피   고   ◇◇지방병무청장
　　　　　　○○시 ○○구 ○○길 ○○(우편번호 ○○○-○○○)
　　　　　　소송수행자 □□□

전문연구요원편입취소처분 취소청구의 소

청 구 취 지

1. 피고가 20○○. ○. ○. 원고에게 한 전문연구요원편입취소처분을 취소한다.
2. 소송비용은 피고의 부담으로 한다.
라는 판결을 구합니다.

청 구 원 인

1. 처분의 경위

가. 원고는 19○○. ○. ○. 징병검사에서 현역병입영대상처분을 받은 후 19
　○○. ○.경 ◎◎대학교 ◆◆공학과 석사과정을 졸업하고 19○○. ○.
　○○. △△정보주식회사 부설 ▲▲연구소(이하 '이 사건 연구소'라고 한
　다)에 입사하여 같은 해 ○. ○○. 병역법(이하 '법'이라 한다) 제37조
　제1호에서 정한 전문연구요원으로 편입되었습니다.

나. 피고는 원고가 20○○. ○○. ○.부터 20○○. ○. ○○.까지 지정업체인
　이 사건 연구소가 아닌 비지정업체인 서울 ○○구 ○○동 ○○의 ○. ▽
　▽빌딩 내 ▼▼정보주식회사(이하 '▼▼정보'라 한다)에서 3개월 이상의
　파견근무를 함으로써 법 제41조 제1항 본문 및 제1호, 제40조 제2호에서
　정한 전문연구요원편입취소사유에 해당한다는 이유로, 20○○. ○. ○. 원
　고에 대한 전문연구요원편입을 취소하는 이 사건 처분을 하였습니다.

2. 처분의 위법성

가. 원고의 근무내용과 근무장소

(1) 원고는 이 사건 연구소에서 대규모 사용자를 위한 온라인 게임 개발 지원을 위한 통신 에이.피.아이 기술에 관한 연구를 주도적으로 수행하였고, ▼▼정보는 위와 같은 연구, 개발될 통신기술을 바탕으로 온라인 게임 '리뉴얼'을 개발하고 판매하는 사업을 수행하였습니다.

(2) 이 사건 연구소와 ▼▼정보는 같은 건물의 같은 층에 위치하면서 공동의 출입문을 사용하되 출입문 안쪽의 복도를 사이에 두고 왼쪽에는 연구소 출입문이 오른쪽에는 ▼▼정보의 출입문이 각각 위치하고 있습니다.

▼▼정보는 위 통신 API 기술 등 '리뉴얼' 게임 개발을 위한 제반기술을 20○○. ○○.경부터 이 사건 연구소로부터 이전 받기 시작하였고, 원고는 위 기술의 주된 개발자로서 연구소에서 근무하면서 20○○. ○.경까지 ▼▼정보 사무실에서 위 회사의 게임개발 팀과 간헐적인 회의를 진행하면서 기술이전 업무를 수행하였습니다.

(3) 위와 같은 기술이전 과정을 거쳐 20○○. ○.경부터 온라인 게임 '리뉴얼'이 상용화되었는데 사용자의 증가에 따라 서버에 접속단절, 객체유실과 같은 기술적인 문제점들이 발생하여 서비스가 자주 중단되자 ▼▼정보는 이 사건 연구소에게 위와 같은 기술적인 문제를 해결하기 위하여 주된 연구원인 원고를 정식으로 위 회사에 파견해 줄 것을 요청하였고 연구소장 ☆☆☆은 이를 받아들여 원고로 하여금 20○○. ○. ○.부터 3주 동안 ▼▼정보 사무실에서 근무할 것을 지시하였습니다.

원고는 위 지시에 따라 20○○. ○. ○.경부터 같은 해 ○. ○○. 피고로부터 적발 당할 때까지 ▼▼정보 사무실에서 근무하였습니다.

나. 원고가 지정업체에서 근무하지 않은 것인지 여부

(1) 병역법 제36조 제1항에 의하면 '병무청장은 연구기관, 기간산업체 및 방위산업체' 중에서 전문연구요원과 산업기능요원이 종사할 지정업체를 지정하도록 되어 있고, 전문연구요원의 경우 시행령 제72조 제1항, 제3항에서 정한 기간산업체 혹은 방위산업체에서 종사하여야 하는데 이때 연구기관이라 함은 연구소 또는 연구분소를, 공업분야의 기간산업체 또는 방위산업체는 공장 또는 사업장을, 그 외 에너지 산업, 광업, 건설업 분야 기간산업체는 해당업체를 각 가리키는 것으로서 그 소재지의 이전에 관하여는 관할 지방병무청장에 통보하여야 하고, 전문연구요원이나 산업기능요원이 교육훈련, 파견, 출장 등의 사유로 해당 연구기관이나 사업장 등의 소재지 아닌 곳에서 교육을 받거나 근로를 제공하는 경우

에는 언제는 이를 관할지방병무청장의 승인이나 신상이동통보의 대상으로 삼고 있는바, 이러한 관련조항의 내용에 비추어 보면 법에서 말하는 지정업체 중 전문연구요원이 종사할 연구기관이라 함은 공업분야 산업체 등에서 말하는 공장 또는 사업장과 마찬가지로 장소적 요소를 포함하는 개념으로서 만일 전문연구요원이 당초 지정된 소재지의 연구소, 연구분소를 이탈하여 다른 장소에서 근로를 제공하는 경우에는 '편입 당시 지정업체에서 근무하지 않은 것'이 된다 할 것입니다.

(2) 위 가.항의 인정사실에 의하면, 원고는 이 사건 연구소에 입사한 이래 계속 소프트웨어 개발업무를 담당하기는 하였지만, 이 사건 적발당시 지정업체인 연구소 사무실에 근무한 것이 아니라 연구소장 ☆☆의 지시에 따라 비지정업체인 ▼▼정보에 파견되어 그곳 사무실에 근무하였으므로, 이는 법 제40조 제2호에서 정한 사유인 '편입 당시 지정업체에서 근무하지 않은 것'에 해당하여 원고는 법 제41조 제1항에서 정한 바에 따라 전문연구요원편입취소 또는 의무종사기간연장 등의 처분을 받게 될 것인바, 원고의 경우 시행령 제91조의 3 제1항에서 정한 바와 같이 지정업체의장의 지시에 의하여 부득이 하게 그 위반행위를 한 경우에 해당하므로, 같은 조 제2항 별표 3에서 정한 기준에 따라 전문연구요원 편입취소처분 또는 의무종사기간연장처분이 가능하다 할 것입니다.

다. 이 사건 처분의 재량권 일탈, 남용 여부

시행령 제91조의 3 별표 3에서 정한 기준에 의하면 '전직, 파견할 수 없는 업체에 3월 미만 근무한 때' 의무종사기간연장처분을 하도록 되어 있는데 위 가.항에서 본 바와 같이 원고는 20○○. ○○.경부터 통신 API 기술이전과 관련 ▼▼정보 게임개발 팀과 긴밀한 업무협력을 하여 왔으나 비지정업체인 ▼▼정보에 파견되어 그곳 사무실에서 근무하기 시작한 것은 20○○. ○. ○.경부터로서 이 사건 적발당시까지의 근무기간은 3개월 미만이므로, 피고는 위 기준에 따라 원고에 대하여 전문연구요원편입취소처분이 아닌 의무종사기간연장처분을 함이 상당합니다.

따라서 피고의 이 사건 편입취소처분은 재량권의 범위를 일탈한 것으로서 위법하다할 것입니다.

3. 결론

이에 본건 소를 제기합니다.

입 증 방 법

1. 갑 제1호증   주민등록등본
1. 갑 제2호증   사실확인서
1. 갑 제3호증   졸업증명서

첨 부 서 류

1. 위 입증방법   각 1통
1. 소장부본   1통
1. 송달료납부서   1통

20○○.　○.　○.

위 원고　○○○　(서명 또는 날인)

○ ○ 행 정 법 원　귀중

소 장

원 고   ○ ○ ○(주민등록번호)
　　　　　○○시 ○○구 ○○길 ○○ (우편번호 ○○○-○○○)

피 고   법무부장관
　　　　　○○시 ○○구 ○○길 ○○ (우편번호 ○○○-○○○)

불합격처분 취소청구의 소

청 구 취 지

1. 피고가 20○○. ○. ○. 원고에 대하여 한 제42회 사법시험 1차시험 불합격
   처분을 취소한다.
2. 소송비용은 피고의 부담으로 한다.
라는 판결을 구합니다.

청 구 원 인

1. 피고의 원고에 대한 불합격처분
 가. 원고는 20○○. ○. ○. 시행된 제42회 사법시험 1차시험(이하 이 사건이
    라고 한다)에 응시하였는데, 피고는 이 사건 시험의 채점결과 원고의 득
    점이 합격점수에 미달한다는 이유로 20○○. ○. ○. 원고에 대하여 불합
    격하였음을 알리는 내용의 이 사건 처분을 하였습니다.
 나. 사법시험의 1차 시험은 모두 6과목으로서 그중 헌법, 민법, 형법의 3과
    목은 필수과목이고, 나머지 3과목은 선택과목입니다. 필수과목은 각 과
    목당 40문제이고 1문제다 배점은 2.5점으로서 각 과목의 만점은 100점
    이고, 선택과목은 각 과목당 40문제이며 1문제당 배점은 2점으로서 각
    과목의 만점은 80점으로서 총 240문제, 총점 540점(100점×3과목 + 80
    점×3과목)이 만점입니다.
 다. 이 사건 시험의 출제는 각 문제당 제시된 5개의 답항 중 1개의 정답을
    고르는 것을 전제로 출제되었고(응시자 준수사항에서도 문항의 취지에
    가장 적합한 하나의 정답만을 고르도록 되어 있습니다), 출제위원이 답

항 중 1개만을 그 정답으로 결정하였으나, 형사정책 과목과 노동법 과목 등 일부 과목의 경우에는 출제후 심사과정과 문제선정위원들이 정답의 이상여부를 재확인하는 과정에서 위 각 과목 중 각 1문제의 정답이 2개인 것으로 확인되어 그러한 문제에 있어서는 2개의 정답 중 어느 1개를 고른 것을 맞는 것으로 채점하였습니다.

라. 피고가 위 시험에서 합격점수로 사정한 점수는 평균 76.57점(총413.5점)으로서 그 이상의 득점을 한 사람에게는 합격처분을, 그 미만의 득점을 한 사람에게는 불합격처분을 하였는데, 피고가 사정한 원고의 점수는 "헌법 72.5, 민법 65, 형법 82.5, 제1선택(형사정책) 68, 제2선택(노동법) 70, 제3선택(불어) 54 , 총점 412점, 평균 76.29 "입니다.

마. 원고는 이 사건 시험에서 필수과목인 헌법, 민법, 형법의 제1책형 문제지와 선택과목인 형사정책, 노동법, 불어의 제4책형 문제지를 각 배부받아 응시했는데, 그 중 헌법과목의 제5번 문제에 대하여 피고가 선정한 정답은 ④번이고 원고가 선택한 정답은 ③번이며, 형법과목의 제22번 문제에 대하여 피고가 선정한 정답은 ①번이고 원고가 선택한 정답은 ④번입니다.

2. 불합격처분의 위법성

가. 피고가 이 사건 시험에서 출제한 문제들 중 위 2문제(헌법 1문제 및 형법 1문제)에 대한 정답선정은 잘못된 것으로서 원고가 선택한 것이 정답이 되어야 하거나 또는 원고가 선택한 답과 피고가 선정한 답이 정답으로 처리되거나 또는 정답이 없어 모든 항목이 정답으로 처리되어야 하고, 그렇게 된다면 원고는 합격점수 이상을 득점한 것이 되므로 이 사건 처분은 위법합니다.

나. 헌법 제5번 문제에 대하여
헌법 제5번 문제는 다음과 같습니다.

5. 기본권의 제한에 관한 설명 중 가장 옳지 않은 것은?
① 법률유보에 따른 법률의 기본권제한 내용은 예측가능하지 않으면 안 된다.
② 법률유보에 의한 기본권의 제한의 경우에는 이중기준의 원칙이 적용될 수 있다.
③ 법률유보에 의한 기본권의 제한의 경우에 보호되어야 할 본질적 내용은 어떤 사안에서도 침해될 수 없는 항상 고정적인 부분은 없을 수도 있다고 할 수 있다.
④ 법률유보에 의한 기본권의 제한의 경우 기본권의 본질적 내용 침해 금

지는 어떤 개인의 기본권의 전적인 제한의 금지에 가장 중요한 의미가
있다고 할 수 있다

⑤ 법률유보에 의한 기본권의 제한의 경우에 보호되어야 할 본질적인 내
용은 비례의 원칙에 따라 결정되는 경우가 많다고 할 수 있다.

위 문제에 대하여 피고는 ④번 답항을 옳지 않은 설명으로 보아 정답으
로 결정하였고, ③번 답항을 옳은 설명으로 보아 정답이 아니라고 하고
있는바, 이러한 피고의 태도는 기본권의 제한에 관한 학설들 중 상대설
의 입장을 따른 것입니다. 그런데 기본권의 제한에 관한 학설들 중 현재
우리나라 학계의 다수설은 절대설이고, 헌법재판소의 견해(헌법재판소
1996. 11. 28. 선고 95헌마1 결정, 헌법재판소 1998. 10. 29. 선고 97
헌마345 결정)도 절대설을 지지하고 있으며, 이러한 절대설의 입장을 따
를 경우, 오히려 ③번 답항이 옳지 않은 설명으로서 정답이 될 수 있고,
피고가 정답으로 처리한 ④번 답항은 옳은 내용으로서 정답이 아닌 것으
로 된다고 할 것이므로, 피고가 일부 학설의 견해만을 좇아 ④번 답항만
을 정답으로 결정하고, ③번 답항을 선택한 원고의 답안을 틀린 것으로
채점한 것은 잘못된 것입니다. 즉, 기본권 제한에 있어 본질적 내용 침
해금지는 그 본질적 내용을 무엇으로 볼 것인지, 어떠한 기준에 의하여
침해된 여부를 판단할 것인지에 대하여 학자마다 각기 다르게 설명하고
있는 이념적이고 추상적인 문제인바, 학설에 따라서 어느 답항이 정답이
되기도 하고 아니되기도 하는 형식으로 문제를 출제하고, 어느 학설의
입장에서 정답으로 채점하는 것은 사법시험령 제10조 제2항의 규정취지
에 비추어 재량권을 남용하거나 일탈한 위법이 있다고 할 것입니다. 따
라서 이 문제는 피고가 정답으로 인정한 ④번 답항이 아닌 원고가 선택
한 ③번 답항이 정답이거나 적어도 위 ④번 답항과 ③번 답항이 모두 정
답이 되어야 할 것이므로, 결국 원고는 이 문제를 맞춘 것으로 인정된다
고 할 것입니다.

다. 형법 제22번 문제에 대하여
형법 제22번 문제의 내용은 다음과 같습니다.

22. 다음의 설명 중 옳지 않은 것은?
① 행사의 목적으로 은행명의를 모용하여 무기명정기예금증서를 작성한
경우에는 유가증권위조죄가 성립한다.
② 통화위조를 목적으로 인쇄기를 구입하려고 자금을 조달한 경우 통화위
조 예비죄는 성립하지 않는다.

③ 판매의 목적으로 인기탤런트의 싸인을 임의로 써넣은 사진을 만든 경우 사문서위조죄는 성립하지 않는다.

④ 부동산 소유권이전등기시에 그 원인이 증여인 것을 매매의 취지로 신고하여 부동산등기부에 그 취지를 기재시킨 경우는 공정증서원본 불실기재죄가 성립한다.

⑤ 행사의 목적으로 병원당직의사가 제멋대로 병원장인 의사명의로 진단서를 작성한 경우 허위진단서작성죄는 성립하지 않는다.

위 문제에 대하여 피고는 ①번을 정답으로 결정하였고 원고가 선정한 ④번은 옳은 설명으로 보아 정답이 되지 않는 것으로 하였으나, 우리 대법원의 판례에 의하면 소유권이전등기가 절차상 하자가 있거나 등기의 원인관계가 실제와 다르다고 하더라도 그 등기가 실체적 권리관계에 부합하게 하기 위한 것이거나 실체적 권리관계에 부합하는 유효한 등기인 경우 또는 당사자 사이에 합의가 있는 경우에는 공정증서원본불실기재죄가 성립하지 아니하는 것으로 판시하고 있으므로(대법원 1990. 9. 28. 선고 90도 427 판결) ④번 답항도 정답이 되어야 마땅합니다. 즉, 이 문제의 정답은 ①번 이외에 판례의 입장에 배치되는 ④번 답항도 정답으로 처리되어야 한다고 하지 않을 수 없으므로, ①번 답항만을 정답으로 한 것은 출제 및 채점에 있어서의 재량권을 남용하였거나 그 범위를 일탈한 것으로 봄이 상당합니다.

3. 결론

그렇다면, 원고가 이 사건 시험 중 헌법 제5번 문제 및 형법 제22번 문제에서 선택한 답항도 정답으로 처리되어 채점되어야 할 것이고, 따라서 원고는 이 사건 시험에서 피고가 사정한 점수보다 총점 5점(2.5×2)이 가산된 417점(평균 77.22)을 얻은 것으로 되어 피고가 합격점수로 사정한 점수보다 초과된다 할 것이므로, 이 사건 시험에서 원고를 불합격처분한 피고의 이 사건 처분은 위법합니다. 이에 원고는 피고의 원고에 대하여 한 제○○회 사법시험 1차시험 불합격처분의 취소를 구하기 위하여 이 사건 소를 제기한 것입니다.

입 증 방 법

1. 갑 제1호증   사법시험문제지
1. 갑 제2호증   사법시험답안지

```
          1.  갑 제3호증        논문
          1.  갑 제4호증        헌법재판소결정문 사본
          1.  갑 제5호증        대법원판결문 사본

                     첨 부 서 류

          1. 위 입증방법        각 1부
          1. 소장부본              1부
          1. 소송위임장            1부
          1. 납부서                1부


               200○.    ○.    ○.
          원 고   ○ ○ ○    (서명 또는 날인)


 ○ ○ 행 정 법 원  귀중
```

♗♗ 관련판례

고등학교 교사 甲이 교육전문직 임용시험에 응시하는 과정에서 시험을 주관하는 서울특별시교육청 장학사에게 금품을 건넨 사실로 서울시교육감으로부터 파면처분을 받은 사안에서, 甲에 대한 징계양정이 징계기준의 적용 결과에서 벗어난 것이 아닌 이상 일반적 기준을 따르지 않은 다른 교사의 사례가 있다고 하여 甲에 대한 징계가 평등의 원칙을 위반한 것이 아니라는 등의 이유로, 위 처분이 재량권의 한계를 벗어나지 않았다고 본 원심판단을 정당하다(대법원 2012.5.24. 선고, 2011두19727, 판결).

[서식 예] 노동조합 설립신고서 반려처분 취소청구의 소

소   장

원   고   ○○노동조합
　　　　　　○○시 ○○구 ○○길 ○○ (우편번호 ○○○-○○○)
　　　　　　대표조합원 ○ ○ ○

피   고   △△구청장
　　　　　　○○시 ○○구 ○○길 ○○ (우편번호 ○○○-○○○)

노동조합설립신고서반려처분 취소청구의 소

청 구 취 지

1. 피고가 20○○. ○. ○. 원고에 대하여 한 노동조합설립신고서반려처분은 이를 취소한다.
2. 소송비용은 피고의 부담으로 한다.
라는 판결을 구합니다.

청 구 원 인

1. 원고 조합은 전국에 있는 각 보험회사에서 모험 모집 업무에 종사하는 보험설계사들로 구성된 단체입니다.

2. 가. 원고는 ○○보험주식회사에서 보험설계사로 근무하는 소외 김□□ 등 5인의 주도하에 20○○. ○. ○. ○○시 ○○구 ○○길 ○○ ☆☆빌딩 209호에서 발기대회를 갖고 노동조합을 설립하기로 하고 같은 해 ○. ○. 노동조합 및 노동관계조정법 제11조 소정의 규약을 첨부하여 피고인 서울서초구청장에게 같은 법 10조에 의한 노동조합 설립신고를 하였습니다.
　　나. 그러나 피고는 같은 해 ○. ○. 보험설계사는 출퇴근 및 활동구역에 있어 특별한 제한을 받지 아니하고 실적에 따라 특별수당을 지급받는 점 등에 비춰 노조 가입자격이 없다는 등의 이유로 위 신고를 반려하였고, 위 반려처분은 ○. ○. 원고에게 도달하였습니다.

3. 그러나 피고의 노동조합설립신고서반려처분은 다음과 같은 이유로 부당하다고 할 것입니다.

    가. 노동조합및노동관계조정법 제2조 제1호는 "근로자라 함은 직업의 종류를 불문하고 임금·급료 기타 이에 준하는 수입에 의하여 생활하는 자를 말한다"고 규정하고 있습니다. 이 규정에 의하면 명목과는 무관하게 근로의 대가로 수입을 얻고 이에 의하여 생활하는 자는 노동조합 가입자격이 있는 근로자라 할 것입니다.

    원고 조합을 살펴보면 보험설계사의 주된 소득이 실적에 따른 수당이라고 하더라도 이는 근로제공의 대가로서 기본급 외에 받는 일종의 성과급이라고 할 것입니다. 보험설계사는 기본적인 근로자의 지위에 근거하여 기본급을 받고 있으며, 이는 보험계약 체결의 실적과는 무관하게 지급받는 것입니다. 즉 이러한 기본급은 보험설계사가 각 보험회사에 소속된 근로자라는 추상적인 지위가 인정되기 때문에 지급되는 것이라는 점에서 민법상의 일반계약과는 차이점이 있는 것입니다.

    나. 보험설계사는 출퇴근시간이 회사의 규율에 따르고 있으며 회사로부터 지휘·감독을 받고 있습니다. 보험설계사가 근로자가 아니라면 자유롭게 출퇴근하고 자유롭게 활동하면서 달성한 성과에 의하여만 보수를 지급받는다고 할 것이나, 통상 보험설계사는 출퇴근시간과 업무태양이 회사의 방침에 따라 정하여져 있으며, 이에 따르지 않을 경우 회사측으로부터 불이익을 받게 되어 있습니다. 이는 보험설계사가 회사의 감독하에서 근무한다는 것을 의미하는 것으로서 보험설계사가 근로자라는 것을 뒷받침한다고 할 것입니다.

4. 이상과 같이 보험설계사는 추상적인 근로자의 지위에 기하여 기본급을 받고 있고, 그 이외의 실적에 따른 수당은 기본급 외에 받는 일종의 성과급에 불과하다는 점, 출퇴근 및 근무태양에 있어서 사실상 회사의 감독을 받고 있다는 점 등을 고려할 때 보험설계사는 노조에 가입하거나 노조를 설립할 수 있는 근로자라고 할 것입니다. 따라서 원고의 노동조합설립신고를 반려한 피고의 처분은 근로자의 단결권 등을 천명한 헌법 제33조, 노동조합및노동관계조정법 제2조, 제10조에 위반한 위법한 처분으로서 취소되어야 할 것입니다.

입 증 방 법

1. 갑 제1호증   노동조합설립신고서
1. 갑 제2호증   규약
1. 갑 제3호증   각 소득세신고서
1. 갑 제4호증   처분통지서

첨 부 서 류

1. 위 입증방법   각 1통
1. 소장부본   1통
1. 납부서   1통

20○○.　○.　○.

원 고　○ ○ ○　　(서명 또는 날인)

○ ○ 행 정 법 원 귀중

[서식 예] 편입취소처분등 취소청구의 소

소   장

원   고   ○○○(주민등록번호)
               ○○시 ○○구 ○○길 ○○(우편번호 ○○○-○○○)
               전화.휴대폰번호:
               팩스번호, 전자우편(e-mail)주소:
피   고   ◇◇지방병무청장
               ○○시 ○○구 ○○길 ○○(우편번호 ○○○-○○○)
               소송수행자 □□□

편입취소처분등 취소청구의 소

청 구 취 지

1. 피고가 20○○. ○○. ○○. 원고에 대하여 한 산업기능요원편입취소처분을 취소한다.
2. 소송비용은 피고가 부담한다.
라는 판결을 구합니다.

청 구 원 인

1. 원고는 ◎◎대학을 마치고 병역법 제36조에서 정한 산업기능요원이 종사할 지정업체인 △△주식회사(이하 소외 회사라고 한다)에 입사하여 근무하던 중, 20○○. ○. ○○. 병역법 제38조 제1항 제1호에서 정한 산업기능요원으로 편입되었습니다.
2. 피고는 20○○. ○. ○○. 원고의 복무현황에 대한 실태조사를 거친 결과, 원고가 편입당시 지정업체에 종사하지 아니함으로써 편입당시 지정업체의 해당분야에 종사하지 아니하였다는 이유로, 20○○. ○○. ○○. 병역법(이하 '법'이라고 한다) 제40조 제2호, 제41조 제1항 제1호의 규정에 따라 원고에 대한 산업기능요원 편입처분을 취소하는 이 사건 처분을 하였습니다.
3. 원고는 편입당시 소외 회사 개발부에서 프로그램개발 분야에 종사하는 것으로 되어있었는데, 소외 회사 개발부에서 근무하면서 프로그램개발업무를 담당하다가 20○○. ○○. ○○.부터 20○○. ○. ○○.까지 행정구역상 같

은 역삼동에 위치한 소외 회사 기술연구소에서 같은 업무인 프로그램개발 업무에 계속 종사하였으므로 이러한 원고의 근무 형태는 같은 지정업체 내에서 부서를 옮긴 것에 불과하여 법 제40조 제2호 소정의 '편입 당시 지정업체의 해당분야에 종사하지 아니한 때'에 해당한다고 볼 수 없고, 따라서 원고의 위반행위가 이에 해당한다고 본 피고의 이 사건 처분은 법령을 위반한 위법이 있습니다.

4. 원고가 지정업체의 병역법에 대한 무지 및 지정업체의 장의 일방적인 지시에 의하여 기술연구소에서 근무하게 된 것이지 개인적인 영리목적이 없었고, 근무형태에 있어서도 본사 개발실과 별다른 차이점이 없는 점, 원고는 소외 회사 기술개발의 핵심인력으로서 원고가 회사를 그만둘 경우 소외 회사로서는 새로운 기술개발중단 등 어려움이 예상되는 점, 소외 회사가 20○○. ○○. ○○. 실태조사후 즉시 원고를 본사 개발실에서 근무하게 한 점 등을 종합하여 볼 때 피고가 원고에 대하여 한 이 사건 처분은 너무 가혹하여 그 재량권을 일탈하거나 남용한 위법이 있습니다.

5. 이에 본건 소를 제기합니다.

입 증 방 법

1. 갑 제1호증　　　　　인사명령통보
1. 갑 제2호증　　　　　주민등록등본
1. 갑 제3호증　　　　　사실확인서

첨 부 서 류

1. 위 입증방법　　　　　　　각 1통
1. 소장부본　　　　　　　　　1통
1. 송달료납부서　　　　　　　1통

20○○.　○.　○.

원 고　○ ○ ○　　(서명 또는 날인)

○ ○ 행 정 법 원　귀중

[서식 예] 저작권 등록무효 확인의 소

소   장

원   고   ○ ○ ○(주민등록번호)
　　　　　　○○시 ○○구 ○○길 ○○ (우편번호 ○○○ - ○○○)

피   고   문화관광부장관
　　　　　　○○시 ○○구 ○○길 ○○ (우편번호 ○○○ - ○○○)

저작권등록무효 확인의 소

청 구 취 지

1. 피고가 소외 □□□에게 20○○. ○. ○. 한 저작권 등록처분은 무효임
   을 확인한다.
2. 소송비용은 피고의 부담으로 한다.
라는 판결을 구합니다.

청 구 원 인

1. 이 사건 처분의 경위
 가. 소외 □□□은 20○○. ○. ○. 원고의 저작물과 유사한 이 사건 사진식
     자기 배열표와 타이프 글자판 배열표를 개발하여 피고에게 저작권 등록신
     청을 하였고, 피고는 같은 달 ○. 이를 받아들여 등록처분을 하였습니다.
 나. 그러나 위 소외인의 저작권 등록신청 및 피고의 등록처분으로 원고가
     기존에 개발하여 저작권등록을 하였던 사진식자기 배열표와 타이프 글
     자판 배열표의 매출액이 급감하는 등 관련법이 보호하는 이익이 침해되
     었습니다.

2. 피고처분의 부당성
 가. 저작권법 제2조는 저작물이라 함은 인간의 사상 또는 감정을 표현한 창
     작물을 말한다고 규정하고 있고 이러한 물건은 사람의 정신적 노력에
     의하여 얻어진 사상 또는 감정에 관한 창작적인 표현물을 의미한다고
     할 것입니다.

나. 그러나 소외인의 이 사건 등록신청한 사진식자기 배열표와 타이프 글자판 배열표는 종래 원고나 국내 각 인쇄소 또는 신문사 등에서 사용하던 한글 문자판의 배열순서와 별다른 차이점이 없으며, 특성 있게 제작한 그의 정신적 노력에 의하여 창작된 사상의 표현물이라고 볼 수 없습니다.

3. 결   론

따라서 피고의 처분은 저작물이라고 할 수 없는 것에 대한 것으로서 그 하자가 중대하고 명백한 무효의 처분입니다.

입 증 방 법

1. 갑 제1호증　　　저작연월일 등록신청서
1. 갑 제2호증　　　저작권 등록 통지서
1. 갑 제3호증　　　사진
1. 갑 제4호증　　　설명서

첨 부 서 류

1. 위 입증방법　　　　　　　　각 1통
1. 소장부본　　　　　　　　　　1통
1. 납 부 서　　　　　　　　　　1통

20○○년　○월　○일
원 고　○ ○ ○　　(서명 또는 날인)

○ ○ 행 정 법 원　귀중

ᯬᯬ **관련판례**

甲 등과 출판계약을 체결하여 그들이 작성한 원고(原稿) 등으로 교과서를 제작한 乙 주식회사가 교육과학기술부장관의 수정지시에 따라 교과서의 일부 내용을 수정하여 발행·배포한 사안에서, 출판계약의 성질과 내용, 甲 등 저작자들과 乙 회사가 교과서 검정신청을 하면서 제출한 동의서의 내용과 제출 경위, 甲 등과 乙 회사의 지위와 상호관계, 출판의 목적, 교과서의 성격 등 여러 사정에

비추어 甲 등은 출판계약 체결 및 동의서 제출 당시 乙 회사에 교육과학기술부장관의 수정지시를 이행하는 범위 내에서 교과서를 변경하는 데 동의한 것으로 봄이 타당하고, 행정처분에 해당하는 위 수정지시를 당연 무효라고 보아야 할 사유가 없으므로, 이를 이행하기 위하여 乙 회사가 위 교과서를 수정하여 발행·배포한 것은 교과서에 대한 甲 등의 동일성 유지권 침해에 해당하지 않는다(대법원 2013.4.26. 선고, 2010다79923, 판결).

소   장

원   고   ○ ○ ○(주민등록번호)
　　　　　○○시 ○○구 ○○길 ○○ (우편번호 ○○○-○○○)

피   고   △ △ 시장
　　　　　○○시 ○○구 ○○길 ○○ (우편번호 ○○○-○○○)

의원면직처분 취소청구의 소

청 구 취 지

1. 피고가 20○○. ○. ○. 원고에게 한 의원면직처분은 이를 취소한다.
2. 소송비용은 피고의 부담으로 한다.
라는 판결을 구합니다.

청 구 원 인

1. 원고는 피고가 실시한 19○○년도 공무원 9급 공채로 합격하여 피고 소속
   의 재무과에 근무한 공무원입니다.
2. 그런데 피고는 갑자기 20○○. ○. 경부터 원고에게 금전상의 오차가 있다고
   사직을 권고한 바 있습니다.
3. 그러나 원고는 그러한 사실이 없기에 사직을 하지 않고 있었으나 피고는
   사직서에 강제로 날인케 하고 사직처리 하였습니다.
4. 이에 원고는 위 처분을 취소하고자 이 건 청구에 이른 것입니다.

입 증 방 법

　　　1. 갑 제1호증　　　　　　　사직서 사본

첨 부 서 류

　　　1. 위 입증방법　　　　　　　　1부
　　　1. 소장부본　　　　　　　　　1부

1. 납 부 서   1부

20○○. ○. ○.
위 원 고 ○ ○ ○ (서명 또는 날인)

○ ○ 행 정 법 원 귀중

소　　　장

원　고　　　○○○(주민등록번호)
　　　　　　　　○○시 ○○구 ○○길 ○○ (우편번호 ○○○-○○○)

피　고　　　△△시 교육위원회 교육감
　　　　　　　　○○시 ○○구 ○○길 ○○ (우편번호 ○○○-○○○)

이사취임승인취소처분 등 취소청구의 소

청 구 취 지

1. 피고가 2000. ○. ○자로 원고에 대하여 소외 학교법인 ○○학원의 이사 취임 승인을 취소한 처분과 같은 날짜로 소외 김□□을 위 학교법인의 각 임시이사로 선임한 처분을 취소한다.
2. 소송비용은 피고의 부담으로 한다.
라는 판결을 원합니다.

청 구 원 인

1. 원고는 19○○. ○. ○. 법률상 학교법인 ○○학원의 이사로서 취임하여 그 직무상의무를 성실히 수행해오던 중, 19○○. ○. ○. 발생한 교내 교수의 부당해직결정과 그로 인한 학생들의 분규등에 대한 조속한 해결의 시정권고를 피고가 원고에게 요구한 사실이 있으며, 그로부터 8일이 지난 19○○. ○. ○. 피고는 원고의 이사직을 해임하는 처분을 하였습니다.

2. 법률상 학교법인에게 학내문제의 시정을 요구한 날로부터 15일 이내에 이에 응하지 아니하면 이사장 등의 취임처분을 취소할 수 있도록 돼있지만 시정요구한지 8일만에 해임조치를 한 위 피고의 행위는 재량을 넘은 위법한 처분이며, 또한 원고가 소외 김□□ 총장이 퇴임한 뒤 신임총장과 형식적인 종합시정방안을 마련하는 등 학교정상화에 소극적으로 임했다는 피고의 해임사유도 인정근거가 없는 등 사실에 부합하지 아니하므로 위법한 처분이라고 할 수밖에 없습니다.

3. 이에 원고는 청구취지 기재와 같이 피고의 이사취임승인취소처분을 취소하고 소외 ○○○에 대한 임시이사선임처분 취소를 구하고자 본 소를 청구하는 바입니다.

첨 부 서 류

1. 법인등기사항증명서	1통
1. 행정처분공문	1통
1. 정관	1통
1. 소장부본	1통
1. 납부서	1통

20○○.   ○.   ○.

원 고   ○ ○ ○   (서명 또는 날인)

○ ○ 행 정 법 원 귀중

♻ 관련판례 1

대학의 장 임용에 관하여 교육부장관의 임용제청권을 인정한 취지는 대학의 자율성과 대통령의 실질적인 임용권 행사를 조화시키기 위하여 대통령의 최종적인 임용권 행사에 앞서 해당 대학의 추천을 받은 총장 후보자들의 적격성을 일차적으로 심사하여 대통령의 임용권 행사가 적정하게 이루어질 수 있도록 보좌하기 위한 것이다. 교육부장관의 임용제청권 행사는 이러한 제도의 취지에 따라 이루어져야 하며, 해당 대학의 추천을 받은 총장 후보자는 교육부장관으로부터 정당한 심사를 받게 될 것으로 절차적 기대를 하게 된다. 그런데 교육부장관이 자의적인 이유로 해당 대학에서 추천한 복수의 총장 후보자들 전부 또는 일부를 임용 제청하지 않는 경우에는 대통령에 의한 심사와 임용을 받을 기회를 박탈하는 효과가 있으므로, 이를 항고소송의 대상이 되는 처분으로 보지 않는다면, 달리 이에 대하여는 불복하여 침해된 권리 또는 법률상 이익을 구제받을 방법이 없다. 따라서 교육부장관이 대학에서 추천한 복수의 총장 후보자들 전부 또는 일부를 임용제청에서 제외하는 행위는 제외된 후보자들에 대한 불이익처분으로서 항고소송의 대상이 되는 처분에 해당한다고 보아야 한다(대법원 2018.6.15. 선고, 2015두50092, 판결).

⚖ 관련판례 2

甲 지방자치단체가 설립·운영하는 乙 고등학교에 영상음악 과목을 가르치는 산학겸임교사로 채용된 丙이 고용계약을 갱신하면서 근무해 오다가 甲 지방자치단체가 고용계약의 갱신을 거절한 사안에서, 丙에게는 근로계약이 갱신되리라는 정당한 기대권이 인정되므로 甲 지방자치단체의 갱신 거절은 위법하여 효력이 없다(대법원 2015.4.9. 선고, 2013두11499, 판결).

[서식 예] 부당노동행위 구제재심청구 기각판정 취소청구의 소

소 장

원   고   ○○택시노동조합

　　　　　　○○시 ○○구 ○○길 ○○ (우편번호 ○○○-○○○)

　　　　　　조합장   ○   ○   ○

피   고   중앙노동위원회 위원장

　　　　　　○○시 ○○구 ○○길 ○○ (우편번호 ○○○-○○○)

부당노동행위구제재심청구기각판정 취소청구의 소

청 구 취 지

1. 피고가 20○○. ○. ○. 원고와 소외 ☆☆택시회사 사이의 ○○부노○○○
   부당노동행위 구제재심신청사건에 관하여 한 재심판정을 취소한다.
2. 소송비용은 피고의 부담으로 한다.

라는 판결을 구합니다.

청 구 원 인

1. 원고는 20○○. ○. ○. 원고 소속 조합원의 사용자인 소외 ☆☆택시회사가
   소외 김□□에 대하여 ○○행위를 하였다는 사유로 징계하자 이는 조합원
   에 대한 차별대우로서 노동조합및노동관계조정법 제81조 제1호 소정의 부
   당노동행위라 하여 소외 경북지방노동위원회에 부당노동행위구제신청을
   하였습니다. 이에 대하여 소외 ◎◎지방노동위원회는 그러한 징계행위를
   부당노동행위로 인정하고 소외 ☆☆택시주식회사는 그러한 징계를 즉시
   취소하고 금후 비조합원과의 차별적인 대우를 중단하라는 구제명령을 하
   였습니다. 위 구제명령에 대하여 소외 ☆☆택시주식회사는 20○○. ○. ○.
   피고에게 재심신청을 하였고, 이에 피고는 20○○. ○. ○. 위 구제명령인
   초심 결정을 취소하고 소외 ☆☆택시주식회사의 위 행위는 부당노동행위
   가 아님을 인정한다는 재심판정을 하였습니다.
2. 그러나 소외 김□□에 대한 ○○행위를 이유로 한 위 징계는 조합 활동을
   이유로 조합원들에게 불이익을 주는 노동조합및노동관계조정법 제81조 제
   1호 소정의 부당노동행위에 해당한다고 할 것입니다. 따라서 소외 ☆☆택

시주식회사의 위 징계가 부당노동행위에 해당하지 아니한다고 한 피고의 위 재심판정은 위법하다고 하겠습니다. 그러므로 원고는 위 재심판정의 취소를 구하여 이 사건 소를 제기합니다.

첨 부 서 류

1. 소장부본   1통
1. 납 부 서   1통

20○○.   ○.   ○.
원 고   ○ ○ ○   (서명 또는 날인)

○ ○ 행 정 법 원 귀중

관련판례

징계권자가 재량권의 행사로서 한 징계처분이 사회통념상 현저하게 타당성을 잃어 재량권을 남용한 것이라고 인정되는 경우 그 처분은 위법한바, 징계권의 행사가 공익적 목적을 위하여 징계권을 행사하여야 할 공익의 원칙에 반하거나 일반적으로 징계사유로 삼은 비행의 정도에 비하여 균형을 잃은 과중한 징계처분을 선택함으로써 비례의 원칙에 반하거나 또는 같은 정도의 비행에 대하여 일반적으로 적용하여 온 기준에 비추어 합리적인 이유 없이 공평을 잃은 징계처분을 선택함으로써 평등의 원칙을 위반한 경우 이러한 징계처분은 재량권의 한계를 벗어난 처분으로서 위법하다. 그리고 지방의회에서의 의원에 대한 징계에 관하여도 위와 같은 법리가 적용된다(대법원 2015.1.29. 선고, 2014두40616, 판결).

[서식 예] 평균임금 결정처분 취소청구의 소

소 　 장

원　　고　　○　○　○(주민등록번호)
　　　　　　　○○시 ○○구 ○○길 ○○ (우편번호 ○○○-○○○)

피　　고　　근로복지공단
　　　　　　　○○시 ○○구 ○○길 ○○ (우편번호 ○○○-○○○)
　　　　　　　대표자 이사장 △△△

평균임금 결정처분 취소청구

청 구 취 지

1. 피고가 20○○. ○. ○. 원고에 대하여 한 평균임금 결정처분을 취소한다.
2. 소송비용은 피고의 부담으로 한다.
라는 판결을 구합니다.

청 구 원 인

1. 처분의 경위

가. 원고는 20○○. ○. ○. 소외 합자회사 ☆☆☆콜택시회사(이하 소외 회사
　　라고만 합니다)에 입사하여 영업용 택시기사로 근무하던 중 20○○. ○.
　　○. 업무상재해를 당하여 산재요양을 하면서 20○○. ○. ○. 피고에게
　　휴업급여청구를 하였습니다.
나. 이에 피고는 원고의 운송수입금 중 사납금을 공제한 수입금을 평균임금
　　산정에서 제외하고 고정적으로 지급되는 통상월급만을 산입하는 방법으
　　로 원고의 평균임금을 금○○○원으로 결정하여 20○○. ○. ○. 치료
　　종결시까지 총 ○○○원의 휴업급여를 지급하였습니다.
다. 위 결정에 대하여 원고는 피고에게 소외회사에 납입하는 사납금을 제외
　　한 개인별 초과 운송수입금도 평균임금산정에 포함시켜 달라는 취지의
　　심사청구를 하였으나 피고는 20○○. ○. ○. 이를 기각하였습니다(갑제1
　　호증의 1, 2:심사결정서, 갑제2호증: 장애인증명서 사본).

2. 처분의 적법여부

가. 원고가 소속된 소외회사는 원고를 포함한 소속 운전사들로부터 하루의 운송수입금 중 일정액(운행하는 차종에 따라 일일 금 ○○○원과 금 ○○○원)을 사납금으로 납입 받고, 이를 재원으로 하여 매월 일정액을 기본급 등 명목으로 소속 운전사들에게 지급하여 왔습니다.

나. 원고를 포함한 소외 회사의 운전사들은 위 사납금을 제외한 나머지 운송수입금을 소외 회사에 납부하지 아니하였고, 회사에서도 그 납부를 요구하지도 아니하여 이는 사실상 운전사 개인 수입으로 하여 자유로운 처분에 맡겨져 왔었고, 이 사건 재해 당시 소외 회사의 택시운전사들은 사납금을 제외한 운송수입금으로 월 평균 금 ○○○원 내외의 수입금을 개인의 수입으로 하고 있었습니다(갑제3호증 : 가계부, 갑제4호증의 1 내지 6 : 각 확인서).

다. 일반적으로 운송회사가 그 소속 택시운전사들에게 매월 실제 근로일수에 따른 일정액의 급료를 지급하는 외에 하루 운송수입금에게 사납금을 공제한 나머지 수입금을 운전사 개인의 수입으로 하여 자유로운 처분에 맡겨 온 경우에는 운전사 개인의 수입으로 되는 위 사납금을 공제한 나머지 부분은 영업용 택시운전사의 근로형태의 특수성과 계산의 편의 등을 고려하여 근로의 대가를 지급한 것이라고 할 것이어서 이 역시 임금에 해당하므로 산업재해보상보험법상 보험급여의 기준이 되는 평균임금을 산정함에 있어서는 위 사납금을 공제한 나머지 수입금 역시 이에 포함되어야 할 것입니다.

라. 결국 피고가 원고의 개인 수입으로 된 운송수입 부분을 임금에 포함시키지 아니한 채 원고의 소외 회사로부터 직접 지급받은 급료만을 기초로 하여 평균임금을 산정한 다음 이를 기준으로 하여 휴업급여 등 보험급여를 지급한 이 사건 처분은 위법한 처분으로 취소되어야 한다고 판단되어 이 사건 청구에 이르게 된 것입니다.

입 증 방 법

1. 갑 제1호증의 1	심사결정서 표지
1. 갑 제1호증의 2	심사결정서
1. 갑 제2호증	장애인증명서 사본
1. 갑 제3호증	가계부
1. 갑 제4호증의 1 내지 6	확인서

```
                       첨 부 서 류

        1. 위 입증방법              각 1통
        1. 법인등기사항증명서          1통
        1. 소장부본                1통
        1. 납부서                 1통


              20○○.    ○.    ○.
        원 고   ○ ○ ○    (서명 또는 날인)


    ○ ○ 행 정 법 원  귀중
```

관련판례

1999.12.31. 법률 제6100호로 개정된 산업재해보상보험법 제38조 제6항에서 이른바 '최고·최저 보상제도'를 규정하기 전에 장해가 발생한 근로자 甲이, 2007.12.14. 법률 제8594호로 전부 개정된 산업재해보상보험법이 시행된 후 동일 직종 근로자 통상임금 변동률을 기준으로 평균임금을 인상하여 장해보상연금을 재산정해 지급받지 못한 장해보상연금 차액 상당을 달라는 취지로 '평균임금 증감신청 및 보험급여 차액 청구'를 하였으나 근로복지공단이 평균임금 증가 거부처분을 한 사안에서, 개정된 산업재해보상보험법은 甲에게도 적용되고, 평균임금 증감 제도의 취지 등에 비추어 甲이 60세에 도달하기 전 기간에 대한 평균임금 증액 불승인 부분은 합리적 이유 없는 차별이고 평등의 원칙에 반하여 재량권을 일탈·남용한 것으로서 위법하다고 본 원심판단을 정당하다(대법원 2012.2.23. 선고, 2011두1153, 판결).

[서식 예] 정기간행물 등록절차 불이행 위법 확인청구의 소

소   장

원 고   ○ ○ ○(주민등록번호)

　　　　　　　○○시 ○○구 ○○길 ○○ (우편번호 ○○○ - ○○○)

피 고   문화관광부장관

　　　　　　　○○시 ○○구 ○○길 ○○ (우편번호 ○○○ - ○○○)

정기간행물등록절차불이행위법 확인청구의 소

청 구 취 지

1. 원고가 20○○. ○. ○. 피고에 대하여 한 별지목록기재 정기간행물의 등록신
   청에 관하여 피고가 그 등록절차를 불이행함은 위법임을 확인한다.
2. 소송비용은 피고의 부담으로 한다
라는 판결을 구합니다.

청 구 원 인

1. 원고의 정기간행물등록신청
   원고는 20○○. ○. ○. 잡지 등 정기간행물의 진흥에 관한법률 제15조에 의
   거 피고에 대하여 청구취지기재 정기간행물(이하 '이 사건 정기간행물'이라
   합니다)의 등록신청을 하였습니다(갑제1호증 정기간행물등록신청서 참조).
2. 피고의 부작위
   그러나 피고는 원고가 위와 같이 등록신청한 지 60여 일이 지난 현재까지
   도 아무런 이유 없이 이 사건 정기간행물의 등록절차를 이행하지 않고 있
   습니다.
3. 결론
   그렇다면, 피고의 이 사건 정기간행물의 등록절차불이행은 위법하다 할 것
   이어서, 원고는 그 위법을 확인하기 위하여 본건 청구에 이르렀습니다.

입 증 방 법

1. 갑제1호증   정기간행물등록신청서

첨 부 서 류

1. 위 입증방법   1통
1. 소장부본   1통
1. 납부서   1통

20○○년   ○월   ○일
원 고   ○ ○ ○   (서명 또는 날인)

○ ○ 행 정 법 원 귀 중

[별 지]
정 기 간 행 물 의 표 시

1. 제호: ○○○
2. 종별: 잡지
3. 간별: 주간
4. 발행인: ○○○
5. 편집인: ○○○
6. 발행소 및 그 소재지: ○○○
7. 발행목적 및 발행내용: ○○○
8. 무가 또는 유가 발행의 구분: ○○○.   끝.

소 장

원 고 　○○○(주민등록번호)
　　　　○○시 ○○구 ○○길 ○○(우편번호 ○○○-○○○)
　　　　전화.휴대폰번호:
　　　　팩스번호, 전자우편(e-mail)주소:
피 고 　중앙노동위원회 위원장
　　　　○○시 ○○구 ○○길 ○○(우편번호 ○○○-○○○)

부당해고구제재심판정 취소청구의 소

청 구 취 지

1. 피고가 원고에게 한 19○○. ○. ○. 부당해고구제재심판정은 취소한다.
2. 소송비용은 피고의 부담으로 한다.
　라는 판결을 구합니다.

청 구 원 인

1. 전심 절차
　원고는 19○○. ○. ○, 소외 ◇◇중공업 주식회사(이하 '회사')에 입사하여
용접공으로 근무하여 오다가 19○○. ○. ○. 징계해고 되어, 19○○. ○.
○. ◎◎남도지방노동위원회에 부당해고 구제신청을 하였으나 기각 결정된
뒤 같은 해 ○. ○. 결정서를 송달 받고 다시 이에 불복하여 같은 해 ○. ○.
피고에게 재심신청을 하였으나 같은 해 ○. ○. 기각되었고, 그 재심판정서를
○. ○. 송달 받았습니다.
2. 전심 판정의 부당성
　소외 회사는 노동조합의 대의원이었던 원고가 노동조합의 방침에 따라 근로
자들이 사용하던 용접봉의 유해성을 문제 삼는 과정에서 작업거부를 선동하
는 유인물을 배포하고 상사에게 폭행하였다며 단체협약 및 취업규칙에 따라
원고를 징계 해고하였습니다. 그러나 이건 징계는 "산업안전보건에 대한 징
계는 산업안전보건위원회에서 실시한다."는 단체협약 제27조 제3항을 위배했
을 뿐더러, 다른 근로자들의 사내 질서 문란의 정도가 더 심한 사안에 대하

여는 징계해고를 하지 않았음에도 유독 원고에게만 징계해고 처분을 한 징계권 남용이 분명한 해고로써 근로기준법 제23조가 금지하는 정당한 사유 없는 해고에 해당합니다. 구체적인 해고경위 및 부당성에 대해서는 앞으로 자세히 밝히도록 하겠습니다.

3. 결론

따라서 마땅히 원고의 부당해고 재심신청을 받아들였어야 함에도 이를 기각시킨 피고의 판정은 부당하여 취소되어야 할 것이므로 청구취지와 같은 판결을 구하고자 이건 청구에 이른 것입니다.

입 증 방 법

1. 갑 제1호증   인사명령통보
1. 갑 제2호증   사건처리결과알림
1. 갑 제3호증   재심판정서

첨 부 서 류

1. 위 입증방법   각 1통
1. 소장부본   1통
1. 송달료납부서   1통

20○○. ○. ○.

원 고   ○ ○ ○   (서명 또는 날인)

○ ○ 행 정 법 원 귀중

소   장

원 고   ○○○
          ○○시 ○○구 ○○길 ○○(우편번호 ○○○-○○○)
          전화.휴대폰번호:
          팩스번호, 전자우편(e-mail)주소:
피 고   법무부장관
          ○○시 ○○구 ○○길 ○○(우편번호 ○○○-○○○)
          소송수행자 □□□

난민불인정처분취소청구의 소

청 구 취 지

1.피고가 20○○. ○. ○. 원고에 대하여 한 난민불인정처분을 취소한다.
2.소송비용은 피고가 부담한다.
라는 판결을 구합니다.

청 구 원 인

1. 처분의 경위
 가. 원고는 ○○○ 국적의 여성으로 20○○. ○. ○. 단기상용(C-2,90일)체류
     자격으로 대한민국에 입국하여 20○○. ○. ○. 피고에게 난민인정신청
     을 하였습니다.
 나. 피고는 20○○. ○. ○. 원고에 대하여 "'난민의 지위에 관한 협약'(이하
     '난민협약'이라한다) 제1조 및 '난민의 지위에 관한 의정서'(이하 '난민의
     정서'라 한다) 제1조, 난민법 제2조에서 정한 '박해를 받게 될 것이라는
     충분히 근거있는 공포'에 처해있다고 인정할 수 없다"는 이유로 난민불
     인정처분(이하 '이 사건 처분'이라 한다)을 하였습니다.

2. 처분의 위법성
    그러나 아래와 같은 이유로 피고의 이 사건 처분은 위법합니다.
 가. 피고의 난민보호의무

출입국관리법 제2조제3호, 난민법 제18조제1항, 난민협약 제1조, 난민의 정서 제1조의 규정을 종합하여 보면,

행정청은 인종, 종교, 국적, 특정 사회집단의 구성원 신분 또는 정치적 의견을 이유로 박해를 받을 수 있다고 인정할 충분한 근거가 있는 공포로 인하여 국적국의 보호를 받을 수 없거나 보호받기를 원하지 아니하는 외국인 또는 그러한 공포로 인하여 대한민국에 입국하기 전에 거주한 국가로 돌아갈 수 없거나 돌아가기를 원하지 아니하는 외국인에 대하여 그 신청이 있는 경우 난민협약이 정하는 난민으로 인정하여야 합니다.

나. 난민 인정의 요건 '박해'

난민 인정의 요건이 되는 '박해'라 함은 '생명, 신체 또는 자유에 대한 위협을 비롯하여 인간의 본질적 존엄성에 대한 중대한 침해나 차별을 야기하는 행위'라고 할 수 있을 것이고,

그러한 박해를 받을 '충분한 근거 있는 공포'가 있음은 난민인정의 신청을 하는 외국인이 증명하여야 할 것이나, 난민의 특수한 사정을 고려하여, 그 진술에 일관성과 설득력이 있고 입국 경로, 입국 후 난민신청까지의 기간, 난민신청 경위,

국적국의 상황, 주관적으로 느끼는 공포의 정도, 신청인이 거주하던 지역의 정치·사회·문화적 환경, 그 지역의 통상인이 같은 상황에서 느끼는 공포의 정도 등에 비추어 전체적인 진술의 신빙성에 의하여 그 주장사실을 인정하는 것이 합리적인 경우에는 그 증명이 있다고 할 것이다(대법원 2008.7.24.선고 2007두3930판결 참조).

다. 원고의 박해를 받을 만한 '충분한 근거 있는 공포'

(1) 원고는 동성애자이며, ○○○ 정부는 법으로 동성애자를 처벌하고 탄압하고 있습니다. 실제로 원고의 마을 사람들은 원고가 대한민국에 입국하기 2개월 전 원고의 모친에게 "원고가 동성애자로 의심되니 마을에서 내보내라"는 경고를 하였고, 급기야는 20○○. ○. ○. 원고의 집에 불을 질러 원고의 모친과 여동생이 사망하였습니다.

(2) ○○○는 자연의 질서에 반하는 모든 육체관계를 범죄시하는 형법에 근거하여 동성간 성행위를 범죄행위로 규율하고 있으며, 20○○. ○. ○. 의회에 제출된 반동성애 법안은 기존 형법에 반동성애를 다루는 상세한 규정이 없다는 이유로 동성간 성행위뿐만 아니라 동성간 성행위의 시도, 모의, 알선, 조장, 동성간 성행위의 미신고 등까지 처벌대상으로 삼고 있고, 상습범 등의 이유로 가중되는 경우 동성 간 성행위를 최고 사형까지 처하도록 규정하고 있는데, 2011년까지 같은 내용의 법안이 의

회에 계류 중입니다.

(3) ○○○에서 동성애 행위가 처벌된 사례는 확인되지 않았지만, 경찰은 20○○. ○. ○. 동성애 행위를 하려고 시도한 사람을 체포하였고, ○○○ 법원은 20○○. ○. ○. 그 사람을 '외설행위'로 기소하였으며, 동성애자들은 ○○○에서 사회적 괴롭힘, 차별, 협박, 안녕에 대한 위협의 대상이었고, 의료서비스에 대한 접근이 거부되고 있습니다.

(4) ○○○소재 신문사 '○○○'지는 20○○. ○. ○. 100명의 동성애자 사진과 이름, 주소를 공개하였는데, 위 100명의 동성애자 중 동성애 운동가 소외인은 망치에 의한 구타로 살해되었고, 4명의 동성애자는 길거리에서 돌팔매질을 당하였습니다.

라. 소결론

원고가 동성애자라는 사실, 마을 주민들이 원고의 모친에게 동성애자인 원고를 마을에서 내보낼 것을 경고하였고, 그로부터 2개월 후 원고의 집에 불이 나 원고의 모친과 원고의 여동생이 사망한 사실, ○○○정부가 동성애자를 탄압하고 있고, 지역 주민들의 탄압으로부터 동성애자를 효과적으로 보호하지도 않는 사실을 각 인정할 수 있는바, 이에 의하면 원고가 ○○○로 귀국할 경우 동성애자라는 '특정 사회집단의 구성원 신분'을 이유로 박해를 받을 우려가 있다고 볼 만한 충분한 근거 있는 공포가 있다고 판단된다할 것입니다. 따라서 피고의 이 사건 처분은 위법하다 할 것입니다.

3. 결 론

이에 본건 소를 제기합니다.

입 증 방 법

1. 갑 제1호증   난민면담진술서
1. 갑 제2호증   병원의 심리학적 진술서
1. 갑 제3호증   ○○○정부의 관련법령
1. 갑 제4호증   ○○○정부의 동성애관련 보도기사

첨 부 서 류

1. 위 입증방법   1통
1. 소장부본   1통

```
1. 송달료납부서                          1통

              20○○.    ○.    ○.
          원 고    ○ ○ ○     (서명 또는 날인)

○ ○ 행 정 법 원  귀중
```

⚖ 관련판례

국적법 제4조 제1항은 "외국인은 법무부장관의 귀화허가를 받아 대한민국의 국적을 취득할 수 있다."라고 규정하고, 그 제2항은 "법무부장관은 귀화 요건을 갖추었는지를 심사한 후 그 요건을 갖춘 자에게만 귀화를 허가한다."라고 정하고 있다. 국적은 국민의 자격을 결정짓는 것이고, 이를 취득한 사람은 국가의 주권자가 되는 동시에 국가의 속인적 통치권의 대상이 되므로, 귀화허가는 외국인에게 대한민국 국적을 부여함으로써 국민으로서의 법적 지위를 포괄적으로 설정하는 행위에 해당한다. 한편, 국적법 등 관계 법령 어디에도 외국인에게 대한민국의 국적을 취득할 권리를 부여하였다고 볼 만한 규정이 없다. 이와 같은 귀화허가의 근거 규정의 형식과 문언, 귀화허가의 내용과 특성 등을 고려해 보면, 법무부장관은 귀화신청인이 귀화 요건을 갖추었다 하더라도 귀화를 허가할 것인지 여부에 관하여 재량권을 가진다고 보는 것이 타당하다(대법원 2010.10.28. 선고, 2010두6496, 판결)

부록 관련 법령

- 행정소송법
- 행정절차법

행정소송법

[시행 2017.7.26.] [법률 제14839호, 2017.7.26, 타법개정]

제1장 총칙

제1조(목적) 이 법은 행정소송절차를 통하여 행정청의 위법한 처분 그 밖에 공권력의 행사·불행사등으로 인한 국민의 권리 또는 이익의 침해를 구제하고, 공법상의 권리관계 또는 법적용에 관한 다툼을 적정하게 해결함을 목적으로 한다.

제2조(정의) ① 이 법에서 사용하는 용어의 정의는 다음과 같다.

1. "처분등"이라 함은 행정청이 행하는 구체적 사실에 관한 법집행으로서의 공권력의 행사 또는 그 거부와 그 밖에 이에 준하는 행정작용(이하 "處分"이라 한다) 및 행정심판에 대한 재결을 말한다.
2. "부작위"라 함은 행정청이 당사자의 신청에 대하여 상당한 기간내에 일정한 처분을 하여야 할 법률상 의무가 있음에도 불구하고 이를 하지 아니하는 것을 말한다.

② 이 법을 적용함에 있어서 행정청에는 법령에 의하여 행정권한의 위임 또는 위탁을 받은 행정기관, 공공단체 및 그 기관 또는 사인이 포함된다.

제3조(행정소송의 종류) 행정소송은 다음의 네가지로 구분한다. <개정 1988.8.5.>

1. 항고소송: 행정청의 처분등이나 부작위에 대하여 제기하는 소송
2. 당사자소송: 행정청의 처분등을 원인으로 하는 법률관계에 관한 소송 그 밖에 공법상의 법률관계에 관한 소송으로서 그 법률관계의 한쪽 당사자를 피고로 하는 소송
3. 민중소송: 국가 또는 공공단체의 기관이 법률에 위반되는 행위를 한 때에 직접 자기의 법률상 이익과 관계없이 그 시정을 구하기 위하여 제기하는 소송
4. 기관소송: 국가 또는 공공단체의 기관상호간에 있어서의 권한의 존부 또는 그 행사에 관한 다툼이 있을 때에 이에 대하여 제기하는 소송. 다만, 헌법재판소법 제2조의 규정에 의하여 헌법재판소의 관장사항으로 되는 소송은 제외한다.

제4조(항고소송) 항고소송은 다음과 같이 구분한다.

1. 취소소송: 행정청의 위법한 처분등을 취소 또는 변경하는 소송
2. 무효등 확인소송: 행정청의 처분등의 효력 유무 또는 존재여부를 확인하는 소송

3. 부작위위법확인소송: 행정청의 부작위가 위법하다는 것을 확인하는 소송

제5조(국외에서의 기간) 이 법에 의한 기간의 계산에 있어서 국외에서의 소송행위 추완에 있어서는 그 기간을 14일에서 30일로, 제3자에 의한 재심청구에 있어서는 그 기간을 30일에서 60일로, 소의 제기에 있어서는 그 기간을 60일에서 90일로 한다.

제6조(명령·규칙의 위헌판결등 공고) ① 행정소송에 대한 대법원판결에 의하여 명령·규칙이 헌법 또는 법률에 위반된다는 것이 확정된 경우에는 대법원은 지체없이 그 사유를 행정안전부장관에게 통보하여야 한다. <개정 2013.3.23., 2014.11.19., 2017.7.26.>

② 제1항의 규정에 의한 통보를 받은 행정안전부장관은 지체없이 이를 관보에 게재하여야 한다. <개정 2013.3.23., 2014.11.19., 2017.7.26.>

제7조(사건의 이송) 민사소송법 제34조제1항의 규정은 원고의 고의 또는 중대한 과실없이 행정소송이 심급을 달리하는 법원에 잘못 제기된 경우에도 적용한다. <개정 2002.1.26.>

제8조(법적용예) ① 행정소송에 대하여는 다른 법률에 특별한 규정이 있는 경우를 제외하고는 이 법이 정하는 바에 의한다.

② 행정소송에 관하여 이 법에 특별한 규정이 없는 사항에 대하여는 법원조직법과 민사소송법 및 민사집행법의 규정을 준용한다. <개정 2002.1.26.>

제2장 취소소송
제1절 재판관할

제9조(재판관할) ① 취소소송의 제1심관할법원은 피고의 소재지를 관할하는 행정법원으로 한다. <개정 2014.5.20.>

② 제1항에도 불구하고 다음 각 호의 어느 하나에 해당하는 피고에 대하여 취소소송을 제기하는 경우에는 대법원소재지를 관할하는 행정법원에 제기할 수 있다. <신설 2014.5.20.>

1. 중앙행정기관, 중앙행정기관의 부속기관과 합의제행정기관 또는 그 장
2. 국가의 사무를 위임 또는 위탁받은 공공단체 또는 그 장

③ 토지의 수용 기타 부동산 또는 특정의 장소에 관계되는 처분등에 대한 취소

소송은 그 부동산 또는 장소의 소재지를 관할하는 행정법원에 이를 제기할 수 있다. <개정 2014.5.20.>

[전문개정 1994.7.27.]

[제목개정 2014.5.20.]

제10조(관련청구소송의 이송 및 병합) ① 취소소송과 다음 각호의 1에 해당하는 소송(이하 "關聯請求訴訟"이라 한다)이 각각 다른 법원에 계속되고 있는 경우에 관련청구소송이 계속된 법원이 상당하다고 인정하는 때에는 당사자의 신청 또는 직권에 의하여 이를 취소소송이 계속된 법원으로 이송할 수 있다.

1. 당해 처분등과 관련되는 손해배상·부당이득반환·원상회복등 청구소송

2. 당해 처분등과 관련되는 취소소송

② 취소소송에는 사실심의 변론종결시까지 관련청구소송을 병합하거나 피고외의 자를 상대로 한 관련청구소송을 취소소송이 계속된 법원에 병합하여 제기할 수 있다.

제11조(선결문제) ① 처분등의 효력 유무 또는 존재 여부가 민사소송의 선결문제로 되어 당해 민사소송의 수소법원이 이를 심리·판단하는 경우에는 제17조, 제25조, 제26조 및 제33조의 규정을 준용한다.

② 제1항의 경우 당해 수소법원은 그 처분등을 행한 행정청에게 그 선결문제로 된 사실을 통지하여야 한다.

제2절 당사자

제12조(원고적격) 취소소송은 처분등의 취소를 구할 법률상 이익이 있는 자가 제기할 수 있다. 처분등의 효과가 기간의 경과, 처분등의 집행 그 밖의 사유로 인하여 소멸된 뒤에도 그 처분등의 취소로 인하여 회복되는 법률상 이익이 있는 자의 경우에는 또한 같다.

제13조(피고적격) ① 취소소송은 다른 법률에 특별한 규정이 없는 한 그 처분등을 행한 행정청을 피고로 한다. 다만, 처분등이 있은 뒤에 그 처분등에 관계되는 권한이 다른 행정청에 승계된 때에는 이를 승계한 행정청을 피고로 한다.

② 제1항의 규정에 의한 행정청이 없게 된 때에는 그 처분등에 관한 사무가 귀속되는 국가 또는 공공단체를 피고로 한다.

제14조(피고경정) ① 원고가 피고를 잘못 지정한 때에는 법원은 원고의 신청에 의

하여 결정으로써 피고의 경정을 허가할 수 있다.

② 법원은 제1항의 규정에 의한 결정의 정본을 새로운 피고에게 송달하여야 한다.

③ 제1항의 규정에 의한 신청을 각하하는 결정에 대하여는 즉시항고할 수 있다.

④ 제1항의 규정에 의한 결정이 있은 때에는 새로운 피고에 대한 소송은 처음에 소를 제기한 때에 제기된 것으로 본다.

⑤ 제1항의 규정에 의한 결정이 있은 때에는 종전의 피고에 대한 소송은 취하된 것으로 본다.

⑥ 취소소송이 제기된 후에 제13조제1항 단서 또는 제13조제2항에 해당하는 사유가 생긴 때에는 법원은 당사자의 신청 또는 직권에 의하여 피고를 경정한다. 이 경우에는 제4항 및 제5항의 규정을 준용한다.

제15조(공동소송) 수인의 청구 또는 수인에 대한 청구가 처분등의 취소청구와 관련되는 청구인 경우에 한하여 그 수인은 공동소송인이 될 수 있다.

제16조(제3자의 소송참가) ① 법원은 소송의 결과에 따라 권리 또는 이익의 침해를 받을 제3자가 있는 경우에는 당사자 또는 제3자의 신청 또는 직권에 의하여 결정으로써 그 제3자를 소송에 참가시킬 수 있다.

② 법원이 제1항의 규정에 의한 결정을 하고자 할 때에는 미리 당사자 및 제3자의 의견을 들어야 한다.

③ 제1항의 규정에 의한 신청을 한 제3자는 그 신청을 각하한 결정에 대하여 즉시항고할 수 있다.

④ 제1항의 규정에 의하여 소송에 참가한 제3자에 대하여는 민사소송법 제67조의 규정을 준용한다. <개정 2002.1.26.>

제17조(행정청의 소송참가) ① 법원은 다른 행정청을 소송에 참가시킬 필요가 있다고 인정할 때에는 당사자 또는 당해 행정청의 신청 또는 직권에 의하여 결정으로써 그 행정청을 소송에 참가시킬 수 있다.

② 법원은 제1항의 규정에 의한 결정을 하고자 할 때에는 당사자 및 당해 행정청의 의견을 들어야 한다.

③ 제1항의 규정에 의하여 소송에 참가한 행정청에 대하여는 민사소송법 제76조의 규정을 준용한다. <개정 2002.1.26.>

제3절 소의 제기

제18조(행정심판과의 관계) ① 취소소송은 법령의 규정에 의하여 당해 처분에 대한 행정심판을 제기할 수 있는 경우에도 이를 거치지 아니하고 제기할 수 있다. 다만, 다른 법률에 당해 처분에 대한 행정심판의 재결을 거치지 아니하면 취소소송을 제기할 수 없다는 규정이 있는 때에는 그러하지 아니하다. <개정 1994.7.27.>

② 제1항 단서의 경우에도 다음 각호의 1에 해당하는 사유가 있는 때에는 행정심판의 재결을 거치지 아니하고 취소소송을 제기할 수 있다. <개정 1994.7.27.>

1. 행정심판청구가 있은 날로부터 60일이 지나도 재결이 없는 때
2. 처분의 집행 또는 절차의 속행으로 생길 중대한 손해를 예방하여야 할 긴급한 필요가 있는 때
3. 법령의 규정에 의한 행정심판기관이 의결 또는 재결을 하지 못할 사유가 있는 때
4. 그 밖의 정당한 사유가 있는 때

③ 제1항 단서의 경우에 다음 각호의 1에 해당하는 사유가 있는 때에는 행정심판을 제기함이 없이 취소소송을 제기할 수 있다. <개정 1994.7.27.>

1. 동종사건에 관하여 이미 행정심판의 기각재결이 있은 때
2. 서로 내용상 관련되는 처분 또는 같은 목적을 위하여 단계적으로 진행되는 처분중 어느 하나가 이미 행정심판의 재결을 거친 때
3. 행정청이 사실심의 변론종결후 소송의 대상인 처분을 변경하여 당해 변경된 처분에 관하여 소를 제기하는 때
4. 처분을 행한 행정청이 행정심판을 거칠 필요가 없다고 잘못 알린 때

④ 제2항 및 제3항의 규정에 의한 사유는 이를 소명하여야 한다.

제19조(취소소송의 대상) 취소소송은 처분등을 대상으로 한다. 다만, 재결취소소송의 경우에는 재결 자체에 고유한 위법이 있음을 이유로 하는 경우에 한한다.

제20조(제소기간) ① 취소소송은 처분등이 있음을 안 날부터 90일 이내에 제기하여야 한다. 다만, 제18조제1항 단서에 규정한 경우와 그 밖에 행정심판청구를 할 수 있는 경우 또는 행정청이 행정심판청구를 할 수 있다고 잘못 알린 경우에 행정심판청구가 있은 때의 기간은 재결서의 정본을 송달받은 날부터 기산한다.

② 취소소송은 처분등이 있은 날부터 1년(第1項 但書의 경우는 裁決이 있은 날부터 1年)을 경과하면 이를 제기하지 못한다. 다만, 정당한 사유가 있는 때에는

그러하지 아니하다.

③ 제1항의 규정에 의한 기간은 불변기간으로 한다.

[전문개정 1994.7.27.]

제21조(소의 변경) ① 법원은 취소소송을 당해 처분등에 관계되는 사무가 귀속하는 국가 또는 공공단체에 대한 당사자소송 또는 취소소송외의 항고소송으로 변경하는 것이 상당하다고 인정할 때에는 청구의 기초에 변경이 없는 한 사실심의 변론종결시까지 원고의 신청에 의하여 결정으로써 소의 변경을 허가할 수 있다.

② 제1항의 규정에 의한 허가를 하는 경우 피고를 달리하게 될 때에는 법원은 새로이 피고로 될 자의 의견을 들어야 한다.

③ 제1항의 규정에 의한 허가결정에 대하여는 즉시항고할 수 있다.

④ 제1항의 규정에 의한 허가결정에 대하여는 제14조제2항·제4항 및 제5항의 규정을 준용한다.

제22조(처분변경으로 인한 소의 변경) ① 법원은 행정청이 소송의 대상인 처분을 소가 제기된 후 변경한 때에는 원고의 신청에 의하여 결정으로써 청구의 취지 또는 원인의 변경을 허가할 수 있다.

② 제1항의 규정에 의한 신청은 처분의 변경이 있음을 안 날로부터 60일 이내에 하여야 한다.

③ 제1항의 규정에 의하여 변경되는 청구는 제18조제1항 단서의 규정에 의한 요건을 갖춘 것으로 본다. <개정 1994.7.27.>

제23조(집행정지) ① 취소소송의 제기는 처분등의 효력이나 그 집행 또는 절차의 속행에 영향을 주지 아니한다.

② 취소소송이 제기된 경우에 처분등이나 그 집행 또는 절차의 속행으로 인하여 생길 회복하기 어려운 손해를 예방하기 위하여 긴급한 필요가 있다고 인정할 때에는 본안이 계속되고 있는 법원은 당사자의 신청 또는 직권에 의하여 처분등의 효력이나 그 집행 또는 절차의 속행의 전부 또는 일부의 정지(이하 "執行停止"라 한다)를 결정할 수 있다. 다만, 처분의 효력정지는 처분등의 집행 또는 절차의 속행을 정지함으로써 목적을 달성할 수 있는 경우에는 허용되지 아니한다.

③ 집행정지는 공공복리에 중대한 영향을 미칠 우려가 있을 때에는 허용되지 아니한다.

④ 제2항의 규정에 의한 집행정지의 결정을 신청함에 있어서는 그 이유에 대한

소명이 있어야 한다.

⑤ 제2항의 규정에 의한 집행정지의 결정 또는 기각의 결정에 대하여는 즉시항고할 수 있다. 이 경우 집행정지의 결정에 대한 즉시항고에는 결정의 집행을 정지하는 효력이 없다.

⑥ 제30조제1항의 규정은 제2항의 규정에 의한 집행정지의 결정에 이를 준용한다.

제24조(집행정지의 취소) ① 집행정지의 결정이 확정된 후 집행정지가 공공복리에 중대한 영향을 미치거나 그 정지사유가 없어진 때에는 당사자의 신청 또는 직권에 의하여 결정으로써 집행정지의 결정을 취소할 수 있다.

② 제1항의 규정에 의한 집행정지결정의 취소결정과 이에 대한 불복의 경우에는 제23조제4항 및 제5항의 규정을 준용한다.

제4절 심리

제25조(행정심판기록의 제출명령) ① 법원은 당사자의 신청이 있는 때에는 결정으로써 재결을 행한 행정청에 대하여 행정심판에 관한 기록의 제출을 명할 수 있다.

② 제1항의 규정에 의한 제출명령을 받은 행정청은 지체없이 당해 행정심판에 관한 기록을 법원에 제출하여야 한다.

제26조(직권심리) 법원은 필요하다고 인정할 때에는 직권으로 증거조사를 할 수 있고, 당사자가 주장하지 아니한 사실에 대하여도 판단할 수 있다.

제5절 재판

제27조(재량처분의 취소) 행정청의 재량에 속하는 처분이라도 재량권의 한계를 넘거나 그 남용이 있는 때에는 법원은 이를 취소할 수 있다.

제28조(사정판결) ① 원고의 청구가 이유있다고 인정하는 경우에도 처분등을 취소하는 것이 현저히 공공복리에 적합하지 아니하다고 인정하는 때에는 법원은 원고의 청구를 기각할 수 있다. 이 경우 법원은 그 판결의 주문에서 그 처분등이 위법함을 명시하여야 한다.

② 법원이 제1항의 규정에 의한 판결을 함에 있어서는 미리 원고가 그로 인하여 입게 될 손해의 정도와 배상방법 그 밖의 사정을 조사하여야 한다.

③ 원고는 피고인 행정청이 속하는 국가 또는 공공단체를 상대로 손해배상, 제

해시설의 설치 그 밖에 적당한 구제방법의 청구를 당해 취소소송등이 계속된 법원에 병합하여 제기할 수 있다.

제29조(취소판결등의 효력) ① 처분등을 취소하는 확정판결은 제3자에 대하여도 효력이 있다.

② 제1항의 규정은 제23조의 규정에 의한 집행정지의 결정 또는 제24조의 규정에 의한 그 집행정지결정의 취소결정에 준용한다.

제30조(취소판결등의 기속력) ① 처분등을 취소하는 확정판결은 그 사건에 관하여 당사자인 행정청과 그 밖의 관계행정청을 기속한다.

② 판결에 의하여 취소되는 처분이 당사자의 신청을 거부하는 것을 내용으로 하는 경우에는 그 처분을 행한 행정청은 판결의 취지에 따라 다시 이전의 신청에 대한 처분을 하여야 한다.

③ 제2항의 규정은 신청에 따른 처분이 절차의 위법을 이유로 취소되는 경우에 준용한다.

제6절 보칙

제31조(제3자에 의한 재심청구) ① 처분등을 취소하는 판결에 의하여 권리 또는 이익의 침해를 받은 제3자는 자기에게 책임없는 사유로 소송에 참가하지 못함으로써 판결의 결과에 영향을 미칠 공격 또는 방어방법을 제출하지 못한 때에는 이를 이유로 확정된 종국판결에 대하여 재심의 청구를 할 수 있다.

② 제1항의 규정에 의한 청구는 확정판결이 있음을 안 날로부터 30일 이내, 판결이 확정된 날로부터 1년 이내에 제기하여야 한다.

③ 제2항의 규정에 의한 기간은 불변기간으로 한다.

제32조(소송비용의 부담) 취소청구가 제28조의 규정에 의하여 기각되거나 행정청이 처분등을 취소 또는 변경함으로 인하여 청구가 각하 또는 기각된 경우에는 소송비용은 피고의 부담으로 한다.

제33조(소송비용에 관한 재판의 효력) 소송비용에 관한 재판이 확정된 때에는 피고 또는 참가인이었던 행정청이 소속하는 국가 또는 공공단체에 그 효력을 미친다.

제34조(거부처분취소판결의 간접강제) ① 행정청이 제30조제2항의 규정에 의한 처분을 하지 아니하는 때에는 제1심수소법원은 당사자의 신청에 의하여 결정으로

써 상당한 기간을 정하고 행정청이 그 기간내에 이행하지 아니하는 때에는 그 지연기간에 따라 일정한 배상을 할 것을 명하거나 즉시 손해배상을 할 것을 명할 수 있다.

② 제33조와 민사집행법 제262조의 규정은 제1항의 경우에 준용한다. <개정 2002.1.26.>

제3장 취소소송외의 항고소송

제35조(무효등 확인소송의 원고적격) 무효등 확인소송은 처분등의 효력 유무 또는 존재 여부의 확인을 구할 법률상 이익이 있는 자가 제기할 수 있다.

제36조(부작위위법확인소송의 원고적격) 부작위위법확인소송은 처분의 신청을 한 자로서 부작위의 위법의 확인을 구할 법률상 이익이 있는 자만이 제기할 수 있다.

제37조(소의 변경) 제21조의 규정은 무효등 확인소송이나 부작위위법확인소송을 취소소송 또는 당사자소송으로 변경하는 경우에 준용한다.

제38조(준용규정) ①제 9조, 제10조, 제13조 내지 제17조, 제19조, 제22조 내지 제26조, 제29조 내지 제31조 및 제33조의 규정은 무효등 확인소송의 경우에 준용한다.

② 제9조, 제10조, 제13조 내지 제19조, 제20조, 제25조 내지 제27조, 제29조 내지 제31조, 제33조 및 제34조의 규정은 부작위위법확인소송의 경우에 준용한다. <개정 1994.7.27.>

제4장 당사자소송

제39조(피고적격) 당사자소송은 국가·공공단체 그 밖의 권리주체를 피고로 한다.

제40조(재판관할) 제9조의 규정은 당사자소송의 경우에 준용한다. 다만, 국가 또는 공공단체가 피고인 경우에는 관계행정청의 소재지를 피고의 소재지로 본다.

제41조(제소기간) 당사자소송에 관하여 법령에 제소기간이 정하여져 있는 때에는 그 기간은 불변기간으로 한다.

제42조(소의 변경) 제21조의 규정은 당사자소송을 항고소송으로 변경하는 경우에 준용한다.

제43조(가집행선고의 제한) 국가를 상대로 하는 당사자소송의 경우에는 가집행선고를 할 수 없다.

제44조(준용규정) ① 제14조 내지 제17조, 제22조, 제25조, 제26조, 제30조제1항, 제32조 및 제33조의 규정은 당사자소송의 경우에 준용한다.

② 제10조의 규정은 당사자소송과 관련청구소송이 각각 다른 법원에 계속되고 있는 경우의 이송과 이들 소송의 병합의 경우에 준용한다.

제5장 민중소송 및 기관소송

제45조(소의 제기) 민중소송 및 기관소송은 법률이 정한 경우에 법률에 정한 자에 한하여 제기할 수 있다.

제46조(준용규정) ① 민중소송 또는 기관소송으로써 처분등의 취소를 구하는 소송에는 그 성질에 반하지 아니하는 한 취소소송에 관한 규정을 준용한다.

② 민중소송 또는 기관소송으로써 처분등의 효력 유무 또는 존재 여부나 부작위의 위법의 확인을 구하는 소송에는 그 성질에 반하지 아니하는 한 각각 무효등확인소송 또는 부작위위법확인소송에 관한 규정을 준용한다.

③ 민중소송 또는 기관소송으로서 제1항 및 제2항에 규정된 소송외의 소송에는 그 성질에 반하지 아니하는 한 당사자소송에 관한 규정을 준용한다.

부칙

<제14839호, 2017.7.26.> (정부조직법)

제1조(시행일) ① 이 법은 공포한 날부터 시행한다. 다만, 부칙 제5조에 따라 개정되는 법률 중 이 법 시행 전에 공포되었으나 시행일이 도래하지 아니한 법률을 개정한 부분은 각각 해당 법률의 시행일부터 시행한다.

제2조부터 제6조까지 생략

행정절차법

[시행 2017.7.26] [법률 제14839호, 2017.7.26, 타법개정]

제1장 총칙
제1절 목적, 정의 및 적용 범위 등

제1조(목적) 이 법은 행정절차에 관한 공통적인 사항을 규정하여 국민의 행정 참여를 도모함으로써 행정의 공정성·투명성 및 신뢰성을 확보하고 국민의 권익을 보호함을 목적으로 한다.
[전문개정 2012.10.22.]

제2조(정의) 이 법에서 사용하는 용어의 뜻은 다음과 같다.
1. "행정청"이란 다음 각 목의 자를 말한다.
   가. 행정에 관한 의사를 결정하여 표시하는 국가 또는 지방자치단체의 기관
   나. 그 밖에 법령 또는 자치법규(이하 "법령등"이라 한다)에 따라 행정권한을 가지고 있거나 위임 또는 위탁받은 공공단체 또는 그 기관이나 사인(私人)
2. "처분"이란 행정청이 행하는 구체적 사실에 관한 법 집행으로서의 공권력의 행사 또는 그 거부와 그 밖에 이에 준하는 행정작용(行政作用)을 말한다.
3. "행정지도"란 행정기관이 그 소관 사무의 범위에서 일정한 행정목적을 실현하기 위하여 특정인에게 일정한 행위를 하거나 하지 아니하도록 지도, 권고, 조언 등을 하는 행정작용을 말한다.
4. "당사자등"이란 다음 각 목의 자를 말한다.
   가. 행정청의 처분에 대하여 직접 그 상대가 되는 당사자
   나. 행정청이 직권으로 또는 신청에 따라 행정절차에 참여하게 한 이해관계인
5. "청문"이란 행정청이 어떠한 처분을 하기 전에 당사자등의 의견을 직접 듣고 증거를 조사하는 절차를 말한다.
6. "공청회"란 행정청이 공개적인 토론을 통하여 어떠한 행정작용에 대하여 당사자등, 전문지식과 경험을 가진 사람, 그 밖의 일반인으로부터 의견을 널리 수렴하는 절차를 말한다.
7. "의견제출"이란 행정청이 어떠한 행정작용을 하기 전에 당사자등이 의견을 제시하는 절차로서 청문이나 공청회에 해당하지 아니하는 절차를 말한다.
8. "전자문서"란 컴퓨터 등 정보처리능력을 가진 장치에 의하여 전자적인 형태로 작성되어 송신·수신 또는 저장된 정보를 말한다.
9. "정보통신망"이란 전기통신설비를 활용하거나 전기통신설비와 컴퓨터 및 컴퓨터 이용기술을 활용하여 정보를 수집·가공·저장·검색·송신 또는 수신하는 정

보통신체제를 말한다.

[전문개정 2012.10.22.]

제3조(적용 범위) ① 처분, 신고, 행정상 입법예고, 행정예고 및 행정지도의 절차 (이하 "행정절차"라 한다)에 관하여 다른 법률에 특별한 규정이 있는 경우를 제외 하고는 이 법에서 정하는 바에 따른다.

② 이 법은 다음 각 호의 어느 하나에 해당하는 사항에 대하여는 적용하지 아니한다.

1. 국회 또는 지방의회의 의결을 거치거나 동의 또는 승인을 받아 행하는 사항
2. 법원 또는 군사법원의 재판에 의하거나 그 집행으로 행하는 사항
3. 헌법재판소의 심판을 거쳐 행하는 사항
4. 각급 선거관리위원회의 의결을 거쳐 행하는 사항
5. 감사원이 감사위원회의의 결정을 거쳐 행하는 사항
6. 형사(刑事), 행형(行刑) 및 보안처분 관계 법령에 따라 행하는 사항
7. 국가안전보장·국방·외교 또는 통일에 관한 사항 중 행정절차를 거칠 경우 국 가의 중대한 이익을 현저히 해칠 우려가 있는 사항
8. 심사청구, 해양안전심판, 조세심판, 특허심판, 행정심판, 그 밖의 불복절차에 따른 사항
9. 「병역법」에 따른 징집·소집, 외국인의 출입국·난민인정·귀화, 공무원 인사 관 계 법령에 따른 징계와 그 밖의 처분, 이해 조정을 목적으로 하는 법령에 따 른 알선·조정·중재(仲裁)·재정(裁定) 또는 그 밖의 처분 등 해당 행정작용의 성질상 행정절차를 거치기 곤란하거나 거칠 필요가 없다고 인정되는 사항과 행정절차에 준하는 절차를 거친 사항으로서 대통령령으로 정하는 사항

[전문개정 2012.10.22.]

제4조(신의성실 및 신뢰보호) ① 행정청은 직무를 수행할 때 신의(信義)에 따라 성 실히 하여야 한다.

② 행정청은 법령등의 해석 또는 행정청의 관행이 일반적으로 국민들에게 받아 들여졌을 때에는 공익 또는 제3자의 정당한 이익을 현저히 해칠 우려가 있는 경 우를 제외하고는 새로운 해석 또는 관행에 따라 소급하여 불리하게 처리하여서 는 아니 된다.

[전문개정 2012.10.22.]

제5조(투명성) 행정청이 행하는 행정작용은 그 내용이 구체적이고 명확하여야 하 며, 행정작용의 근거가 되는 법령등의 내용이 명확하지 아니한 경우 상대방은 해 당 행정청에 그 해석을 요청할 수 있다. 이 경우 해당 행정청은 특별한 사유가 없으면 그 요청에 따라야 한다.

[전문개정 2012.10.22.]

제2절 행정청의 관할 및 협조

제6조(관할) ① 행정청이 그 관할에 속하지 아니하는 사안을 접수하였거나 이송받은 경우에는 지체 없이 이를 관할 행정청에 이송하여야 하고 그 사실을 신청인에게 통지하여야 한다. 행정청이 접수하거나 이송받은 후 관할이 변경된 경우에도 또한 같다.

② 행정청의 관할이 분명하지 아니한 경우에는 해당 행정청을 공통으로 감독하는 상급 행정청이 그 관할을 결정하며, 공통으로 감독하는 상급 행정청이 없는 경우에는 각 상급 행정청이 협의하여 그 관할을 결정한다.

[전문개정 2012.10.22.]

제7조(행정청 간의 협조) 행정청은 행정의 원활한 수행을 위하여 서로 협조하여야 한다.

[전문개정 2012.10.22.]

제8조(행정응원) ① 행정청은 다음 각 호의 어느 하나에 해당하는 경우에는 다른 행정청에 행정응원(行政應援)을 요청할 수 있다.

1. 법령등의 이유로 독자적인 직무 수행이 어려운 경우
2. 인원·장비의 부족 등 사실상의 이유로 독자적인 직무 수행이 어려운 경우
3. 다른 행정청에 소속되어 있는 전문기관의 협조가 필요한 경우
4. 다른 행정청이 관리하고 있는 문서(전자문서를 포함한다. 이하 같다)·통계 등 행정자료가 직무 수행을 위하여 필요한 경우
5. 다른 행정청의 응원을 받아 처리하는 것이 보다 능률적이고 경제적인 경우

② 제1항에 따라 행정응원을 요청받은 행정청은 다음 각 호의 어느 하나에 해당하는 경우에는 응원을 거부할 수 있다.

1. 다른 행정청이 보다 능률적이거나 경제적으로 응원할 수 있는 명백한 이유가 있는 경우
2. 행정응원으로 인하여 고유의 직무 수행이 현저히 지장받을 것으로 인정되는 명백한 이유가 있는 경우

③ 행정응원은 해당 직무를 직접 응원할 수 있는 행정청에 요청하여야 한다.

④ 행정응원을 요청받은 행정청은 응원을 거부하는 경우 그 사유를 응원을 요청한 행정청에 통지하여야 한다.

⑤ 행정응원을 위하여 파견된 직원은 응원을 요청한 행정청의 지휘·감독을 받는다. 다만, 해당 직원의 복무에 관하여 다른 법령등에 특별한 규정이 있는 경우에는 그에 따른다.

⑥ 행정응원에 드는 비용은 응원을 요청한 행정청이 부담하며, 그 부담금액 및 부담방법은 응원을 요청한 행정청과 응원을 하는 행정청이 협의하여 결정한다.

[전문개정 2012.10.22.]

제3절 당사자등

제9조(당사자등의 자격) 다음 각 호의 어느 하나에 해당하는 자는 행정절차에서 당사자등이 될 수 있다.

1. 자연인
2. 법인, 법인이 아닌 사단 또는 재단(이하 "법인등"이라 한다)
3. 그 밖에 다른 법령등에 따라 권리·의무의 주체가 될 수 있는 자

[전문개정 2012.10.22.]

제10조(지위의 승계) ① 당사자등이 사망하였을 때의 상속인과 다른 법령등에 따라 당사자등의 권리 또는 이익을 승계한 자는 당사자등의 지위를 승계한다.

② 당사자등인 법인등이 합병하였을 때에는 합병 후 존속하는 법인등이나 합병 후 새로 설립된 법인등이 당사자등의 지위를 승계한다.

③ 제1항 및 제2항에 따라 당사자등의 지위를 승계한 자는 행정청에 그 사실을 통지하여야 한다.

④ 처분에 관한 권리 또는 이익을 사실상 양수한 자는 행정청의 승인을 받아 당사자등의 지위를 승계할 수 있다.

⑤ 제3항에 따른 통지가 있을 때까지 사망자 또는 합병 전의 법인등에 대하여 행정청이 한 통지는 제1항 또는 제2항에 따라 당사자등의 지위를 승계한 자에게도 효력이 있다.

[전문개정 2012.10.22.]

제11조(대표자) ① 다수의 당사자등이 공동으로 행정절차에 관한 행위를 할 때에는 대표자를 선정할 수 있다.

② 행정청은 제1항에 따라 당사자등이 대표자를 선정하지 아니하거나 대표자가 지나치게 많아 행정절차가 지연될 우려가 있는 경우에는 그 이유를 들어 상당한 기간 내에 3인 이내의 대표자를 선정할 것을 요청할 수 있다. 이 경우 당사자등이 그 요청에 따르지 아니하였을 때에는 행정청이 직접 대표자를 선정할 수 있다.

③ 당사자등은 대표자를 변경하거나 해임할 수 있다.

④ 대표자는 각자 그를 대표자로 선정한 당사자등을 위하여 행정절차에 관한 모든 행위를 할 수 있다. 다만, 행정절차를 끝맺는 행위에 대하여는 당사자등의 동의를 받아야 한다.

⑤ 대표자가 있는 경우에는 당사자등은 그 대표자를 통하여서만 행정절차에 관한 행위를 할 수 있다.

⑥ 다수의 대표자가 있는 경우 그중 1인에 대한 행정청의 행위는 모든 당사자등에게 효력이 있다. 다만, 행정청의 통지는 대표자 모두에게 하여야 그 효력이 있다.

[전문개정 2012.10.22.]

제12조(대리인) ① 당사자등은 다음 각 호의 어느 하나에 해당하는 자를 대리인으로 선임할 수 있다.

1. 당사자등의 배우자, 직계 존속·비속 또는 형제자매
2. 당사자등이 법인등인 경우 그 임원 또는 직원
3. 변호사
4. 행정청 또는 청문 주재자(청문의 경우만 해당한다)의 허가를 받은 자
5. 법령등에 따라 해당 사안에 대하여 대리인이 될 수 있는 자

② 대리인에 관하여는 제11조제3항·제4항 및 제6항을 준용한다.

[전문개정 2012.10.22.]

제13조(대표자·대리인의 통지) ①당사자등이 대표자 또는 대리인을 선정하거나 선임하였을 때에는 지체 없이 그 사실을 행정청에 통지하여야 한다. 대표자 또는 대리인을 변경하거나 해임하였을 때에도 또한 같다. <개정 2014.1.28.>

② 제1항에도 불구하고 제12조제1항제4호에 따라 청문 주재자가 대리인의 선임을 허가한 경우에는 청문 주재자가 그 사실을 행정청에 통지하여야 한다. <신설 2014.1.28.>

[전문개정 2012.10.22.]

제4절 송달 및 기간 · 기한의 특례

제14조(송달) ① 송달은 우편, 교부 또는 정보통신망 이용 등의 방법으로 하되, 송달받을 자(대표자 또는 대리인을 포함한다. 이하 같다)의 주소·거소(居所)·영업소·사무소 또는 전자우편주소(이하 "주소등"이라 한다)로 한다. 다만, 송달받을 자가 동의하는 경우에는 그를 만나는 장소에서 송달할 수 있다.

② 교부에 의한 송달은 수령확인서를 받고 문서를 교부함으로써 하며, 송달하는 장소에서 송달받을 자를 만나지 못한 경우에는 그 사무원·피용자(被傭者) 또는 동거인으로서 사리를 분별할 지능이 있는 사람(이하 이 조에서 "사무원등"이라 한다)에게 문서를 교부할 수 있다. 다만, 문서를 송달받을 자 또는 그 사무원등이 정당한 사유 없이 송달받기를 거부하는 때에는 그 사실을 수령확인서에 적고, 문서를 송달할 장소에 놓아둘 수 있다. <개정 2014.1.28.>

③ 정보통신망을 이용한 송달은 송달받을 자가 동의하는 경우에만 한다. 이 경우 송달받을 자는 송달받을 전자우편주소 등을 지정하여야 한다.

④ 다음 각 호의 어느 하나에 해당하는 경우에는 송달받을 자가 알기 쉽도록 관보, 공보, 게시판, 일간신문 중 하나 이상에 공고하고 인터넷에도 공고하여야 한다.

1. 송달받을 자의 주소등을 통상적인 방법으로 확인할 수 없는 경우
2. 송달이 불가능한 경우

⑤ 행정청은 송달하는 문서의 명칭, 송달받는 자의 성명 또는 명칭, 발송방법 및 발송 연월일을 확인할 수 있는 기록을 보존하여야 한다.
[전문개정 2012.10.22.]

제15조(송달의 효력 발생) ① 송달은 다른 법령등에 특별한 규정이 있는 경우를 제외하고는 해당 문서가 송달받을 자에게 도달됨으로써 그 효력이 발생한다.

② 제14조제3항에 따라 정보통신망을 이용하여 전자문서로 송달하는 경우에는 송달받을 자가 지정한 컴퓨터 등에 입력된 때에 도달된 것으로 본다.

③ 제14조제4항의 경우에는 다른 법령등에 특별한 규정이 있는 경우를 제외하고는 공고일부터 14일이 지난 때에 그 효력이 발생한다. 다만, 긴급히 시행하여야 할 특별한 사유가 있어 효력 발생 시기를 달리 정하여 공고한 경우에는 그에 따른다.
[전문개정 2012.10.22.]

제16조(기간 및 기한의 특례) ① 천재지변이나 그 밖에 당사자등에게 책임이 없는 사유로 기간 및 기한을 지킬 수 없는 경우에는 그 사유가 끝나는 날까지 기간의 진행이 정지된다.

② 외국에 거주하거나 체류하는 자에 대한 기간 및 기한은 행정청이 그 우편이나 통신에 걸리는 일수(日數)를 고려하여 정하여야 한다.
[전문개정 2012.10.22.]

제2장 처분
제1절 통칙

제17조(처분의 신청) ① 행정청에 처분을 구하는 신청은 문서로 하여야 한다. 다만, 다른 법령등에 특별한 규정이 있는 경우와 행정청이 미리 다른 방법을 정하여 공시한 경우에는 그러하지 아니하다.

② 제1항에 따라 처분을 신청할 때 전자문서로 하는 경우에는 행정청의 컴퓨터 등에 입력된 때에 신청한 것으로 본다.

③ 행정청은 신청에 필요한 구비서류, 접수기관, 처리기간, 그 밖에 필요한 사항을 게시(인터넷 등을 통한 게시를 포함한다)하거나 이에 대한 편람을 갖추어 두고 누구나 열람할 수 있도록 하여야 한다.

④ 행정청은 신청을 받았을 때에는 다른 법령등에 특별한 규정이 있는 경우를 제외하고는 그 접수를 보류 또는 거부하거나 부당하게 되돌려 보내서는 아니 되며, 신청을 접수한 경우에는 신청인에게 접수증을 주어야 한다. 다만, 대통령령으로 정하는 경우에는 접수증을 주지 아니할 수 있다.

⑤ 행정청은 신청에 구비서류의 미비 등 흠이 있는 경우에는 보완에 필요한 상

당한 기간을 정하여 지체 없이 신청인에게 보완을 요구하여야 한다.

⑥ 행정청은 신청인이 제5항에 따른 기간 내에 보완을 하지 아니하였을 때에는 그 이유를 구체적으로 밝혀 접수된 신청을 되돌려 보낼 수 있다.

⑦ 행정청은 신청인의 편의를 위하여 다른 행정청에 신청을 접수하게 할 수 있다. 이 경우 행정청은 다른 행정청에 접수할 수 있는 신청의 종류를 미리 정하여 공시하여야 한다.

⑧ 신청인은 처분이 있기 전에는 그 신청의 내용을 보완·변경하거나 취하(取下)할 수 있다. 다만, 다른 법령등에 특별한 규정이 있거나 그 신청의 성질상 보완·변경하거나 취하할 수 없는 경우에는 그러하지 아니하다.

[전문개정 2012.10.22.]

제18조(다수의 행정청이 관여하는 처분) 행정청은 다수의 행정청이 관여하는 처분을 구하는 신청을 접수한 경우에는 관계 행정청과의 신속한 협조를 통하여 그 처분이 지연되지 아니하도록 하여야 한다.

[전문개정 2012.10.22.]

제19조(처리기간의 설정·공표) ① 행정청은 신청인의 편의를 위하여 처분의 처리기간을 종류별로 미리 정하여 공표하여야 한다.

② 행정청은 부득이한 사유로 제1항에 따른 처리기간 내에 처분을 처리하기 곤란한 경우에는 해당 처분의 처리기간의 범위에서 한 번만 그 기간을 연장할 수 있다.

③ 행정청은 제2항에 따라 처리기간을 연장할 때에는 처리기간의 연장 사유와 처리 예정 기한을 지체 없이 신청인에게 통지하여야 한다.

④ 행정청이 정당한 처리기간 내에 처리하지 아니하였을 때에는 신청인은 해당 행정청 또는 그 감독 행정청에 신속한 처리를 요청할 수 있다.

⑤ 제1항에 따른 처리기간에 산입하지 아니하는 기간에 관하여는 대통령령으로 정한다.

[전문개정 2012.10.22.]

제20조(처분기준의 설정·공표) ① 행정청은 필요한 처분기준을 해당 처분의 성질에 비추어 되도록 구체적으로 정하여 공표하여야 한다. 처분기준을 변경하는 경우에도 또한 같다.

② 제1항에 따른 처분기준을 공표하는 것이 해당 처분의 성질상 현저히 곤란하거나 공공의 안전 또는 복리를 현저히 해치는 것으로 인정될 만한 상당한 이유가 있는 경우에는 처분기준을 공표하지 아니할 수 있다.

③ 당사자등은 공표된 처분기준이 명확하지 아니한 경우 해당 행정청에 그 해석 또는 설명을 요청할 수 있다. 이 경우 해당 행정청은 특별한 사정이 없으면 그 요청에 따라야 한다.

[전문개정 2012.10.22.]

제21조(처분의 사전 통지) ① 행정청은 당사자에게 의무를 부과하거나 권익을 제한하는 처분을 하는 경우에는 미리 다음 각 호의 사항을 당사자등에게 통지하여야 한다.

1. 처분의 제목

2. 당사자의 성명 또는 명칭과 주소

3. 처분하려는 원인이 되는 사실과 처분의 내용 및 법적 근거

4. 제3호에 대하여 의견을 제출할 수 있다는 뜻과 의견을 제출하지 아니하는 경우의 처리방법

5. 의견제출기관의 명칭과 주소

6. 의견제출기한

7. 그 밖에 필요한 사항

② 행정청은 청문을 하려면 청문이 시작되는 날부터 10일 전까지 제1항 각 호의 사항을 당사자등에게 통지하여야 한다. 이 경우 제1항제4호부터 제6호까지의 사항은 청문 주재자의 소속·직위 및 성명, 청문의 일시 및 장소, 청문에 응하지 아니하는 경우의 처리방법 등 청문에 필요한 사항으로 갈음한다.

③ 제1항제6호에 따른 기한은 의견제출에 필요한 상당한 기간을 고려하여 정하여야 한다.

④ 다음 각 호의 어느 하나에 해당하는 경우에는 제1항에 따른 통지를 하지 아니할 수 있다.

1. 공공의 안전 또는 복리를 위하여 긴급히 처분을 할 필요가 있는 경우

2. 법령등에서 요구된 자격이 없거나 없어지게 되면 반드시 일정한 처분을 하여야 하는 경우에 그 자격이 없거나 없어지게 된 사실이 법원의 재판 등에 의하여 객관적으로 증명된 경우

3. 해당 처분의 성질상 의견청취가 현저히 곤란하거나 명백히 불필요하다고 인정될 만한 상당한 이유가 있는 경우

⑤ 처분의 전제가 되는 사실이 법원의 재판 등에 의하여 객관적으로 증명된 경우 등 제4항에 따른 사전 통지를 하지 아니할 수 있는 구체적인 사항은 대통령령으로 정한다. <신설 2014.1.28.>

⑥ 제4항에 따라 사전 통지를 하지 아니하는 경우 행정청은 처분을 할 때 당사자등에게 통지를 하지 아니한 사유를 알려야 한다. 다만, 신속한 처분이 필요한 경우에는 처분 후 그 사유를 알릴 수 있다. <신설 2014.12.30.>

⑦ 제6항에 따라 당사자등에게 알리는 경우에는 제24조를 준용한다. <신설 2014.12.30.>

[전문개정 2012.10.22.]

제22조(의견청취) ① 행정청이 처분을 할 때 다음 각 호의 어느 하나에 해당하는 경우에는 청문을 한다. <개정 2014.1.28.>

1. 다른 법령등에서 청문을 하도록 규정하고 있는 경우
2. 행정청이 필요하다고 인정하는 경우
3. 다음 각 목의 처분 시 제21조제1항제6호에 따른 의견제출기한 내에 당사자등의 신청이 있는 경우
   가. 인허가 등의 취소
   나. 신분·자격의 박탈
   다. 법인이나 조합 등의 설립허가의 취소

② 행정청이 처분을 할 때 다음 각 호의 어느 하나에 해당하는 경우에는 공청회를 개최한다.

1. 다른 법령등에서 공청회를 개최하도록 규정하고 있는 경우
2. 해당 처분의 영향이 광범위하여 널리 의견을 수렴할 필요가 있다고 행정청이 인정하는 경우

③ 행정청이 당사자에게 의무를 부과하거나 권익을 제한하는 처분을 할 때 제1항 또는 제2항의 경우 외에는 당사자등에게 의견제출의 기회를 주어야 한다.

④ 제1항부터 제3항까지의 규정에도 불구하고 제21조제4항 각 호의 어느 하나에 해당하는 경우와 당사자가 의견진술의 기회를 포기한다는 뜻을 명백히 표시한 경우에는 의견청취를 하지 아니할 수 있다.

⑤ 행정청은 청문·공청회 또는 의견제출을 거쳤을 때에는 신속히 처분하여 해당 처분이 지연되지 아니하도록 하여야 한다.

⑥ 행정청은 처분 후 1년 이내에 당사자등이 요청하는 경우에는 청문·공청회 또는 의견제출을 위하여 제출받은 서류나 그 밖의 물건을 반환하여야 한다.

[전문개정 2012.10.22.]

제23조(처분의 이유 제시) ① 행정청은 처분을 할 때에는 다음 각 호의 어느 하나에 해당하는 경우를 제외하고는 당사자에게 그 근거와 이유를 제시하여야 한다.

1. 신청 내용을 모두 그대로 인정하는 처분인 경우
2. 단순·반복적인 처분 또는 경미한 처분으로서 당사자가 그 이유를 명백히 알 수 있는 경우
3. 긴급히 처분을 할 필요가 있는 경우

② 행정청은 제1항제2호 및 제3호의 경우에 처분 후 당사자가 요청하는 경우에는 그 근거와 이유를 제시하여야 한다.

[전문개정 2012.10.22.]

제24조(처분의 방식) ① 행정청이 처분을 할 때에는 다른 법령등에 특별한 규정이

있는 경우를 제외하고는 문서로 하여야 하며, 전자문서로 하는 경우에는 당사자 등의 동의가 있어야 한다. 다만, 신속히 처리할 필요가 있거나 사안이 경미한 경우에는 말 또는 그 밖의 방법으로 할 수 있다. 이 경우 당사자가 요청하면 지체 없이 처분에 관한 문서를 주어야 한다.

② 처분을 하는 문서에는 그 처분 행정청과 담당자의 소속·성명 및 연락처(전화번호, 팩스번호, 전자우편주소 등을 말한다)를 적어야 한다.

[전문개정 2012.10.22.]

제25조(처분의 정정) 행정청은 처분에 오기(誤記), 오산(誤算) 또는 그 밖에 이에 준하는 명백한 잘못이 있을 때에는 직권으로 또는 신청에 따라 지체 없이 정정하고 그 사실을 당사자에게 통지하여야 한다.

[전문개정 2012.10.22.]

제26조(고지) 행정청이 처분을 할 때에는 당사자에게 그 처분에 관하여 행정심판 및 행정소송을 제기할 수 있는지 여부, 그 밖에 불복을 할 수 있는지 여부, 청구절차 및 청구기간, 그 밖에 필요한 사항을 알려야 한다.

[전문개정 2012.10.22.]

제2절 의견제출 및 청문

제27조(의견제출) ① 당사자등은 처분 전에 그 처분의 관할 행정청에 서면이나 말로 또는 정보통신망을 이용하여 의견제출을 할 수 있다.

② 당사자등은 제1항에 따라 의견제출을 하는 경우 그 주장을 입증하기 위한 증거자료 등을 첨부할 수 있다.

③ 행정청은 당사자등이 말로 의견제출을 하였을 때에는 서면으로 그 진술의 요지와 진술자를 기록하여야 한다.

④ 당사자등이 정당한 이유 없이 의견제출기한까지 의견제출을 하지 아니한 경우에는 의견이 없는 것으로 본다.

[전문개정 2012.10.22.]

제27조의2(제출 의견의 반영) 행정청은 처분을 할 때에 당사자등이 제출한 의견이 상당한 이유가 있다고 인정하는 경우에는 이를 반영하여야 한다.

[전문개정 2012.10.22.]

제28조(청문 주재자) ① 청문은 행정청이 소속 직원 또는 대통령령으로 정하는 자격을 가진 사람 중에서 선정하는 사람이 주재하되, 행정청은 청문 주재자의 선정이 공정하게 이루어지도록 노력하여야 한다.

② 행정청은 청문이 시작되는 날부터 7일 전까지 청문 주재자에게 청문과 관련

한 필요한 자료를 미리 통지하여야 한다. <신설 2014.1.28.>

③ 청문 주재자는 독립하여 공정하게 직무를 수행하며, 그 직무 수행을 이유로 본인의 의사에 반하여 신분상 어떠한 불이익도 받지 아니한다. <개정 2014.1.28.>

④ 제1항에 따라 대통령령으로 정하는 사람 중에서 선정된 청문 주재자는 「형법」이나 그 밖의 다른 법률에 따른 벌칙을 적용할 때에는 공무원으로 본다. <개정 2014.1.28.>

[전문개정 2012.10.22.]

제29조(청문 주재자의 제척·기피·회피) ① 청문 주재자가 다음 각 호의 어느 하나에 해당하는 경우에는 청문을 주재할 수 없다.

  1. 자신이 당사자등이거나 당사자등과 「민법」 제777조 각 호의 어느 하나에 해당하는 친족관계에 있거나 있었던 경우
  2. 자신이 해당 처분과 관련하여 증언이나 감정(鑑定)을 한 경우
  3. 자신이 해당 처분의 당사자등의 대리인으로 관여하거나 관여하였던 경우
  4. 자신이 해당 처분업무를 직접 처리하거나 처리하였던 경우

② 청문 주재자에게 공정한 청문 진행을 할 수 없는 사정이 있는 경우 당사자등은 행정청에 기피신청을 할 수 있다. 이 경우 행정청은 청문을 정지하고 그 신청이 이유가 있다고 인정할 때에는 해당 청문 주재자를 지체 없이 교체하여야 한다.

③ 청문 주재자는 제1항 또는 제2항의 사유에 해당하는 경우에는 행정청의 승인을 받아 스스로 청문의 주재를 회피할 수 있다.

[전문개정 2012.10.22.]

제30조(청문의 공개) 청문은 당사자가 공개를 신청하거나 청문 주재자가 필요하다고 인정하는 경우 공개할 수 있다. 다만, 공익 또는 제3자의 정당한 이익을 현저히 해칠 우려가 있는 경우에는 공개하여서는 아니 된다.

[전문개정 2012.10.22.]

제31조(청문의 진행) ① 청문 주재자가 청문을 시작할 때에는 먼저 예정된 처분의 내용, 그 원인이 되는 사실 및 법적 근거 등을 설명하여야 한다.

② 당사자등은 의견을 진술하고 증거를 제출할 수 있으며, 참고인이나 감정인 등에게 질문할 수 있다.

③ 당사자등이 의견서를 제출한 경우에는 그 내용을 출석하여 진술한 것으로 본다.

④ 청문 주재자는 청문의 신속한 진행과 질서유지를 위하여 필요한 조치를 할 수 있다.

⑤ 청문을 계속할 경우에는 행정청은 당사자등에게 다음 청문의 일시 및 장소를 서면으로 통지하여야 하며, 당사자등이 동의하는 경우에는 전자문서로 통지할 수 있다. 다만, 청문에 출석한 당사자등에게는 그 청문일에 청문 주재자가 말로 통

지할 수 있다.

[전문개정 2012.10.22.]

제32조(청문의 병합·분리) 행정청은 직권으로 또는 당사자의 신청에 따라 여러 개의 사안을 병합하거나 분리하여 청문을 할 수 있다.

[전문개징 2012.10.22.]

제33조(증거조사) ① 청문 주재자는 직권으로 또는 당사자의 신청에 따라 필요한 조사를 할 수 있으며, 당사자등이 주장하지 아니한 사실에 대하여도 조사할 수 있다.

② 증거조사는 다음 각 호의 어느 하나에 해당하는 방법으로 한다.

1. 문서·장부·물건 등 증거자료의 수집
2. 참고인·감정인 등에 대한 질문
3. 검증 또는 감정·평가
4. 그 밖에 필요한 조사

③ 청문 주재자는 필요하다고 인정할 때에는 관계 행정청에 필요한 문서의 제출 또는 의견의 진술을 요구할 수 있다. 이 경우 관계 행정청은 직무 수행에 특별한 지장이 없으면 그 요구에 따라야 한다.

[전문개정 2012.10.22.]

제34조(청문조서) ① 청문 주재자는 다음 각 호의 사항이 적힌 청문조서(聽聞調書)를 작성하여야 한다.

1. 제목
2. 청문 주재자의 소속, 성명 등 인적사항
3. 당사자등의 주소, 성명 또는 명칭 및 출석 여부
4. 청문의 일시 및 장소
5. 당사자등의 진술의 요지 및 제출된 증거
6. 청문의 공개 여부 및 공개하거나 제30조 단서에 따라 공개하지 아니한 이유
7. 증거조사를 한 경우에는 그 요지 및 첨부된 증거
8. 그 밖에 필요한 사항

② 당사자등은 청문조서의 내용을 열람·확인할 수 있으며, 이의가 있을 때에는 그 정정을 요구할 수 있다.

[전문개정 2012.10.22.]

제34조의2(청문 주재자의 의견서) 청문 주재자는 다음 각 호의 사항이 적힌 청문 주재자의 의견서를 작성하여야 한다.

1. 청문의 제목
2. 처분의 내용, 주요 사실 또는 증거
3. 종합의견

4. 그 밖에 필요한 사항
[전문개정 2012.10.22.]

제35조(청문의 종결) ① 청문 주재자는 해당 사안에 대하여 당사자등의 의견진술, 증거조사가 충분히 이루어졌다고 인정하는 경우에는 청문을 마칠 수 있다.

② 청문 주재자는 당사자등의 전부 또는 일부가 정당한 사유 없이 청문기일에 출석하지 아니하거나 제31조제3항에 따른 의견서를 제출하지 아니한 경우에는 이들에게 다시 의견진술 및 증거제출의 기회를 주지 아니하고 청문을 마칠 수 있다.

③ 청문 주재자는 당사자등의 전부 또는 일부가 정당한 사유로 청문기일에 출석하지 못하거나 제31조제3항에 따른 의견서를 제출하지 못한 경우에는 상당한 기간을 정하여 이들에게 의견진술 및 증거제출을 요구하여야 하며, 해당 기간이 지났을 때에 청문을 마칠 수 있다.

④ 청문 주재자는 청문을 마쳤을 때에는 청문조서, 청문 주재자의 의견서, 그 밖의 관계 서류 등을 행정청에 지체 없이 제출하여야 한다.
[전문개정 2012.10.22.]

제35조의2(청문결과의 반영) 행정청은 처분을 할 때에 제35조제4항에 따라 받은 청문조서, 청문 주재자의 의견서, 그 밖의 관계 서류 등을 충분히 검토하고 상당한 이유가 있다고 인정하는 경우에는 청문결과를 반영하여야 한다.
[전문개정 2012.10.22.]

제36조(청문의 재개) 행정청은 청문을 마친 후 처분을 할 때까지 새로운 사정이 발견되어 청문을 재개(再開)할 필요가 있다고 인정할 때에는 제35조제4항에 따라 받은 청문조서 등을 되돌려 보내고 청문의 재개를 명할 수 있다. 이 경우 제31조제5항을 준용한다.
[전문개정 2012.10.22.]

제37조(문서의 열람 및 비밀유지) ① 당사자등은 청문의 통지가 있는 날부터 청문이 끝날 때까지 행정청에 해당 사안의 조사결과에 관한 문서와 그 밖에 해당 처분과 관련되는 문서의 열람 또는 복사를 요청할 수 있다. 이 경우 행정청은 다른 법령에 따라 공개가 제한되는 경우를 제외하고는 그 요청을 거부할 수 없다.

② 행정청은 제1항의 열람 또는 복사의 요청에 따르는 경우 그 일시 및 장소를 지정할 수 있다.

③ 행정청은 제1항 후단에 따라 열람 또는 복사의 요청을 거부하는 경우에는 그 이유를 소명(疏明)하여야 한다.

④ 제1항에 따라 열람 또는 복사를 요청할 수 있는 문서의 범위는 대통령령으로 정한다.

⑤ 행정청은 제1항에 따른 복사에 드는 비용을 복사를 요청한 자에게 부담시킬

수 있다.

⑥ 누구든지 청문을 통하여 알게 된 사생활이나 경영상 또는 거래상의 비밀을 정당한 이유 없이 누설하거나 다른 목적으로 사용하여서는 아니 된다.

[전문개정 2012.10.22.]

제3절 공청회

제38조(공청회 개최의 알림) 행정청은 공청회를 개최하려는 경우에는 공청회 개최 14일 전까지 다음 각 호의 사항을 당사자등에게 통지하고 관보, 공보, 인터넷 홈페이지 또는 일간신문 등에 공고하는 등의 방법으로 널리 알려야 한다.

1. 제목
2. 일시 및 장소
3. 주요 내용
4. 발표자에 관한 사항
5. 발표신청 방법 및 신청기한
6. 정보통신망을 통한 의견제출
7. 그 밖에 공청회 개최에 필요한 사항

[전문개정 2012.10.22.]

제38조의2(전자공청회) ① 행정청은 제38조에 따른 공청회와 병행하여서만 정보통신망을 이용한 공청회(이하 "전자공청회"라 한다)를 실시할 수 있다.

② 행정청은 전자공청회를 실시하는 경우 의견제출 및 토론 참여가 가능하도록 적절한 전자적 처리능력을 갖춘 정보통신망을 구축·운영하여야 한다.

③ 전자공청회를 실시하는 경우에는 누구든지 정보통신망을 이용하여 의견을 제출하거나 제출된 의견 등에 대한 토론에 참여할 수 있다.

④ 제1항부터 제3항까지에서 규정한 사항 외에 전자공청회의 실시 방법 및 절차에 관하여 필요한 사항은 대통령령으로 정한다.

[전문개정 2012.10.22.]

제38조의3(공청회의 주재자 및 발표자의 선정) ① 공청회의 주재자는 해당 공청회의 사안과 관련된 분야에 전문적 지식이 있거나 그 분야에 종사한 경험이 있는 사람 중에서 행정청이 지명하거나 위촉하는 사람으로 한다.

② 공청회의 발표자는 발표를 신청한 사람 중에서 행정청이 선정한다. 다만, 발표를 신청한 사람이 없거나 공청회의 공정성을 확보하기 위하여 필요하다고 인정하는 경우에는 다음 각 호의 사람 중에서 지명하거나 위촉할 수 있다.

1. 해당 공청회의 사안과 관련된 당사자등
2. 해당 공청회의 사안과 관련된 분야에 전문적 지식이 있는 사람

3. 해당 공청회의 사안과 관련된 분야에 종사한 경험이 있는 사람

③ 행정청은 공청회의 주재자 및 발표자를 지명 또는 위촉하거나 선정할 때 공정성이 확보될 수 있도록 하여야 한다.

④ 공청회의 주재자, 발표자, 그 밖에 자료를 제출한 전문가 등에게는 예산의 범위에서 수당 및 여비와 그 밖에 필요한 경비를 지급할 수 있다.

[전문개정 2012.10.22.]

제39조(공청회의 진행) ① 공청회의 주재자는 공청회를 공정하게 진행하여야 하며, 공청회의 원활한 진행을 위하여 발표 내용을 제한할 수 있고, 질서유지를 위하여 발언 중지 및 퇴장 명령 등 행정안전부장관이 정하는 필요한 조치를 할 수 있다. <개정 2013.3.23., 2014.11.19., 2017.7.26.>

② 발표자는 공청회의 내용과 직접 관련된 사항에 대하여만 발표하여야 한다.

③ 공청회의 주재자는 발표자의 발표가 끝난 후에는 발표자 상호간에 질의 및 답변을 할 수 있도록 하여야 하며, 방청인에게도 의견을 제시할 기회를 주어야 한다.

[전문개정 2012.10.22.]

제39조의2(공청회 및 전자공청회 결과의 반영) 행정청은 처분을 할 때에 공청회, 전자공청회 및 정보통신망 등을 통하여 제시된 사실 및 의견이 상당한 이유가 있다고 인정하는 경우에는 이를 반영하여야 한다.

[전문개정 2012.10.22.]

제3장 신고

제40조(신고) ① 법령등에서 행정청에 일정한 사항을 통지함으로써 의무가 끝나는 신고를 규정하고 있는 경우 신고를 관장하는 행정청은 신고에 필요한 구비서류, 접수기관, 그 밖에 법령등에 따른 신고에 필요한 사항을 게시(인터넷 등을 통한 게시를 포함한다)하거나 이에 대한 편람을 갖추어 두고 누구나 열람할 수 있도록 하여야 한다.

② 제1항에 따른 신고가 다음 각 호의 요건을 갖춘 경우에는 신고서가 접수기관에 도달된 때에 신고 의무가 이행된 것으로 본다.

1. 신고서의 기재사항에 흠이 없을 것

2. 필요한 구비서류가 첨부되어 있을 것

3. 그 밖에 법령등에 규정된 형식상의 요건에 적합할 것

③ 행정청은 제2항 각 호의 요건을 갖추지 못한 신고서가 제출된 경우에는 지체 없이 상당한 기간을 정하여 신고인에게 보완을 요구하여야 한다.

④ 행정청은 신고인이 제3항에 따른 기간 내에 보완을 하지 아니하였을 때에는

그 이유를 구체적으로 밝혀 해당 신고서를 되돌려 보내야 한다.

[전문개정 2012.10.22.]

제4장 행정상 입법예고

제41조(행정상 입법예고) ① 법령등을 제정·개정 또는 폐지(이하 "입법"이라 한다)하려는 경우에는 해당 입법안을 마련한 행정청은 이를 예고하여야 한다. 다만, 다음 각 호의 어느 하나에 해당하는 경우에는 예고를 하지 아니할 수 있다.

1. 신속한 국민의 권리 보호 또는 예측 곤란한 특별한 사정의 발생 등으로 입법이 긴급을 요하는 경우
2. 상위 법령등의 단순한 집행을 위한 경우
3. 입법내용이 국민의 권리·의무 또는 일상생활과 관련이 없는 경우
4. 단순한 표현·자구를 변경하는 경우 등 입법내용의 성질상 예고의 필요가 없거나 곤란하다고 판단되는 경우
5. 예고함이 공공의 안전 또는 복리를 현저히 해칠 우려가 있는 경우

② 삭제 <2002.12.30.>

③ 법제처장은 입법예고를 하지 아니한 법령안의 심사 요청을 받은 경우에 입법예고를 하는 것이 적당하다고 판단할 때에는 해당 행정청에 입법예고를 권고하거나 직접 예고할 수 있다. <개정 2012.10.22.>

④ 입법안을 마련한 행정청은 입법예고 후 예고내용에 국민생활과 직접 관련된 내용이 추가되는 등 대통령령으로 정하는 중요한 변경이 발생하는 경우에는 해당 부분에 대한 입법예고를 다시 하여야 한다. 다만, 제1항 각 호의 어느 하나에 해당하는 경우에는 예고를 하지 아니할 수 있다. <신설 2012.10.22.>

⑤ 입법예고의 기준·절차 등에 관하여 필요한 사항은 대통령령으로 정한다.

제42조(예고방법) ① 행정청은 입법안의 취지, 주요 내용 또는 전문(全文)을 관보·공보나 인터넷·신문·방송 등을 통하여 널리 공고하여야 한다.

② 행정청은 대통령령을 입법예고하는 경우 국회 소관 상임위원회에 이를 제출하여야 한다.

③ 행정청은 입법예고를 할 때에 입법안과 관련이 있다고 인정되는 중앙행정기관, 지방자치단체, 그 밖의 단체 등이 예고사항을 알 수 있도록 예고사항을 통지하거나 그 밖의 방법으로 알려야 한다.

④ 행정청은 제1항에 따라 예고된 입법안에 대하여 전자공청회 등을 통하여 널리 의견을 수렴할 수 있다. 이 경우 제38조의2제2항부터 제4항까지의 규정을 준용한다.

⑤ 행정청은 예고된 입법안의 전문에 대한 열람 또는 복사를 요청받았을 때에는

특별한 사유가 없으면 그 요청에 따라야 한다.

⑥ 행정청은 제5항에 따른 복사에 드는 비용을 복사를 요청한 자에게 부담시킬 수 있다.

[전문개정 2012.10.22.]

제43조(예고기간) 입법예고기간은 예고할 때 정하되, 특별한 사정이 없으면 40일(자치법규는 20일) 이상으로 한다.

[전문개정 2012.10.22.]

제44조(의견제출 및 처리) ① 누구든지 예고된 입법안에 대하여 의견을 제출할 수 있다.

② 행정청은 의견접수기관, 의견제출기간, 그 밖에 필요한 사항을 해당 입법안을 예고할 때 함께 공고하여야 한다.

③ 행정청은 해당 입법안에 대한 의견이 제출된 경우 특별한 사유가 없으면 이를 존중하여 처리하여야 한다.

④ 행정청은 의견을 제출한 자에게 그 제출된 의견의 처리결과를 통지하여야 한다.

⑤ 제출된 의견의 처리방법 및 처리결과의 통지에 관하여는 대통령령으로 정한다.

[전문개정 2012.10.22.]

제45조(공청회) ① 행정청은 입법안에 관하여 공청회를 개최할 수 있다.

② 공청회에 관하여는 제38조, 제38조의2, 제38조의3, 제39조 및 제39조의2를 준용한다.

[전문개정 2012.10.22.]

제5장 행정예고

제46조(행정예고) ① 행정청은 다음 각 호의 어느 하나에 해당하는 사항에 대한 정책, 제도 및 계획을 수립·시행하거나 변경하려는 경우에는 이를 예고하여야 한다. 다만, 예고로 인하여 공공의 안전 또는 복리를 현저히 해칠 우려가 있거나 그 밖에 예고하기 곤란한 특별한 사유가 있는 경우에는 예고하지 아니할 수 있다.

1. 국민생활에 매우 큰 영향을 주는 사항
2. 많은 국민의 이해가 상충되는 사항
3. 많은 국민에게 불편이나 부담을 주는 사항
4. 그 밖에 널리 국민의 의견을 수렴할 필요가 있는 사항

② 제1항에도 불구하고 법령등의 입법을 포함하는 행정예고는 입법예고로 갈음할 수 있다.

③ 행정예고기간은 예고 내용의 성격 등을 고려하여 정하되, 특별한 사정이 없

으면 20일 이상으로 한다.

[전문개정 2012.10.22.]

제46조의2(행정예고 통계 작성 및 공고) 행정청은 매년 자신이 행한 행정예고의 실시 현황과 그 결과에 관한 통계를 작성하고, 이를 관보·공보 또는 인터넷 등의 방법으로 널리 공고하여야 한다.

[본조신설 2014.1.28.]

제47조(준용) 행정예고의 방법, 의견제출 및 처리, 공청회 및 전자공청회에 관하여는 제42조(제4항은 제외한다), 제44조제1항부터 제3항까지 및 제45조를 준용한다.

[전문개정 2012.10.22.]

제6장 행정지도

제48조(행정지도의 원칙) ① 행정지도는 그 목적 달성에 필요한 최소한도에 그쳐야 하며, 행정지도의 상대방의 의사에 반하여 부당하게 강요하여서는 아니 된다.

② 행정기관은 행정지도의 상대방이 행정지도에 따르지 아니하였다는 것을 이유로 불이익한 조치를 하여서는 아니 된다.

[전문개정 2012.10.22.]

제49조(행정지도의 방식) ① 행정지도를 하는 자는 그 상대방에게 그 행정지도의 취지 및 내용과 신분을 밝혀야 한다.

② 행정지도가 말로 이루어지는 경우에 상대방이 제1항의 사항을 적은 서면의 교부를 요구하면 그 행정지도를 하는 자는 직무 수행에 특별한 지장이 없으면 이를 교부하여야 한다.

[전문개정 2012.10.22.]

제50조(의견제출) 행정지도의 상대방은 해당 행정지도의 방식·내용 등에 관하여 행정기관에 의견제출을 할 수 있다.

[전문개정 2012.10.22.]

제51조(다수인을 대상으로 하는 행정지도) 행정기관이 같은 행정목적을 실현하기 위하여 많은 상대방에게 행정지도를 하려는 경우에는 특별한 사정이 없으면 행정지도에 공통적인 내용이 되는 사항을 공표하여야 한다.

[전문개정 2012.10.22.]

제7장 국민참여의 확대

제52조(국민참여 확대 노력) 행정청은 행정과정에 국민의 참여를 확대하기 위하여

다양한 참여방법과 협력의 기회를 제공하도록 노력하여야 한다.
[본조신설 2014.1.28.]

제53조(전자적 정책토론) ① 행정청은 국민에게 영향을 미치는 주요 정책 등에 대하여 국민의 다양하고 창의적인 의견을 널리 수렴하기 위하여 정보통신망을 이용한 정책토론(이하 이 조에서 "전자적 정책토론"이라 한다)을 실시할 수 있다.
② 행정청은 효율적인 전자적 정책토론을 위하여 과제별로 한시적인 토론 패널을 구성하여 해당 토론에 참여시킬 수 있다. 이 경우 패널의 구성에 있어서는 공정성 및 객관성이 확보될 수 있도록 노력하여야 한다.
③ 행정청은 전자적 정책토론이 공정하고 중립적으로 운영되도록 하기 위하여 필요한 조치를 할 수 있다.
④ 토론 패널의 구성, 운영방법, 그 밖에 전자적 정책토론의 운영을 위하여 필요한 사항은 대통령령으로 정한다.
[본조신설 2014.1.28.]

제8장 보칙

제54조(비용의 부담) 행정절차에 드는 비용은 행정청이 부담한다. 다만, 당사자등이 자기를 위하여 스스로 지출한 비용은 그러하지 아니하다.
[전문개정 2012.10.22.]

제55조(참고인 등에 대한 비용 지급) ① 행정청은 행정절차의 진행에 필요한 참고인이나 감정인 등에게 예산의 범위에서 여비와 일당을 지급할 수 있다.
② 제1항에 따른 비용의 지급기준 등에 관하여는 대통령령으로 정한다.
[전문개정 2012.10.22.]

제56조(협조 요청 등) 행정안전부장관(제4장의 경우에는 법제처장을 말한다)은 이 법의 효율적인 운영을 위하여 노력하여야 하며, 필요한 경우에는 그 운영 상황과 실태를 확인할 수 있고, 관계 행정청에 관련 자료의 제출 등 협조를 요청할 수 있다. <개정 2013.3.23., 2014.11.19., 2017.7.26.>
[전문개정 2012.10.22.]

부칙

<제14839호, 2017.7.26.> (정부조직법)

제1조(시행일) ① 이 법은 공포한 날부터 시행한다. 다만, 부칙 제5조에 따라 개정되는 법률 중 이 법 시행 전에 공포되었으나 시행일이 도래하지 아니한 법률을 개정한 부분은 각각 해당 법률의 시행일부터 시행한다.

제2조부터 제6조까지 생략

◉ 편 저 김용환 ◉

• 현(現) 대한실무법률연구편찬회 회장

• 저서 : 행정소송 실무편람
　　　　국가계약 소송과 행정 심판 사례연구
　　　　법률용어사전 대표편집
　　　　채권 채무 법리와 소송 집행 연구(공저)
　　　　등 다수

복잡한 행정소송! 쉽게 끝내기!
행정소송 이렇게 해결하세요　　　　　정가 24,000원

2019年　5月　15日　인쇄 2019年　5月　20日　발행 　저　　자 : 김 용 환 　발 행 인 : 김 현 호 　발 행 처 : 법문 북스 　공 급 처 : 법률미디어	저자와 협의 하에 인지 생략

서울 구로구 경인로 54길4 (우편번호 : 08278)
TEL : 2636-2911-2,　FAX : 2636-3012
등록 : 1979년 8월 27일 제5-22호
Home : www.lawb.co.kr

▌ ISBN 978-89-7535-730-5 (13360)

▌ 파본은 교환해 드립니다.

▌ 이 도서의 국립중앙도서관 출판예정도서목록(CIP)은 서지정보유통지원시스템 홈페이지
(http://seoji.nl.go.kr)와 국가자료종합목록시스템(http://www.nl.go.kr/kolisnet)에
서 이용하실 수 있습니다. (CIP제어번호 : CIP2019018386)

복잡한 행정소송에 관련된 법령정보를 종합적으로 제공하고, 행정소송의 제기 및 구제에 관련하여 자주 청구되는 행정소송의 유형을 문답식으로 해설하고 관련 대법원판결례 및 서식을 함께 제시하였으며, 주요 유형별 행정소송 작성례 및 항목별 작성 방법을 함께 수록하여 행정소송의 절차를 누구나 쉽게 이해하는데 도움을 주고자 하였습니다.

13360

ISBN 978-89-7535-730-5

24,000원